POUSO FORÇADO

Daniel Leb Sasaki

POUSO FORÇADO

REVISÃO TÉCNICA DE
Jorge Ferreira

4ª edição, ampliada

EDITORA RECORD
RIO DE JANEIRO • SÃO PAULO
2024

CIP-BRASIL. CATALOGAÇÃO NA PUBLICAÇÃO
SINDICATO NACIONAL DOS EDITORES DE LIVROS, RJ

S263p
4ª ed.

Sasaki, Daniel Leb
   Pouso forçado: a história por trás da destruição da Panair do Brasil pelo regime militar / Daniel Leb Sasaki – 4ª ed. – Rio de Janeiro: Record, 2024.

   Inclui bibliografia
   Inclui apêndices
   Inclui índice
   ISBN 978-85-01-06830-6

   1. Panair do Brasil – História. 2. Aeronáutica comercial – Brasil – História. 3. Brasil – Política e governo – Ditadura militar, 1964-1985. I. Título.

05-2969

CDD: 387.70981
CDU: 656.7(81)

Copyright © Daniel Leb Sasaki, 2005

Texto revisado segundo o Acordo Ortográfico da Língua Portuguesa de 1990.

Todos os direitos reservados. Proibida a reprodução, no todo ou em parte, através de quaisquer meios, sem prévia autorização por escrito.

Editoração eletrônica: Abreu's System

Direitos exclusivos desta edição reservados pela
EDITORA RECORD LTDA.
Rua Argentina, 171 – Rio de Janeiro, RJ – 20921-380 – Tel.: 2585-2000

Impresso no Brasil

ISBN 978-85-01-06830-9

Seja um leitor preferencial Record.
Cadastre-se em www.record.com.br e receba informações sobre nossos lançamentos e nossas promoções.

Atendimento e venda direta ao leitor:
sac@record.com.br

Dedico este trabalho a todas as vítimas de regimes de exceção; que fique registrado este exemplo de esperança, resistência ao arbítrio e incansável luta por justiça.

"A verdade histórica não pode ficar trancafiada em um tonel de carvalho, envelhecida, torcendo para que um dia seja liberta. Até um excelente vinho, se não bem conservado, se transforma em um azedo vinagre. Deixar apenas que o futuro sane os nossos erros e omissões é de uma comodidade absurda e conivente. O agora é o momento de escrever o futuro. O tempo também se conjuga no presente. O povo é simultaneamente escritor e personagem do tempo. O tempo e o povo são juízes da História."

Cezar Britto, advogado

Sumário

Prefácio – Outra pergunta que não quer calar   13

Nota do autor   17

   I. O abate   19

   II. O voo   59

   III. As vítimas   99

   IV. O clima   135

   V. A turbulência   167

   VI. Catástrofe   209

   VII. O resgate   273

Apêndices

   I. Nota expedida pelo gabinete do ministro da Aeronáutica em 10/02/1965   313

   II. Nota expedida pela Secretaria de Imprensa da República em 10/02/1965   314

   III. Nota divulgada pela Varig em 13/02/1965   315

   IV. Telegrama de Ruben Berta a Jânio Quadros   317

   V. Documentação de Eduardo Gomes   319

VI. Carta de Guido Jorge Moassab a Vasconcellos Torres 330

VII. Trecho de memorial sobre o processo de aquisição 334

VIII. Trecho de telegrama da Embaixada dos EUA no Brasil ao U.S. State Department 345

IX. Carta de demissão de membros do Conselho da Panair 347

X. Circular interna para os escritórios na Alemanha e Áustria 350

XI. Requerimento de Henrique Augusto Diniz de Andrada 352

XII. Parecer sobre investigação aberta contra Paulo Sampaio 353

XIII. Confronto das diferenças existentes entre as versões do laudo apresentadas ao SUPREMO TRIBUNAL FEDERAL — doc. I — e a JUÍZO DA 6ª VARA CÍVEL — fls. 46/93, volume I dos autos do inquérito judicial 354

XIV. Ofício nº 63 GM51054-R 359

XV. Decreto nº 57.682, de 28 de janeiro de 1966 361

XVI. Decreto-Lei nº 107, de 16 de janeiro de 1967 363

XVII. Decreto-Lei nº 474, de 19 de fevereiro de 1969 366

XVIII. Decreto-Lei nº 496, de 11 de março de 1969 369

XIX. Entrevista com Antônio Delfim Netto 371

XX. Decreto-Lei nº 669, de 3 de julho de 1969 387

XXI. Parecer da Assessoria Jurídica da Aeronáutica em relação ao processo SCGI/RJ nº 49/69 389

XXII. Resolução de arquivamento do processo SCGI/RJ nº 49/69 393

XXIII. Minuta de decreto-lei proposto pelo governo João Baptista de Oliveira Figueiredo 394

XXIV. "O Brasil da Panair" (28/02/1985) 406

XXV. Nota expedida pelo Centro de Relações Públicas da Aeronáutica em 12/03/1985 408

XXVI. "O retorno da Panair" (13/03/1985) — 410

XXVII. Edital de extinção da falência (04/05/1995) — 412

XXVIII. Minuta de exposição de motivos e medida provisória produzidas no governo Fernando Henrique Cardoso — 414

Notas — 425

Agradecimentos — 463

Referências bibliográficas — 469

Índice onomástico — 479

Prefácio
Outra pergunta que não quer calar

Esta obra de Daniel Sasaki é impactante, primeiro porque apresenta uma verdade, e segundo porque se trata de uma verdade arrancada das entranhas da ditadura militar, cuidadosamente escondida inclusive pelos governos democráticos que vieram depois. Por quê?

Porque admitir a verdade custará muito caro aos cofres públicos federais, tal a enormidade das lesões que seus agentes causaram ilicitamente ao patrimônio da Panair. Em consequência, há um consciente conluio em perpetuar a imoralidade em defesa do Tesouro Nacional. No Brasil, existe esta velha cultura: a prática da inconstitucionalidade ou ilegalidade, ou abuso, deve ser rigorosamente punida, salvo se os cofres públicos tiverem que arcar com indenizações. Neste caso, tudo passa a ser legítimo, ou finge-se que é.

Na porta do Tesouro Nacional deveriam escrever a frase: "É assegurada impunidade aos atos ilícitos indenizáveis pela União."

Neste trabalho, o jovem Daniel Sasaki narra em detalhes a tragédia da Panair, de seus proprietários, de seus funcionários, de suas conquistas no Brasil e no exterior. Tudo violado, roubado, destruído, porque os militares não gostavam dos acionistas brasileiros que nacionalizaram a companhia americana ao adquirir o controle acionário da empresa aérea mais eficiente do Brasil. E desejavam beneficiar o concorrente, Ruben Berta, presidente da Varig, que claramente corrompeu os brigadeiros encarregados da execução do contrato de concessão das linhas aéreas. No dia em que o governo cassou as concessões da Panair, a Varig já estava com aviões prontos para realizar os respectivos voos na mesma noite. Ruben Berta fora informado antes do Diário Oficial.

Sem poder voar, a Panair requereu concordata, distribuída à 6ª Vara Cível do Rio de Janeiro, naquele tempo Estado da Guanabara. Pois o ministro da Aeronáutica, brigadeiro Eduardo Gomes, foi pessoalmente ao fórum carioca falar com o juiz da causa. Proibiu-o de deferir o pedido e mandou decretar a falência. Até então um homem de respeito, famoso pelo slogan "O preço da liberdade é a eterna vigilância", o brigadeiro mergulhou na frase de Paulo Brossard: "A Revolução perdeu a honra!"

A partir daí, a tragédia brasileira seria submetida a um tsunami de ilegalidades monstruosas, praticadas por magistrados, militares e, sobretudo, pelo governo da ditadura. Os juízes da 6ª Vara Cível do Rio, uns atrás dos outros, tiveram diarreias mentais e resolveram submeter-se aos ditames dos militares. Um desses magistrados resolveu ganhar dinheiro com a situação. Não podendo reagir, agiu. Destituiu o Banco do Brasil — cujo preposto dilapidou o patrimônio da Panair no exterior — de síndico da falência e, no mesmo dia, nomeou seguidamente três credores para o cargo. Misteriosamente, nenhum dos três aceitou. Tudo no mesmo dia. Judiciário ágil, de dar inveja. Diante das três recusas, a lei permite ao juiz nomear livremente quem bem entender. Nomeou, claro, um militar, que, por sua vez, convocou três ou quatro colegas, todos oficiais da reserva, para o exercício da função em ordem unida. Essa "junta militar" encarregou-se de continuar a liquidação dos bens da Panair. Sumiram com tudo.

Este trabalho mostra igualmente a dignidade e coragem com que oficiou, no caso, o Ministério Público do Rio de Janeiro, em contraste com o representante do Ministério Público Federal, apenas um traste, que falsificou dívidas "novas" da falida para que a União, que tudo havia recebido, não se retirasse do processo. Coisas vergonhosas. O Ministério Público estadual cumpriu galhardamente com seus deveres institucionais. Falhou, infelizmente, a magistratura. E falhou feio.

Em plena operação, a Panair mantinha dois ativos preciosos: a Celma, especializada na retífica de motores de avião, serviços de manutenção e consertos técnicos, contratada pela própria FAB; e um departamento que cuidava das telecomunicações, única infraestrutura na América Latina a dar cobertura aos voos internacionais que se aproximavam do continente. A Celma foi invadida por tropas militares em operação de guerra.

A Panair construiu aeroportos no Norte e Nordeste. Tudo lhe foi tomado. Sem, é claro, a devida indenização. Seus aviões e hidroaviões, que faziam o transporte aéreo na Amazônia e no Nordeste, foram destruídos. Brasileiros perderam mais que a empresa.

Depois de todos esses fatos, descobriu-se o óbvio: a Panair tinha recursos suficientes para pagar suas dívidas e, assim, transformar a falência em concordata. Pagaria todos os credores restantes e os sócios ficariam com o saldo. Requerido o remédio legal, o governo baixou um decreto-lei proibindo que companhias aéreas pedissem concordata.

Todos esses fatos e muitos e muitos outros, igualmente estarrecedores, são documentadamente expostos neste magnífico trabalho. Daniel Sasaki narra tudo em linguagem simples, quase coloquial. E usa o diálogo para reconstituir situações entre os personagens desta história, evitando cansar o leitor com trechos somente descritivos.

Acaba dando razão ao genial espanhol Sofocleto: "Escrever é falar sem ser interrompido." Aqui, o resultado é igual: a leitura prende de tal forma que não permite interrupção.

Sobre vários fatos inexplicáveis e inexplicados da história, como o assassinato de Kennedy, e outros de grandes injustiças, que impunes ficaram, o caso da Panair sempre retorna à pergunta que não quer calar. A grande injustiça cala fundo, mas não perde a voz. Se o Brasil precisa conhecer os arquivos de seu passado, neste livro encontrará um deles. E um dos mais dolorosos.

José Saulo Pereira Ramos, jurista

Nota do autor

"Descobri que minha arma é o que a memória guarda dos tempos da Panair", homenageou, em forma de protesto velado, o verso de "Conversando no bar", canção composta por Milton Nascimento e Fernando Brant em 1975, na vigência do Ato Institucional nº 5.[1] Panair do Brasil. No passado, um nome tão ressoante no país que, para os brasileiros, era sinônimo de aviação, o grande orgulho nacional no setor aéreo. Lá fora, nossa marca mais conhecida e respeitada. A Panair era também um padrão: o "Padrão Panair" de qualidade, nunca antes atingido no Brasil e, como muitos garantem, jamais igualado. No presente, é pura nostalgia, uma lembrança saudosa dos tempos em que voar era diferente, especial. É também doce recordação de uma época em que o Brasil, nação de sonhadores e visionários, olhava para o futuro com entusiasmo, otimismo e elevada autoestima.

Celebrada em verso e prosa, ao longo dos anos a Panair alcançou o status de imortal. Certamente, transcende o conceito frio e estéril das corporações: congrega até hoje, décadas após seu fechamento, uma vasta legião de órfãos fiéis e agregados mais jovens, que, expostos à sua história, transferem às novas gerações o esforço de perpetuar um legado fabuloso. Toda a mítica em torno da companhia, que tem a trajetória operacional relativamente bem documentada em livros, contrasta com a virtual ignorância, talvez patrocinada, sobre as condições em que seu fim foi processado, em fevereiro de 1965. Por incrível que pareça, até a atualidade a maior parte dos relatos publicados a respeito da extinção da Panair ainda se baseia em lendas, em documentação fabricada e proclamada falsa pela Justiça em decisões finais e irrecorridas, e nos discursos proferidos pelos articuladores da conspiração que cortou as suas asas.

Nos anos em que mergulhei na pesquisa sobre o assunto, procurei justamente separar fato de rumor e de inverdade. Esta nova edição chega a você, leitor, como uma versão aprimorada, mais madura e significativamente maior do meu primeiro livro sobre o caso, *Pouso forçado: a história por trás da destruição da Panair do Brasil pelo regime militar*, lançado em 2005, quando eu tinha 23 anos de idade. Tanto lá como aqui, descrevo em detalhes a debacle da companhia aérea imortalizada na voz de Elis Regina. Mas agora, também apoiado em documentos inéditos (recentemente abertos) da própria ditadura e dos legatários do acervo da empresa, acredito poder apresentar uma obra mais completa, definitiva.

Espero que gostem desta leitura, que é destinada não só aos interessados pela história da aviação comercial, mas a todos aqueles que estudam o período da ditadura militar brasileira (1964-1985). Se, por um lado, os historiadores ainda privilegiam a narração de crimes cometidos contra indivíduos e partidos políticos, por outro, *Pouso forçado* diversifica e amplia o debate, denunciando também perseguições a grupos econômicos com o objetivo de eliminar empresários ligados ao modelo capitalista pré-Golpe, beneficiando concorrentes mais alinhados aos fundamentos do regime militar.

De porte de seu bilhete de embarque, sente-se em sua poltrona e seja bem-vindo à reconstrução desse importante episódio da história recente. Ou, como diriam as sorridentes aeromoças: "Senhores passageiros, bem-vindos a bordo do Bandeirante da Panair do Brasil."

Daniel Leb Sasaki

I

O abate

1

Silêncio. Uma pausa que, apesar de ter durado poucos momentos, pareceu eterna. O homem caminhou para o janelão de seu gabinete, na ingênua expectativa de que a luz que entrava pelas persianas revelasse outro conteúdo no telegrama que segurava nas mãos. A distância era curta, não chegava a 10 metros, mas pareceu também infinitamente longa.

Já próximo ao vidro, baixou lentamente os olhos ao documento. Desfez-se a esperança. Escrito com todas as letras, de forma que não houvesse dúvidas, o despacho sentenciava:

> Por determinação do Exmo. Senhor Presidente da República exarada na Exposição de Motivos nº 26 de 10 de fevereiro de 1965, ficam, a partir desta data, suspensas as concessões de linhas nacionais e internacionais outorgadas à Panair do Brasil S.A. a título precário, sendo estas últimas concedidas, nesta data, à Varig, também a título precário.

A mensagem contida naquele pedaço de papel soaria como piada de mau gosto, se não tratasse de assunto tão sério. O homem, a seguir, olhou através do vidro, de onde tinha vista privilegiada para a praça Marechal Âncora, no centro da cidade do Rio de Janeiro, bem ao lado do Aeroporto Santos Dumont. Depois de alguns segundos com o olhar fixo e distante, virou laconicamente para o colega que lhe trouxera o telegrama, sentou-se à mesa e pegou o telefone. Do outro lado da linha, a secretária atendeu.

— Sim, dr. Paulo?

— Dona Leonor, por favor, entre em contato com os outros diretores e convoque-os para uma reunião de emergência.

— Pois não, doutor.

Ao desligar o telefone, permaneceu pregado em sua cadeira. De repente, um calor intenso começou a lhe subir pelas pernas, causando certa tremedeira. O coração disparou, a respiração ficou agitada e audível, gotas de suor começaram a se formar sobre sua face.

Quase uma hora se passou até que Paulo de Oliveira Sampaio, presidente da Panair do Brasil, a maior companhia aérea do país, recebesse em sua sala Jorge Mourão e Edgard Fróes da Fonseca, membros do Conselho Diretor, seguidos por Tude Neiva de Lima Rocha e Carlos Medeiros, assistentes jurídicos da empresa, e Celso da Rocha Miranda, um dos acionistas majoritários.*

— Senhores, temos uma situação em andamento aqui. Às cinco e meia nos foi encaminhado este telegrama pelo colega brigadeiro Pamplona — disse, com a correspondência na mão. — Um funcionário do Setor de Operações acaba de confirmar via telefone: por ordem das autoridades, nosso voo de hoje para Frankfurt terá que ser cancelado e será substituído por um voo da Varig — notificou, tentando conter o nervosismo.

— Eles estão questionando a nossa saúde financeira — completou Osvaldo Pamplona Pinto, oficial da Força Aérea que também participava da gestão da empresa.

— Como é que é? — interveio Fonseca, que durante a Segunda Guerra atuara como comandante na Marinha.

---

* O capitalista carioca Celso da Rocha Miranda dividia o controle acionário da Panair do Brasil com o empresário paulista Mario Wallace Simonsen. A sociedade será amplamente descrita ao longo do livro.

— Mas eu acabei de conversar com o diretor da Sumoc,* que disse nada saber a respeito da proposta do brigadeiro Clóvis Travassos à Comissão Interministerial!** — exclamou Celso da Rocha Miranda.

— Falou com ele? — perguntou Lima.

— Sim. Às 16 horas tive uma reunião com o sr. Dênio Nogueira, o diretor da Sumoc, para confirmar esses boatos sobre uma intervenção. Estava presente, inclusive, o ministro do Planejamento, dr. Roberto Campos.

— E o que o sr. Nogueira disse? — indagou o advogado.

— Assegurou-me que nada sabia. E, ainda, que nem ouvira falar na proposta. O dr. Campos me disse que a diretoria da Panair estava cometendo uma injustiça com o governo ao suspeitar de uma intervenção desse tipo, sem aviso prévio. Em governos anteriores, isto poderia acontecer. No do marechal Castello Branco, seria impossível.

— Há quinze dias, tive um diálogo parecido com o brigadeiro Nelson Wanderley, recém-nomeado diretor da DAC*** e contemporâneo meu, na aviação militar, desde 1930 — acrescentou Paulo Sampaio, que mostrava dificuldade em acreditar no texto do despacho. — Valendo-me de uma amizade de tantos anos, eu o interpelei sobre essas preocupações e ofereci, de início de conversa, pôr o meu cargo à sua disposição, caso fosse necessário. Ele me respondeu que conhecia apenas algumas restrições aos acionistas majoritários, restrições essas que eram contornáveis e em nada poderiam afetar a estabilidade da empresa. Conversamos muito e parti tranquilo e aliviado.

— Estranho, dr. Paulo, pois também às 16 horas fui convocado a comparecer imediatamente ao gabinete do mesmo brigadeiro Wan-

---

* Superintendência da Moeda e do Crédito. A entidade foi extinta em 1965, dando lugar ao Banco Central do Brasil. De acordo com o BC, "A Sumoc tinha a responsabilidade de fixar os percentuais de reservas obrigatórias dos bancos comerciais, as taxas do redesconto e da assistência financeira de liquidez, bem como os juros sobre depósitos bancários. Além disso, supervisionava a atuação dos bancos comerciais, orientava a política cambial e representava o país junto a organismos internacionais".
** O assunto será tratado com profundidade no capítulo V, "A turbulência".
*** Diretoria de Aeronáutica Civil, depois denominada Departamento de Aviação Civil. O órgão foi substituído pela Agência Nacional de Aviação Civil (Anac) em 2005.

derley — disse Pamplona. — Tais garantias não me foram dadas. Pelo contrário, fui informado da decisão do presidente da República de cassar as linhas da Panair e de sua transferência imediata para a Varig e a Cruzeiro. O brigadeiro também me notificou de que já havia embarcado para a Europa um diretor da Varig, para acertar com a Pan American um acordo de manutenção de aviões e utilização de suas agências para a venda de passagens — continuou.

Jorge Mourão, que até o momento relia o telegrama em silêncio, resolveu se manifestar. Era o diretor-financeiro da Panair e conhecia como ninguém a situação da companhia em relação às demais.

— Isto é um absurdo — indignou-se. — Irrecuperabilidade financeira?! Entramos em plena fase de recuperação depois dos acordos firmados com as companhias aéreas europeias. O acordo de divisão de tráfego feito com a Air France, que passará a vigorar a partir do dia 27, trará um aumento de receita da ordem de 5 milhões de dólares por ano. Com ele, poderemos cobrir o déficit operacional previsto para 1965, de cerca de 4 milhões de dólares, e não dependeremos mais da subvenção federal! Além disso — prosseguiu —, os pagamentos dos funcionários estão em dia e os prazos dos outros compromissos negociados. Nenhuma concorrente está em melhor forma, ou mesmo em condições de abrir mão das subvenções.

— Senhores, a primeira medida a tomar é proteger a empresa desse ato, que, certamente, é arbitrário — sugeriu Lima.

— Como faremos isso? — questionou Rocha Miranda.

— Impetraremos ao Supremo Tribunal Federal um mandado de segurança. Já de início, noto que os motivos citados para a cassação são falhos. Primeiro, porque eles alegam que a Panair explora linhas a título precário, embora venham-na tratando, desde a sua fundação, como legítima concessionária, com contrato outorgado. Depois, porque o déficit é comum a todas as companhias e a Panair é uma das menos deficitárias. Além do mais, não tivemos qualquer aviso prévio, processo administrativo regular ou direito de defesa. Acredito que temos bons antecedentes para um ganho de causa.

— Certo — concordou o empresário.

— Mas o Supremo está em recesso e só deve reiniciar suas atividades no dia 9 de março — lembrou o assessor jurídico. — Nesse meio-tempo, precisamos salvaguardar intacto o patrimônio. Sugiro que entremos com um pedido de concordata preventiva, pois com a proibição dos voos deixaremos de auferir parte das receitas, mas as despesas continuarão. É imprescindível proteger os interesses da Panair.

— Concordata? Isso é mesmo necessário? — retrucou o acionista.

— A rigor, realmente é desnecessária, dr. Celso — respondeu o advogado. — A companhia não tem títulos vencidos. Mas não sabemos o que está por vir a partir dessa decisão de cassar as linhas, pela forma como está sendo feita.

— Isso impedirá a falência, mas não o prejuízo à nossa imagem — constatou Paulo Sampaio. — Temos que elaborar um parecer oficial da companhia e encaminhá-lo à imprensa, para que o público e nossos parceiros comerciais não questionem a nossa capacidade de honrar os compromissos com base num ato feito à sorrelfa! É a nossa reputação que está em jogo!

— De acordo, meu caro — disse Rocha Miranda.

— Deixem isso comigo, senhores. Começarei agora mesmo — ofereceu Carlos Medeiros.

— Sugiro também procedermos a um levantamento de todo o patrimônio da empresa, para confrontarmos com as vagas alegações fornecidas pelo governo federal — propôs Lima. — O acervo da Panair é imenso e não pode ser desconsiderado. Isso nos dará base para entrar com uma ação por perdas e danos.

— O Mourão poderá se encarregar disso, doutor — indicou Paulo Sampaio.

Depois de mais alguns acertos iniciais, o presidente da companhia abriu a porta dupla de vidro fosco de seu gabinete, caminhou pela antessala, virou à esquerda e desceu pela escadaria principal de mármore até o andar de baixo, o térreo, entrando, em seguida, no corredor à sua direita. Atravessou os Departamentos de Comunicações, Operações de Voo e Escala de Voo, chegando, finalmente, ao hangar.

Julgava que àquela altura os funcionários que lá trabalhavam já estivessem a par da situação. E eles, de fato, estavam. O hangar da Panair do Brasil, onde cabia com sobra de espaço um avião Lockheed Constellation, estava tão cheio de gente que mais parecia um formigueiro.

Entre as centenas de pessoas, havia grande parte da imprensa carioca. Ocorreu que, enquanto a reunião se estendia a portas fechadas para o exame da situação, uma emissora de rádio lera nota fornecida pelo governo federal, de teor muito semelhante ao do telegrama enviado à sede da Panair.* Os telejornais, então, entraram com edições extraordinárias, transmitindo à população a única informação disponível naquele momento: a de que a empresa perdera seu certificado de operação. Por conta disso, em pouco tempo, dezenas de repórteres tinham ido ao Aeroporto Santos Dumont em busca dos detalhes.

— Meus colegas — dirigiu-se Paulo Sampaio aos empregados, sentindo-se ao mesmo tempo nervoso e otimista —, a companhia recorrerá à Justiça contra esse ato do governo que retirou as nossas concessões de voo. Peço muita ordem e serenidade enquanto aguardamos uma solução para o problema, que, certamente, será a favor da Panair. Nós os manteremos informados do desenrolar das providências que estão sendo tomadas pela empresa. Tenham certeza de uma coisa: a situação é temporária, pois ninguém pode destruir os 35 anos de tradição que a Panair tem no Brasil e no estrangeiro — assegurou.

Depois de falar ao pessoal e receber sua solidariedade, Paulo Sampaio mandou distribuir entre eles um comunicado assinado pelos quatro diretores, que acabara de ser redigido pelo advogado Carlos Medeiros, e uma outra nota aos jornalistas que faziam plantão no local. Em seguida, voltou a subir para a reunião, onde permaneceria por várias horas.

---

* Ver Apêndices I — Nota expedida pelo gabinete do ministro da Aeronáutica em 10/02/1965 — e II — Nota expedida pela Secretaria de Imprensa da República em 10/02/1965.

Atordoados com a notícia inesperada e incapazes de demonstrar qualquer reação inicial visível, os funcionários se entreolharam incrédulos. Outros empregados iam chegando ao trabalho, completamente alheios ao que se passava. Tripulações inteiras apareciam uniformizadas, prontas para suas viagens. Pessoal de terra, para o expediente da noite. Todos confusos. Os olhares eram os mesmos: havia um sentimento geral muito forte de que aquilo só podia ser um grande engano.[2]

Depois, à medida que a natureza da situação ia se assentando, eram tomados por uma forte angústia. Por mais que esperassem a proteção da Justiça, o fato é que, naquele momento, a súbita cassação das linhas assustava. Significava que, com um simples despacho presidencial, desmoronava a segunda maior empresa privada do país, fonte de subsistência de 5 mil famílias. Sem trabalho, da noite para o dia, em plena economia do Brasil pós-Golpe. A incerteza levava à preocupação. A preocupação levava ao medo. E o medo em relação ao futuro próximo os levou a falar com a imprensa.

— Fomos apanhados de surpresa e não merecíamos este tratamento, pois construímos um patrimônio durante todos esses anos de trabalho no Brasil e no exterior — desabafou um comandante. — Somos a única empresa de aviação comercial que nunca teve um acidente na Europa, no Oriente Médio, nem em outras linhas do exterior onde a Panair atua, e por isso gozamos de uma reputação ímpar na Europa, onde somos vistos com respeito e admiração.

— Essa medida do governo foi como se alguém tivesse cortado a velocidade de nossos aviões em pleno ar — protestou outro piloto.
— Eu não entendo. Dificuldades financeiras? Os nossos vencimentos vêm sendo pagos regularmente.

— Isso é mais uma etapa na luta da concorrência! — gritou outro, mais enérgico. — Estão querendo criar um monopólio! Essa intervenção não passou de mais um ato da Revolução* contra um grupo, em favor de outro. Não podemos silenciar ante tão perigosa

---

* O termo, ao longo do livro, é empregado da forma como imprensa e população àquela época se referiam à tomada do poder pelos militares.

política, permitindo mais um passo avançado no caminho para o monopólio da aviação comercial, por um grupo que há vários anos vem perseguindo tal objetivo!

— O justo seria o governo tomar medidas de âmbito geral, intervindo em todas as empresas, permitindo, assim, o funcionamento normal do transporte aéreo comercial — completou um colega. — Recebemos a notícia da cassação com grande tristeza. Trabalhando há tantos anos aqui, nunca imaginamos que fosse esse o fim.

O impacto não foi menor para os outros empregados do setor. Alarmados com a medida que inopinadamente paralisou os voos da mais tradicional e consolidada companhia aérea do país, eles convocaram reuniões de emergência nos sindicatos dos pilotos, dos aeronautas e dos aeroviários para discutir a posição que tomariam diante do caso.* Além disso, diretores de outras empresas de transporte aéreo compareceram ao gabinete do brigadeiro Wanderley, para se certificar de que a decisão do governo não se estenderia a seus negócios. Temiam que a eles estivesse reservado o mesmo destino.

A cobertura preliminar da imprensa pelo rádio e televisão deixou confuso não apenas o funcionalismo** da aviação comercial, mas todos os passageiros que haviam comprado bilhetes emitidos pela companhia cassada. Os que moravam no Rio de Janeiro começaram a se dirigir aos balcões da Panair no Galeão, depois de tentar, sem sucesso, obter informações precisas com o Departamento de Operações da empresa, que, além de estar igualmente desprovido de detalhes, lidava com um enorme volume de telefonemas.

Na verdade, grande parte da confusão se devia ao fato de as lojas da Panair, ainda desinformadas, continuarem a vender passagens, garantindo aos clientes que os voos domésticos e internacionais seriam operados normalmente, enquanto a Varig afirmava que efetuaria, com algumas horas de atraso, a rota para Frankfurt, na Alemanha.

---

* Os aeronautas correspondem à classe que trabalha no voo, os tripulantes. Já os aeroviários, ao pessoal de terra ligado à aviação.
** A palavra foi usada pela imprensa da época, embora atualmente seja atribuída à categoria dos funcionários públicos. Optou-se por preservar o uso original.

A Cruzeiro do Sul, que, também por decisão do governo, ficaria com linhas, nada anunciava. A notícia pegara o país com tamanha surpresa que nenhum passageiro sabia ao certo como agir. Esse quadro se estenderia pelo resto da tarde e seguiria noite adentro.

No Galeão, o aeroporto internacional na Ilha do Governador, a notícia da suspensão das concessões espantosamente não havia chegado. Talvez por causa da agitação que tomava conta do Santos Dumont. Os funcionários da Panair finalizavam os últimos preparativos antes de anunciar o voo que partiria para a Europa. Sessenta e dois passageiros — entre eles o fenômeno do hipismo Nelson Pessoa Filho — haviam comprado bilhetes para embarcar no jato DC-8 de prefixo PP-PDS, batizado de Bandeirante Manuel de Borba Gato, com destino a Frankfurt, fazendo escalas em Recife, Lisboa e Paris. Eles já haviam, inclusive, realizado o check-in e aguardavam apenas o chamado nos alto-falantes do saguão, previsto para as 22h30.

Foi nesse momento que chegou uma ligação para o gerente de turno Alcibíades Corrêa:

— Alcibíades, acabou de dar no *Repórter Esso* que a Panair foi fechada — avisou sua cunhada, bastante agitada.

— O que você está dizendo?! — exclamou. — Está tão fechada que eu estou soltando um avião para Frankfurt agora. Daqui a 5 minutos, vou dar embarque — retrucou Corrêa, que não estava disposto a atrasar a operação por causa de um boato sem fundamento.

O rapaz mal desligou o telefone e irrompeu no saguão uma verdadeira delegação de autoridades. O diretor-geral da Panair no Galeão, Portela, chegou acompanhado do brigadeiro Nelson Freire Lavenère-Wanderley, diretor da DAC, e Ruben Martin Berta, presidente da Varig. Portela, com ar bastante sério, dirigiu-se ao empregado, mostrando-lhe uma documentação.

— Corrêa, as concessões da Panair estão sendo canceladas. Fomos instruídos pela diretoria da companhia a passar os passageiros para a Varig, que efetuará o voo 22 esta noite. O diretor da DAC está aqui para confirmar a ordem.

— Sim, senhor — obedeceu, desorientado. Ainda perplexo, virou-se à direita do balcão da Panair e caminhou alguns metros em direção ao da concorrente, fornecendo aos funcionários a lista de passageiros do PB-22, que deveria decolar àquela hora. Ruben Berta, que observava a transferência de perto, telefonou para sua empresa e mandou que fosse telegrafado o seguinte comunicado aos principais órgãos da imprensa:

> A Varig comunica que, em cumprimento à determinação do Governo brasileiro, passou a operar, em caráter provisório, as linhas internacionais seguintes, antes a cargo da Panair do Brasil: Voo PB-34 — domingos — 21h30 — Rio-Recife-Lisboa-Roma-Frankfurt e volta, com Boeing 707; Voo PB-22 — quartas-feiras — 22h30 — Rio-Recife-Lisboa-Paris-Frankfurt e volta, com Boeing 707; Voo PB-26 — segundas-feiras — 20 horas — Rio-Recife-Dacar-Lisboa-Paris-Londres e volta, com Convair 990-A; Voo PB-56 — quintas-feiras — 14 horas — São Paulo-Rio-Recife-Ilha do Sal-Lisboa e volta, com Super-Constellation; Voo PB-63 — domingos — 10 horas — Rio-São Paulo-Assunção-Santiago do Chile e volta, com Convair 990-A.
>
> A Varig informa que os bilhetes já emitidos pela Panair do Brasil, com reserva feita para os voos mencionados, serão aceitos pela empresa. Tal providência se estende às viagens entre Rio-São Paulo-Montevidéu e Buenos Aires, a cargo da mesma companhia.

Corrêa, então, andou até as varandas do terminal para ver, ao lado do Douglas da Panair, o Boeing 707 da Varig de prefixo PP-VJA, aparentemente pronto para decolar. Estranhou a eficiência na substituição, afinal a informação acabara de chegar ao aeroporto. Além disso, a Varig operava linhas internacionais de longo percurso apenas para os Estados Unidos. Como teria condições de assumir aquele voo de improviso? Algo muito sério devia estar acontecendo para o governo entregar as rotas da maneira como estava fazendo, inclusive, colocando em risco — pensava ele — as vidas dos passageiros.

Era uma preocupação legítima, pois em fevereiro neva na Europa. Corrêa lembrou-se do extenso e cuidadoso planejamento que sua companhia realizara antes de abrir linhas para lá, em abril de 1946. Voar no inverno daqueles países e pousar em pistas com gelo eram operações para as quais a Panair se preparara com meticulosidade. A companhia assegurava que sempre houvesse quatro tripulações baseadas em Lisboa. Elas saíam do Rio de Janeiro, de Recife e de Dacar. Ficavam na capital portuguesa, e, no Aeroporto Portela de Sacavém, tripulantes especificamente treinados para os voos no setor europeu assumiam o comando. Sair sem esse tipo de respaldo, supostamente sem planejamento prévio, soava arriscado para o gerente de turno.

Curioso para ouvir o que o brigadeiro Wanderley dizia ao grupo de repórteres que se aglomerava à sua volta, Corrêa se aproximou.

— Não há nada de oficial sobre uma possível intervenção na Panair, além da suspensão das concessões — garantiu Wanderley. — O ministro da Aeronáutica, homem de sentimentos, fará o possível para que seja dado total apoio ao pessoal da Panair, que enfrenta essa situação difícil. Uma solução satisfatória será encontrada para o problema.

A cidade fluminense de Petrópolis, cerca de 60 quilômetros serra acima, vivenciaria algo bem diferente minutos mais tarde. Lá, a Panair do Brasil mantinha sua subsidiária Companhia Eletromecânica — Celma, a maior e mais avançada oficina de revisão de motores a pistão e a jato da América Latina. Perto da meia-noite, ecoaram pela rua Alice Hervê passos firmes e secos de homens em marcha. O capitão Borges, em cumprimento às instruções do comandante do Batalhão de Caçadores de Petrópolis, coronel Antônio Marques, cercou as instalações da empresa e os matagais próximos com 25 soldados. A ordem partira diretamente do ministro da Guerra, general Arthur da Costa e Silva. Imediatamente após a operação, o comandante Lucas Antônio Monteiro de Barros Bastos, da Panair, e Rodolpho Figueira de Mello, executivos da Celma, dirigiram-se ao local para manter contato direto com Marques, que o tempo todo lhes garantiu que a intervenção visava apenas preservar a integridade do patrimônio.

Enquanto a Celma era ocupada pela tropa, chegavam ao Galeão os experientes comandantes Edyr do Amaral Vasconcelos e Antônio José Schittini Pinto, da Varig, que realizariam o voo para a Europa. Eles estavam acompanhados por alguns oficiais da DAC e por Erik Oswaldo Kastrup de Carvalho, ex-funcionário da Panair que em 1955 entrara para a companhia gaúcha como vice-presidente, a convite de Ruben Berta. Nada pronunciaram à imprensa, dirigindo-se, de imediato, ao Boeing 707. Um repórter do jornal *O Globo* virou-se, então, para Berta e perguntou-lhe sobre as consequências da medida governamental para sua empresa. Evitando o assédio, Berta foi sucinto:

— A Varig está cumprindo as instruções do governo.

A noite se transformava em madrugada, e, até então, nenhum outro detalhe chegara ao aeroporto. Essa falta de comunicação começou a deixar bastante aflito o pessoal da Panair, que ainda encarava com incredulidade o impacto da cassação. Era como receber a notícia da morte súbita e prematura de um ente muito querido. Um pesadelo; decerto não se justificava racionalmente, ou pelo menos eles desconheciam as razões para uma ação tão incisiva e drástica por parte do Ministério da Aeronáutica. Não compreendiam o que estava se passando e por que ninguém conversava com eles.

Os passageiros dormiam em sofás no saguão quando, à 1h30, o DC-8 foi recolhido a um dos hangares da Panair. Foi somente às 2h30 que anunciaram o embarque pela Varig. Como se fossem torcedores esperando a seleção brasileira de futebol desembarcar vitoriosa depois de uma Copa do Mundo, repórteres e funcionários se dirigiram até o deque de observação e viram os passageiros subindo as escadas posicionadas a bombordo do 707. Depois, assistiram ao reboque, o lento táxi pela pista e, finalmente, o momento em que o jato deixou o solo e desapareceu na escuridão do céu. A tranquilidade das estrelas dificilmente denunciaria o sentimento de aflição que começava a eclodir na chamada "Cidade Maravilhosa".

O dia 11 de fevereiro de 1965 iniciou-se abrindo um novo capítulo na história da aviação comercial brasileira. Pela primeira vez, saía do país um avião de outra bandeira que não a da Panair do Brasil para o Velho Continente. Pilotos, aeromoças, balconistas, repórteres, funcionários da limpeza, passageiros. O pensamento era o mesmo: algo grande estava acontecendo.

Do outro lado do Atlântico, em Orgeval, um vilarejo próximo a Paris, por volta das 5 horas, tocou o telefone na casa que Mario Wallace Simonsen, sócio de Rocha Miranda na Panair, alugara meses antes. Quem chamava era Charles Stelain, funcionário da Wasim Societé Financiene, empresa do Grupo Simonsen baseada na Suíça que distribuía café brasileiro por toda a Europa. Marylou Simonsen, filha mais nova do empresário — que àquela hora dormia —, atendeu:

— Marylou, é melhor chamar seu pai. Eles cassaram a Panair — avisou, sem rodeios.[3]

2

Ninguém na companhia cassada conseguiu dormir. A maior parte deles instintivamente rumou para o hangar do Santos Dumont. Não se via revolta ou raiva nos rostos. Tudo parecia um grande mal-entendido. A notícia do cancelamento das linhas era tão inconcebível que só provocava perplexidade. Nas mentes de todos, havia a certeza de que o engano logo seria corrigido e que o responsável pelo inconveniente teria um dia difícil no escritório.

Essa convicção não era infundada, nem arrogante. Tratava-se da Panair do Brasil — a marca mais famosa do país no exterior, e certamente a mais sólida, tradicional e respeitada entre as companhias de aviação. Um verdadeiro império, ou, como diria o embaixador dos Estados Unidos, John W. F. Dulles, uma "vaca sagrada".[4] A relação estabelecida com a sociedade ia além dos contratos de prestação de serviços; mais verde-amarela do que qualquer outra, era tão eficiente, avançada e humana que conquistara a admiração e o carinho do povo brasileiro, misturando-se ao próprio imaginário popular.

Apesar disso, o dano estava feito. Às 3 horas, um representante da Panair foi até a redação do diário *Tribuna da Imprensa*, procurando pelo jornalista Hélio Fernandes, que, no momento, fechava a sua coluna "Fatos e Rumores em Primeira Mão". Aproximando-se, a fonte avisou:

— Pode dizer que logo pela manhã entraremos com um mandado de segurança para fazer cessar o esbulho de que fomos vítimas.

Antes mesmo de o mandado ser impetrado, a imprensa, bastante firme, já cobrava respostas oficiais. Em seu editorial do dia 11 de fevereiro, o jornal *Correio da Manhã* exigia que o governo explicasse com clareza os motivos que o haviam levado a intervir exclusivamente na Panair do Brasil e, ainda, por que o fizera de súbito, de maneira a provocar um verdadeiro rebuliço no mercado. O autor manifestava em tom crítico que "a intervenção governamental não tentou, sequer, preservar o nome de uma companhia que tantos serviços prestou, durante decênios, conduzindo o pavilhão nacional a países longínquos". E denunciava: "O Governo não quis salvar a Panair, mas liquidá-la de uma vez por todas. (...) Talvez haja vantagens de ordem psicológica, ou política, que ainda não vislumbramos."

O *Última Hora*, do jornalista Samuel Wainer, foi além: "A cassação das linhas da Panair do Brasil teve todas as características de um golpe. Apanhou inteiramente de surpresa a diretoria da empresa. No entanto, a companhia beneficiada com a concessão de linhas para o exterior, imediatamente em seguida, já se apresentava em condições de operar. Como numa operação militar, o elemento surpresa deveria valer para o 'inimigo', mas não para os aliados."

O diário *O Globo*, mais contido nas palavras, trazia em sua primeira página a manchete "Cassadas as concessões de voo dadas à Panair do Brasil". Acompanhando a matéria, uma foto do Boeing 707 da Varig, em primeiro plano, antes do embarque dos passageiros, e, ao fundo, o DC-8 da Panair sendo rebocado para o hangar. No editorial, o alerta: "Quaisquer que tenham sido os motivos de ordem interna que levaram o governo a tomar a surpreendente decisão de cassar a concessão de linhas domésticas e internacionais da Panair do Brasil, a verdade é que quem mais vai sofrer no exterior é o prestígio aeronáutico do país. Não basta a substituição nas rotas por outra empresa brasileira, para neutralizar os efeitos negativos do ato."

Para o editor do *Diário de Notícias*, uma empresa de tamanha tradição representava, pelo seu próprio nome, um capital que não podia ser desperdiçado por medidas tomadas apressadamente. "O nome da Panair na Europa era grandemente conhecido. Em matéria de divulgação da nossa terra, a Panair do Brasil atuou com eficiência fazendo a vez de um órgão federal de turismo inexistente no país", destacava.

Curiosamente, dada a relevância do assunto e a sua imediata repercussão, nem a Força Aérea Brasileira, nem o Ministério da Aeronáutica, ou mesmo a Diretoria de Aeronáutica Civil, quiseram se pronunciar à imprensa em caráter oficial. Procurados pelos jornalistas, os assessores do brigadeiro Wanderley apenas deram a entender que a DAC não tinha nada a ver com a ação contra a Panair. Quanto às outras autoridades pertinentes, os brigadeiros Eduardo Gomes e Clóvis Travassos, não se sabia nem onde estavam. A única informação confirmada que os jornais conseguiram arrancar até a manhã, além da breve nota enviada às redações no dia anterior, era que Eduardo Gomes vinha há algum tempo compilando documentação sobre a alegada condição financeira da companhia.

Era de conhecimento comum que o setor enfrentava uma crise preocupante. As subvenções governamentais tinham-se estagnado.* Elas eram previstas em lei, pagas em virtude do déficit tarifário generalizado das linhas nacionais. Em contrapartida, o câmbio se desvalorizava rápida e progressivamente por conta da inflação. Nem mesmo financiamentos especiais pela Carteira de Câmbio do Banco do Brasil, autorizados pelo governo, estavam dando conta dos gastos das companhias aéreas. Esses empréstimos, que visavam a cobertura dos gastos das empresas em moeda estrangeira, consistiam no pagamento de 10% no ato da remessa, 40% em doze prestações mensais e os 50% restantes após esse período. Como não havia meios de atualizar os valores subvencionados, decidiu-se, de comum acordo, em 1963, que as empresas poderiam decretar uma es-

---

* A origem da crise por que atravessava a aviação comercial brasileira e o panorama das subvenções serão explicados com detalhes no capítulo II, "O voo".

pécie de moratória relativa aos referidos 50% restantes desses financiamentos. Isso até que fosse encontrado um jeito de reajustar as subvenções.

Mas nesse quadro, embora flutuassem rumores de uma intervenção na Panair, por motivos exclusivamente administrativos — o novo regime político, desde sua instauração, antagonizava com os acionistas majoritários, tendo inclusive iniciado duras intervenções em outras companhias dos mesmos —, de forma alguma se falava em cassação de linhas. Afinal de contas, todas as empresas, sem exceção, tornaram-se devedoras do Banco do Brasil em decorrência do acordo, e, entre elas, a Panair era uma das que menos deviam. Mesmo assim, apurou *O Globo* que, desde junho de 1964, autoridades do Ministério da Aeronáutica tentavam convencer o marechal Castello Branco de que a companhia não podia mais continuar operando.[5] O brigadeiro Clóvis Travassos, na época à frente da DAC, elaborou um relatório que sugeria a suspensão das concessões e sua transferência à Varig e à Cruzeiro do Sul.

A cobertura dos noticiários, abrangente, ganhou uma ótica única pela *Tribuna da Imprensa*. Em tom bastante ácido, Hélio Fernandes trouxe na capa do impresso o controverso título "Governo dá a Ruben Berta monopólio dos voos internacionais brasileiros". Em seguida, iniciou seu artigo dizendo que "essa medida é mais uma imoralidade e esconde em seu bojo um inconcebível favoritismo e privilégio". Argumentou o jornalista que, se abrangesse todo o setor, a ação seria louvável. Porém, da forma como fora implementada, assemelhava-se mais a uma discriminação, segundo ele, "maquinada pelo sr. Ruben Berta, que afinal viu vitoriosos os seus sonhos de dominar a aviação brasileira".

Aproveitando a comoção da mídia, a diretoria da Panair encaminhou aos principais veículos de comunicação uma nota que refutava os argumentos utilizados para a perda das concessões. Em espaços pagos, publicou também pareceres e relatórios de órgãos credenciados, corroborando seu posicionamento com fatos concretos. Esclarecia:

(...) O motivo alegado, para tão violenta e inesperada determinação governamental, foi unicamente a situação financeira da empresa: nenhuma alegação de ordem técnica ou relativa à segurança de voo e à regularidade dos serviços foi invocada.

Não pode a diretoria da Panair aceitar sem réplica imediata a acusação. A situação pendente em relação ao Banco do Brasil S.A. é a mesma que ocorre com todas as empresas de aviação em funcionamento no país. Por mútuo acordo, que vem sendo observado com as demais companhias, em igualdade de condições, aquele estabelecimento bancário não tem exigido o resgate de débitos que se acumulam por força das diferenças cambiais ocorridas nos últimos tempos. Este imperativo de força maior inspirou o acordo geral de não exigibilidade dos débitos das empresas até que uma situação de equidade fosse encontrada.

Mas a despeito dessa situação, para a qual não contribuía a empresa, porque decorrente da inflação, da desvalorização da moeda nacional e do desajuste das subvenções e dos déficits tarifários, a posição financeira da empresa foi considerada em condições de recuperação em exames contábeis concluídos em dezembro do ano findo pela Ecotec [Economia e Engenharia Industrial S.A.].

Nenhum fato novo ocorreu, nem mesmo agravação da situação cambial nestes últimos quarenta dias, que pudesse levar o Governo a considerar precária a situação da empresa, cumprindo notar que os órgãos do Governo jamais ensejaram a possibilidade, sempre desejada pela Panair, de um esclarecimento sobre a sua situação financeira.

Para esclarecimento do povo brasileiro e especialmente das firmas com as quais sempre manteve relações de ordem financeira, a diretoria torna público que não pode silenciar nem aceitar sem protesto o cancelamento das suas linhas de aviação, realizada inopinadamente e sob a invocação de motivos que não correspondem à realidade dos fatos e cuja apreciação, afinal, escapa aos órgãos técnicos subordinados ao Ministério da Aeronáutica.

A diretoria procurará colher novos informes do ato governamental, a fim de tomar as medidas que julgar necessárias à defesa da sua reputação técnica e financeira, do seu vultoso patrimônio e dos grandes interesses que as suas operações envolvem, inclusive em relação ao seu pessoal, sempre pago em dia, e aos seus fornecedores, durante os 35 anos de inestimáveis serviços prestados aos seus clientes brasileiros e de todos os países onde tem operado.

Em Petrópolis, pronunciou-se também o corpo gestor da subsidiária Celma, solidário aos empregados da Panair e alarmado com o batalhão que ocupava as suas instalações. Diante de servidores apreensivos, o diretor-presidente, Rodolpho Figueira de Mello, distribuiu circular visando acalmá-los. Em seguida, contou aos jornalistas que ficara surpreso com a presença dos militares e que, embora os oficiais superiores afirmassem que a ação visava apenas garantir a segurança das dependências da empresa, o auxílio não havia sido solicitado e mostrava-se totalmente desnecessário.

— A administração foi surpreendida com as garantias militares dadas às suas dependências e instalações na madrugada de hoje, garantias essas que não solicitou, e, ainda mais, porque o ato do governo em nada se refere à Companhia Eletromecânica — Celma — afirmou.

Depois de falar aos repórteres, Mello voltou pensativo ao seu gabinete. Fechou a porta, postou-se próximo à janela e, com as persianas semifechadas, observou o movimento na rua. Aquilo não era normal. Os soldados armados, ali, silenciosos como estátuas, causavam-lhe muitos receios. Andou até um bebedouro, tomou um copo de água gelada e desceu novamente. O susto que levou ao chegar ao térreo o deixou praticamente paralisado.

Bem à frente da porta principal da oficina, parou um carro da Força Aérea Brasileira. Desceram três homens. O primeiro era o brigadeiro Henrique do Amaral Penna, importante militar da Aeronáutica. O segundo, Kleber Correia Lemos, funcionário do Banco do Brasil. O terceiro, o motivo do choque: era o coronel Marcos Baptista dos Santos. Seis meses antes, Santos entrara na Celma como vice-diretor, indicado por Pamplona e alegando ser oficial reformado. Agora, aparecia inteiramente fardado de coronel da Aeronáutica. Justificou-se a hesitação sentida há pouco. Mello teve a certeza de que as coisas piorariam antes de se resolverem e que o problema era maior do que deixava transparecer.

Enquanto o público brasileiro se informava pelos jornais, rádios e televisões, o influente periódico *The New York Times* noticiava: "Brasil cancela as linhas da Panair — A Varig assumiu as linhas internacionais da Panair do Brasil hoje, tornando-se assim uma das maiores empresas aéreas internacionais do mundo."[6] Por sua vez, a revista *Time*, sob o título "Too Many Wings" [Asas demais], relatava:[7]

> Grudados nas janelas de um escritório de venda de passagens aéreas no centro do Rio, estavam cartazes desafiadores: "É fácil destruir, mas leva-se 35 anos para construir! Não morreremos!" Os protestos eram contra uma das mais severas reformas econômicas já tentadas pelo governo revolucionário do Brasil. Em um decreto especial, o presidente Humberto Castello Branco ordenou que a grande companhia aérea do país, Panair do Brasil, encerrasse suas operações imediatamente, parasse seus aviões e entregasse suas linhas domésticas e internacionais a outras empresas aéreas brasileiras.

A France Press e a Associated Press também divulgavam ao mundo que a Europa reagia com surpresa à cassação das linhas da companhia. Procurado pela imprensa portuguesa, o representante Marinho Alves, ainda desconhecendo a amplitude da situação no Rio de Janeiro, anunciou aos jornalistas:

— As linhas da Panair do Brasil continuarão funcionando. Esperamos receber instruções pelo voo que chegará às 14 horas.

Atrasado por causa do horário em que decolara, o avião finalmente entrou no alcance dos radares de Portela de Sacavém, o aeroporto internacional de Lisboa. Mas aquele não era o aguardado DC-8 da Panair; era o Boeing 707 da Varig. Por se tratar de aeronave desconhecida que trafegava irregularmente e em horário imprevisto, a torre, de início, negou a autorização para pouso. A equipe da empresa cassada em Lisboa foi obrigada a interceder e o comandante acabou identificando o PP-VJA como avião "fretado" à Panair, para, somente assim, conseguir aterrissar em solo português. Durante o desembarque, os passageiros podiam ver os funcionários de terra colados ao vidro do terminal, observando, perplexos, de mãos dadas, o 707 no pátio.

Surpreendida também ficou a Transportes Aéreos Portugueses, companhia que mantinha com a Panair do Brasil, desde 1960, um acordo de tráfego chamado "Voo da Amizade". Desprevenida, a TAP ficou sem saber o que fazer com seus clientes, que já tinham passagens compradas para embarcar no DC-8 na viagem de volta ao Rio de Janeiro. Coube a Erik de Carvalho, o vice de Ruben Berta, e aos oficiais da DAC que embarcaram com ele ir a Lisboa, Paris e Frankfurt para avisar de última hora que a Varig passaria a operar provisoriamente em substituição à congênere cassada.

Apesar do improviso alegado, a empresa gaúcha já possuía, na manhã do dia 11, quatro jatos de longo alcance disponíveis na pista do Galeão para executar, sem interrupções, os demais voos internacionais da Panair para a Europa. O superintendente de propaganda da Varig, Elias de Faria, fez questão de anunciar que sua companhia tinha condições de operar indefinidamente as linhas antes exploradas pela concorrente.[8]

Nesse meio-tempo, mais de 120 funcionários de voo da Panair se reuniam em assembleia na Associação dos Pilotos da Panair, que funcionava no próprio edifício da praça Marechal Âncora, para discutir os últimos fatos.

— A hora é dramática para todos nós e os acontecimentos de gravidade sem paralelo em nossas vidas — disse o comandante Cerqueira Leite ao iniciar a sessão, que constituiria comissões para manter contato direto com os brigadeiros Wanderley e Eduardo Gomes.

A poucas salas de lá, a diretoria continuava em ritmo de reuniões incessantes. Paulo Sampaio, o presidente da Panair, permanecera em seu escritório o tempo todo, ausentando-se apenas às 5h30, para se barbear, e retornando logo em seguida. Até então, todas as tentativas de falar com o Planalto via telefone tinham sido frustradas.

Tude Neiva de Lima Rocha conferenciava para finalizar a elaboração do pedido de concordata preventiva, que, estimava-se, impediria gastos diários da ordem de 50 milhões de cruzeiros. Por sua vez, o colega, Carlos Medeiros, estruturava os alicerces que comporiam o mandado de segurança a ser impetrado para sustar a ação do governo.

— Estamos bem instrumentados, senhores — certificou Rocha.

— Com base no que pude levantar nesse escasso tempo de que dispusemos, temos justificativas de sobra para o deferimento do pedido de concordata, que protegerá a Panair até a impetração do mandado de segurança. O ativo da companhia é muito superior ao seu passivo. O valor em dólares dos DC-8 e Caravelles, por si só, supera o crédito que temos com o Banco do Brasil. Além disso, a renda não advém exclusivamente das linhas. Os serviços prestados pelos Departamentos de Comunicações e Manutenção e pela Celma a empresas congêneres garantem entrada significativa de receita para amortizar em parcelas as dívidas reclamadas. O sr. Mourão pode esclarecer melhor este ponto.

— O nosso ativo gira em torno de 66 milhões de dólares, pelos cálculos que levantei no Departamento Financeiro — explicou Jorge Mourão. — Esse capital está representado pelas 24 aeronaves, pelos equipamentos e pelo material sobressalente. Só as nossas oficinas estão avaliadas em mais de 10 milhões de dólares, excluindo-se aqui a Celma, que, pela última avaliação feita pela Montreal S.A., vale mais de 4 milhões de dólares. Já as nossas dívidas somam 36 milhões de dólares, relativos principalmente à compra dos três DC-8 e três Caravelles — cujo valor, com seus acessórios e sobressalentes em estoque, aproxima-se de 30 milhões de dólares — e aos débitos com a Pan American, estes já negociados, legitimamente escriturados nos livros da Panair. É claro, a companhia deve ao Banco do Brasil, assim como todas as empresas de navegação aérea. Os débitos das quatro grandes empresas nacionais são de 23,892 bilhões, dos quais apenas 4,4 bilhões são de responsabilidade da Panair.

— O Ministério da Aeronáutica tem amplo conhecimento disso, por causa da rígida fiscalização contábil que exerce sobre todas as empresas aéreas, doutor. Mas não o levou em conta ao cassar as nossas concessões — apontou Celso da Rocha Miranda. — Isso não enfraquece o nosso caso?

— Pelo contrário. É por isso que vamos direto à Justiça, dr. Celso — enfatizou Paulo Sampaio. — Como bem observou o dr. Tude, o patrimônio da Panair é gigantesco e de forma alguma pode ser desprezado.

— Sobre a ilegalidade da cassação, senhores, tenho algo a acrescentar — comentou Carlos Medeiros. — Obtive com o Departamento Jurídico dados irrefutáveis de que a Panair do Brasil é, de fato, concessionária de linhas nacionais e internacionais, e não simples permissionária, como foi alegado. O Decreto nº 19.079, de 24 de janeiro de 1930, concedeu à Nyrba do Brasil S. A. o direito de exploração de tráfego aéreo em território nacional. Como sucessora daquela empresa, situação reconhecida por meio do Decreto nº 19.417, de 21 de novembro de 1930, a Panair do Brasil S.A. é titular daquela concessão — salientou o advogado. — E mais: o Decreto-Lei nº 9.793, de 6 de outubro de 1945, adotou o critério contratual para a constituição de concessões. Logo, a partir daquela data, não cabia mais à União decidir unilateralmente sobre o assunto.

— Desculpe o meu pessimismo, doutor. Mas o governo afirma que, desde dezembro de 1963, não houve renovação dos contratos de concessão com as companhias — lembrou Edgard Fróes. — Isso também não derruba a informação que está apresentando?

— De forma alguma. Certamente é isso que parece a princípio, mas pesquisei a legislação vigente e averiguei que, expirados os contratos e não havendo prorrogação formal, perdura a relação contratual prevista pelo Decreto-Lei nº 9.793 — esclareceu Medeiros. — O artigo 1.079 do Código Civil é bastante claro quanto à aplicação do princípio de manifestação tácita da vontade. A prorrogação das concessões da Panair decorreu da manifestação tácita da vontade de ambas as partes, da companhia e da União.

— E, mesmo assim, nem o governo, nem a DAC, nem ninguém disse sequer uma palavra de objeção à continuidade da prestação dos nossos serviços após a expiração do contrato — acrescentou Paulo Sampaio. — Se eles pretendiam cancelar as concessões, por qualquer razão que fosse, deveriam ter dado ciência de sua intenção à Panair. Não houve processo administrativo, audiência ou qualquer outro tipo de aviso prévio.

— Exatamente, dr. Paulo. O ato foi ilegal também quanto à forma. Aqui está. Ouçam o que reza o artigo 4º do Decreto-Lei nº 9.793, de que tanto falamos: "O prazo das concessões será de cinco anos, podendo ser prorrogado por idênticos períodos sucessivos, quando satisfatória a sua execução no período vencido" — citou Medeiros, com um pesado volume do código nas mãos.

— Isso já diz tudo, senhores — constatou Rocha. — A prorrogação tácita se baseia no pressuposto do "enquanto a concessionária bem servir". Eles não alegam que a companhia vem prestando mal os serviços que lhe são afetos, e nem o poderiam, pois a Panair do Brasil é reconhecida internacionalmente pelos trabalhos que executa — disse. — O Ministério da Aeronáutica não estava diante de uma opção pura e simples. Somente a arguição de mau serviço poderia habilitá-lo a recusar as prorrogações.

Finalizada com otimismo a reunião, Rocha concluiu a redação e formatou o documento. Assim que pôde, deixou a sede da Panair, na praça Marechal Âncora, e caminhou alguns quarteirões até a avenida Dom Manuel, onde funcionava o Tribunal de Justiça da Guanabara. Lá, deu entrada no pedido de concordata preventiva. A proposta da Panair era pagar 60% dos seus débitos no prazo de dois anos.

Às 14h30, o titular da 6ª Vara Cível — onde caiu o pleito da Panair —, Mário Rebello de Mendonça Filho, encaminhou um pedido de informações ao gabinete do ministro da Aeronáutica sobre os motivos que levaram o governo a suspender as concessões de voo da companhia. Ao recebê-lo, Eduardo Gomes incumbiu o coronel Paulo Vitor de redigir um relatório e enviá-lo de volta. Vitor entrou em uma sala e, a portas fechadas, começou o trabalho imediatamente. Enquanto isso, o ministro foi em pessoa, fardado, até a 6ª Vara para estudar os termos do pedido da companhia.

Eram 15 horas em ponto. Tomadas as providências iniciais, restava agora aguardar a decisão. Enquanto o faziam, os diretores redigiram nova nota à imprensa, prestando esclarecimentos ao público.

3

Nessa tarde quente de verão, o típico mormaço que tomava conta do país nem parecia incomodar. O que realmente exaltava os ânimos eram as discussões calorosas que aconteciam na Câmara dos Deputados, cujos membros polemizavam sobre a atitude do governo federal com a Panair.

— O ato de inaudita violência é injurídico e se reveste de todas as características de uma cilada armada contra uma companhia de aviação que há mais de trinta anos vem prestando relevantes serviços à Nação — condenou o deputado Dias Menezes, do PTN de São Paulo. — A Panair do Brasil não chegou a ser consultada, tendo sido colocada a par da situação do governo apenas às 17 horas, quando a Varig já tinha pleno conhecimento do decreto. Voltarei a discutir o assunto amplamente em outra oportunidade — avisou.

Aliomar Baleeiro, da UDN da Guanabara, criticou a declaração de Menezes:

— Após prestar anos de bons serviços ao país, a Panair caiu nas mãos dos dirigentes da Comal, que levaram a empresa aérea a uma insustentável situação financeira. Por isso, o governo, em boa hora, retirou as concessões da companhia, já que não podem sofrer solução de continuidade os serviços nas rotas servidas pela empresa.

O deputado Hermógenes Príncipe, do PSD da Bahia, apresentou um requerimento aos outros membros da casa, solicitando os seguintes esclarecimentos do Ministério da Aeronáutica:

1. Quais os motivos que determinaram a decisão governamental de suspender, em caráter definitivo, as linhas aéreas internas e internacionais da Panair?

2. Se procedeu o governo às diligências legais e usuais, de natureza contábil, a fim de apurar a situação financeira da empresa?

3. Em caso afirmativo, a empresa teve ciência das diligências e oportunidade de esclarecer os pontos, porventura controvertidos?

4. Qual a situação das demais empresas de navegação aérea quanto ao débito para com o Banco do Brasil, o Banco Nacional de Desenvolvimento Econômico ou outras agências governamentais?

5. Antes de tomar a decisão em causa, de consequências graves e imprevisíveis, sofreu a empresa qualquer advertência, suspensão ou penalidade administrativa, com o objetivo de regularizar a sua situação financeira?

6. Interpelou o governo a empresa, sobre a possibilidade de aumento de capital, ou de obter recursos ou financiamentos, destinados a regularizar sua situação com o Banco do Brasil?

7. Conhece o governo a situação financeira de outras empresas?

8. Em caso afirmativo, se é comparável à da Panair?

9. Sabe o governo que outras empresas contraíram empréstimos vultosos, no exterior, com aval do Banco do Brasil, no governo João Goulart, e que os mesmos ainda não foram resgatados?

10. Qual o débito vencido e não pago de outras empresas para com o Banco do Brasil?

11. qual a repercussão que terá o ato governamental na discussão dos acordos de tráfego aéreo, com os governos da França e do Líbano?

— Quero externar, aqui, a gratidão do país aos serviços que lhe prestou a Panair, por ter sido ela a pioneira na travessia do Atlântico Sul, que vinha fazendo quase diariamente e sem qualquer acidente — acrescentou o deputado Carlos Werneck, do PDC do Rio. — São magníficos os escritórios que ela mantém no estrangeiro. Acho que funcionariam como autênticos consulados. Espero, por isso, que o governo conserve o patrimônio e a tradição da Panair da melhor maneira possível.

Em resposta às críticas da Câmara, publicadas no *Correio da Manhã*, o coronel-aviador Guido Jorge Moassab, chefe de Relações Públicas do Ministério da Aeronáutica, contou a repórteres do mesmo diário, em caráter informal, que o objetivo do governo, ao cassar as linhas da Panair, fora o da segurança do material aéreo e amparo dos funcionários.

— O Ministério da Aeronáutica, através de seus órgãos próprios, examinou a situação financeira da Panair, concluindo ser ela insustentável e refletindo na insegurança de voo — argumentou Moassab. — O endividamento da Panair é tão grande que mesmo que lhe fossem pagos subvenções e auxílios, ainda assim não seria possível obter a recuperação econômica e financeira.

Na mesma matéria, contudo, o *Correio da Manhã* explorava outros possíveis motivos para a condenação da companhia. Sua reportagem apurou, em São Paulo, que a TV Excelsior — uma das emissoras de televisão mais influentes do país, cujo dono era Mario Wallace Simonsen — estava se opondo demais ao governo pós-Golpe e que, em represália, os militares estavam "cuidando de executá-lo". As fontes da informação teriam, ainda, acusado o deputado Herbert Levy de ser peça-chave na questão, por desejar a destruição da Comal, a poderosa firma de Simonsen especializada em exportação de café.*

Não menos aquecida foi a reação da Vasp, sobretudo em relação ao critério adotado para a distribuição das linhas internacionais, que beneficiou exclusivamente a Varig. O professor Hélio Tornaghi, presidente da empresa paulista, convocou os pilotos da Panair para uma reunião às 18 horas na própria sede da sua associação. Apesar de o encontro durar pouco tempo, o empresário anunciou que a sua companhia tinha condições de adquirir todo o acervo da congênere cassada, responsabilizando-se, inclusive, pelos créditos trabalhistas. Em seguida, procurou os órgãos da imprensa de maior projeção, transformando o assunto em verdadeira luta pelo "filé-mignon" da aviação comercial brasileira.

— Não posso crer que uma empresa como a Vasp, que leva o progresso a todos os pontos do território nacional, fazendo, inclusive, linhas que dão prejuízo, não seja contemplada no momento em

---

* Esta matéria será tratada com profundidade no capítulo V, "A turbulência".

que se oferece a possibilidade de expansão, através de rentabilíssimas linhas internacionais.

— Por que o senhor acha que as linhas foram transferidas apenas para a Varig? — perguntou um repórter do *Correio da Manhã*.

— O sr. Ruben Berta conseguiu, afinal, o que vinha tentando com vários governos — acusou Tornaghi. — Monopolizar, pela corrupção e suborno, a exploração das linhas aéreas internacionais.

— Como assim, professor? — provocou um jornalista da *Tribuna da Imprensa*.

— A minha companhia não tem dinheiro para comprar deputados — exaltou-se o empresário. — O governo só provará que não está usando de um critério discriminatório se ratear as linhas internacionais da Panair entre as empresas que fazem as linhas domésticas. Se assim não for, fecharei a Vasp e entregarei seu patrimônio ao Ministério da Aeronáutica — ameaçou. — Chegou a hora de o governo demonstrar se a Revolução foi ou não um 1º de Abril.

O alvoroço provocado pelas declarações da concorrência foi ainda mais intensificado pelas discussões que tomavam conta do Sindicato Nacional dos Aeroviários, onde, também por volta das 18 horas, reuniam-se outros quinhentos funcionários da Panair com Célio Garcez Ribeiro e Válter Souto Rego, interventores da entidade, Raul Santa Sé Gravatá, procurador da Justiça do Trabalho, e Carlos Pinheiro Guimarães Filho, procurador-chefe da Delegacia do IAPFESP (Instituto de Aposentadorias e Pensões dos Ferroviários e Empregados em Serviços Públicos) na Guanabara.

— Senhores, por favor, peço um momento de sua atenção — solicitou Válter Souto, cuja voz quase se perdia entre as tantas outras que dominavam o auditório. — A distribuição do pessoal pretendida pelo governo resultará no aproveitamento, pela Varig, de 2 mil servidores das linhas internacionais, e oitocentos, pela Cruzeiro do Sul, nas linhas nacionais.

O barulho aumentava. Gritos de protesto ecoavam pelo recinto, cuja acústica, por si só, desfavorecia o orador.

— Por favor, senhores, peço que me deixem terminar — esforçava-se o representante do sindicato. — O Ministério da Aeronáutica absorverá o pessoal técnico de terra, e o pessoal com idade de aposentadoria será imediatamente aposentado. Passo a palavra agora para o sr. Santa Sé Gravatá, que está aqui representando o governo.

— Obrigado, sr. Válter. Senhores, o governo está empenhado em solucionar o problema sem prejuízo para os aeroviários e aeronautas — assegurou.

— Por que o governo não entrega os serviços à Vasp, que não dá prejuízo? — perguntou de longe o funcionário Dagoberto Rios, da Panair.

— Eu não estou, a esta altura, completamente aparelhado para esclarecer esse ponto — respondeu Gravatá. — Foi-me confiada esta missão há apenas duas horas.

Claramente irritados, vários empregados, da Panair e de outras empresas, esperaram o fim das exposições para falar à mesa, condenando com violência a investida do governo contra a maior companhia aérea do país.

— A decisão só atende aos interesses econômicos do grupo liderado pelo sr. Ruben Berta, presidente da Varig, que há muitos anos vem tentando obter a concessão das linhas internacionais da Panair do Brasil — acusou um servidor, tachando, em seguida, o empresário gaúcho de *"Führer* brasileiro".

— Nós nos recusamos a ir para a Varig, a Cruzeiro ou qualquer outra empresa! — enfatizou um segundo. — Quando a Varig comprou o consórcio Real-Aerovias-Nacional, com o compromisso de se responsabilizar pelo pessoal, os empregados das empresas adquiridas começaram a ser demitidos depois de alguns meses.[9] Com muito mais razão, o mesmo se dará no caso da Panair do Brasil, porque em geral nós recebemos salários bem mais altos que na Varig.

— A questão é outra, colegas. Começaram a questionar a nossa segurança de voo! A Panair, ainda há pouco, ganhou uma concorrência para fazer a manutenção dos aviões de uma empresa que passou a operar no Brasil, não podendo, por esse motivo, ser esse serviço imperfeito para os seus próprios aparelhos — argumentou o comandante Pimentel. — Além do mais, a revisão dos aviões da própria Força Aérea Brasileira é confiada à Panair, através da Celma!

Embora houvesse momentos de grande emoção, ao final da reunião decidiu-se que os servidores presentes ficariam permanentemente em assembleia e nomeariam uma comissão para levar ao governo as reivindicações dos funcionários da Panair. Foram escolhidos para integrar o grupo Luís Gonzaga, Hélio Xavier Costa, José Melo e Silva, Luís Vidigal Neves, Orlando Marques da Silva, Antônio San Fuentes Pereira, Geraldo Xavier Costa, Abel de Oliveira Hildon Martins, os interventores dos sindicatos dos aeronautas e aeroviários e os presidentes das associações de pilotos, mecânicos e comissários da Panair. Programou-se, também, uma passeata para o início da semana, durante a qual o funcionalismo reivindicaria a intervenção em todas as empresas, a fim de que fosse estabelecida uma política aeronáutica nacional. Por fim, o comandante Rios redigiu e telegrafou para o presidente Castello Branco o seguinte texto, iniciando campanha em defesa da Panair e pela revogação do ato:

> Aeronautas e aeroviários da Panair do Brasil reunidos em assembleia permanente dirigem-se a V. Exa. formulando veemente apelo, no sentido de tornar sem efeito a decisão que cancelou as operações da empresa, resguardando um patrimônio nacional acumulado em 33 anos de serviços prestados à nossa Pátria e assegurando fonte de subsistência a 5 mil famílias, sem prejuízo de outras medidas necessárias para a solução definitiva da crise da aviação comercial. Respeitosas saudações. Comandante Dagoberto Rios, presidente da Assembleia.

No início da noite, reunido no hangar do Santos Dumont, um grupo de empregados colava cartazes em solidariedade à diretoria, que, reconheciam, tudo estava fazendo para protegê-los das consequências da cassação. Lia-se em um deles: "Colegas! Nestas horas de angústias conclamamos todos os colegas para colocarem à disposição da Panair, por tempo que for necessário, 25% dos salários, a fim de levantarmos o nome e a liderança da nossa companhia! Unidos no sacrifício alcançaremos a vitória!" Já em outro, um protesto: "Aeroberta, não!" Havia, também, mensagens do tipo: "Destruir é fácil. Construir leva pelo menos 35 anos"; "Queremos a nossa Panair de volta"; "Presidente, restitua as nossas concessões. A Panair é nosso orgulho, sr. presidente" e "A Panair é nossa. Lute, não se renda!".

Quem passava pela praça Marechal Âncora via, emocionado, os esforços desesperados dos funcionários para manter sua empresa no ar. Dezenas de papéis e anúncios escritos e ilustrados à mão cobriam toda a fachada do prédio. Na lateral esquerda, que podia ser vista da estação das barcas que saíam para Niterói, uma faixa igualmente grande resguardava as letras brancas em relevo que formavam um enorme "PANAIR DO BRASIL" e, bem abaixo, o emblemático logotipo verde-bandeira. O texto trazia um apelo à população: "Os funcionários pedem a sua simpatia."

Os "panerianos", como costumavam se tratar, tomaram como evidência da preocupação dos superiores o gesto de Celso da Rocha Miranda, o acionista majoritário, que, por aquelas horas, bastante abatido, desceu ao hangar e anunciou aos que estavam presentes:

— Farei tudo para resguardar os empregados e assegurar a sobrevivência da companhia. Se for preciso, abrirei mão até de minhas ações — comprometeu-se, suspeitando que a penalidade escondia também uma perseguição à sua pessoa. — Eu me coloco à disposição do governo, desde que ele não desapareça com a Panair do Brasil. Nesse sentido, pedi uma audiência ao presidente da República para saber das razões que levaram o governo a cassar as linhas da Panair. Eu não acredito que, de posse das nossas explicações, o marechal Castello Branco deixe de revogar o ato.

Mas nem todos os trabalhadores se dispunham a abrir mão de um quarto dos salários para salvar a companhia. Outros, já irritados, começavam a cogitar a criação de uma fundação formada por eles próprios para controlar a Panair. Dividiam a mesma sensação de Rocha Miranda; a de que o mal caíra sobre suas cabeças unicamente porque o grupo acionário era constituído de *personas non gratas* à Revolução. Se era esse o real problema, pediam que fosse trocada a gestão.

A noite esfriou um pouco e foi seguida por um amanhecer ainda mais fresco. O céu estava nublado, prenunciando um dia melancólico. No Galeão, havia certo movimento desde cedo. Surgindo por detrás das nuvens, que eram alvo dos olhares curiosos, o último voo da Panair aterrissava, vindo de Belém. Ao tocar suavemente o solo, o Constellation L-049 correu toda a extensão da pista, desacelerando muito gradativamente. Taxiou com a elegância que era marca registrada do modelo e estacionou junto aos hangares da companhia, na frente dos quais já estava parada, em diferentes posições, boa parte da frota. Uma cena impressionante. Havia cinco Constellations, dois Caravelles e os três DC-8 — uma sucessão de enormes pássaros auriverdes.

Assim que os quatro motores foram cortados, a tripulação abriu a porta traseira a bombordo e esperou o pessoal de terra trazer as escadas. Foi um momento de forte impacto emocional. Sob a fina garoa, quando as aeromoças deram o primeiro passo para fora do avião, todos à volta ficaram com os olhos marejados ao notar que o grupo tinha viajado sem uniforme.

À tarde, o diretor da Diretoria de Rotas Aéreas, brigadeiro Joelmir Campos de Araripe Macedo, dizendo-se surpreso com a cassação, deliberou a imediata ocupação militar do Departamento de Comunicações da Panair. A razão alegada: se o serviço prestado pela empresa naquele setor cessasse, ocorreria a completa paralisação da aviação internacional nas rotas do Atlântico Sul — era a companhia a única entidade a oferecer toda a cobertura de linhas de radiotelegrafia nessa região do globo. De fato, logo após tomar conhecimento dos fatos, o governo francês notificou as autoridades brasileiras de que se a proteção executada pela Panair parasse, a França suspenderia a operação da Air France por aqui.

Além de Araripe, outras autoridades mostraram-se alheias à decisão governamental. Aparentemente, os órgãos do próprio Ministério da Aeronáutica que deveriam ter sido ouvidos sobre os planos de cassar as linhas da companhia foram mantidos no escuro. Manifestaram-se nesse sentido também a Diretoria de Aeronáutica Civil e a Comissão de Estudos Relativos à Navegação Aérea Internacional (Cernai), a qual, de acordo com o Decreto n° 27.353, de 20 de outubro de 1949, era o órgão específico para opinar em todos os problemas relacionados a linhas aéreas internacionais.[10]

4

A cada dia que passava, a angústia crescia e o assunto tomava maiores proporções. Talvez quem mais estivesse sofrendo fossem os habitantes do Norte do país. A Amazônia ficou virtualmente isolada com a paralisação da Panair, que atendia com hidroaviões PBY Catalina, em missão humanitária, 43 localidades na região. A situação preocupava e muito, pois aquela operação constituía o mais importante elemento integrador da região ao resto do Brasil. A Cruzeiro do Sul, a quem foram dadas as linhas, não operava aquele tipo de avião, de modo que os serviços às populações ribeirinhas foram simplesmente interrompidos. Estimava-se que percursos realizados em quatro ou cinco horas pela empresa cassada teriam agora de ser feitos em trinta ou quarenta dias, de barco, já que o nível dos rios geralmente baixava àquela época do ano, atrasando ou impossibilitando o transporte fluvial.

Os prejuízos eram grandes e se acumulavam. Deixaram de chegar às cidades medicamentos, vacinas, correio, produtos manufaturados, enfim, tudo o que era produzido fora. Os moradores, por sua vez, acabaram ilhados em seus municípios, sem que as autoridades tomassem qualquer providência a respeito. Os governos estaduais encaravam a cassação da Panair como descaso de Brasília, o que levou o senador Edmundo Levi, do PTB-AM, a se pronunciar na capital federal, condenando a medida do presidente da Nação. O governador do Amazonas, Artur Reis, depois de decretar estado de calamidade pública, veio de Manaus para conversar pessoalmente com Castello Branco.

Como uma panela de pressão, a cobrança por respostas continuava se acalorando a cada novo dado revelado. Chegou perto de explodir depois que veio a público, por uma fonte da própria DAC, que não tinha sido feito um levantamento da situação econômico-

-financeira da empresa antes da cassação, muito menos se realizara perícia contábil. Inquirida sobre o motivo disso, a fonte tentou se esquivar, dizendo apenas que "o exame tornou-se dispensável, dado o flagrante estado de insolvência da companhia, que vinha sendo acompanhado há algum tempo".

As autoridades viram-se, então, em situação complicada. De um lado, havia os repórteres, que incomodavam como pernilongos famintos. De outro, políticos influentes que desaprovavam a medida e exigiam explicações. Na base, a população, que se sensibilizava com os funcionários. E no centro disso tudo, porta-vozes do próprio governo, que ofereciam versões diferentes e contraditórias. Diante dos fatos, o brigadeiro Eduardo Gomes se sentiu na obrigação de liberar para a imprensa a Exposição de Motivos na qual se baseou para assinar o despacho de cassação.*

Sentindo a crise que se armava, Hélio Tornaghi, o polêmico presidente da Vasp, decidiu apimentar um pouco mais a discussão, voltando a falar com os jornais.

— Se o governo persistir na ideia de negar à Vasp aquilo que ela julga de seu direito, vou fechar pura e simplesmente as portas da companhia, indenizarei os funcionários e deixarei que o governo, que não soube prever em tempo a solução do caso da Panair, se veja também com este caso — polemizou, reforçando a ameaça anterior. — Fiquei sabendo que a concessão feita pelo governo à Varig foi em caráter definitivo e não provisório, como noticiado.

— Como ficou sabendo disso, professor? — questionou um jornalista do *Correio da Manhã*.

— Percebi que a solução não era provisória por várias frases, quer do ministro da Aeronáutica, quer do diretor da DAC, que davam a entender estar diante de um fato consumado — explicou Tornaghi. — O monopólio instituído é inconstitucional, e os que o defendem são os mesmos que atacavam a Aerobrás.[11] Agora me parece existir apenas uma única dúvida a respeito do nome a adotar

---

* Esta matéria será tratada com profundidade no capítulo IV, "O clima".

para esse monopólio da aviação comercial no Brasil: Aeroberta ou Bertabrás — ironizou.

Os jornalistas ouviam com atenção, anotando cuidadosamente tudo o que era dito e dando corda para que o empresário continuasse aquela sessão de acusações. Sem dúvida, a controvérsia daria um belo impulso às vendas nas bancas.

— No gabinete do diretor da DAC eu ouvi uma conversa do coronel Abreu Coutinho com outro assessor do brigadeiro — revelou. — Eles defendiam a entrega das linhas à Varig, pois a Vasp não tinha continuidade administrativa e as diretorias eram trocadas constantemente. Acabei intervindo na conversa, dizendo que se fosse válida tal tese, o Ministério da Aeronáutica já estaria falido, pois por ali passaram cinco ministros em menos de um ano. Depois disso, fiquei atônito quando o brigadeiro Wanderley me disse ter ficado surpreso com a medida do governo. Só que a Varig não parece ter recebido a notícia com a mesma surpresa, pois em poucas horas começou a voar nas rotas internacionais da Panair — provocou.

Até então, a administração da empresa gaúcha não parecia preocupada em retrucar às provocações. Pelo menos, não o fez diretamente. A primeira resposta veio do seu Departamento de Relações Públicas, que publicou mensagens enviadas por cerca de quarenta deputados paulistas ao marechal Castello Branco, felicitando-o pelo que chamaram de ato patriótico, referindo-se à entrega das linhas internacionais antes exploradas pela Panair à Varig. Além dessa, apenas duas outras informações foram divulgadas em caráter oficial pela diretoria: a de que a companhia se comprometia a receber de 1.500 a 2 mil funcionários da congênere cassada e que pretendia integrar a rede de agências europeias ao seu patrimônio. Se nisso havia a intenção de provocar, Ruben Berta conseguiu fazê-lo à altura, e sem que fosse declarada abertamente uma guerra entre os empresários.

Na 6ª Vara Cível, o juiz Mário Rebello, que no dia anterior recebera a ilustre visita de Eduardo Gomes, já estudava o pedido de concordata da Panair do Brasil. Como aquele 12 de fevereiro era uma sexta-feira, ele decidiu proferir seu despacho no fim de semana e se programou para devolver a petição ao cartório somente na segunda, dia 15. Esse primeiro despacho iniciaria o processamento da concordata, com a convocação dos credores e o levantamento dos débitos. Depois da realização do acordo de pagamento, o juiz concederia o pedido à Panair.

O país inteiro ficou na expectativa. As coisas pareceram melhorar quando a imprensa noticiou que o presidente Castello Branco marcara uma audiência com Paulo Sampaio e Celso da Rocha Miranda no Palácio das Laranjeiras, para as 11 horas da mesma segunda-feira. Animados, os diretores e advogados reuniram-se novamente na sede da empresa e compilaram vasta documentação sobre as condições econômico-financeiras que consideravam verdadeiras não só para a Panair, mas para todas as demais companhias aéreas. A oportunidade estava lançada, e a revogação do cancelamento das linhas parecia próxima.

Lá embaixo, no hangar, os funcionários estavam mais organizados do que nunca. Durante as consecutivas assembleias, rejeitaram, por unanimidade, a proposta do governo de transferir o pessoal para a Varig, nas linhas internacionais; para a Cruzeiro, nas nacionais; e para o Ministério da Aeronáutica, nos serviços de terra. Os tripulantes acharam muito discrepantes as ofertas; as autoridades alegavam que as admissões seriam incondicionais, enquanto a Varig estabelecia cláusulas para efetivá-las; por exemplo, que junto com os pilotos lhe fosse concedida a posse do equipamento que eles operavam. Ressalvava Ruben Berta em comunicado distribuído à imprensa: "A Varig, ao assumir certas operações de voo, antes a cargo da Panair do Brasil, pretende absorver também pessoal de bons antecedentes, sem tempo de serviço para ser aposentado, necessário ao amparo das mesmas operações, na proporção em que puderem ser executadas, mediante o recebimento do material de voo nelas empregado. Essas operações são as das linhas para a Europa, já recebidas em concessão, voadas com jatos de longo curso."[12]

Assim sendo, para o funcionalismo da Panair, não havia outra solução aceitável a não ser a volta da companhia aos céus. E, para provar a sua determinação, comprometeram-se a continuar trabalhando, todos eles, diariamente, das 5 às 16 horas. Até então, os empregados de fora do Rio de Janeiro, em outros estados e no exterior pouco conheciam sobre o andamento da situação. Na Europa, na África e no Oriente Médio, só estavam cientes da cassação das linhas. Após a chegada da notícia, perdurara um preocupante silêncio. Decididos a permanecer nos postos, os colegas do Rio de Janeiro encaminharam telegramas para todas as lojas e agências, salientando que a luta continuava pela sobrevivência da Panair, que, diziam eles, "não pertence a ninguém, senão ao próprio Brasil".

Revigorada pelo otimismo e o forte laço que unia a todos na crise, a aeromoça Irenita, que fazia plantão no hangar, foi até um lavatório. Penteou-se, maquiou-se, vestiu o paletó de seu *tailleur* azul-acinzentado, ajeitou o charmoso bibico sobre a cabeça e colocou seus distintivos. Devidamente paramentada, dirigiu-se ao saguão do prédio, que, à hora, estava completamente lotado. Com ela, sessenta comissários e aeromoças dividiram-se em carros da companhia, rumando, em seguida, para a cidade. Às portas dos principais cinemas, impecáveis em seus uniformes, começaram a distribuir 100 mil volantes a quem saía das sessões.

— Por favor, enviem uma carta ao presidente da República protestando contra a cassação das linhas — pedia Irenita ao entregar os papéis.

— Afixem também cartazes dizendo que estão com a Panair — acrescentava o comissário Geraldo Cunha.

Adultos, jovens, idosos, casais de namorados. Todos pegavam os volantes e liam o seguinte:

RESTABELECIMENTO DOS VOOS DA PANAIR DO BRASIL

Os funcionários da Panair do Brasil dirigem-se à opinião pública, buscando compreensão para o gravíssimo problema que os aflige neste momento, decorrente da situação criada pelo ato do governo ao cancelar as concessões das linhas operadas pela companhia no país e no exterior.

Apesar das dificuldades, que não atingem, apenas, a Panair, mas, todas as companhias de transporte aéreo, a nossa empresa vinha funcionando normalmente, mantendo todos os seus serviços dentro dos padrões técnicos e de segurança, que têm sido o seu maior patrimônio nestes 35 anos de existência, e graças aos quais firmou o seu indiscutível prestígio, no país e no estrangeiro. É desnecessário repetir o extraordinário papel desempenhado pela Panair, no curso de suas atividades, a contribuição inestimável ao progresso e à projeção do Brasil no mundo.

A resolução do governo colheu, assim, de surpresa, os 5 mil funcionários da empresa, que, de um momento para o outro, viram desmoronado um gigantesco empreendimento, para cuja grandeza foram necessários tantos anos de luta, de sacrifícios, de determinação.

Para que não seja consumado este desmoronamento, este inconcebível esfacelamento, é que estamos lutando. Lutando com a determinação de quem luta pela sobrevivência de si próprio.

Do governo, com o devido respeito, solicitamos meditar sobre o assunto, agora que são conhecidas as consequências do seu ato.

Apelamos veementemente, no sentido da revogação de sua decisão, para que se possa buscar a melhor solução para a Panair em funcionamento, com a Panair em plena atividade.

A você, que nos lê, também pedimos a colaboração, uma ação qualquer que ela seja em favor da Panair. Mande uma carta, um telegrama, ao sr. presidente da República; peça aos seus amigos que o façam também. Coloquem em seu escritório, na sua oficina, na sua mesa de trabalho ou na sua janela, um pequeno cartaz dizendo que está com a Panair. Ajude-nos, como puder neste sentido, é o nosso apelo.

Segunda-feira, 15 de fevereiro. Havia críticas à Varig. Entretanto, havia também importantes nomes na imprensa dispostos a defendê-la e ao governo dos ataques de Tornaghi e da mágoa dos panerianos. Em seu editorial, *O Globo* transcrevia artigo publicado em *O Estado de S.Paulo* que acusava o grupo de Mario Simonsen de tirar vantagens da Panair e usá-la como instrumento de corrupção, drenando-a de seus recursos financeiros e comprometendo a segurança de voo, abalando, por conseguinte, o prestígio internacional do país. Segundo o editor, só restava a cassação das concessões da Panair e a entrega dos serviços por ela "pessimamente desempenhados" a empresas cuja idoneidade não podia ser questionada. Escrevia ele que

> argumentam e gritam como se o descalabro financeiro e a desorganização técnico-administrativa dessa empresa seriam da responsabilidade do atual governo federal, que teria provocado a situação com o intuito diabólico de beneficiar a Varig e a Cruzeiro do Sul. Falta ainda afirmar que os diretores das duas empresas são *yankees*, ingleses, franceses ou alemães, para poder dizer que se trataria de uma desnacionalização.

O *Jornal do Brasil*, por sua vez, apareceu com o título "Varig admite primeiro grupo de funcionários da Panair". O autor da reportagem enaltecia a eficiente administração de Ruben Berta e culpava a diretoria da rival pela situação a que os funcionários foram jogados. "A Panair nunca se importou com as linhas domésticas, fonte de prejuízos, dando total preferência aos voos internacionais, únicos que dão lucro", sugeria o jornalista, que também criticou o fato de os panerianos se recusarem a ir para a Varig.

Aproveitando a deixa, no mesmo dia em que respostas oficiais e do juiz seriam obtidas pela Panair, Berta pegou a todos de surpresa ao anunciar que as linhas daquela empresa haviam sido outorgadas à Varig em caráter definitivo.

— A partir de hoje, nos aeroportos do Galeão e Santos Dumont, a Varig iniciará a inscrição do pessoal da Panair que queira se transferir* — informou. — Esperamos apenas a conclusão do episódio Panair para propor a compra dos aviões DC-8, que voltarão a fazer as linhas da Europa. Se o governo não quiser vender os aviões, trataremos de comprar outros no exterior, para reforçar a frota.

O empresário afirmou ainda que não houve queda na procura por bilhetes para a Europa por conta da mudança da transportadora e que logo que fosse finalizada a admissão dos 2 mil empregados o

---

* Ver Apêndice III: Nota divulgada pela Varig em 13/02/1965.

assunto estaria encerrado. Revoltados, integrantes da Associação de Pilotos da Panair do Brasil, depois de formar grupo voltado à preservação da empresa, distribuíram comunicado para todos os colegas, solicitando coesão de princípios e lembrando-os: "Qualquer oferta de emprego em congêneres, por mais atraentes que possam parecer, deverá aguardar oportunidade que não enfraqueça a nossa união no momento."

Dez horas da manhã. Tude Neiva de Lima Rocha repetiu o trajeto que realizara na quinta-feira anterior. Saiu do edifício da Panair e foi para o Tribunal de Justiça buscar o despacho de Mário Rebello. Ao chegar à antessala do gabinete, encontrou o juiz conversando com um brigadeiro. Teve de aguardar quase duas horas, dividindo-se entre xícaras de café e a leitura de jornais. Depois disso, o magistrado finalmente apareceu e chamou-o para dentro. Sem mais delongas, mostrou-lhe a sentença que já havia proferido:

> Em decorrência do decreto presidencial, a suplicante está com todas as suas atividades paralisadas, sem nenhuma fonte de renda, com seu renome abalado e em posição de não poder solver os seus compromissos como era de seu desejo. Ora, se assim é, deferir o processamento da concordata preventiva seria absurdo, pois só haveria ônus novos e nenhuma possibilidade de recuperação. Tivemos o cuidado de, sabendo distribuído este pedido a esta Vara, solicitar ao ministro da Aeronáutica cópia da exposição de motivos que determinou o ato do presidente da República e lá encontramos o seguinte: "Investigação e estudo precedidos, neste Ministério, demonstram que a Panair do Brasil S.A. se encontra em situação econômico-financeira irrecuperável. O grau de endividamento da citada empresa é tão grande e seu ritmo tão acelerado que em 1964 se lhe fosse dada a subvenção e auxílio previstos para a indústria de transportes aéreos, ainda assim não seria possível se obter a sua recuperação econômico-financeira." Palavras estas que encontram corroboração no pedido de demissão de integrantes do Conselho de Administração da Impetrante,[*] onde se diz: "Visando tal objetivo, o primeiro, signatário da presente, com apoio dos

---
[*] O assunto será abordado no capítulo V, "A turbulência".

demais conselheiros, propôs fosse solicitada à firma Ecotec um estudo da situação econômico-financeira das companhias de aviação brasileiras e particularmente da Panair do Brasil, a fim de que a diretoria executiva dessa empresa pudesse conhecer exatamente a situação em si mesma, as perspectivas da aviação comercial brasileira e, consequentemente, enfrentar as dificuldades em face do crescente déficit de operações que corrói, inexoravelmente, dia a dia, a situação grave em que se encontra a companhia, ameaçada de iminente colapso financeiro." (Doc. registrado no 3º Ofício do Registro de Títulos e Doc.) Essas palavras demonstram que estamos com a razão quando afirmamos a impossibilidade do processamento e da concessão da concordata. Lamentamos a situação da impetrante e mais a de seus muitos e dedicados empregados, apanhados, por certo, de surpresa pelo ato governamental, sem dúvida drástico, mas não lhe podemos dar remédios e mesmo julgar o seu acerto. Inexistissem essas razões, ainda assim o pedido não poderia ser deferido, porque irregularmente instruído. Não há nos autos o balanço levantado especialmente para instruir o pedido, o inventário dos bens, a lista nominativa de todos os credores, com as demais especificações. Por outro lado, com a petição inicial não foram apresentados os livros obrigatórios. Por esse motivo e tudo quanto mais dos autos consta, declaro aberta hoje, às 12 horas, a falência da Panair do Brasil S.A., empresa de transportes aéreos, com sede neste Estado, no Aeroporto Santos Dumont, da qual são diretores Paulo de Oliveira Sampaio, Jorge Mourão, Edgard Fróes da Fonseca e Osvaldo Pamplona Pinto. Fixo o termo legal da falência no dia 12 de dezembro de 1964 e nomeio síndico o Banco do Brasil S.A. Marco o prazo de vinte dias para os credores apresentarem as declarações e documentos justificativos de seus créditos.

II
O voo

1

A sentença do juiz foi um golpe sobre o golpe. Inacreditável — mesmo ao entendimento dos mais leigos. Entre as justificativas para negar o pedido de concordata preventiva, o titular da 6ª Vara Cível questionava a força da marca Panair do Brasil. Como podia alegar aquilo, se, menos de um ano antes, a empresa fora escolhida pelos celebrados diretores franceses Philippe de Broca e Jean-François Truffaut para protagonizar romances no cinema? Os longas *O homem do Rio* e *Um só pecado* (este, com uma aeromoça da companhia entre os personagens principais) insistiram em mostrar os DC-8, Constellation e Catalina estampados com a asa verde e suas cinco estrelas brancas. Não apenas a Panair dispunha de invejável reputação no país e no mundo, como deixara de ser sociedade anônima para ingressar na imortalidade da arte.

Uma verdadeira história de cinema. Talvez essa fosse a melhor forma de descrever a trajetória da companhia. Tudo começou no longínquo ano de 1927, quando o jovem norte-americano Juan Terry Trippe e dois amigos, John Hambleton e Cornelius Vanderbilt Whitney, decidiram se associar na organização de uma firma chamada Aviation Corporation of America. Naqueles tempos remotos, o governo dos Estados Unidos se preparava para publicar um edital de contrato do transporte de malas postais entre Key West, na Flórida, e Havana, em Cuba, e Trippe, bastante perspicaz, atraiu duas empresas que já estavam interessadas no contrato: a Florida Airways, criada por Reed Chambers e Eddie Rickenbacker, e a Pan American Airways, Inc., de Richard Bevier e Grant Mason.

Como nenhuma delas dispunha de verbas para se equipar apropriadamente, a Aviation Corporation of America se aproximou com propostas de financiamento. O que os donos dessas companhias não sabiam era que em paralelo Trippe já negociara uma concessão exclusiva com o governo cubano para realizar voos entre Havana e a Flórida, de modo que, sem alternativas, tanto a Pan American Airways, Inc. como a Florida Airways se viram forçadas a transferir seus respectivos controles acionários ao audacioso empresário. O contrato do Departamento de Correios dos Estados Unidos foi assinado com a primeira, e os serviços começaram em 19 de outubro do mesmo ano.

Apesar de consolidada a união das três empresas, o capital do grupo não passava de 300 mil dólares, o que tornava impraticável a ampliação das linhas à América do Sul, àquela altura já servida por concorrentes europeias. As perspectivas começavam a ficar desalentadoras, até que os Estados Unidos baixaram o *Foreign Air Mail Act*, de 8 de março de 1928, que previa o pagamento de 2 dólares por milha voada em subvenções a empresas que realizassem o transporte das malas postais. Beneficiada pela nova legislação, a Pan American engendrou a extensão de seus serviços pelo continente, desbravando rotas e fundando subsidiárias ao longo do caminho.*

Era esse o cenário da aviação ocidental quando o piloto norte-americano Ralph O'Neil, veterano da Primeira Guerra, chegou à América do Sul a serviço da fabricante Boeing Company para vender aviões militares. Tendo viajado pelos diferentes países ibero-americanos, fascinou-se com a organização e o potencial dos

---

* No início de 1929, a Aviation Corporation of America associou-se à W.R. Grace & Company para operar entre a zona do canal do Panamá e Santiago do Chile, dando origem à Pan American-Grace Airways (Panagra). Essa companhia foi extinta em 1967, após aquisição pela norte-americana Braniff International Airways.

serviços europeus implantados, e acabou vislumbrando a abertura por ele próprio de uma linha que ligasse os Estados Unidos ao Chile, continuando por todo o contorno do continente, através de Buenos Aires, Montevidéu e Rio de Janeiro. Inquieto pela imaginação empreendedora, voltou depressa para Nova York, a fim de angariar o apoio financeiro de organizações como Remington-Rand, Irving Trust Company e Consolidated Aircraft — esta, a fabricante do primeiro hidroavião norte-americano, o Commodore.

Bem-sucedido em sua missão, O'Neil fundou a Nyrba [New York, Rio, Buenos Aires], Inc., em junho de 1929, empresa que não tardou a crescer e se desenvolver. Seu capital girava em torno de 5 milhões de dólares, permitindo a encomenda de quatorze hidroaviões Consolidated Commodore e dez anfíbios Sikorsky S-38 — frota superior à da Pan American. O próximo passo seria solicitar individualmente a cada governo estrangeiro permissão para estabelecer tráfego aéreo nos respectivos países. No Brasil, o pedido de O'Neil foi oficialmente atendido pela Portaria nº 4, de 18 de agosto de 1929, que consistia em uma permissão em caráter especial e temporário de tráfego aéreo no território nacional, com escalas em cidades do litoral, mas que impedia a Nyrba de transportar passageiros ou carga entre dois pontos do país.

Tal proibição, feita com base no Regulamento para Serviços Civis de Navegação Aérea, de 1925, e que visava proteger as empresas nacionais de aviação da concorrência estrangeira, de maneira alguma atrapalhou os planos do aviador. No dia 22 de outubro de 1929, O'Neil organizou a subsidiária Nyrba do Brasil S.A. para explorar com boa margem de lucro as linhas que percorriam a extensa costa litorânea brasileira.

A nova empresa esforçou-se para se manter à frente da rival Pan American. Foram-lhe transferidos dois aviões da matriz — um Commodore e um Sikorsky S-38 — que já em janeiro de 1930 passaram a realizar voos na sua primeira linha aérea: Rio de Janeiro a Fortaleza, com escalas em Campos, Vitória, Caravelas, Ilhéus, Salvador, Aracaju, Maceió, Recife e Natal. Em face da imediata resposta positiva dos brasileiros à Nyrba, vieram a expansão das rotas e o aumento da frota, o que levou o representante da empresa a crer que a batalha pelos contratos de transporte de malas postais já estava ganha. Nesse sentido, mandou prematuramente que fosse iniciada a construção de um enorme hangar em Belém do Pará.

O'Neil, no entanto, não antecipou que a Pan American conseguiria estender a sua linha de Miami até São Paulo, deflagrando uma verdadeira guerra concorrencial, e que o fato de ter fixado tarifas abaixo dos preços estabelecidos por Trippe seria recebido com antipatia pelo Departamento de Correios, que esperava a devolução da receita advinda do transporte das malas postais estrangeiras. Munindo-se de sua já conhecida perspicácia, Juan Trippe explorou o incômodo fato contra a Nyrba e convenceu o diretor-geral da instituição federal a ordenar a sua incorporação à Pan American, sem o que não seria publicada a concorrência ao contrato referente à costa atlântica da América do Sul. O'Neil, agora de mãos atadas, terminou por vender sua empresa.

Trippe precisou de alguns meses para decidir se aproveitaria a estrutura da Nyrba do Brasil ou se organizaria a sua própria subsidiária. O assunto só encontrou resolução em 22 de setembro de 1930, quando a Pan American Airways, a Nyrba e a Nyrba do Brasil apresentaram requerimento conjunto ao ministro da Viação e Obras Públicas, informando sobre a aquisição e a formação da subsidiária brasileira Pan American Airways do Brasil S.A. — denominação que não chegou a ser adotada, por ser considerada de mau gosto. Durante a assembleia geral extraordinária realizada no dia 1º de outubro de 1930, foi decidido que a razão social Nyrba do Brasil S.A. seria mudada para Panair do Brasil S.A.*

A década de 1930 viu o estabelecimento da empresa. Os primeiros voos de passageiros — realizados com Commodore e S-38 — decolaram em 2 de março de 1931, na rota Belém-Santos. Até então, apenas carga e correspondência eram embarcadas, pois as oficinas e toda a infraestrutura de manutenção ainda não haviam sido cons-

---

* O nome Panair era o endereço telegráfico da Pan American Airways.

truídas. Firmando-se depressa sob a administração atenta da Pan American, essa linha original foi estendida até Buenos Aires em novembro do mesmo ano, efetuada em cinco dias e com pernoites em Fortaleza, Salvador, Rio de Janeiro e Porto Alegre.

Naqueles tempos de subsidiária, todas as operações funcionavam como uma extensão natural da matriz norte-americana. Não só elas, mas também a organização, os métodos e as relações de trabalho. A lei primordial consistia no respeito às regras de segurança. *Safety first* ("Segurança em primeiro lugar") era o lema, espalhado em placas e painéis por todos os escritórios. Essa permanente preocupação com o aprimoramento técnico e o investimento na instrução dos funcionários culminaram na formação dos primeiros pilotos brasileiros, que, em 1935, começaram a substituir os tripulantes norte-americanos e a comandar aeronaves.[*]

A essa altura, a Panair já iniciava a construção do edifício-hangar na praça Marechal Âncora, que concentraria algumas das principais operações, as atividades administrativas e as oficinas. Ao optar pela sede na Ponta do Calabouço, a empresa agilizava os procedimentos de embarque, que na primeira metade da década eram cansativos e lentos (levavam-se os passageiros de lancha até os hidroaviões, que partiam da Ilha dos Ferreiros). Em paralelo, a companhia se dedicava ao desbravamento pioneiro das linhas amazônicas, iniciado em 11 de outubro de 1933, com a realização da linha Belém-Manaus.

Em pouco tempo, fixou-se como a "senhora do Norte". Seus hidros — que saíam de Belém do Pará e passavam por Curralinho, Gurupá, Prainha, Monte Alegre, Santarém, Óbidos, Parintins, Itacoatiara e Manaus — sobrevoavam os principais rios da região e constituíam o principal elo entre as populações ribeirinhas e o restante do país. Era uma prestação de serviço mais filantrópica do que comercial, uma vez que se faziam chegar remédios, alimentos, artigos de uso doméstico e toda a correspondência, sem obtenção de

---

[*] Em 22 de julho de 1935, a Panair solicitou à DAC permissão para pilotos brasileiros pilotarem ou comandarem aeronaves. O primeiro deles foi Coriolano Luiz Tenan.

lucros.[13] Rapidamente, essas linhas estenderam-se a Porto Velho, subindo o rio Madeira e passando por Borba, Manicoré e Humaitá.

Na época, como só era possível efetuar voos diurnos, visuais e sem os confortos das cabines pressurizadas, muitas vezes as tripulações baseadas na Amazônia precisavam pernoitar em pequenos vilarejos no meio da selva, dormindo em igrejas, colégios de padres e até cadeias. Os comandantes conduziam as aeronaves, assessorados pelos copilotos, que, além de pilotar e realizar consertos mecânicos, responsabilizavam-se pelo abastecimento manual, manobras de marinharia para atracação, desatracação, reboque e ancoragem — trabalho extremamente penoso. Os rádio-operadores cuidavam das comunicações e auxiliavam os copilotos nas tarefas manuais, enquanto os comissários madrugavam nas agências, acompanhando a carga e a correspondência até o avião, e serviam os passageiros. Encarregavam-se ainda do recebimento e entrega dos volumes.[14]

Esse árduo "laboratório" para tripulantes, as linhas amazônicas, começava em Belém. De lá, as aeronaves seguiam para Curralinho, Porto de Moz, Altamira, Gurupá, Prainha, Monte Alegre e Santarém — onde pousavam em terra pela primeira vez. Havia também a linha Óbidos-Oriximiná-Vila Batista-Parintins-Maués-Itacoatiara, na qual o avião só aterrissava em terra em Manaus. Todo o resto do percurso era feito n'água.

Na linha do rio Madeira, a Panair fazia o trajeto Borba-Foz do Aripuanã-Manicoré-Humaitá-Porto Velho e voltava no mesmo dia. Paralelamente, na linha do rio Purus, voava de Manaus para Canutama, Lábrea, Boca do Acre e Rio Branco. Essa rota exigia pernoite, sendo a viagem de volta realizada no dia seguinte. No Juruá, era Manaus-Tefé-Carauari-Eirunepê-Cruzeiro. Novamente, pernoitava-se e voltava-se no outro dia. Havia ainda uma viagem de ida e volta que saía de Manaus, na qual, de 7 em 7 minutos, pousava-se em Manacapuru, Anori, Codajás, Câmara, Coari e Tefé.

Ainda cortando pioneiramente a vastidão verde, a companhia executava a linha de Iquitos, cobrindo o trecho Manaus-Tefé-Fonte Boa-Porto do Afonso-Santo Antônio do Içá-São Paulo de Olivença-Benjamin Constant-Letícia-Iquitos, e a linha do rio Negro, composta das cidades de Manaus, Carvoeiro, Tapurucuara e Barcelos, que foi a primeira capital do Amazonas. Aos domingos, essa célula fazia a rota Manaus-Carvoeiro-Barcelos-Tapurucuara-Mercês, e de Içana a Panair chegava a Cucuí, localidade já próxima à divisa do Brasil com a Venezuela e a Colômbia. Finalmente, na volta de Cucuí, pousava-se em Mercês e dormia-se em Taraquá, no rio Taraquá, que vem da Colômbia para o Brasil. As tripulações pernoitavam uma última vez antes de voltar a Manaus.

Consolidada na região Norte, em 1935 a Panair passou a fazer viagens de estudo também entre Rio de Janeiro, Belo Horizonte e São Paulo, que culminaram no estabelecimento de outras importantes rotas de integração nacional: as linhas mineiras. As aeronaves saíam do Rio de Janeiro e pousavam em Belo Horizonte, passando por Uberaba, Uberlândia e Goiânia. Além desse trecho, faziam Rio de Janeiro-Belo Horizonte-Governador Valadares-Pedra Azul-Montes Claros-Pirapora-Belo Horizonte e Rio de Janeiro, a que se seguiu a inauguração de Rio de Janeiro-Belo Horizonte-Poços de Caldas--São Paulo-Poços de Caldas-Belo Horizonte-Rio de Janeiro. Essas linhas mineiras, que em sua maior parte consistiam em viagens de ida e retorno no mesmo dia, também completavam a linha de Belém. Em suma, a companhia voava pela costa brasileira e voltava pelo interior nos trechos Rio de Janeiro-Belo Horizonte-Montes Claros-Barreiras-Carolina-Belém. Após o pernoite em Belém — o ponto de encontro das linhas nacionais da Panair do Brasil —, fazia o percurso contrário no dia seguinte.

A consolidação de toda essa estrutura aeroviária foi essencial para o sucesso do esforço de guerra brasileiro. Por meio do Decreto--Lei nº 3.462, de 25 de julho de 1941, a Panair recebeu do governo federal autorização para "construir, melhorar e aparelhar os aeroportos em Amapá, Belém, São Luiz, Fortaleza, Natal, Recife, Maceió e Salvador" com recursos próprios. Esses campos, seguidos de outros, como os de Barreiras, Caravelas e Marabá, receberam investimentos da companhia, desenvolveram-se e, nos anos seguintes, constituíram grandes aeródromos nacionais.[3] Além de preparar toda a infraestrutura, a empresa providenciou o suprimento, distribuição e fornecimento de combustível aos aviões militares dos Aliados em operação no Brasil e colocou à sua disposição os hangares, oficinas e serviços de rádio e meteorologia. Também participou da campanha de produção de borracha empreendida pela Rubber Development Corporation, efetuando o armazenamento e o transporte dos carregamentos de borracha amazônica, cristal de quartzo brilhante e mica para os Estados Unidos, que foram usados na indústria bélica. A atuação provou-se vital para o êxito norte-americano na luta contra os países do Eixo.[16]

2

Foi precisamente nesse contexto da Segunda Guerra que apareceu em cena Paulo de Oliveira Sampaio. Filho de um brasileiro e uma inglesa, ele estudara simultaneamente em colégios no Brasil e na Europa. Por conta disso, não apenas falava e escrevia fluentemente o português, o francês e o inglês — algo raro à época —, como recebera a mais completa formação acadêmica. Mas Sampaio nunca pretendeu dedicar a vida às línguas ou seguir a carreira do pai.* A aviação entrara em sua vida muito cedo. Estivera em Paris em 21 de maio de 1927, quando o aviador norte-americano Charles Lindberg chegou a Le Bourget com seu monomotor, após viagem inédita em voo direto de Nova York. As cenas do delírio popular que testemunhara naquele dia o acompanhariam para sempre e seriam determinantes na sua completa devoção ao voo.

Ele sabia que nascera para aquilo, mas, como a família impunha restrições à profissão, considerada, àquela época, aventureira, estudou ao mesmo tempo na Escola Politécnica do Rio de Janeiro e na École de Travaux Publics, de Paris. Foi só após a morte do pai que pôde dedicar-se ao recém-aberto curso para a Reserva Aeronaval no Rio. Ao concluir os três ensinos, em dezembro de 1932, Sampaio estava comissionado como 2º tenente da Reserva Naval Aérea. A

---

* O engenheiro Carlos Sampaio, pai de Paulo Sampaio, tornou-se político e foi eleito prefeito do Rio de Janeiro em 1920.

carreira começou muito bem. Os anos de experiência que acumulara, tanto como engenheiro quanto como chefe dos Serviços de Inspeção da Aeronáutica, lhe renderam, em 1939, uma condecoração da Ligue Internationale des Aviateurs, órgão de alto conceito mundial, que lhe conferiu o Diploma de Mérito Anual e o reconheceu como "o maior piloto civil do Brasil, pela sua marcante contribuição para o progresso e desenvolvimento da indústria aeronáutica". Entre as assinaturas do documento estava precisamente a do seu herói, Charles Lindberg.

Em 1941, convidado por William Burden, assistente do secretário de Estado norte-americano, e Frank Russell, diretor da Defense Supply Corporation, a passar doze meses de estudos observando todo o complexo industrial norte-americano, o brasileiro obteve acesso aos mais variados centros de atividades aeronáuticas, às empresas aéreas, fábricas, órgãos, laboratórios e instalações — o que o colocou em contato direto com Juan Trippe, o presidente da Pan American. Os dois se aproximaram e passaram a discutir sobre a indústria, o desenvolvimento da aviação comercial na América Latina e, principalmente, os caminhos da Panair do Brasil. Trippe ficou tão impressionado com o que ouviu que convidou Sampaio a assumir a direção da subsidiária. O engenheiro agradeceu, mas, a princípio, declinou a oferta, alegando que não desejava administrar uma empresa cujo capital estava em sua totalidade nas mãos de estrangeiros. Disse-lhe que consideraria o convite, desde que, de comum acordo, o empresário estudasse a possibilidade de iniciar a nacionalização, "atendendo-se ao fato de ser o transporte aéreo uma atividade essencial de um governo soberano e, consequentemente, da alçada exclusiva de seu governo".

De volta ao Brasil por conta do agravamento da guerra, Sampaio foi acionado pelo então primeiro ministro da Aeronáutica, Joaquim Pedro Salgado Filho, que desejava nacionalizar as empresas subsidiárias de grupos internacionais que operavam no país, especificamente a Panair e o Sindicato Condor, ligado à Deutsche Lufthansa, da Alemanha. O aviador explicou ao ministro o impasse nas discussões com Trippe e acabou indicado para assumir a gestão da

Condor, que, mais tarde, como consequência do rompimento formal do Brasil com os países do Eixo, viria a ser confiscada pela União.* Alarmado com a notícia, o presidente da Pan Am telegrafou de imediato, pedindo que ele não tomasse qualquer decisão, pois refletira melhor e estava disposto a reconsiderar a proposta de nacionalização da Panair.

Salgado Filho autorizou as consultas prévias, que transcorreram no Rio de Janeiro. Trippe, por sua vez, mandou seu vice, George Hihl, para negociar em nome da matriz. Em dois meses, foi elaborado um plano de nacionalização, e, em 7 de janeiro de 1943, Paulo Sampaio assumiu os cargos de diretor-presidente e gerente geral da Panair do Brasil. Exatamente um ano depois, 42% das ações eram transferidos para brasileiros, por meio de uma substancial elevação de capital em subscrição pública.

Assim que subiu ao cargo, o novo executivo iniciou uma onda de inovações que projetariam a empresa para o sucesso. Ainda em 1943, programou eventos e traçou planos administrativos para popularizá-la entre todas as camadas da população. No dia 20 de janeiro, pediu que a inscrição "Pan American Airways System" fosse retirada do edifício principal e trocada por "Panair do Brasil", como reflexo da política de nacionalização. Depois, em 26 de maio, adotou oficialmente o verde-bandeira como a cor padrão da companhia e, mais tarde, batizou todas as aeronaves da frota com nomes de bandeirantes.

Ao criar os primeiros voos regulares noturnos da aviação comercial brasileira, chamados carinhosamente de "Bacuraus", Sampaio aproveitou para estabelecer a presença de comissários em todas as linhas regulares e o serviço de bordo com refeições quentes

---

* O Sindicato Condor teve seu nome alterado para Serviços Aéreos Condor pelo Decreto nº 3.523, de 19 de agosto de 1941. Seus ativos foram nacionalizados por meio do Decreto-lei nº 4.614, de 25 de agosto de 1942, que integrou "ao Patrimônio Nacional crédito da sociedade alemã Deutsche Lufthansa, A. G.". Em 14 de novembro do mesmo ano, a empresa passou a se chamar Serviços Aéreos Cruzeiro do Sul Ltda., situação reconhecida pela União em 16 de janeiro de 1943, pelo Decreto-lei nº 5.197. Com a nacionalização, a companhia foi assumida por José Bento Ribeiro Dantas, que permanecia na presidência em 1965, época em que o governo militar fechou a Panair.

— ambos ainda inéditos por aqui —, e adquiriu modernas aeronaves Consolidated PBY-5 Catalina para voar nas linhas amazônicas. As mudanças foram bem-sucedidas: dois anos mais tarde, a Panair do Brasil já era a empresa aérea mais consolidada do país e figurava como a primeira do mundo em extensão de linhas domésticas.[17]

Mas o céu definitivamente não era o limite. Apesar do crescimento acelerado, a companhia apresentava resultados financeiros satisfatórios, e, assim que começaram a chegar os Douglas DC-3, em 1945, teve início o planejamento da expansão para o mercado internacional. Paulo Sampaio visava ligar o Brasil a Portugal, França e Inglaterra pelas asas da Panair. Estava tão ansioso pela abertura das linhas que, às 2h30 da madrugada de 9 de maio daquele ano, discutia o assunto com o primeiro-ministro português António de Oliveira Salazar em Lisboa. O armistício que marcara o fim das atividades bélicas da Segunda Guerra fora declarado em Tóquio no dia anterior, e, até aquele momento, a Europa se conectava ao resto do mundo por via aérea apenas através dos Estados Unidos.

De porte de credencial assinada pelo brigadeiro Henrique Fleuss, chefe do gabinete do ministro da Aeronáutica, o engenheiro partiu em viagem à Europa que duraria sessenta dias. Nesse período, percorreu Portugal, Grã-Bretanha, França, Itália, Suíça, Alemanha e Turquia. Depois, rumou ainda para Líbano, Egito e Espanha. As negociações provaram-se extremamente difíceis, uma vez que, em alguns desses países, nem a poderosa Pan American havia conseguido entrar. Ainda assim, Sampaio tratou diretamente com o Foreign Office, na Inglaterra, o general Charles de Gaulle, na França, e com os demais chefes de Estado. Uma a uma, as autoridades de todas as nações, após longos, árduos e complexos entendimentos, cederam aos pedidos da brasileira Panair.

Paralelamente, Sampaio já havia encomendado uma frota do moderníssimo Lockheed L-049 Constellation, a primeira aeronave pressurizada transcontinental de passageiros. Pioneira no desbravamento das rotas da selva amazônica e do interior, a empresa agora voltava-se para uma nova fase de vanguarda: a conquista do mundo, com a ligação inédita do continente sul-americano a África, Europa e Oriente Médio. Em grande evento histórico, no dia 30 de março de 1946, após viagem de 18 horas e 49 minutos, chegava ao Rio, vinda de Nova York, a aeronave de prefixo PP-PCF. A primeira travessia do Atlântico Sul foi realizada já em 26 de abril, quando o Constellation decolou do Galeão e partiu para a Europa, com escalas em Recife, Dacar, Lisboa, Paris e Londres.* Em maio do mesmo ano, a rota foi ampliada para Monróvia, Madri, Roma, Zurique, Frankfurt, Düsseldorf e Hamburgo. Depois de chegar a Istambul, a Panair passou a voar para Beirute, Damasco e Cairo, a que se seguiu a abertura das linhas para o Paraguai, Uruguai, Argentina, Chile e Peru. Em apenas dois anos, a companhia detinha o recorde internacional de utilização dos L-049, atingindo o índice de 17 horas por dia. E, em fins da década de 1940, batia outras marcas: a de velocidade e número de travessias, alcançando a posição de sexta maior empresa do mundo em extensão de rotas, com 96 mil quilômetros de linhas não duplicadas.

Estabelecida e respeitada, a Panair do Brasil passou a usar da sua notoriedade mundial para projetar a cultura brasileira no exterior, por meio de exposições, mostras e envio de material jornalístico. A companhia abriu agências e representações em algumas das mais importantes ruas e avenidas dos quatro continentes onde servia, como a New Bond Street, em Londres, a Plaza de Las Cortes, em Madri, e a rue Auber, em Paris. Naquela capital, possuía ainda a sua própria *accueil* dentro do sofisticado Hôtel Plaza Athénée, na avenue Montaigne, para acolhimento e pequenos serviços prestados a brasileiros radicados na cidade. Todas essas lojas, ricamente decoradas com painéis e fotografias das cidades brasileiras, eram consideradas embaixadas não oficiais. Atraíam os pedestres estrangeiros e recebiam carinhosamente os patrícios saudosos, oferecendo desde a solução para pequenos problemas até o legítimo cafezinho preto, guaraná e jornais e revistas sempre atualizados — a única fonte de notícias do Brasil.

---

* A Panair do Brasil foi a primeira companhia aérea estrangeira a pousar no recém-inaugurado Aeroporto de Heathrow, em Londres, quando ali não havia nem terminal construído, mas apenas tendas. A aeronave que realizou o voo histórico, em 16 de abril de 1946, foi o Lockheed Constellation de prefixo PP-PCF.

Ao mesmo tempo, a empresa expandia sua rede de estações de radiotelecomunicações ao longo de toda a rota a ser percorrida. Às dezenove estações já em operação em 1930, foram adicionadas outras treze no período de expansão das linhas amazônicas; dezessete no das linhas mineiras e mais cinco na época da Segunda Guerra, que, em conjunto, compunham a Rede de Telecomunicações Fixas Aeronáuticas da Panair do Brasil S.A. em território brasileiro. Baseavam-se em: Rio Grande, Porto Alegre, Florianópolis, Santos, Rio de Janeiro, Campos, Vitória, Caravelas, Ilhéus, Salvador, Aracaju, Maceió, Recife, Natal, Fortaleza, Amarração, São Luís, Belém, Montenegro, Santarém, Altamira, Manaus, Tefé, Tapuruquara, Cucuí, Benjamin Constant, Carauari, Eirunepê, Lábrea, Boca do Acre, Rio Branco, Porto Velho, Bragança, Cametá, Carolina, Barreiras, Pirapora, Camocim, Macapá, Belo Horizonte, Campinas, Araxá, Governador Valadares, Teófilo Otoni, Caratinga, Três Lagoas, Corumbá, Campo Grande, Bauru, Foz do Iguaçu, Pelotas e, posteriormente, Brasília.

Também para dar suporte a esse pioneirismo na era transatlântica, a companhia instalou equipamentos especiais de radiotelegrafia e radioteletipo para comunicação direta e permanente entre Rio de Janeiro e Miami, San Juan, Londres, Paris, Monróvia e, ainda, entre Recife e Ilha do Sal. E, com a expansão das rotas pelos principais países da América do Sul, estendeu essa rede de telecomunicações do Rio de Janeiro para Buenos Aires, Montevidéu, Santiago, Assunção, Santa Cruz de la Sierra e Lima. Ao norte, entre Belém do Pará e Paramaribo, Georgetown, Port of Spain, Caracas e Iquitos — esta, via Manaus.

A eficiência desse serviço ficou comprovada por decisão da Organização de Aviação Civil Internacional [OACI, ou ICAO, na sigla em inglês], que, ao implementar a sua Rede de Telecomunicações Fixas Aeronáuticas (Aeronautics Fixed Communications Network — AFTN), nela incluiu dez circuitos da Rede Panair, passando a companhia, por delegação do governo brasileiro, a dar cobertura de telecomunicações a todas as aeronaves, de qualquer empresa aérea, de qualquer nacionalidade, em viagens internacionais. Essa proteção ao voo, embora realizada pela Panair do Brasil, tinha sido responsabilidade atribuída ao Estado brasileiro pela Convenção de Chicago (1944).

O país celebrava a cada conquista. A bandeira nacional estava garbosamente estampada nos principais aeroportos, de Lima ao Cairo. Aqui, desenvolvia-se a maior escola de aviação do Hemisfério Sul. Os funcionários eram todos treinados pela própria companhia. Em tempos de legislação ingrata ao trabalhador brasileiro, a Panair fornecia alimentação e transporte próprios. Ministrava aulas de inglês em dois turnos, cursos de especialização, aprimoramento e reciclagem. Além disso, pagava os salários mais altos da indústria. Os passageiros, por sua vez, dispunham de atendimento de primeiro mundo, eficiente e atencioso, além de desfrutar de um dos serviços de bordo mais requintados da aviação: a champanhe, os *drinks*, os sucos e até a água eram oferecidos em copos de cristal, e os lanches, aperitivos e refeições, servidos em vários *courses*, sobre porcelana alemã Rosenthal, com jogos completos de talheres de prata.

3

À medida que os anos 1950 batiam à porta, Paulo Sampaio já não se conformava com a prática da matriz de repassar à subsidiária os aparelhos que deixava de usar. Além de a Panair ser a grande transportadora de bandeira do Brasil, todos os serviços eram prestados com mão de obra local. Societariamente, a situação também mudava: em 1947, os brasileiros que faziam parte do Conselho de Administração adquiriram outros 10% das ações da Pan American, aumentando a participação nacional para 52%. Por tudo isso, julgava o executivo, não fazia mais sentido depender dos financiamentos de bancos norte-americanos para reequipar a empresa com aviões ultrapassados. Munido desse ideal, Sampaio planejou uma extensão considerável das rotas externas. A ideia era, a partir de Santiago do Chile, avançar sobre a Ilha de Páscoa e rumar para Bora Bora, no Pacífico Sul, e, ao mesmo tempo, abrir linhas saindo da base de Beirute para Karachi, Calcutá, Bancoc, Hong Kong e Tóquio. A expansão era fruto de cuidadosas pesquisas: não apenas o engenheiro percebia o interesse dos países industrializados no petróleo oriental, como conhecia a forte ligação do próprio Brasil com aquelas regiões pelos laços culturais.

Para viabilizar seu plano, traçou estudos para a renovação da frota, com a aquisição de seis aeronaves Douglas DC-6B e dez Convair CV440. Por meio de Frank Whittle, inventor e idealizador das turbinas a jato, conseguiu uma audiência exclusiva com Geoffrey de Havilland, dono da fabricante inglesa De Havilland, que à época trabalhava sigilosamente no protótipo do Comet — o primeiro avião comercial a jato da história. Esse contato rendeu ao brasileiro a promessa verbal de que a Panair seria a segunda companhia aérea do mundo a receber a aeronave, depois, naturalmente, da estatal britânica Boac. O compromisso foi logo selado por escrito: a empresa de bandeira do Brasil receberia quatro Comet II, com opção para mais dois Comet III, e seria uma pioneira das viagens a turborreação a partir de 1954. Sampaio tinha o aval do governo federal para a operação.

Em outra frente, ele estava convicto da importância estratégica do Líbano para qualquer programa futuro envolvendo o Extremo Oriente. Por isso, vislumbrou também a compra pela Panair da Middle East Airlines (MEA), empresa aérea daquele país que estava à venda. Com tudo esquematizado, restava apenas informar os planos à Pan American.

Assim que o fez, no entanto, catalisou uma violenta reação. Trippe, que já estava descontente com a perda da comissão sobre a venda de passagens e carga da Panair no exterior, sentia que os ousados projetos da filial brasileira começavam a representar uma ameaça à supremacia da própria égide.[18] Desagradava, principalmente, a ideia de a Panair do Brasil entrar na era do jato antes dos norte-americanos. A visão feria não apenas os interesses da Pan Am, como os dos fabricantes dos Estados Unidos, que desaprovavam a aproximação da subsidiária com o mercado aeronáutico europeu.

A resposta não tardou a chegar. Os projetos foram submetidos à aprovação do Conselho de Administração — e Trippe fez questão de vir dos Estados Unidos para participar pessoalmente. Para surpresa de Sampaio, aprovou-se apenas a compra dos seis DC-6B, frota insuficiente ao avanço da companhia. E, embora a situação financeira da Panair fosse excepcional — pela primeira vez desde a sua fundação, a conta conjunta com a matriz apresentava um saldo favorável à subsidiária —, o diretor-presidente começava a enfrentar dificuldades de movimento. O próprio compromisso assumido pelos norte-americanos de elevar para 75% o capital brasileiro foi postergado sem explicações satisfatórias. E o quadro logo se agravou por fatores externos: Getúlio Vargas, presidente da República, suicidou-se, provocando uma séria ruptura política no país. No exterior, dois acidentes ocorridos com protótipos do Comet macularam a imagem do avião perante a opinião pública, levando a De Havilland a rever as plantas e atrasar os planos de entrega. Além disso, uma greve-relâmpago no transporte aéreo doméstico brasileiro repercutiu negativamente junto aos agentes financiadores estrangeiros, fato que a Pan American explorou junto ao Import-Export Bank, de Washington, que intermediara a compra dos aviões. A encomenda dos DC-6B acabou cancelada.

Mas nada abalaria tanto a Panair do Brasil como os eventos que se desenrolaram no primeiro trimestre de 1955. No dia 15 de janeiro, ao chegar ao escritório, Sampaio se deparou com uma paralisação de 155 dos 188 pilotos da companhia, ou seja, 82% do quadro. O impacto foi severo sobre as operações: apenas 15% dos voos puderam decolar, sendo os internacionais — efetuados por comandantes mais antigos que não haviam aderido ao movimento — os menos prejudicados. Os pilotos alegavam cruzar os braços em solidariedade ao colega Lauro Roque, que, segundo eles, fora demitido injustamente. O desligamento, explicava a diretoria, era bem fundamentado: ao longo de 1954, Roque emitira uma série de relatórios críticos sobre as refeições servidas a bordo e em terra. Seus superiores, considerando desrespeitosa a linguagem usada, advertiram-no — primeiro, verbalmente, e, depois, com a reincidência das queixas no mesmo tom, por escrito. Ali, o comandante recebeu do chefe dos pilotos suspensão de quinze dias. Recusando-se a aceitar a penalidade e a assinar o documento apresentado pelo superior, foi demitido por insubordinação.[19]

A diretoria não cedeu às exigências dos grevistas. Como o Departamento Nacional do Trabalho considerou ilegal o movimento e a Justiça do Trabalho deu ganho de causa à Panair,[20] a empresa agiu firmemente. Iniciou demissões e a contratação de pilotos de fora, que foram logo apelidados de "urubus" pelos grevistas. Sampaio solicitou a ajuda do Ministério da Aeronáutica, ao qual todas as empresas de transporte aéreo eram subordinadas. Mas Eduardo Gomes e seu então chefe de gabinete, Clóvis Travassos, alegando ser aquilo um problema do Ministério do Trabalho, nada fizeram a respeito.

Apesar do pronunciamento da Justiça, a paralisação se estendeu. Em pouco tempo, Sampaio percebeu que não se tratava de uma simples greve deflagrada por melhores condições de trabalho. A ação era fomentada por um grupo que desejava assumir a administração da companhia. À frente, figuravam Manoel Ferreira Guimarães, banqueiro de Minas Gerais e conselheiro da Panair, e o carioca César Pires de Mello, presidente da Cooperativa Central dos Produtores de Leite (CCPL) e diretor-tesoureiro da aérea. Ambos, homens de confiança de Trippe e muito ligados à Pan American.

À medida que a greve completava um mês, Carlos Lacerda, então deputado, interveio. Sampaio encontrava-se com o político José Maria Alkmin no Country Clube do Rio quando, à 1 hora da madrugada, recebeu a mensagem de que Lacerda queria vê-lo. O engenheiro o atendeu já às 3 horas. Durante a conversa, que durou cerca de duas horas, o deputado pediu que a diretoria da Panair cedesse às exigências dos grevistas, que todo o pessoal dispensado fosse readmitido e que o gerente geral da empresa deixasse o cargo. Sampaio explicou que aquilo seria impossível, pois, além de significar uma derrota moral, os quadros da companhia já estavam sendo preenchidos e não havia meios de inflacioná-los com novo contingente. Ainda assim, comprometeu-se a absorver os tripulantes, tão logo se iniciasse a expansão dos serviços.

Diante da negativa, Lacerda apresentou, em 16 de fevereiro, um projeto de lei suspendendo a subvenção que a empresa recebia enquanto perdurasse a greve, que, ao contrário da própria Justiça, ele considerava justa. No dia 28, com 75% dos voos restabelecidos, a Panair demitiu o restante dos grevistas, mas o deputado, ignorando o fim do movimento, requereu, em 3 de março, a instauração de uma Comissão Parlamentar de Inquérito, alegando que a situação da Panair afetava "a segurança social e o sistema de transporte aeroviário no país".* Elegeu-se relator e convocou Paulo Sampaio a depor, acusando-o de má administração. O processo assemelhou-se bastante àquele engendrado por Trippe contra o industrial norte-americano Howard Hughes Jr. no episódio da disputa entre a Pan American e a Trans World Airline pela exploração de rotas intercontinentais a partir dos Estados Unidos.[21] Aqui, Lacerda afirmou que, com a suspensão das subvenções, o Congresso deveria obrigar a empresa a chegar a um acordo com seus empregados, que estavam em greve "não por uma simples reivindicação salarial, mas por um princípio de dignidade do trabalho".[22]

Já no dia seguinte, *O Globo* manifestou surpresa com a instauração da CPI, publicando:

> No que diz respeito propriamente às divergências entre a empresa e seus empregados, a greve da Panair poder-se-ia considerar encerrada com a demissão dos que abandonaram injustificadamente o serviço e persistiram em seu gesto de rebeldia depois do sereno pronunciamento da Justiça do Trabalho. (...) Se o intuito dos signatários do projeto fosse de fato apurar e coibir práticas lesivas ao interesse público por parte de uma empresa que goza de subvenção do Governo, nada teríamos a opor. Mas se visa, como parece, a forçar a empresa a recuar do seu propósito disciplinador — trata-se de intervenção indébita do Legislativo no Poder Judiciário, que, quando considerou ilegal a greve dos pilotos da Panair, nada mais fez do que aplicar as leis votadas pelo próprio Congresso.

---

* A Resolução da Câmara dos Deputados n° 2, de 1955, constituiu "Comissão Parlamentar de Inquérito para investigar as causas e consequências da crise em que se encontra a Panair do Brasil S.A.". Foram designados para os trabalhos os deputados Carlos Lacerda, Armando Falcão, Wagner Estelita, César Prieto e Neiva Moreira.

Em 6 de março, o *Diário de Notícias* também entrou na discussão:

> É um puro objetivo político, agravado pela absurda interpretação da qual resulta uma interferência ilegítima (...) o Governo dispõe de meio adequado para manter relações com as empresas de navegação aérea subvencionadas: o Departamento de Aeronáutica Civil é órgão competente para promover essas relações e fiscalizar o cumprimento dos contratos. Que tem a fazer na Panair essa comissão inquisidora? Dar palpite sobre a organização interna da companhia? Demitir diretores? Estudar a capacidade técnica dos pilotos? Não há dúvida de que se trata de uma interferência indébita, de uma exorbitância contra a qual cabe apelo à Justiça, que, aliás, por intermédio de seus órgãos específicos, já apreciou o caso dessa greve, condenando-a como ilegal.

Durante a CPI, 31 deputados que apoiavam Lacerda atacaram a diretoria da empresa em discursos inflamados, alegando que Lauro Roque já havia feito outras críticas sobre o mesmo assunto e que nenhuma providência fora tomada. Roque, por sua vez, dizia que

> a Panair tinha um nome a zelar. Vinte e cinco anos de bons serviços, experiência, tradição, o mais alto padrão técnico, conceito e uma grande organização, que não podia ficar comprometida com os erros cometidos por encarregados de serviço, que, por falta de energia, incompetência ou displicência não estavam à altura dos cargos ocupados.

Paulo Sampaio defendeu-se:

> Estou certo de que o "movimento de solidariedade" ao comandante Roque não passou de um falso motivo para a deflagração da greve. Foi, por assim dizer, o pretexto mais cômodo. Os verdadeiros motivos, as verdadeiras razões — e isto o deputado Carlos Lacerda desconhece — situam-se num plano de autêntica rebelião, de evidente motim. Rebelião contra a disciplina, contra as normas mais elementares de hierarquia; motim visando a subversão completa da ordem natural das coisas. Não é o caso Roque, nem o sabor da alimentação, menos ainda o propósito de qualquer reivin-

dicação lícita. É apenas a prevalência de um grupo que pretende tomar conta da Administração. Para isso, iniciou um sistema de desmoralização dos serviços e uma campanha de reclamações dos casos.[23]

Às vésperas da Assembleia Ordinária anual da companhia, marcada para 25 de maio, veio o golpe derradeiro. Membros do Conselho de Administração ligados a Pires de Mello e à Pan American sugeriram que Sampaio pedisse demissão antes da realização do encontro. Indignado e disposto a candidatar-se à reeleição, ele se recusou. A decisão teve suas consequências. Durante a sessão, o grupo o atacou de forma feroz, apelando aos acionistas para a injeção urgente de "sangue novo" na administração, com o intuito de realizar o que chamavam de "uma experiência contábil".

Paulo Sampaio sofreu derrota esmagadora nas eleições, com 266.862 votos contra e 2.402 a favor. Foi destituído do cargo, deixando a empresa com o testemunho pessoal da influência que Trippe ainda exercia sobre a filial brasileira. Argemiro Hungria Machado, diretor havia doze anos e membro do Conselho, assumiu a presidência. Os estatutos da Panair foram modificados, com a extinção do cargo de gerente e sua substituição pela figura de um diretor-superintendente, para a qual foi nomeado César Pires de Mello. Manoel Ferreira Guimarães ficou como conselheiro. Erik de Carvalho, braço direito de Sampaio, também caiu, sendo em seguida levado à Varig por Ruben Berta, que acabara de obter a concessão para seu primeiro voo intercontinental, para Nova York.[24]

A Panair saiu bastante combalida do episódio — operacionalmente, já que as congêneres nacionais abocanharam parte do movimento doméstico, e institucionalmente, pelos graves danos à imagem. Contudo, restabeleceram-se os serviços, sendo o Departamento de Operações e a Chefia de Pilotagem assumidos pelos grevistas, que foram readmitidos, com exceção do copiloto Armando Mahler e do comandante Fernando Arruda, que, embora tivessem aderido em solidariedade, desaprovavam o movimento. Os "urubus" foram mandados embora ou se demitiram por não aguentarem a hostilidade dos antigos aeronautas.

Em um ano, a nova administração promoveu mudanças que desaceleraram o avanço da companhia. A encomenda do avião inglês Comet foi, naturalmente, cancelada.[25] Além disso, a Panair vendeu à congênere Navegação Aérea Brasileira (NAB) a frota de dez aviões DC-3, imprescindível para a cobertura das linhas regionais. Como consequência da operação, abriu mão de rotas importantes, sobretudo no Nordeste, e enxugou parte de sua extensa malha interna. Para tentar se recuperar da crise, trouxe mais tarde quatro aeronaves quadrimotores a hélice Douglas DC-7C e, posteriormente, arrendou outros quatro DC-6A à Loide Aéreo, que colocou em operação nas linhas internacionais. Com isso, transferiu os Constellations para as rotas domésticas, que ainda eram efetuadas pelas demais empresas com DC-3 adaptados do excedente de guerra.

O destaque mais positivo desse período foi o investimento, em 1957, na compra da Celma, em Petrópolis, então uma firma especializada na produção de furadeiras de bancada, ventiladores e outros eletrodomésticos. Àquela altura, em sua oficina instalada no hangar do Aeroporto Santos Dumont, a Panair já revisava motores e componentes que equipavam os DC-3 e PBY-5 Catalina de sua frota. Mas precisava expandir as instalações para atender os Constellations. Como era difícil conseguir local adequado nas proximidades dos aeródromos cariocas, optou por adquirir o controle acionário da pequena empresa, conservando a sua marca, estatuto social e nome, mas adaptando as amplas instalações de 15 mil metros quadrados.

Apesar do ceticismo inicial de parte dos acionistas, o resultado da aquisição foi imediato: o preço da unidade de motor revisada, orçado em 20 mil dólares pela Pan American, caiu para 10 mil cruzeiros nas novas oficinas próprias da Panair. Era uma economia de divisas significativa. Além disso, transferia-se para o Brasil alta tecnologia — o país passou a contar com as oficinas da Celma no evento de qualquer emergência estratégica. A Panair também economizou com a redução do número de motores por avião/frota, pois eliminou as unidades em trânsito, assim como as que aguardavam remessa para os serviços. A economia se fez presente, ainda, com a redução do custo operacional da frota utilizada, já que se deixou de tirar um avião das linhas internacionais apenas para transportar motores para a revisão nas oficinas da Pan American em Nova York.[26]

Mais do que tudo, a compra da Celma foi um marco importante no desenvolvimento da mão de obra brasileira, em especial a fluminense, pois todos os funcionários foram recrutados do próprio local, entre mecânicos de automóveis e de máquinas operatrizes, com a exceção dos engenheiros e dos técnicos, que vieram da própria Panair. Em apenas dois anos, essa escola técnica, 100% nacional, já era considerada o maior parque de revisão de motores de avião da América Latina e o único homologado pelos grandes fabricantes fora dos Estados Unidos e da Europa.

Naquele momento, a Panair dava sinais de reação à turbulência por que passara. E, com os seus funcionários, comemorava todo o Brasil: a companhia foi a transportadora da seleção brasileira de futebol para a Copa do Mundo da Suécia, de onde os jogadores voltaram campeões pela primeira vez. O jovem Edson Arantes do Nascimento, que o mundo inteiro passava a conhecer como o incomparável Pelé, teve com um DC-7C da empresa sua primeira experiência em viagens aéreas.[27] O otimismo parecia tomar conta do país naqueles anos do governo de Juscelino Kubitschek. Contudo, alguns fenômenos no campo econômico — a desvalorização do câmbio e a inflação — começavam a produzir reflexos importantes na aviação comercial brasileira, e, a eles, nem mesmo a Panair ficaria imune.

4

No final de 1958, pressionado pela queda do preço do café no mercado internacional, o governo decidiu atualizar a taxa de câmbio preferencial, que beneficiava, entre outras atividades, o setor aéreo. Era uma espécie de subvenção indireta. O presidente da República, contudo, foi alertado por sua equipe: a adoção daquela medida, pura e simplesmente, levaria todas as companhias aéreas brasileiras, altamente expostas à moeda norte-americana, a uma situação financeira difícil. JK ponderou sobre a matéria e, para estudar o tipo de apoio de que a indústria necessitaria, determinou a formação de um Grupo de Trabalho no Conselho de Desenvolvimento.

Concluídos os levantamentos, após ouvir as considerações das operadoras, esse grupo aconselhou a concessão de subvenções diretas capazes de compensar as empresas de transporte aéreo pela perda do suporte cambial. Contudo, recomendou também a reformulação das operações nas linhas domésticas, de modo a diminuir o desperdício provocado pelo excesso de competição no campo interno.[28] A solução seria adotar um conceito de zoneamento parcial, sugerido pelos interlocutores da Panair do Brasil, do consórcio Real e do Loide Aéreo, e aceito pela Sadia e pela NAB, que juntos representavam mais de dois terços do tráfego doméstico. Ruben Berta, da Varig, reagiu com veemência contra a proposta. Não queria se retirar de mercados que já explorava.

O conflito se transformou em luta entre os grupos, polarizou as discussões, e logo surgiram linhas de pensamento diferentes e partidarismos dentro do Ministério da Aeronáutica e do Congresso Nacional. A polêmica não apenas travou a solução defendida pelo Grupo de Trabalho do Conselho de Desenvolvimento, como resultou na criação de uma Comissão Parlamentar de Inquérito em 7 de abril de 1959, dedicada a examinar, entre outros itens, as razões que tinham levado a aviação comercial àquele cenário de crise generalizada.* Ao mesmo tempo, iniciou-se uma campanha contra a presença de capital estrangeiro em companhias aéreas nacionais. Em 11 de maio, o deputado Sérgio Magalhães, do PTB do Rio de Janeiro, apresentou o projeto de lei 244, propondo a modificação do artigo

---

* A CPI foi constituída pela Resolução da Câmara dos Deputados nº 1, de 1959, "para investigar as condições de segurança de voo e pouso dos aviões civis, de alimentação, regime de trabalho dos tripulantes das aeronaves e dos empregados nos serviços de manutenção; as condições do serviço de busca e salvamento e as atuais condições de oferta de transporte aéreo superior à procura; problemas de ordem tarifária que estão originando a crise na aviação comercial brasileira e, bem assim, a questão do zoneamento ou da conveniência do monopólio estatal". Foi composta pelos deputados José Joffily, Vasconcellos Torres, Armando Carneiro, Pedro Aleixo, Adaucto Cardoso, Aarão Steinbruch e Deodoro de Mendonça. O relatório e o parecer foram publicados na edição de 19 de fevereiro de 1960 do Diário Oficial da União.

22 do Decreto-lei n° 483, de 8 de junho de 1938, o Código Brasileiro do Ar. O político defendia a redução do limite de capital estrangeiro nas aéreas para 30% — a única na situação era a Panair do Brasil.*

Onze acionistas brasileiros, que, juntos, detinham a maioria do capital da empresa, fundaram, em 27 de maio de 1960, a Planejamento e Administração Guanabara como sociedade controladora da Panair e de sua subsidiária Celma.[29] A entidade conseguiu comprar da Pan American uma parcela adicional de ações correspondente a 18% do total, reduzindo, desse modo, a participação norte-americana aos 30% previstos no projeto. Ainda assim, a campanha política da concorrência prosseguiu, com grande repercussão na imprensa, e, no mesmo mês, surgiu para votação um substitutivo ao projeto de Magalhães, que diminuía de 30% para 20% o limite da participação estrangeira.

Aquele era um ano de eleições — inclusive, para a Presidência da República —, e São Paulo predominava politicamente. Paulo Sampaio, destituído de cargo executivo, mas ainda acionista da Panair, registraria o esforço da estatal paulista em beneficiar-se do contexto: "A Vasp — sem perder de vista as enormes vantagens que a Varig usufruíra com a predominância dos políticos gaúchos no cenário nacional, durante quase 30 anos — teve como assegurado de que chegara a sua vez de obter as concessões de linhas aéreas que melhor lhe conviessem." De fato, à empresa não apenas foram atribuídas concessões para rotas domésticas já servidas por congêneres, como, em outubro de 1960, ela apresentou ao governo um pedido para explorar linhas aéreas internacionais entre o Brasil e a Europa.

O que se comentava no mercado era que, conquistados os voos, a Vasp pretendia iniciar a operação com aeronaves a jato de propriedade da Varig. Esta última, que só fazia rotas de longo percurso para a costa leste dos Estados Unidos, também já solicitara, em ja-

---

* O texto original do artigo era: "Art. 22. Só poderão ser inscritas no Registro Aeronáutico Brasileiro, as aeronaves privadas que forem de propriedade exclusiva: a) de brasileiro; b) de pessoa jurídica brasileira, com sede no Brasil, com gerência exclusivamente confiada a brasileiros, e um terço, pelo menos, do capital social pertencente a brasileiros, aqui domiciliados."

neiro de 1957, concessões para cidades europeias atendidas pela Panair. Porém, teve o pedido negado, porque o governo, então, mantinha o princípio de que, no campo internacional, onde já havia competição forte das estrangeiras, "não se justificaria o lançamento de mais de uma empresa nacional em cada rota que o outro Estado da relação internacional concede". Ou seja: a regra era a designação de apenas uma operadora brasileira para cada rota internacional.

Apesar dos rumores propalados, quem se sobressaiu politicamente, na verdade, não foi a Vasp, mas outro grupo paulista: o consórcio Real-Aerovias. Em 28 de novembro de 1960, Linneu Gomes, seu proprietário, obteve o direito de voar, via Lima, para Nova York — a joia na coroa da Varig. Com o afastamento do governo da política até então praticada, Ruben Berta deparou-se com a possibilidade de ocorrer, em relação ao mercado norte-americano, a difícil situação que, durante três anos, procurara estabelecer no segmento europeu, a cargo da Panair. Mas, em vez de tentar proteger seu próprio território, manifestando-se pela reconsideração do despacho que beneficiou Gomes, o executivo gaúcho voltou a pleitear concessões para a Europa. A disputa entre os diferentes grupos — Vasp, Varig, Real e Panair — só se acirrou.

No dia 31 de janeiro de 1961, enquanto Jânio Quadros era empossado presidente da República, o panorama econômico-financeiro da aviação comercial brasileira atingia um ponto crítico. Até então, nenhuma medida sugerida para corrigir e reverter o dreno dos recursos havia sido tomada. A competição desenfreada e a luta entre as direções das companhias só atrapalhavam, impedindo a implementação de soluções. Além disso, as transportadoras enfrentavam um desafio extraordinário: o Brasil entrava definitivamente na era do jato. Se para os passageiros aquilo representava a oferta de serviços mais rápidos e confortáveis, para as empresas significava uma sangria em seus já prejudicados caixas, uma vez que os novos equipamentos e sua operação apresentavam custos significativamente mais altos.

Quadros colocou o transporte aéreo entre as pautas prioritárias de seu governo. Em março, à medida que estabelecia o que chamava de "a verdade cambial",* determinou ao Ministério da Aeronáutica a anulação do despacho que concedera à Real-Aerovias a linha regular entre o Rio de Janeiro e Nova York. Em sua comunicação, surpreendeu o mercado, declarando: "O governo adotará a política do *pool* entre as empresas brasileiras para as linhas internacionais." Ele se inspirava no modelo da SAS, aérea multinacional da Dinamarca, Noruega e Suécia. Às 15 horas do dia 3 de abril, o chefe da Nação recebia em Brasília o ministro da Aeronáutica, o diretor da DAC e os presidentes da Panair, da Real e da Varig para uma reunião. Ali, comunicou oficialmente seu desejo de que passassem a operar em *pool* no campo externo.

Durante a conferência, os executivos da Panair e da Varig contextualizaram sua situação. Explicaram que as três empresas vinham operando em condições altamente deficitárias, mas que os prejuízos de Panair e Varig decorriam de suas respectivas malhas domésticas, pois ambas atuavam externamente em boas condições. Quadros, por sua vez, explicou o peso político que as linhas internacionais teriam dentro dos objetivos de seu governo. Manifestou a intenção de estender o apoio de que o transporte aéreo necessitava assim que o regime de colaboração no campo externo fosse cumprido.

Após a conferência em Brasília, representantes das três companhias reuniram-se diversas vezes para discutir as bases do que poderia ser o acordo pedido pelo presidente da República. No exame das condições, foi constatado que, de um lado, Varig e Panair já haviam recebido as aeronaves a jato adquiridas para suas linhas intercontinentais — Boeing 707 e Douglas DC-8, respectivamente; de outro, o modelo encomendado pela Real-Aerovias, o Convair CV--990A, apresentara problemas nos voos experimentais e, por causa disso, a entrega dos aviões a Linneu Gomes sofreria atraso considerável. Como o *pool* envolveria somente os serviços realizados com

---

* "A verdade cambial" de Jânio Quadros foi uma reforma que estabelecia taxa de câmbio única, implementada por meio da Instrução 204 da Sumoc em março de 1961.

equipamentos a jato, a Real-Aerovias dependeria, nesse acordo, da utilização de aviões da Varig ou da Panair.*

A Varig — que, como a Real-Aerovias, tinha concessão para os Estados Unidos, além de um jato ocioso, então alugado à israelense El Al — tomou a frente. Berta exigiu de Gomes garantia bancária para os valores dos fretamentos que teria de realizar em seu favor. Como o empresário paulista sinalizou que não poderia cumprir aquele encargo, dada a frágil situação econômico-financeira a que seu grupo chegara, em 2 de maio a dupla selou um acordo diferente: o consórcio cedeu metade das ações da então rebatizada Aerovias Brasília, com as concessões das rotas de longo percurso à Varig.[30]

Embora Quadros realmente demonstrasse a intenção de conceder ao transporte aéreo o apoio financeiro prometido, julgou que constituía um obstáculo o fato de a Panair do Brasil ainda contar com uma parcela de capital estrangeiro. Por isso, decidiu procurar o empresário Mario Wallace Simonsen, de São Paulo, que já conhecia, e dividir com ele sua ideia para a recuperação da aviação comercial, sondando se estaria interessado em nacionalizar a companhia. Simonsen não respondeu de imediato, mas se comprometeu a estudar a operação.

A escolha fazia sentido. O empresário era uma espécie de "mágico de Oz" do capitalismo brasileiro. Embora fosse discreto, evitando aparições públicas, controlava um sólido potentado de mais de quarenta companhias, inclusive o forte Banco Noroeste, de São Paulo. Reconhecidamente nacionalista, já colaborara com o governo anterior na política cafeeira, num momento de grande sufoco para os produtores nacionais, que enfrentavam uma baixa de preços provocada por excesso de produção. Sua exportadora Companhia Comercial Paulista de Café (Comal), carro-chefe do grupo, e as coligadas Wasim Societé Financiene, de Genebra, e Wasim International, Inc. e Wasim Coffee Corporation, de Nova York, altamente

---

* O acordo de *pool* contemplava apenas as operações com jatos, pois sabia-se que, dali em diante, os aviões a hélice não teriam mais condições de competir no mercado internacional.

capitalizadas, figuravam entre as maiores multinacionais brasileiras, com negócios em 53 países, numa época em que poucas empresas daqui ousavam competir com os grandes *players* globais no exterior, em seus próprios mercados. Simonsen era, também, um capitalista admirado por sua visão, pioneirismo e capacidade empreendedora. Na capital paulista, fundara, em novembro de 1953, o Sirva-Se, primeiro supermercado brasileiro, que iniciou uma transformação nos hábitos de consumo e no próprio varejo. E, em julho de 1960, inaugurara a TV Excelsior, cujas atividades imprimiram, pela primeira vez, profissionalismo e um olhar industrial na forma de se fazer televisão no Brasil.

Enquanto Simonsen estudava o pedido de Quadros, Celso da Rocha Miranda, alheio ao que se passava na aviação comercial, foi procurado por Paulo Sampaio, que era casado com sua prima Gilda da Rocha Miranda. O engenheiro e outros três acionistas da Panair — Erik de Carvalho, Fernando Maciel Osório e Oscar Santa Maria Pereira —, chamados "dissidentes" pelos demais, apesar de destituídos de seus cargos em 1955, detinham 27% do capital da companhia e continuavam participando das assembleias. Eles queriam ajuda do empresário carioca, que tinha forte relação com bancos estrangeiros, para a obtenção de avais para adquirir os então 20% restantes da Pan American. Essas negociações — que a princípio evoluíram, estendendo-se por semanas — fracassaram por falta de garantias reais oferecidas pelo grupo aos acionistas norte-americanos.

Rocha Miranda, que era dono da Ajax — Corretora de Seguros S.A., a maior seguradora da América Latina, da Companhia Internacional de Seguros e de outra dúzia de empresas, acabou, ele próprio, levando o negócio a Simonsen, seu amigo, e os dois embarcaram na empreitada. Juntos, com avais pessoais, compraram 64% do capital da Panair, inclusive a totalidade dos lotes da Pan Am e da Planejamento e Administração Guanabara. A operação, formalizada em 24 de junho de 1961, tornou a Panair do Brasil companhia aérea 100% nacional.*

---

* Os detalhes e o pano de fundo da aquisição da Panair do Brasil por Mario Simonsen e Celso da Rocha Miranda serão narrados no capítulo V, "A turbulência".

Ruben Berta, à vista da entrada do Grupo Simonsen-Rocha Miranda no setor aéreo, e supondo, com base em rumores, que eles estavam interessados em adquirir também o controle da Real e até da Vasp, correu para selar a aquisição do consórcio com Linneu Gomes. Em 14 de agosto, a Varig assumiu os ativos, passivos e linhas da Aerovias Brasil, Aerovias Brasília, Nacional Transportes Aéreos, Transportes Aéreos Salvador, Aeronorte, Viabrás, Linhas Aéreas Paulistas, Sadia e Linhas Aéreas Brasileiras.[31] Em seguida, o empresário gaúcho enviou telegramas a lideranças políticas, confessando que fizera o negócio para impedir que a Real virasse "presa de especuladores com interesses pessoais descabidos ou obscuros".* O que nem Berta, nem o resto do mercado, nem o país esperavam era que, em 25 de agosto — portanto, menos de duas semanas depois de concretizada a operação Varig/Real —, Jânio Quadros renunciasse à presidência da República, arrastando o Brasil para uma grave crise política. E que fizesse isso sem ter materializado o apoio prometido. Dali em diante, a situação das aéreas só se deteriorou. Em 10 de outubro, durante uma CPI criada para investigar acidentes aéreos,** Berta declarou: "As linhas aéreas do interior em que são utilizados aviões tipo DC-3 dão prejuízo de 300 milhões de cruzeiros por mês e haverá colapso total do sistema dentro de alguns meses se o governo não auxiliar urgentemente as companhias de aviação." Também afirmou que fizera "um mau negócio ao adquirir a Real" e que "só o realizou para atender a um apelo do ex-presidente Jânio Quadros".[32] Paralelamente, em palestra ao Estado-Maior da Aeronáutica, o professor Arp Procópio de Carvalho, consultor jurídico do Centro Técnico Aeroespacial de São José dos Campos, alertou que a situação da Varig, agora com o quadro dobrado para cerca de 10 mil funcionários, tornara-se irremediável:

---

* Ver Apêndice IV: Telegrama de Ruben Berta a Jânio Quadros.
** A Resolução da Câmara dos Deputados nº 38, de 20 de julho de 1960, criou a Comissão Parlamentar de Inquérito "para investigar a aviação civil, principalmente os aspectos relacionados com a segurança dos voos". Foram designados para os trabalhos os deputados Miguel Bahury, Océlio de Medeiros, Ozanan Coelho, Adahil Barreto, Antônio Carlos, Broca Filho, Hélio Ramos, Floriceno Paixão e Almino Affonso.

O Capital Próprio de 477 milhões, em 1960, equivale a apenas 0,09 do Capital Alheio, no valor de 5,2 bilhões; isso quer dizer que, para cada 100 cruzeiros, a Varig só investirá 9 cruzeiros na empresa (9%), sendo os restantes 91% Capital Alheio, não se computando neste as altas subvenções, isenções e doações do governo, nem as dívidas ao Banco do Brasil. (...) Sendo, pois, uma empresa comercialmente insolvente, em 1961 a Varig adquiriu outra empresa também insolvente, a Real-Aerovias, por mais de 3 bilhões de cruzeiros, que estão sendo pagos com dinheiro das subvenções, isto é, às custas da Nação. Em dezembro de 1961, a Varig-Real devia, somente ao sistema de previdência, a fabulosa importância de 3,570 bilhões de cruzeiros.

A Panair, que tinha 5 mil funcionários, comparava ele, devia Cr$ 1,514 bilhão à entidade.[33]

5

Mario Wallace Simonsen e Celso da Rocha Miranda, agora acionistas majoritários da companhia aérea de bandeira do Brasil, estavam cientes das dificuldades. Mas, certos também de que conseguiriam reverter a situação no médio prazo, reuniram uma equipe forte para iniciar a recuperação. Instituíram Paulo Sampaio, que tinha a total confiança de Rocha Miranda, na presidência, e, para o Conselho de Administração, convidaram nomes de grande peso no cenário aeronáutico e nos círculos das altas finanças do país, como Antônio Carlos de Almeida Braga, Fernando Machado Portela, Glycon de Paiva e José Luís Magalhães Lins. Os estatutos da empresa foram reformados: uma nova vice-presidência, assumida pelo brigadeiro Osvaldo Pamplona Pinto, absorveu as funções da superintendência, e criaram-se os cargos de diretor financeiro e diretor técnico, preenchidos por Jorge Mourão e Edgard Fróes da Fonseca, respectivamente. Os dois sócios permaneceram fora da administração. Simonsen, no entanto, indicou seu filho mais velho, Wallace Cochrane Simonsen Netto, para uma posição no Conselho.

A missão mais urgente de Sampaio era fazer um exame profundo dos problemas que prejudicavam a Panair. Tendo-os analisado, o engenheiro determinou que faltavam à empresa capital de giro, estoque de peças de reposição e uma frota doméstica atualizada. O quadro de colaboradores, por sua vez, estava inchado para a dimensão das operações, que tinham minguado na administração anterior. A cúpula encontrou duas alternativas para alcançar o reequilíbrio das finanças: cortar as despesas, por meio de uma redução considerável do número de funcionários, ou expandir os serviços, a fim de aumentar a eficiência, a taxa de utilização diária dos aviões e as receitas, absorvendo os custos com pessoal. Optaram pela preservação dos empregos. Essa decisão, no entanto, implicaria reorganizar as rotas nacionais e, principalmente, dar à Panair o máximo de agressividade na busca por tráfego internacional, então responsável por 75% das receitas com voos.

Ainda em 1961, Sampaio elaborou um plano de expansão global que, segundo ele, previa "uma invasão pacífica do continente africano". O projeto baseava-se na criação de uma rede de comunicações aéreas que, iniciada no Brasil, serviria as costas ocidental e oriental da África, com duas linhas a partir de Acra, em Gana: uma descendo para Luanda, em Angola, seguindo para Lourenço Marques (atual Maputo), em Moçambique, via Stanleyville, na Rodésia (hoje, Zimbábue); e outra prosseguindo ao norte, para Cairo e Beirute, com escalas em Kano, na Nigéria, e Cartum, no Egito (a cidade, hoje, faz parte do Sudão). Essa segunda rota permitiria a ligação, pela Panair, de Israel com qualquer país árabe, já que, iniciados os serviços, a companhia transferiria sua extensão final dos voos europeus de Beirute para Tel Aviv. O engenheiro propunha, para as operações em território africano, utilizar um excedente de 28 tripulações, que utilizariam quatro aviões DC-7C. Ao longo de todas as paradas, a Panair basearia pessoal dos serviços de comunicações, operações, manutenção e tráfego, eliminando o problema de inchaço do quadro.

Além do avanço sobre aquele continente, Sampaio planejou a extensão das linhas europeias para o mundo comunista, com rotas para Budapeste, na Hungria, onde a empresa já possuía uma representação, Praga, na Checoslováquia (atual República Checa), e Moscou, capital da então União das Repúblicas Socialistas Soviéticas. Dizia que dois motivos, um político e outro comercial, o entusiasmavam. O primeiro provinha de sua "convicção de que muito poderíamos oferecer de construtivo para a diminuição da tensão prevalente entre o Oriente e o Ocidente". E o segundo constituía-se no fato de que o maior mercado potencial do mundo, fora o norte-americano, era a URSS, com seus 250 milhões de habitantes.

Apresentados os projetos aos acionistas, que deram sinal verde, e depois ao governo, eles foram vetados pelo Conselho Nacional de Segurança. O Brasil não estava pronto para apoiar programas que aproximassem os dois lados do mundo, polarizados pela Guerra Fria. Além disso, a crise deflagrada pela renúncia de Jânio Quadros, cujos reflexos ainda se sentiam, impossibilitava a materialização de qualquer plano mais ousado. Era necessário, portanto, revisitar a estratégia.

A partir dali, a Panair passou a focar esforços nos mercados em que já atuava. Sampaio e Rocha Miranda procederam a um estudo cuidadoso da operação das congêneres estrangeiras em território nacional, a partir do qual expuseram às autoridades da Diretoria de Aeronáutica Civil, Cernai, Ministério da Aeronáutica e Ministério das Relações Exteriores a necessidade de se garantir uma repartição igualitária do tráfego entre Brasil e Europa. Fundamentalmente, reivindicavam "uma participação recíproca de 50% da bandeira nacional em todas as linhas que aqui, para cá ou daqui transportassem passageiros".[34] Os representantes do governo concordaram unanimemente, e o país passou a exigir de todas as estrangeiras acordos operacionais com sua transportadora de bandeira. Como prova do desejo de manter firme essa política, o Ministério das Relações Exteriores denunciou os tratados aéreos que o Brasil havia firmado com a Suíça, os países escandinavos e a Holanda. E determinou: enquanto se renegociassem os acordos, as aeronaves daquelas nações só teriam permissão de vir para cá a título precário.

O agravamento da situação cambial brasileira em 1962, no entanto, dava ao governo poucas condições de exigir dos demais países mudanças que impactassem suas próprias aéreas. Por isso, a diretoria da Panair propôs às autoridades tentar, ela própria, estabelecer os tratados em nível comercial, de companhia para companhia. A ideia foi bem recebida e imediatamente autorizada pelo brigadeiro Clóvis Travassos, então presidente da Cernai, pelo brigadeiro Francisco Corrêa de Melo, chefe do Estado-Maior da Aeronáutica, e pelo brigadeiro Reinaldo de Carvalho, ministro da Aeronáutica. No Ministério das Relações Exteriores, teve as bênçãos também do secretário Oswaldo Lobo, diretor do Departamento de Transporte, do embaixador Alfredo Bernardes, secretário-geral do Ministério das Relações Exteriores, e de Francisco Santiago Dantas, ministro das Relações Exteriores.

Os membros do Conselho e da diretoria sugeriram que Rocha Miranda ajudasse Sampaio na execução da missão confiada pelo governo, devido à sua experiência acumulada em negociações de acordos internacionais envolvendo seguros e pelo conhecimento adquirido no convívio com os diretores da empresa. Tendo aceitado essa designação, os dois partiram para a Europa. O empresário registraria:

Nossa projeção para o primeiro ano à frente da Panair previa um prejuízo de 1 milhão de dólares. Foi feita uma análise detalhada da situação da Panair e encontrada uma resposta. Tínhamos dois caminhos a seguir: demitir 2 mil funcionários ou aumentar em 50% a receita da companhia. Eram, aproximadamente, 4.500 funcionários e nós teríamos que reduzir este número para a metade. Resolvemos, então, aumentar a receita e preservar os empregos. Nós fizemos um estudo verificando que havia acordos com várias companhias da Europa que não tinham tráfego regular para o Brasil. Vinham aqui apenas para "piratear" o tráfego. As principais "piratas" eram a SAS, a Swissair e a KLM. O governo endossou nossa proposta de retirar essas companhias, gradativamente, do tráfego do Atlântico Sul. Com isto, faríamos um *pool* com as que ficassem. As companhias que tinham duas frequências semanais ficariam com uma e foi oferecido a todas elas um acordo de *pool*. (...) Com isto, cessou a concorrência predatória e o preço das passagens passou a ser respeitado, já que, com este acordo, qualquer passageiro que entrasse na Panair significava que a outra companhia teria a metade das passagens. A British não aceitou e cancelou o tráfego para a América do Sul. A Lufthansa aceitou depois que fomos à Alemanha explicar melhor as condições. Tendo assinado a Lufthansa, a Alitalia correu e assinou.

Garantidos os *pools* com as operadoras europeias, que, implementados, melhorariam o aproveitamento das aeronaves da Panair do Brasil, era hora de resolver pendências deixadas pelo antigo grupo controlador. Negociaram-se os débitos previdenciários e foram mantidos em dia todos os salários dos funcionários e pagamentos aos fornecedores de combustível — Texaco, Esso e Shell. A nova administração também reduziu as despesas, principalmente as relacionadas às compras no Brasil, que, em junho de 1961, estavam na casa dos 60 mil cruzeiros novos e, em 1965, atingiriam somente 90 mil, quando, na escalada vertiginosa do custo de vida, deveriam, na proporção, figurar em cerca de 200 milhões de cruzeiros novos.

Conhecendo a superioridade técnica da companhia, Celso da Rocha Miranda e Mario Simonsen garantiram, ainda, os investimentos necessários para manter o alto nível das oficinas de manutenção no Aeroporto do Galeão, o que valeu a renovação da homologação pela Federal Aviation Administration (FAA),[*] título conferido na América do Sul somente à Panair, o que possibilitava diversificar as receitas, com a prestação de serviços a todas as aeronaves americanas e europeias em seus pousos no Brasil. Em Petrópolis, a Celma foi aprimorada, com a instalação de um banco de provas para revisão de turbinas, serviço que passou a ser executado no país a partir de 1962, sem as dispendiosas remessas das turbinas para o exterior, um verdadeiro escoadouro de divisas.

---

[*] A Federal Aviation Administration (FAA) é a agência reguladora da aeronavegação nos Estados Unidos e, historicamente, adotada como referência e mesmo como certificadora oficial de procedimentos de aeronavegação também em outros países.

Ao receberem as considerações de Sampaio sobre a operação doméstica, os acionistas cuidaram, também, da modernização da frota. Por meio de sua empresa Brasmotor Ltda., Rocha Miranda representava os motores Rolls-Royce no Brasil. A Wasim, de Simonsen, tinha a representação da fabricante francesa Sud Aviation pela Bracorep S.A. — Brasileira de Comércio e Representações / Impex-Schneider. Em 1962, a Panair investiu US$ 23 milhões em quatro modernas aeronaves a jato Caravelle VI-R, compradas com peças, sobressalentes e acessórios. Esses aviões, adquiridos em plano operacional previamente aprovado pelo Ministério da Aeronáutica, conferiam vantagens técnicas e econômicas à companhia, e mais conforto e comodidade aos passageiros, substituindo o serviço realizado pelos já cansados Constellations nas rotas do Brasil e da América do Sul. As duas primeiras unidades, de prefixos PP-PDU e PP-PDV, aterrissaram no Rio de Janeiro em 20 de julho daquele ano. Um detalhe: no contrato de compra, assinado com Georges Hereil, presidente da Sud Aviation, Sampaio fez constar uma cláusula que dava à Panair do Brasil a preferência para a aquisição de três aviões supersônicos do tipo Concorde, o que constituía a primeira encomenda dessas aeronaves em todo o mundo.[35]

Os investimentos abrangeram, ainda, os serviços de proteção ao voo. Com o avanço da tecnologia naquele período, a radiotelefonia passou a ser usada para as comunicações entre as aeronaves no ar e as estações terrestres. A Panair imediatamente adotou o procedimento, implementando uma rede de onze estações com equipamentos especiais, que dispunham de dez frequências em HF e VHF, as quais passaram a ser utilizadas nas comunicações em radiotelefonia tanto pelo comandante do avião como pelo rádio-operador, que até então era o único a operar as telecomunicações, em radiotelegrafia.

A distante, mas não esquecida Amazônia também foi contemplada nos planos do grupo. Ainda em 1962, a Panair estabeleceu operações conjuntas com a Petrobras, que, à época, sondava a Ilha do Careiro utilizando tripulantes especializados e os PBY Catalina da companhia. Além disso, intensificou-se o envio de suprimentos às localidades de Carolina, Grajaú e Barra do Corda.[36] Paulo Sampaio já estudava a substituição dos velhos aviões anfíbios por modelos mais modernos, ou, até mesmo, alternativas que não envolvessem aeronaves; julgava que a região amazônica, apesar de não render dividendos à empresa, precisava permanecer no seu radar, pela importância do atendimento social às populações ribeirinhas.

Em 1963, à medida que as mudanças começavam a produzir efeitos positivos sobre o desempenho da companhia, com melhora da produtividade,[37] o governo baixou a Lei n° 4.200, de 5 de fevereiro, estabelecendo "medidas de amparo à indústria de transporte aéreo", especificamente: subvenção quilométrica às linhas que constituíam o Plano de Integração Nacional (rotas domésticas comprovadamente deficitárias ou antieconômicas, de alto interesse nacional), subvenção às linhas aéreas internacionais e contribuição financeira para reequipamento — as três com efeito a partir de 1° de janeiro de 1963. A legislação aparecia como resultado de duas Conferências de Aeronáutica, convocadas em Petrópolis em 1961 e 1962, para solucionar os problemas financeiros em que a indústria estava mergulhada.* O pagamento de 3,2 bilhões de cruzeiros (10 milhões de dólares à taxa de câmbio da época, de 320 cruzeiros por dólar), a princípio, pareceu uma medida viável. Contudo, em pouco tempo, a espiral cambial tornou evidente a fragilidade da nova lei: a inflação, também responsável pelo fraco movimento de passageiros,[38] desajustaria as subvenções relativas a 1962 em 30%, e, em 1963, em mais de 50%, e o governo nada faria para atualizá-las — sendo esta a razão dos débitos contraídos por todas as aéreas brasileiras junto ao Banco do Brasil.

Apesar da difícil situação provocada pelo descontrole do câmbio, as operações prosseguiam normalmente, sem reflexos sobre as atividades. Data também do primeiro semestre de 1963, dia 6 de

---

* A partir daqueles encontros, presididos pelo diretor de Aeronáutica, o governo assumira o compromisso de contribuir para o reequipamento das operadoras com um terço do montante anual dos seus compromissos, calculados em 30 milhões de dólares — ou seja, a Subvenção de Reequipamento consistiria em 10 milhões de dólares anuais.

maio, o Aviso Ministerial n° 28, por meio do qual a Diretoria de Aeronáutica Civil determinou uma inspeção em todas as aéreas, para verificar a qualidade dos serviços de manutenção que prestavam. Uma comissão de engenheiros do Instituto Técnico de Aviação (ITA) realizou inquérito e, após analisar detidamente o trabalho efetuado pelo setor técnico de cada uma delas, chegou às seguintes conclusões, quanto à Panair:

> a) organização boa e adequada aos serviços que lhe estão afetos;
>
> b) pessoal técnico, de forma geral, em número satisfatório e apoiado por Departamento de Ensino aparelhado para satisfazer a todas as necessidades de manutenção, permitindo uma atualização contínua dos conhecimentos técnicos;
>
> c) sistema de manutenção adequado aos equipamentos operados;
>
> d) qualidade dos serviços de oficinas e pistas satisfatória;
>
> e) controle de manutenção satisfatório;
>
> f) análise de manutenção — estatística adequada, permitindo um bom controle de desempenho da frota;

Depois disso, em 1° de julho de 1964 — portanto, já no período após a queda do governo de João Goulart —, os serviços da empresa e sua importância para a aviação e o desenvolvimento do país continuavam oficialmente reconhecidos pelas autoridades aeronáuticas, quando despacho publicado no Boletim n° 122 da Diretoria de Rotas Aéreas no Ministério da Aeronáutica certificou, textualmente,

> (...) que a Panair do Brasil S.A. executa em várias localidades do Território Nacional um Serviço de Telecomunicações Aeronáuticas, do qual são usuárias todas as companhias aeroviárias estrangeiras e as aeronaves militares alienígenas que se encontram executando missões de transporte internacional sobre o Território Brasileiro, motivo pelo qual são muito mais amplas e de muito maior responsabilidade as suas atividades comparadas com as necessidades das demais empresas aeroviárias brasileiras; que a Panair do Brasil S.A. executa e opera os serviços

de telecomunicações aeronáuticas cujo atendimento é objeto de compromissos internacionais assumidos pelo Brasil, no que diz respeito à segurança e proteção ao voo, estando autorizada a firmar com as empresas estrangeiras de transporte aéreo contratos de prestação de serviços de telecomunicações aeronáuticas, nos termos da Portaria n° 49 de 23/4/1957 desta Diretoria.

Quando 1964 caminhava para o final, um estudo levado a efeito pela própria indústria para instrumentar um Plano de Recuperação do Transporte Aéreo Brasileiro e, principalmente, o relatório produzido pela Ecotec, com a autoridade dos economistas Jorge Felipe Kafuri e Antonio Dias Leite, descreditavam qualquer arguição de irrecuperabilidade financeira da Panair. Este último, pelo contrário, tendo em vista as promissoras perspectivas dos acordos aéreos com os países europeus, colocava a companhia em situação excepcional em relação às demais transportadoras brasileiras — não apenas a empresa de Mario Simonsen e Celso da Rocha Miranda figurava como a única com reais possibilidades de recuperação, como a base da recuperação era, precisamente, as linhas internacionais que lhe seriam tiradas no dia 10 de fevereiro de 1965. Em seu conteúdo, a Ecotec alinhava números importantes sobre a situação da Panair e da Varig em 30 de outubro de 1964:[39]

> (...) débitos vencidos em cruzeiros, Varig, Cr$ 1.149 milhões; Panair, Cr$ 1.823 milhões; débitos em cruzeiros a vencer: Varig, Cr$ 8.636 milhões; Panair, Cr$ 6.047 milhões. Total: Varig, Cr$ 9.784 milhões, Panair, Cr$ 7.870 milhões. A situação relativa aos compromissos em dólares era a seguinte: vencidos no Brasil — Varig, US$ 64 mil; Panair, nada; a vencer: Varig, US$ 4,1 milhões; Panair, US$ 3,05 milhões; no exterior — vencidos: Varig, US$ 2,16 milhões; Panair, US$ 3,66 milhões; a vencer — Varig, US$ 24,16 milhões; Panair, US$ 36,56 milhões.

Por fim, a Assessoria Econômica da DAC publicaria os seguintes dados referentes ao desempenho do setor no último levantamento fechado antes da cassação da Panair:[40]

Transporte Aéreo Comercial — Análise dos Balanços (1963)

Empresa	Déficit (em Cr$)
Panair	2.339.951.725
Cruzeiro (1)	1.527.761.858
Aerovias (2)	2.303.537.623
Real (2)	431.312.520
Nacional (2)	154.678.996
Varig (2)	3.533.463.040
Vasp (3)	808.517.510
Savag (1)	138.759.553
TAC (1)	264.512.216
Sadia (4)	26.186.618
Salvador (4)	114.016.414
Aeronorte (2)	77.780.535

Observações:
(1) Constituem o Consórcio Cruzeiro — Déficit do grupo: Cr$ 1.931.033.627
(2) Constituem o Consórcio Varig — Déficit do grupo: Cr$ 6.500.722.614
(3) Consórcio Vasp (constituído pela Vasp, Loide, Taba e NAB) — Déficit da Vasp: Cr$ 808.517.510
(4) Consórcio Sadia — Déficit do grupo: Cr$ 191.796.949

Nota: Neste ano, a NAB, ao dar baixa por ocasião de sua incorporação à VASP, apresentou lucro de Cr$ 89.760.985.000, por ter recebido Cr$ 88.884.000 de subvenções federais. A Paraense não deu lucro nem prejuízo.

Se assim se configurava o panorama para o setor aéreo e era essa a situação das operadoras, o que teria motivado a intervenção governamental exclusivamente na Panair do Brasil, realizada de súbito e de modo a privilegiar duas concorrentes economicamente fragilizadas? E o que teria determinado o decreto de falência e o protesto do Banco do Brasil, ao qual outras empresas deviam quantias superiores? Muitas perguntas pairavam no ar. Os acionistas, diretores e advogados da Panair cobrariam as respostas.

III
As vítimas

1

Na tarde daquela segunda-feira, 15 de fevereiro de 1965, a movimentação era intensa no Aeroporto Santos Dumont. Centenas de funcionários, a diretoria e a imprensa aguardavam com grande expectativa a volta de Tude Neiva de Lima Rocha à sede da Panair. Quando chegou, o advogado subiu direto ao gabinete de Paulo Sampaio, para lhe comunicar e aos outros diretores que a falência da companhia havia sido decretada.

— Ao meio-dia eu estava na 6ª Vara com o contador exigido por lei, quando chegou o juiz com o processo já despachado — disse, estupefato, o jurista.

Ninguém podia acreditar. Como era possível que, em apenas cinco dias, tivessem conseguido atacar violentamente a reputação da sólida empresa e, em seguida, extingui-la, ignorando o gigantesco acervo que ela acumulara ao longo de décadas? Paulo Sampaio estava taciturno, o que lhe era bastante incomum. Sentia que naquilo tudo havia algo maior. Com a última resolução, ficara claro para ele que o governo não queria sanar a crise da aviação comercial, mas impor uma solução final ao "problema Panair". A questão era por quê.

Não demorou para o grupo deixar a sala e se pronunciar aos empregados e jornalistas. O primeiro a falar foi o próprio presidente da companhia, que, embora deixasse transparecer o abalo, em momento algum mostrou-se derrotado. Ainda no segundo andar, caminhou até o estrado que se abria ao fundo do hangar e lá parou atrás das três carteiras de escritório que, colocadas lado a lado, formavam um palanque improvisado. Bem acima dele, uma enorme faixa, rodeada por várias bandeiras com o logotipo da empresa, apelava: "Ajude-nos a salvar a Panair." À frente das mesas, três cartazes, e, sobre elas, uma maquete em escala do jato DC-8.

— Pela primeira vez na história deste país, acredito, uma empresa de serviços públicos teve a sua concessão cassada sem advertência ou aviso prévio — iniciou o discurso Sampaio, criticando o caráter ditatorial da medida. — A notícia de que o Ministério da Aeronáutica havia determinado a suspensão dos voos da Panair e cassado as suas linhas internas e externas chegou ao nosso conhecimento através de noticiário radiofônico. Só depois é que a Diretoria da Aeronáutica Civil, através de um dos nossos diretores, transmitia a medida adotada por despacho pelo presidente da República. E foi o que aconteceu, contrariando-se assim todas as normas e prescritos que regulam as relações entre uma companhia de aviação comercial e o Ministério da Aeronáutica.

As centenas de pessoas lá reunidas, ansiosas, ouviam em silêncio total o executivo, cuja voz ressoava por todo o hangar. Além dele, escutavam-se apenas os cliques ocasionais das máquinas fotográficas da imprensa e, muito ao fundo, o barulho dos aviões a pistão das congêneres, que se movimentavam pelas pistas e pátios do aeroporto.

— O governo poderia praticar o ato que praticou em qualquer empresa de transporte aéreo, em casos fixados em lei e de conformidade com os termos das cláusulas contratuais, como, por exemplo, a repetição de transgressões graves ou por não se aparelhar de acordo com as exigências do serviço. Mas sempre observadas as normas legais, de acordo com o processo administrativo regular, sem prejuízo do natural direito de defesa prévia. Mas nada disso se verificou — denunciou. — Quando fomos atingidos pela medida sumária, tínhamos conhecimento de vagos rumores quanto aos propósitos das autoridades aeronáuticas em intervir na Panair. Contudo, esses rumores foram por mais de uma vez desmentidos pelas autoridades monetárias do país. A propósito, vale a pena recordar que o senhor Celso da Rocha Miranda, um dos principais acionistas, no mesmo dia em que se consumou a decisão do governo, ouvia palavras tranquilizadoras por parte do senhor Dênio Nogueira, diretor da Sumoc. Tudo isso nos fazia acreditar que se de fato havia propósito do governo em intervir na crise da aviação comercial brasileira, jamais qualquer medida seria tomada com caráter discriminatório ou arbitrário e imprevisto.

Os olhos e ouvidos do país inteiro estavam ali presentes, representados pelos repórteres de plantão. Aproveitando a chance única proporcionada pela cobertura jornalística em larga escala, Sampaio procurou comentar minuciosamente sobre os pontos que tinham sido base para as ações do governo. Era a sobrevivência de muitas famílias que estava em jogo. Tendo isso sempre em mente, prestou esclarecimentos sobre as alegações do Ministério da Aeronáutica quanto à segurança de voo nos aviões da Panair.

— Os termos da exposição de motivos do ministro da Aeronáutica sobre a situação da Panair não diferem, substancialmente, da nota distribuída por aquele órgão de administração. A diretoria da Panair já respondeu indiretamente à referida exposição em nota distribuída à imprensa. Contudo, desejo insistir em alguns pontos que nos parecem fundamentais, mesmo porque, a mim, pessoalmente, cabe a grande responsabilidade na vida desta empresa que ajudei a crescer e a projetar no país e no exterior. Não é verdade que a situação econômico-financeira estaria ameaçando a segurança de voo — afirmou. — Esta acusação não poderia ser feita sem que se refletisse no Ministério da Aeronáutica, que vistoria periodicamente as aeronaves e concede revalidação do Certificado de Aeronavegabilidade. E os certificados da Panair estavam em dia.

O que não faltava quanto à manutenção eram argumentos a favor da companhia. A Panair desfrutava de reputação técnica amplamente reconhecida, que a posicionava entre as mais avançadas empresas aéreas do mundo. No meio popular, a expressão "Padrão

Panair" de qualidade, que já se tinha consolidado desde os tempos da Pan American, fortalecera-se ainda mais após a aquisição da Celma, em 1957.

— Nas oficinas de sua subsidiária Celma, nos últimos dois anos, foram revisados 2 mil motores convencionais e a jato, não só da própria Panair e empresas congêneres, como da Força Aérea Brasileira, que, neste momento, tem ali oito motores em processo de revisão — prosseguiu o engenheiro. — A manutenção de aeronave e revisão de acessórios da Panair é assistida, permanentemente, por representantes técnicos das empresas construtoras, tais como Douglas, Sud Aviation, Rolls-Royce, Pratt Whitney e Hispani-Suiza, com escritórios em suas oficinas. A Panair é também a única empresa no Brasil autorizada pela FAA para dar manutenção aos aviões de matrícula americana, como é também a única empresa na América Latina capacitada a revisar turbinas instaladas em aviões comerciais, como já o tem feito para companhias europeias. Cerca de doze companhias estrangeiras têm os seus serviços de manutenção assegurados pela Panair. Por tudo isso, é estranho que com uma simples alegação se destrua um patrimônio técnico reconhecido internacionalmente. Não sabemos a que atribuir tão inesperada e espantosa suspeição.

A incoerência da acusação era tão nítida que surpreendia até os repórteres mais leigos, os quais, embora atuassem na cobertura de outros setores, estavam ali para acompanhar os desdobramentos da maior falência até então já registrada na América do Sul. Se a própria FAB confiava a revisão de seus motores à Panair, como é que agora o Ministério da Aeronáutica questionava os procedimentos por ela executados? A imprensa viria a descobrir que, no momento em que se consumou a cassação das linhas sob a alegação de precariedade dos serviços de manutenção, a DAC atribuía à companhia a faculdade de emitir, ela mesma, os certificados de navegabilidade das suas aeronaves, medida excepcional assentada pelos órgãos técnicos do mesmo Ministério da Aeronáutica. As sucessivas ações governamentais contra a empresa e os argumentos utilizados pelas autoridades fugiam à lógica.

Enquanto Sampaio ia desconstruindo a informação do governo, os funcionários achavam que, pelo descabimento das acusações e o absurdo da situação, logo mais seria anunciado que a Panair estava protegida pelo deferimento da concordata. Foi aí que veio o choque para todos. O executivo realizou nova exposição sobre a situação econômico-financeira da companhia, com base no que fora relatado durante as reuniões internas. Depois, desabafou:

— Não quero cometer a deselegância de entrar em polêmica com empresas congêneres, às quais foram entregues as linhas da Panair, mas acho profundamente estranho e surpreendente o procedimento de retirar as nossas linhas internacionais e cedê-las a uma única companhia para operar. O golpe desferido contra a Panair do Brasil parece-nos representar uma ameaça contra toda a indústria nacional. É estranho que um governo que se diz favorável à livre iniciativa e à livre concorrência retire as linhas de uma empresa e entregue a outra, que passa a deter, praticamente, o monopólio da aviação comercial brasileira. Não acreditamos que essa tenha sido, realmente, a intenção do presidente da República, do qual esperamos uma revisão do seu ato, em atendimento não só aos direitos da Panair, como aos de quantos, no decurso de 35 anos, ajudaram a criar o patrimônio de uma empresa que também é um patrimônio nacional — protestou, fazendo, em seguida, uma breve pausa para respirar fundo. — Mas por conta da paralisação da companhia, o juiz da 6ª Vara Cível denegou o nosso pedido de concordata preventiva e o transformou em falência. É uma triste notícia, cujos reflexos se farão sentir no mundo empresarial. Resta recorrer da sentença. E é exatamente isso que faremos depois do dia 9 de março, quando terminar o recesso do Supremo Tribunal Federal.

O silêncio imediatamente converteu-se em um ruído perturbador, uma sinfonia desafinada de vozes secas em gritos de revolta, sons que pareciam lamentos ouvidos em zonas de guerra. O conflito gerado por interesses escusos fazia as suas vítimas. E a beleza chorava. Eram as aeromoças da Panair, que estavam de mãos dadas. Os comandantes levaram seus quepes junto ao peito, em sinal de luto.

Impossível crer naquele cenário todo. A tradicional companhia era executada e não lhe concediam ao menos um funeral digno.

Tão logo terminou a entrevista coletiva de Paulo Sampaio, os servidores da Panair se reuniram para discutir o que fariam dali em diante. À frente do grupo estava o navegador Osmar Ferreira, que explicou aos colegas as implicações que a falência teria sobre eles. Embora as perspectivas não fossem boas, ele pediu perseverança.

— A dispensa da totalidade do pessoal da Panair, por ato do poder público, acarreta à União, nos termos do artigo 486 da Consolidação das Leis do Trabalho, o pagamento das indenizações, inclusive levando-se em conta o nível salarial dos empregados[41] — ressaltou Ferreira. — Com as indenizações, podemos pagar as dívidas da companhia e assumir, nós mesmos, a direção. Tendo isso em vista, já encaminhamos um memorial ao ministro Eduardo Gomes solicitando que ele abra um crédito de confiança e capacidade técnica e administrativa dos empregados da Panair, que estão ansiosos em poder prestar a colaboração necessária ao soerguimento da empresa, dentro do esquema que o governo estabelecer.

O apoio à preservação da companhia vinha de diversas frentes. Ao passo que a ideia de transformá-la em uma fundação administrada pelos funcionários ganhava contornos mais definidos, o governador do Estado da Guanabara, Carlos Lacerda, mandou chegar a eles a notícia de que se colocava à sua disposição, oferecendo, inclusive, assistência de sua assessoria econômica e apoio jurídico da Secretaria de Justiça.[42] A ideia do político era estatizar a empresa, transformando-a em uma "Vasp do Rio de Janeiro". Os panerianos vibraram. Cobriram o nariz do avião de Lacerda com a bandeira da companhia e espalharam várias fotos suas pelo hangar.

Já o cardeal Jaime de Barros Câmara, do Rio de Janeiro, depois de receber a visita de um grande número de funcionários no Palácio São Joaquim, marcou uma audiência particular com o marechal Castello Branco. Durante os cerca de trinta minutos em que conversou a portas fechadas com o presidente da República, no salão nobre do Palácio das Laranjeiras, o prelado reiterou o apelo de que o ato de cassação das linhas fosse revogado. Castello Branco o ouviu com paciência, por ser Câmara um eclesiástico, mas nada faria a respeito. Nem mesmo a reunião que marcara com Paulo Sampaio e Celso da Rocha Miranda ocorreria. Algumas fontes no palácio diziam que o encontro seria adiado, e outras, que nem havia sido programado. Mas "em *off*", todas garantiam que para o marechal o assunto já estava sepultado.

Quem também procurou o chefe da Nação foi Manoel Ferreira Guimarães, ex-presidente da Panair, desligado em 1961. Ele enviou telegrama, destacando o prestígio nacional e internacional da empresa, há muito consolidado, o que fazia parecer absurda a decisão de pura e simplesmente liquidá-la. Guimarães sugeria que se o governo tivesse encontrado problemas administrativos, optasse por saná-los de uma forma legal. Lembrou ainda que a companhia funcionava como "uma incomparável propaganda internacional do Brasil".

Apelos desse e de outros tipos chegavam de todas as partes do país e, também, dos quatro continentes servidos pela Panair. Só na agência da avenida Graça Aranha, no centro do Rio, as recepcionistas coletaram quase 100 mil assinaturas. Eram os ex-passageiros e a população se manifestando, cobrindo de rubricas a frente e o verso de quatorze cartazes e uma fita de teletipo de 15 metros de comprimento, afixados na entrada da loja. Assinavam e deixavam mensagens de solidariedade. O *Última Hora* publicaria telegrama com o seguinte conteúdo:

> Emocionados, os funcionários da Panair do Brasil vêm a público testemunhar o seu eterno agradecimento, pelo apoio inconteste que vêm recebendo em seus escritórios, pelas assinaturas que acorrem em média de uma por segundo. Viva o Brasil e o admirável povo da Guanabara. O vosso exemplo democrático será lição para o futuro do Brasil.

A colônia libanesa de São Paulo, por sua vez, telegrafou um memorial à Presidência da República com 87 assinaturas, manifestando apoio para que os voos da Panair fossem restabelecidos. Pediam que o controle da empresa fosse entregue aos empregados, pois "o

Brasil e o Líbano, que estiveram ligados durante quinze anos pela Panair, não podem esquecer os excelentes serviços prestados no sentido da aproximação dos nossos dois países". Por acaso, o ator e humorista Manuel de Nóbrega estava no escritório da companhia em Beirute naquela época. Custou a acreditar nas notícias.

— Sabe aquilo que a gente sente, no coração, quando pensa que a morte de alguém talvez tenha sido um boato, uma mentira, uma coisa impossível de acontecer? Pois é exatamente isso que estou sentindo — disse Nóbrega à esposa, Dalila Afonso Soares, enquanto observavam os cartazes e fotografias promocionais das cidades brasileiras afixados nas paredes da loja. "Vá conhecer o carnaval carioca, o mais alegre carnaval do mundo", liam em uma propaganda bilíngue. A mulher nada respondeu. Apenas apertou sua mão. — Acho que nada disso aconteceu, Dalila. Não é possível!

Bastou olhar para Olga Adayme, funcionária da agência, para Nóbrega ter a certeza de que aquilo era mesmo real:

— Como foi que isso aconteceu? — perguntou o passageiro, perplexo.

— Não sabemos — respondeu Olga, tentando segurar o choro. — Quando cheguei aqui, mandei comprar os jornais, o que faço diariamente. E qual não foi o meu espanto, quando leio a notícia do fechamento da Panair. Já pensou na confusão do meu espírito? Cheguei até a rir. Como é que a Panair tinha sido fechada, se eu mesma abri os nossos escritórios e se tinha, até, dois clientes para serem atendidos com passagens para o Brasil? Telefonei para o jornal pedindo explicações. E as explicações foram claras. As notícias tinham vindo do Brasil e eram oficiais.

— Quer dizer que vocês souberam da coisa pelos jornais daqui?

— É. Só depois é que chegou o telegrama. O senhor não quer conversar com o sr. Pandini? — sugeriu a atendente.

— Sim. Gostaria de falar com ele.

— Como gerente daqui, ele saberá muito mais do que eu.

Ela se retirou. Em seguida, trouxe o chefe, Antônio Pandini, que anos antes da transferência para o Líbano havia sido gerente da representação da empresa em Roma.

— Pois é, meu amigo... — disse o funcionário, completamente transtornado. — A nossa Panair acabou. Acabou, irremediavelmente. Irremediavelmente... — repetia, tentando convencer a si próprio.

— E como ficarão os funcionários, no Brasil e no estrangeiro? — questionou o artista.

— Não sabemos de nada.

— Quem assumiu a Panair aqui?

— Ninguém. Até agora não apareceu ninguém credenciado. Informaram-me, por telegrama, que não poderíamos mais vender passagens. Que o governo decretara a nossa falência. Mas, até agora, não apareceu ninguém para assumir a direção desses escritórios.

Nóbrega, ainda incrédulo, repetiu com toda seriedade a mais tola das perguntas:

— Senhor Pandini, o senhor tem certeza, mesmo, de que a Panair faliu?

— Bem... é o que os telegramas dizem. É o que os jornais informam. Ontem, por exemplo, fui informado de que será a Varig quem irá assumir a responsabilidade de nossos voos. De Roma e Paris para o Brasil — disse o gerente.

— Quer dizer que as nossas passagens estão valendo?

— Sim. Somente de Roma ou Paris para o Brasil. O seu bilhete é de onde?

— Paris.

— Ah, bom. Então, quando o senhor voltar, terá um lugar na Varig — orientou Pandini.

— É a Varig que está operando com aviões da Panair?

— Não! A Varig está operando com seus próprios aviões. Os nossos estão parados. Onde? Não sei.

Manuel de Nóbrega e a esposa ficaram horas na agência, conversando com os funcionários, penalizados. Visivelmente, aquelas pessoas não tinham a mais pálida noção do que lhes aconteceria dali para frente. O humorista prometeu visitá-los outro dia e despediu-se. Passando pelos corredores, pôs o olhar ao chão. Não teve coragem de ver os cartazes e fotos de seu país.[43]

O que sensibilizava a todos era a situação a que os funcionários foram atirados e, também, a sua forte determinação frente à aparente injustiça, algo que ultrapassava as fronteiras geográficas. Exemplo de como eram resolutos foi a greve de fome organizada pelo pessoal da agência de Curitiba, que durou 48 horas. Na ocasião, o gerente-geral da Panair no Paraná e Santa Catarina, Fahim Kirilo, protestou contra o fechamento da companhia sentando-se na praça General Osório com a esposa e os cinco filhos, para mostrar a quem passasse o desespero a que foram atiradas cerca de 5 mil famílias.

— Muito embora apenas sete funcionários exerçam atividades na agência desta capital, o movimento representa a opinião de toda a classe, que se acha empenhada em campanha pela sobrevivência da Panair — disse Kirilo a um repórter local. — Todos os funcionários foram surpreendidos pela decisão do governo federal, pois não havia a necessidade da cassação das linhas.

Em Recife, a solidariedade dos servidores também era irrestrita. Eles telegrafaram aos seus diretores, abrindo mão de 80% dos salários para ajudar na recuperação da empresa. Também mandaram mensagens a Castello Branco, aos ministros da Aeronáutica e do Trabalho, e aos presidentes da Câmara dos Deputados e do Senado, clamando pela reconsideração do ato que cassara a Panair. Além disso, promoveram assembleias no Sindicato dos Aeroviários do Recife.

O grupo de empregados da capital paulista não foi menos atuante. Eles se reuniram na sede do Sindicato dos Aeroviários de São Paulo, de onde enviaram aos colegas do Rio de Janeiro o seguinte telegrama:

> Todos funcionários de São Paulo apelam todos os funcionários do Rio, no sentido de não se apresentarem ao posto de admissão da Varig, não se submetendo, assim, à humilhação a que nos querem sujeitar. Temos de lutar, sem jamais nos humilhar. Divulguem ao máximo este apelo, utilizando todos os meios possíveis.

A imprensa divulgava que a Varig já admitia a primeira leva de funcionários da Panair no Rio de Janeiro. Segundo *O Globo*, passara à Sata [Serviços Auxiliares de Transportes Aéreos] — empresa controlada pela Varig, Cruzeiro do Sul e outras — a folha de pagamento de cerca de 650 trabalhadores do setor de radiocomunicação da companhia fechada.[44] Isso mostrava que, apesar de sua força, a união talvez viesse a se enfraquecer. Com as últimas notícias, os olhares logo mudariam no hangar do Aeroporto Santos Dumont. Entre o pranto, os abraços e as palavras de consolo, surgiram comentários sobre colegas que pretendiam passar para o outro lado. O dilema rapidamente se espalhou por todos os empregados.

Acontece que enquanto a luta era pela revogação da medida que cassara as linhas, havia muita esperança em torno de um único pensamento coletivo. Mas, agora, a situação era bem outra. A falência havia sido decretada, e, apesar das campanhas para que ninguém fosse para a Varig, se aquelas pessoas continuassem recusando a oferta, sem dúvida ficariam desempregadas. Logo, não se podia condenar ninguém pela decisão, porque, na verdade, não se tratava de uma escolha; era um curso de ação que lhes estava sendo imposto.

2

A noite daquela segunda-feira foi muito difícil para todos. Mas a madrugada reservaria algo ainda pior. Batidas abafadas puderam ser ouvidas de longe. Era um som regular e uniforme, que ficava mais alto e próximo a cada segundo. O que se escutava, naquelas primeiras horas do dia 16, era uma nova marcha militar. Desta vez, uma tropa da Aeronáutica seguia pelo centro do Rio de Janeiro e descia a praça XV, até chegar à Marechal Âncora, o maior reduto de resistência dos trabalhadores.

Os soldados, armados com pistolas, entraram pela porta principal do Edifício Panair e, uma vez lá dentro, espalharam-se por todas as seções. Na entrada, fixaram-se dois oficiais: a partir daquele momento, só passariam por ali pessoas autorizadas. A presidência seria a única sala do prédio que permaneceria com livre acesso. Embora evitassem intervir na movimentação dos funcionários, que o tempo todo iam e vinham, os soldados ordenavam que se justificassem ao comandante da operação. A diretoria decidiu redigir um boletim solicitando calma ao pessoal, pois havia a promessa de que os militares não interferiram em sua liberdade de movimento.[45]

Por conta do decreto de falência e da ação da Aeronáutica, logo ao amanhecer os jornais trouxeram conteúdo ainda mais inflamável do que aquele publicado quando da cassação das linhas. O editor do *Correio da Manhã* acusava que "a investida contra a Panair, além de flagrante intempestividade, assemelha-se, no seu encadeamento, a uma verdadeira operação militar. (...) Tudo consumado de forma inaudita. São, mesmo, dessas coisas que somente poderiam acontecer depois do 1º de abril". No *Última Hora*, Danton Jobim protestou contra o que, na sua percepção, representava uma ameaça a todo o empresariado nacional:

> A opinião pública recebeu bestificada a notícia da cassação das linhas da Panair do Brasil. E agora já se pode dizer que o espanto se converteu em repulsa, pois o Governo não explicou, devidamente, as razões de seu gesto. (...) Não estamos fazendo a defesa da atual diretoria da Panair, que o marechal Castello Branco e o brigadeiro, com uma penada, arrastaram à falência, ante os olhos atônitos, não do Brasil, mas do mundo, pois os aviões da Panair durante dezessete anos levaram à Europa e à Ásia as cores nacionais. O que não podemos engolir é que o presidente da República e seu ministro da Aeronáutica, ante o parecer do diretor da Aeronáutica Civil, possam decidir tão sumariamente da sobrevivência ou da falência de uma empresa do vulto da Panair. E isto sem ouvir os seus diretores ou os detentores do controle societário e sem dar a menor satisfação à opinião pública, que a prestigiava com a sua simpatia, por se tratar de uma grande companhia aérea de capitais brasileiros. Ficou-se, pois, sabendo que este país vive na mais completa insegurança. E é bom que tomem nota os empresários que, na sua maioria, apoiaram o golpe de abril: de agora em diante o Governo revolucionário, isto é, ditatorial, que aí está, pode aplicar da noite para o dia sanções como essa contra a Panair, sem considerar quer o interesse nacional, quer os serviços prestados à comunidade, quer a repercussão interna ou externa do seu ato!

No artigo "Blitzkrieg contra a Panair", Miguel Neiva, do mesmo diário, destacou:

> Há uma coisa que chama a atenção nesse caso da Panair do Brasil: a história se desenvolveu igualzinha a outras operações levadas a cabo pelos homens de abril, como, por exemplo, certas cassações de mandatos. (...) Se a Panair ainda estivesse associada à Pan American Airways, como há alguns anos, a cassação de suas linhas internacionais não seria possível, em face daquele acordo. A Pan American estaria protegida contra a medida; a Panair, que é do Brasil, não está. É o fim!

Hélio Fernandes, da *Tribuna da Imprensa*, agora ferrenho defensor da causa, também criticou que no processo de liquidação havia grande influência do governo federal. Escrevia o jornalista que "com essa decisão, a direção da Panair perde inclusive a condição para pleitear qualquer coisa, até mesmo em juízo. Agora, qualquer pedido terá que ser encaminhado através dos acionistas, o que evidentemente é muito mais difícil". E prosseguia:

> Neste caso da Panair, o governo deu uma demonstração estarrecedora de sua desorganização e falta de unidade. Vejamos só estes dados irrefutáveis: a Panair pediu concordata. O Governo pressionou o juiz para que em vez da concordata fosse concedida a falência. Sendo avalista da compra dos DC-8 (20 milhões de dólares, através do BNDE), e avalista da compra dos Caravelles (outros 20 milhões de dólares, através do Banco do Brasil), o Governo terá que pagar imediatamente esses 40 milhões de dólares, pois nas falências as dívidas se vencem imediatamente, coisa que não acontece nas concordatas. (...) Pergunta-se: de onde o Governo irá tirar esses 40 milhões de dólares? Outra perguntinha interessante e ingênua: não haveria o dedo de alguém nessa transformação da concordata em falência? Pois custa a crer que um governo que poderia pagar uma dívida de 40 milhões de dólares em dois anos, com 40% de desconto, lute por uma solução na qual terá que pagar a dívida inteira, e à vista. É bom demais para os credores, para ser simples coincidência... É impressionante a teimosia do Governo. Não dá explicações de seu ato e ainda se recusa a receber os diretores da empresa.

O jornal revelaria ainda que o corpo jurídico da própria Aeronáutica discordava da cassação das linhas da Panair:

> O parecer, por determinação do governo, não foi escrito, mas sim gravado. Cada um dos oito consultores emitiu sua opinião verbalmente e a fita magnética foi levada ao presidente Castello Branco. (...) Entendem os consultores que a decisão deveria ser fundamentada em razões jurídicas, levando-se em conta delicadas implicações de Direito por tratar-se de assunto cujas repercussões transcendem os limites administrativos do Ministério e, mesmo, do país.[46]

As críticas, no entanto, não eram compartilhadas por todos os formadores de opinião. Assis Chateaubriand, dono dos Diários Associados, dos quais fazia parte a TV Tupi — e adversário declarado de Mario Simonsen por causa da disputa com a TV Excelsior —, publicou o seguinte comentário em *O Jornal*:

> Que índole afirmativa perderam os brasileiros, não elegendo presidente o brigadeiro Eduardo Gomes! (...) Cada nota que o ministro da Aeronáutica expede do seu gabinete é para encarecer a tese que sustenta, desde que cancelou os voos da Panair. A companhia se acha insolvável. Não será uma fundação que a salvará. A Panair, com um único tronco internacional, foi, é e seria inviável. Sua moléstia é estrutural. (...) O Ministério da Aeronáutica não tem que chamar concorrência de coisa nenhuma. Será dizer à Varig: — "Os senhores já ganharam as linhas mortas da Panair. Assumam. Apresentam um panorama de aviação comercial, que orgulha a indústria do ar, aqui, e honra o bom nome da pátria no estrangeiro (...)."

O Estado de S.Paulo também defendeu as ações do governo militar. No editorial intitulado "A liquidação da Panair", o autor atribuía a ruína da companhia a Simonsen, que também era atacado pelo jornal em seus negócios de café:[47]

> O caso da "Panair", um escândalo tipicamente "comaliano", está sendo explorado com o claro intuito de comprometer a sadia política econômico-

-financeira do governo do marechal Castello Branco, acrescentando mais algumas calúnias contra homens da confiança pessoal do sr. presidente da República. As intenções demagógicas e a disposição de empregar o mais legítimo e abjeto estilo brizolista são tão claras que não merecem maiores comentários. (...) De fato, já no período janguista, o parecer do Banco Nacional de Desenvolvimento, depois de estudar detidamente a situação geral de nossa aviação civil, foi no sentido de que a liquidação da "Panair" era a única providência a tomar. (...) A única explicação do fato de o governo do sr. Goulart não ter posto em execução aquelas recomendações foi o empenho em não desagradar o sr. Mario Simonsen, por cujos interesses ele velava também, com tanta assiduidade e com tanto desprezo pelos interesses públicos (inclusive do Tesouro da União), no caso da política cafeeira da famigerada Comal.

A imprensa batia pelos dois lados, mas onde estava a justiça? Pela manhã, um grupo de aeromoças uniformizadas que dormira na sede da companhia percebeu que passava de carro, após desembarcar no Santos Dumont, Milton Campos, o ministro da Justiça. Elas se levantaram, colocaram os bibicos na cabeça e correram atrás do automóvel ainda descalças, com os sapatos de salto nas mãos. Quando o alcançaram, pregaram vários emblemas da Panair na lataria. O ministro, então, baixou o vidro.

— Podem pregar à vontade, eu não estou contra vocês — disse-lhes. Ele só pôde seguir adiante depois de prometer que conseguiria que o presidente da República recebesse uma comissão de funcionários em momento oportuno. O veículo continuou em seu curso, deixando-as para trás.[48]

Ruben Berta acompanhava toda a repercussão discretamente. Para demonstrar que também não estava contra ninguém, mandou que fosse distribuída entre seus funcionários a seguinte carta:

> O funcionalismo da Varig precisa compreender o drama dos funcionários da Panair: trata-se de elementos competentes e capazes, que amavam sua companhia e para os quais o infeliz desfecho da empresa, como empreendimento comercial, representa um trauma profundo. Em realidade, só a

fusão das duas empresas pode assegurar o progresso da aviação comercial brasileira, cujos problemas industriais são profundos, embora já quase totalmente superados na Varig.

No mesmo dia, entretanto, a empresa gaúcha fechava os postos de admissão do pessoal da Panair e, embora seu Departamento de Relações Públicas divulgasse à imprensa que a Varig havia recrutado setecentos empregados da falida, era desmentida por membros da Comissão Geral, que acionou os jornais para protestar, afirmando que todos os colegas permaneciam unidos na luta pela recuperação de sua companhia.[49]

Essas e muitas outras contradições pairavam no ar. Nenhuma autoridade conseguia oferecer respostas objetivas sobre o caso, mesmo após a abertura da falência. E os dias iam passando. O próprio Eduardo Gomes, que segundo a Varig solicitou-lhe a tomada dos serviços de comunicação e proteção ao voo da empresa fechada, de certa forma confortava o pessoal da Panair ao lembrar que as linhas internacionais haviam sido dadas à concorrente em caráter provisório, podendo essa decisão ser depois revista mediante a apresentação do plano de recuperação.

Além das autoridades, também a Varig começou a ser alvo das críticas, uma vez que deixou prematuramente de aceitar as passagens internacionais emitidas pela Panair. Apesar de ter prometido honrá-las na noite da cassação, já no dia 16 os passageiros eram informados nos balcões da empresa de que isso não aconteceria e, também, de que o reembolso não poderia ser feito — novos bilhetes teriam de ser adquiridos. Um grupo de 120 uruguaios ameaçou recorrer à Associação Uruguaia de Agências de Viagens Internacionais (Audavi) para pedir a seus representantes que protestassem sobre o incidente junto à Associação Internacional de Transportes Aéreos (Iata). Em consequência, no dia 24, a Varig procuraria os viajantes e informaria que se responsabilizaria pelo transporte de todos os que tivessem comprado passagens antes do dia 11.

O desconforto chegou também ao próprio ambiente interno da empresa de Ruben Berta, quando veio a público a denúncia de que a Varig, por causa das responsabilidades assumidas com as linhas europeias, agora descumpria a escala de seus aeronautas, fazendo-os voar mais horas do que permitia a Lei n° 50.660, de 28 de junho de 1961, que regulamentava a profissão. "A Varig, para fazer as novas linhas, precisaria no mínimo de oitenta pilotos e não tem nem quarenta", apontava reportagem da *Tribuna da Imprensa*. "Foi dito que a cassação das linhas da Panair obedecera a exigências da segurança de voo dessa empresa, segurança essa que estaria ameaçada. Pois bem. Quem está ameaçada é a segurança de voo da Varig, com os novos encargos."

As inconsistências irritavam os panerianos, os usuários do transporte aéreo e também os membros da Câmara. O deputado Raimundo Brito, do PTB da Bahia, pediu a revisão da medida do governo federal que tirou do ar as asas da Panair.

— Antes de qualquer providência, deveria pesar na decisão das autoridades o aspecto da ordem cívica, sentimental, pois a Panair é um patrimônio inestimável para os brasileiros — discursou em assembleia. — Realizou 10 mil travessias no Atlântico Sul sem um só acidente, representando na Europa e no Oriente Médio a nossa capacidade de trabalho, nossa técnica, nosso domínio da aviação, afora o papel de consulados das suas agências naqueles dois continentes. Tal pioneirismo era realizado em 42 localidades da Amazônia, agora privadas desses serviços.

João Herculino, do PTB de Minas Gerais, continuou:

— A Panair é alguma coisa que está inscrita não apenas no setor do transporte, mas no próprio desenvolvimento do país e no coração da gente brasileira. Ninguém compreende o porquê dessa atitude violenta, cassando, de uma hora para outra, sem mais o quê, o direito de funcionamento dessa empresa que há 35 anos vem operando e que foi certamente a pioneira dos transportes, sobretudo naquela região amazônica.

E Dias Menezes, do PTN de São Paulo, voltou a falar sobre o assunto, conforme havia prometido:

— O ato do governo foi um vil assalto na calada da noite contra a Panair — acusou. — Aos energúmenos, aqueles maus brasileiros que levaram o governo da República a esse terrível despautério, o meu desprezo. Ao presidente da República a minha piedade e a minha comiseração. As alegações do ministro da Aeronáutica sobre a situação de insolvência financeira da Panair não têm fundamento, pois aquela empresa não tem dívidas maiores do que a sua principal concorrente, a Varig. O golpe foi realizado justamente quando o Supremo Tribunal Federal se encontra em recesso e só voltará a reunir-se no dia 9 de março.

A nova onda de pressões surtiu efeito. Ao menos, foi o que pareceu. No mesmo dia 16, o brigadeiro Eduardo Gomes ouviu a proposta do governador Carlos Lacerda em relação ao futuro da Panair. Na reunião, que durou 1 hora e 15 minutos, estavam também presentes os brigadeiros Nelson Wanderley e Clóvis Travassos, e, como assessores do governador, Almeida Braga, presidente do Banco do Estado da Guanabara, brigadeiro Gilberto Toledo, presidente da Cetel, Gustavo Borges, secretário da Segurança Pública, e o vice-governador, Rafael de Almeida Magalhães. O plano apresentado consistia na transferência dos bens da companhia aos funcionários, na transformação das dívidas ao governo federal em ações preferenciais, na restituição das linhas e na substituição do controle acionário do Grupo Mario Simonsen-Celso da Rocha Miranda pelo Banco do Estado da Guanabara. A antiga sociedade anônima seria convertida em fundação, que já teria até um nome: Brasair.

Apesar de nada ali ser sacramentado, Lacerda saiu otimista do encontro. Depois da reunião, enquanto ele descia pelo elevador, Ruben Berta chegava ao edifício do Ministério da Aeronáutica. Assim que o político iniciou sua entrevista coletiva, o executivo gaúcho afastou-se discretamente e, camuflado entre os panerianos, ficou escutando atrás da porta o que se revelaria sobre o futuro da concorrente. Fato curioso, noticiado pelos principais jornais cariocas, que, inclusive, fotografaram-no inclinado, na "posição de escuta".

Imediatamente após o pronunciamento, injetou-se novo ânimo no hangar. A campanha de mobilização da opinião pública se renovou e conseguiu ganhar maior apoio do povo carioca. Os empregados decidiram que permaneceriam panfletando até que a ordem de cassação fosse revogada e a falência, revista. Todos eles, unanimemente, optaram por continuar em seus postos de trabalho, inclusive marcando os cartões de ponto, como se estivessem em expediente normal.

Aposentados da Panair em condição de trabalhar foram até o Aeroporto Santos Dumont e se ofereceram para pilotar os cinco aviões Catalina que estavam parados em Belém. Dispunham-se a voar sem receber pagamento algum.

Os funcionários do Galeão abriram as portas dos hangares e anunciaram que começariam a preparar os aviões da empresa para que pudessem viajar a qualquer momento. Diziam que trabalhariam pelo tempo que fosse, não pelo salário, mas pela sobrevivência da Panair, e por volta das 9 horas daquela terça-feira hastearam a bandeira da companhia novamente no aeroporto, observados por colegas solidários de todas as congêneres e pelos passageiros que transitavam nas proximidades. Sob aplausos e manifestações de simpatia, pregaram cartazes nos quadros de aviso da empresa, registrando a disposição para lutar. Retirados logo em seguida pela polícia, os anúncios foram pregados nos ônibus que faziam a linha da Ilha do Governador para a cidade. Num deles, lia-se: "Panair, réu sem crime."

Atitude semelhante se viu na loja de São Paulo, onde as atividades ocorreram naturalmente, com a exceção da venda de passagens. Depois do expediente, os atendentes paulistas saíram às ruas para distribuir milhares de volantes, explicando à população por que batalhavam com tanta garra pela preservação de sua empresa. Os doze empregados baseados em Belo Horizonte organizaram duas manifestações. E, no Nordeste, o time de Natal, depois de recusar as ofertas da Varig, prosseguiu com a campanha de esclarecimento. O mesmo se viu em Recife, em Salvador, em Fortaleza e em todas as setenta agências que a Panair do Brasil mantinha no país.

Até de Lisboa, onde cerca de duzentas pessoas perderam os empregos, chegaram telegramas. Os comandantes portugueses afirmavam que só quem acompanhava a Panair no estrangeiro podia medir o seu prestígio nos países que ela servia. E foi da Europa que veio, pela Varig, a primeira leva de panerianos baseados no exterior; 36 chegaram de Lisboa, sete de Roma e cinco de Madri, a pedido de Paulo Sampaio.

Era emocionante testemunhar aquela declaração de amor, a legitimação do termo "Família Panair", há muito pronunciado no meio aeronáutico. O brasileiro partilhava o sofrimento daqueles trabalhadores. Desejava a sua vitória e manifestava esse desejo, enviando milhares de telegramas e cartas e fazendo outros milhares de telefonemas ao Palácio das Laranjeiras. Juristas de São Paulo e do Rio de Janeiro ofereciam-se para indicar gratuitamente as providências que os empregados deveriam tomar, pois julgavam que a decisão do governo não tinha amparo legal e que havia jurisprudência no Supremo Tribunal Federal regulando o assunto. Os jogadores do Vasco e do Fluminense também apoiaram a causa. Naquela terça-feira, entraram no Maracanã segurando bandeiras com o logotipo da empresa e aguardaram em silêncio um grupo de tripulantes uniformizados atravessar o campo antes do início da partida. Até mesmo dezenove funcionários da Varig telegrafaram manifestando-se em favor dos colegas da congênere.

O brigadeiro Eduardo Tostes comentaria o movimento no *Diário de Notícias*:

> O que é notável agora e merece a simpatia de todos é esse amor puramente abstrato dos seus servidores na defesa de sua empresa, exemplo raro entre nós, onde a dedicação e a lealdade estão sempre inclinadas para uma entidade concreta: o chefe ou o político. Destrói-se, assim, um patrimônio que é no gênero uma das maiores reservas de que o país poderia dispor em qualquer emergência.

3

No Santos Dumont, o corpo gestor da falida ainda se reunia, desta vez para discutir a presença da tropa da Aeronáutica nas dependências do prédio. Tude Neiva de Lima Rocha, que redigira uma petição à 6ª Vara Cível protestando contra a "violenta e arbitrária ocupação militar", conferenciava com os diretores antes de partir em nova jornada ao gabinete do juiz Mário Rebello de Mendonça Filho. Enquanto o fazia, lá embaixo, no hangar, dois agentes do Dops (Departamento de Ordem Política e Social) que tinham passado a tarde toda disfarçados, vestindo trajes esportivos e sandálias, apresentaram-se ao Departamento de Imprensa. Instruíram um comandante a alterar a redação do telegrama sobre o movimento dos servidores em Curitiba, substituindo a palavra "fome" por "deixar de comer" e "greve", por "manifestações de solidariedade".

No mesmo dia em que os panerianos eram censurados, os subordinados de Ruben Berta ganhavam poderes especiais. Sem que o representante do Banco do Brasil na falência da Panair sequer tivesse sido empossado, o executivo gaúcho telegrafou internamente a seguinte mensagem em nome do síndico, iniciando os esforços da Varig para incorporar parte do patrimônio da concorrente:[50]

192113 RIODDRG (Código Presidente Varig — Telex enviado a 19-2-65).
Pinheiro/ Sartini/ Rudich/ Morf/ Hill/ Pereira — Varig

A pedido do síndico da Panair favor informar urgente condições seguintes itens. 1º condições das agências da Panair, se propriedade da mesma ou alugadas, valor das mesmas ou aluguel, se penhoradas ou com qualquer outra implicação jurídica, que espécie de utensílios existem, veículos, outras propriedades disponíveis, o valor aproximado mesmo, número de funcionários e valor folha de pagamento expressa em dólares, dívidas gerais e se há ações contra propriedades e de que natureza. Vocês estão autorizados a entrar em entendimentos com os representantes da Panair ou seus substitutos mais graduados informando-nos com urgência via telex. As) Berta.

Alheio à investida que se lançava nos bastidores, na manhã seguinte, quando a Panair completava dez dias no chão,[51] Rocha voltou à 6ª Vara Cível para entrar com o pedido de revisão da sentença de execução da companhia. Tomando como base o parágrafo 2º do artigo 162 da Lei de Falências, que previa que "da decisão do juiz cabe o agravo de instrumento", entrou, também, com outro recurso, no Tribunal de Justiça.

O advogado achava insólita a decisão de Mário Rebello de Mendonça Filho porque, para negar o pedido de concordata preventiva e convertê-lo em falência, o juiz se baseara exclusivamente no ato de cassação das linhas — cuja legalidade era questionada no mandado de segurança impetrado ao Supremo Tribunal Federal —, na vaga exposição de motivos da Aeronáutica e na ilustre visita pessoal de Eduardo Gomes. Ele não deu voz aos representantes da Panair, ignorou a situação econômico-financeira da companhia comprovada pelos seus próprios balanços, furtou-se em diligenciar para verificar se, além das linhas, a empresa dispunha de outras fontes de receita — o que era o caso —, falhou em não solicitar exame do ativo e passivo e despachou sem que houvesse qualquer título vencido exigível, ação dos credores privados ou estatais, ou ainda protestos trabalhistas. Além disso, nomeou síndico o Banco do Brasil, sediado em Brasília, que nem credor era, quando o correto seria apontar uma entidade com legítimos interesses no caso, baseada no Rio de Janeiro.

No documento, Rocha destacava também que a empresa sempre fora tratada como concessionária de linhas aéreas regulares pelo governo federal, reconhecimento retribuído com a operação de rotas aos mais distantes países, e chamava a atenção para o valor do patrimônio intangível construído pela companhia: "A Panair pode se orgulhar de haver escrito uma página gloriosa na história da aviação comercial nacional e internacional, contribuindo eficazmente para o progresso do Brasil, cuja bandeira levou dignamente aos mais distantes pontos."

Procurado pelos jornais em seguida, o advogado explicou que dera entrada no processo às 15h30 do dia 11, sendo os autos distribuídos nos últimos instantes do expediente, à 6ª Vara Cível.

— No dia imediato, procurei promover o pagamento do distribuidor para apresentar ao juiz os livros e a documentação legais, que não haviam sido anexados por cautela, já que o requerimento havia sido retirado por alguém e levado ao juiz — revelou Rocha. — Quem deveria apresentar o requerimento ao juiz era a Panair e não esse alguém misterioso. Depois, quando procurei o dr. Mário Rebello, este não se encontrava no Rio, sendo-me informado de que estaria em Itaipava. Na segunda-feira, às 11 horas, mal se abriram as portas do Foro, eu já estava com o guarda-livros na 6ª Vara Cível, quando chegou o dr. Mário com os autos e a sentença já proferida, quase ao meio-dia. O juiz, a despeito de seus dotes morais e intelectuais, não procedeu com acerto e com calma, pois o problema não é só jurídico, mas social, político e econômico. A falência, mais do que a concordata, é que trará terríveis ônus para a Panair e seus empregados.[52]

Aos repórteres, o advogado também manifestou-se contra o plano de Carlos Lacerda para salvar a empresa. É que dentro do estatuto da nova fundação, entregue ao ministro da Fazenda, Gouveia de Bulhões, pelos comandantes Cerqueira Leite, Saldanha da Gama e Sylvio Leite, pedia-se que os acionistas passassem aos funcionários todos os bens da companhia, mas mantivessem as dívidas na sociedade anterior.

Eduardo Gomes, também contrário, enterrou a ideia. O brigadeiro comunicou Lacerda de que as autoridades do Ministério da Aeronáutica, "ao analisarem o generoso alvitre do governador, concluíram por sua impraticabilidade nas presentes circunstâncias, inclusive pelo vulto dos débitos contraídos pela empresa com a União Federal".

As esperanças acabaram mesmo depositadas na Vasp, cuja oferta, no evento do fracasso da campanha, era a mais simpática aos panerianos. Apoiado pela Federação e Centro das Indústrias de São Paulo, que telegrafou a Castello Branco ressaltando a excepcional situação financeira da empresa paulista, Hélio Tornaghi propunha o aproveitamento de todos os funcionários da Panair, respeitando o tempo de serviço e estendendo a eles as vantagens oferecidas a seu próprio pessoal.* A união entre os dois grupos se daria por meio de

---

* As vantagens eram: gratificação proporcional à importação de equipamento; doação de 30% sobre o total de indenização simples no caso de dispensa, mesmo que feita através de acordo; doação de seis meses de ordenado aos herdeiros em caso de acidentes, além de assistência social, inclusive médica e jurídica.

simples aquisição ou de uma fusão. Dentro dessas possibilidades, o governador daquele estado, Adhemar de Barros, transferiria todas as ações da Vasp aos seus empregados, privatizando-a. Tornaghi, então, manteria o nome Panair do Brasil nos aviões que efetuariam voos internacionais, por ser ele bastante conhecido na Europa, e as linhas domésticas seriam realizadas nas cores da empresa paulista.

Decidido a manter entendimentos com os membros da Comissão Geral, o executivo enviou o comandante Maurício José de Carvalho ao Rio de Janeiro para representá-lo. Carvalho foi bem recebido no hangar do Santos Dumont, sendo longamente aplaudido depois de explicar a oferta da Vasp aos colegas cassados.

— O problema da fusão das duas empresas depende, logicamente, de uma decisão do governo federal. Mas tanto o governo como o Banco do Estado de São Paulo estão dispostos a financiar a integração de serviços das duas empresas — afirmou o comandante. — O problema de pagamento depende do acerto de detalhes, mas, em relação à dívida da Panair, a palavra final tem que vir do juiz que decretou a falência. Ao Poder Executivo compete, depois da sentença judiciária, aplicar a lei aos que foram responsáveis pela situação a que chegou a companhia. A Panair era uma empresa que prestava serviços de utilidade pública, que continuam sendo necessários, e que para executá-los recebia subvenções do governo, com as quais poderia manter uma situação estável. Os culpados pela inexistência desta situação são os responsáveis pela dívida. O que a Vasp pretende é o início das atividades da Panair. Quer apenas recolocar em funcionamento toda uma estrutura já montada e que está dando demonstração de perfeita sincronia, pois todos os funcionários se encontram em seus postos de serviço, dando uma demonstração de responsabilidade, capacidade e espírito de equipe que não pode ser destruída.

O funcionalismo da Panair gostou. Não apenas eles permaneceriam empregados e juntos, mas o nome da sua companhia sobreviveria nas linhas internacionais. Achavam que a oferta da Vasp só seria recusada se as autoridades estivessem agindo de má vontade. O que não se podia aceitar era ir forçosamente para a Varig.

— Ninguém pode ser tratado como gado — anunciou um dos oradores da assembleia. — A determinação do Ministério da Aeronáutica fere os direitos trabalhistas. Não vamos para a Varig de jeito nenhum e temos o direito de opção, pois os contratos de trabalho são bilaterais, exigindo a aquiescência tanto do empregador quanto dos empregados.

Como gado devem ter se sentido 89 comandantes-mores e seis comandantes-seniores da Panair que, poucos dias mais tarde, foram aposentados por determinação do governo. Eles tinham, de fato, direito à aposentadoria, mas estavam todos em plena forma e desejavam continuar trabalhando. Protestaram e argumentaram que, se fossem colocados na inatividade, a União sofreria grandes prejuízos. Já que cada piloto receberia 1.100 cruzeiros mensais, 98 aposentados da Panair sobrecarregariam o IAPFESP a ponto de a instituição ir à falência em apenas três meses. Avisaram ainda que, como estavam sendo forçados a parar de trabalhar, entrariam na Justiça para reivindicar as indenizações que julgavam de seu direito, o que, pela legislação vigente, significava o pagamento em dobro para os que tinham mais de dez anos de empresa. Segundo eles, além do prejuízo financeiro, a decisão acarretaria problemas à aviação comercial, que não contava com número suficiente de pilotos com a mesma experiência.

Enquanto a proposta da Vasp era ventilada, diversas companhias aéreas internacionais também procuraram os tripulantes com ofertas de trabalho. Manifestaram-se a TAP (Portugal), Air India (Índia), Swissair (Suíça), Sabena (Bélgica), Boac (Inglaterra), Air France (França) e Lufthansa (Alemanha). Seus representantes viriam ao Rio em março para um congresso mundial de aviação comercial promovido pela Panair para discutir a crise internacional no setor.

Às estrangeiras, o pessoal brasileiro dispensado não apenas representava disponibilidade imediata de mão de obra qualificada — o que eliminaria os vultosos custos com treinamento —, como demonstrava senso de disciplina, dever e responsabilidade raros. Os funcionários de terra, por exemplo, permaneciam em atividade mesmo após o decreto de falência, dando total assistência às congêneres em Recife — naquela época, o aeroporto funcionava como um ponto de entrada e saída de voos intercontinentais do Brasil. O *Jornal do Brasil* publicaria dias mais tarde que os "aviões da Swissair que pousaram nesta capital receberam cobertura de voo, inclusive lanches da cozinha da Panair. Em Pernambuco, aliás, é a única empresa que dispõe de serviços de comunicações e meteorologia".

E Luiz Vieira Souto, do *Diário de Notícias*, destacaria:

> O melhor fato da semana foi a atitude patriótica dos empregados da Panair, fazendo funcionar o serviço de telecomunicações da empresa falida, bem como o serviço de meteorologia e de rampa. Para orientação do leitor, esclarecemos que, não fosse a elevada dose de cooperação desses empregados (que estão sendo tratados desumanamente), mantendo no ar o modelar serviço de telecomunicações da empresa, a aviação no Brasil, incluindo a Varig, deixaria de voar. Mas não pense o amigo leitor que o voo seria interrompido somente no Brasil, não, o vexame seria muito maior. As aeronaves estrangeiras não teriam condições de alçar voo dentro dos padrões de segurança modernos na rota do Atlântico Sul, isto é, a América do Sul ficaria isolada da Europa por via aérea (...) tudo é controlado pela Panair do Brasil, que recebeu essa obrigação do governo brasileiro faz muitos anos e a vinha cumprindo com extrema eficiência até a data da cassação e, agora, continua como se nada houvesse, apesar de acusada de não possuir condições de segurança de voo. Continua a zelar pela segurança de voos daqueles que não possuem equipamento próprio. Parabéns aos funcionários da Panair, que estão mantendo no ar os aviões, com isso oferecendo mais uma lição e, ao mesmo tempo, provando que a Panair está viva porque é do Brasil.

Apesar das ofertas que chegavam do exterior para comandantes e copilotos, para a maior parte das 5 mil famílias faltavam perspectivas de recolocação no curto prazo, sendo a única esperança de sobrevivência a reativação da Panair. Enquanto aguardavam a decisão final de Castello Branco sobre o assunto, os funcionários do Rio montaram um altar no hangar do Aeroporto Santos Dumont. Entre as peças e equipamentos dos aviões, pediram que o padre Góes, da igreja de São Judas Tadeu, oficiasse uma missa pela vitória do movimento de retorno da companhia. Às 11 horas do dia 21, domingo, lotaram o edifício da Marechal Âncora mais de 5 mil pessoas, entre empregados, seus familiares e pessoas simpatizantes.

— Eu sinto e acredito na vitória das boas causas, como esta, onde se afirma uma ideia nacional — anunciou Góes. — Os cristãos presentes à missa não estão aqui para fazer análise do ato do governo federal que cassou as linhas nacionais e internacionais da Panair, ou da decisão judicial sobre a falência da empresa, mas para formular preces a Deus, com fé e esperança, para obter a grande graça de ver a Panair novamente integrada à aviação comercial brasileira.

Os olhos lacrimejavam. A garganta apertava. Havia tribulação, vontade de chorar. Acolitado pelos comissários Maurício e Eurico, o sacerdote iniciou a liturgia às 11h30 e, ao meio-dia, começou o sermão. Ao finalizar a celebração religiosa, olhou demoradamente em volta, tentando alcançar cada um daqueles olhares aflitos com um sorriso tranquilizador, e declarou:

— A Panair está na alma do povo, este mesmo povo que ficou estupefato com a suspensão de suas atividades. Por isso, quando me deparo com esse congraçamento de funcionários, vêm-me à mente cenas que marcaram os primeiros dias do cristianismo, porque foi pela união, através de demonstração da identidade de ideias, que a religião cristã é hoje a maior do mundo — comparou o vigário. — Pelo que eu vejo, a Panair constitui uma só família. A empresa deve existir enquanto existir o Brasil. Não se pode, hoje, conceber o Rio de Janeiro sem a baía de Guanabara, tanto quanto não se pode conceber a aviação comercial sem a Panair do Brasil. As minhas palavras são um registro de fé, esperança e amor. Hoje eu rezo uma missa de súplicas, mas brevemente aqui virei para rezar uma missa em ação de graças pela vitória.

Em seguida, Góes pediu que todos ficassem de pé para cantar o Hino Nacional. Foi, com certeza, o ápice da ocasião, porque naquele momento os milhares de fiéis cantaram com lágrimas escorrendo pelo rosto. O comandante Cerqueira Leite, uma das vozes mais ativas na Comissão Geral, seguiu depois até o altar, fez uma oração de agradecimento e discursou, emocionado:

— Durante a execução do Hino Nacional senti que todos nós demos mais ênfase à frase "Verás que um filho teu não foge à luta". Embora a nossa luta de agora seja desigual, já que somos pobres e desarmados, como todos os funcionários acredito na união de propósitos de todos, para o fim colimado de fazer a Panair sobreviver.

O piloto, agora tomado pelo choro, foi muito aplaudido. Ele pediu que todos retornassem para a assembleia das 17 horas, quando, estava previsto, se tornaria pública a decisão final do presidente da República sobre o futuro da companhia. A maioria voltou, mas o pronunciamento não foi feito.

A Comissão Geral só não se enfureceu porque notícias animadoras chegariam ao hangar logo pela manhã. Circularam rumores de que os Catalinas parados em Belém voltariam a voar, restabelecendo os serviços da Amazônia. A FAB, que operava o modelo com tripulações da Panair, teve que assumir as linhas antes exploradas pela companhia, em caráter de emergência, realizando as viagens gratuitamente. Otimismo.

Foi nesse momento que apareceu em cena Alberto Victor Magalhães Fonseca, o síndico nomeado pelo Banco do Brasil, que até então não tinha se apresentado para assumir o acervo da empresa. Embora Paulo Sampaio o aguardasse com aparente ansiedade desde o anúncio da falência, a posse só ocorreria às 17 horas do dia 23 de fevereiro. O *timing* da operação surpreendeu, pois Mário Rebello de Mendonça Filho ainda não tinha apreciado o embargo apresentado por Tude Neiva de Lima Rocha contra a nomeação da instituição bancária à sindicância do processo falimentar, de modo que, quando Fonseca chegou ao gabinete do juiz, assinou a documentação exigida e foi imediatamente reconhecido no cargo. Celso da Rocha Miranda assustou-se com a escolha do nome; conhecia, por funcionários do próprio banco, a fama do personagem.[53]

O empregado do BB ficou pouco tempo na 6ª Vara Cível. Saiu do Tribunal de Justiça e seguiu com pressa rumo à praça Marechal Âncora. Acompanhado de seis assessores, entrou pela porta principal do prédio da Panair e, sob os olhares curiosos de mais de quatrocentos empregados, tomou o elevador que ficava ao lado da escadaria de mármore, logo no hall de entrada. No andar de cima, procurou o gabinete da presidência, que estava com as portas abertas. Paulo Sampaio levantou-se. Com ele estavam Mourão e Pamplona.

— Sr. Paulo Sampaio, este é o senhor Victor Magalhães Fonseca, representante do Banco do Brasil no processo de falência da Panair — apresentou Jorge Pacheco, advogado do BB.

— Venho do gabinete do dr. Mário Rebello de Mendonça Filho, com a autorização para tomar posse do patrimônio da empresa — justificou-se Fonseca, que, depois das formalidades, pediu para ver os livros contábeis da companhia e, também, que fosse realizado o levantamento numerário dos cofres.

Ao averiguar que a Panair do Brasil tinha 16 milhões de cruzeiros em caixa na Tesouraria, o síndico lavrou o auto de penhora e solicitou que Paulo Sampaio o assinasse, na posição de representante legal da falência. A quantia seria depositada no Banco do Estado da Guanabara no dia seguinte. O agora ex-presidente deixou o prédio às 18 horas, horário marcado para a nova assembleia. Assim que ele foi embora, Fonseca desceu ao hangar e anunciou aos empregados e repórteres que daria prioridade ao pagamento dos salários atrasados.

— Peço a todos os funcionários que se mantenham em seus postos. Entrarei em contato com as autoridades do Ministério da Aeronáutica, a fim de apurar as informações da Comissão de Funcionários da Panair do Brasil no sentido de que há duas verbas federais destinadas à empresa, já liberadas pelo ministro Eduardo Gomes: uma de 80 milhões de cruzeiros e a outra de 105 milhões de cruzeiros — anunciou. — Farei todos os esforços para pagar até o próximo sábado os salários correspondentes ao mês de janeiro passado, num montante de 220 milhões de cruzeiros. Esta quantia poderá ser apurada através do levantamento imediato dos depósitos da Panair do Brasil nos diversos bancos que operam com ela.

A notícia veio em boa hora. Com a brusquidão da cassação das linhas e a velocidade com que se decretou a falência, os panerianos haviam ficado sem receber o mês de janeiro. Fevereiro também já caminhava para o final. E o dinheiro que deixara de entrar já começava a fazer falta. O governador Carlos Lacerda ainda observava a situação de perto. Já que nenhuma de suas propostas tinha sido aceita, anunciou que o Estado da Guanabara começaria a contratar mão de obra da Panair.

— Desta vez, não haverá a necessidade de concurso para a contratação do pessoal, pois o problema social é mais importante — disse o político ao *Jornal do Brasil*. — O estado receberá técnicos em telecomunicações e rádio, contadores, datilógrafos, eletricistas e os técnicos em fonia. O meu ofício ao ministro Eduardo Gomes não foi bem compreendido. A pior solução do problema é a atual, pois não se pode perder 25 anos de Panair na Europa. Ao passageiro não interessa a condição financeira da empresa e sim a sua segurança. A economia, se ela dá lucro ou não, não é problema para os usuários, e a Panair, em 25 anos, nunca teve um acidente de avião na Europa.

4

Nos últimos dias do mês, enquanto o Rio de Janeiro se preparava para festejar o seu famoso Carnaval, o "Caso Panair" fazia as suas primeiras vítimas fatais. Durante a assembleia do dia 25, o comandante Cerqueira Leite anunciou que um companheiro que trabalhava na empresa havia 21 anos falecera após sofrer um enfarte, enquanto aguardava a decisão presidencial. Tratava-se de um guarda, que deixava a esposa e nove filhos, sete dos quais eram menores. Em seguida, viria à tona a notícia de outras duas mortes por colapso cardíaco e cinco suicídios.[54]

A informação teve um forte impacto sobre todos e no dia seguinte as coisas beiraram o caos, quando finalmente veio a palavra final do presidente da República. "Castello acaba de vez com esperança de Panair ser de seus funcionários", anunciava a manchete da *Tribuna da Imprensa*. O líder do governo rejeitou a proposta da Vasp, mas autorizou o síndico da massa falida a ceder os aviões em condição de voo à Cruzeiro do Sul e à Varig, "não sendo certo se a tripulação dos aparelhos será de uma ou de outra empresa, embora a receita seja destinada ao pagamento do pessoal até então de braços cruzados".

Na mesma matéria, o brigadeiro Clóvis Travassos deixava claro que a resolução era definitiva:

— Não há qualquer possibilidade de o governo voltar atrás e não adiantam os movimentos nesse sentido — ultimou.

A imprensa também informava que o Itamaraty já expedia boletins às embaixadas brasileiras em Portugal, França, Alemanha, Itália, Inglaterra, Espanha, Senegal, Libéria, Chile, Argentina e Paraguai, comunicando que o governo substituía, em caráter definitivo, a Panair do Brasil pela Varig nas linhas internacionais. A Vasp não se conformou. Hélio Tornaghi fez uma última tentativa, reiterando que sua companhia se comprometia em assumir o pessoal e os débitos da Panair, sem prejuízo a ninguém, desde que lhe fossem concedidas algumas linhas para a Europa. O empresário manteve seu porta-voz junto aos panerianos, mandando lhes dizer que lutaria até o fim pela preservação do acervo.

Quem deixou o hangar definitivamente foi Paulo Sampaio e os outros diretores. O juiz Mário Rebello de Mendonça Filho os proibiu de entrar no prédio da Panair, alegando que sua presença era totalmente dispensável e que o síndico precisava trabalhar no local sem qualquer interferência. Os empregados perdiam, assim, seu maior defensor. Diante dos últimos fatos, os membros da Comissão Geral resolveram implementar o que chamaram de "a arrancada final", uma tentativa derradeira de fazer Castello Branco ouvir as suas reivindicações, já que Eduardo Gomes não se comunicava com eles desde o primeiro encontro com Carlos Lacerda. Redigiram comunicado aos colegas, no qual alertavam que tomariam "providências enérgicas, que implicam em importantes acontecimentos", na verdade, movimentos coletivos de sensibilização das autoridades. E prosseguiam:

> Não se deixem iludir por nova tentativa da diretoria da Varig em infiltrar-se no nosso meio e tentar destruir a nossa unidade. Estão sendo distribuídas propostas individuais, sendo óbvio que a Varig teve de apelar para

esse artifício face ao total fracasso dos chamados "postos de inscrições". Se estivesse com propósitos honestos, a Varig teria enviado representantes para tratar do assunto com quem de direito, a Comissão Central. (...) Não assumam nenhum compromisso individualmente, pois somente através do trabalho em conjunto poder-se-á encontrar uma solução que atende ao interesse comum. Pedimos oficialmente àqueles que, eventualmente, tenham sido abordados por agentes da Varig para que venham pessoalmente trazer a informação à Comissão Central, a fim de se organizar um controle exato das tentativas de infiltração no nosso meio por parte do adversário. (...) Somos trabalhadores do ar cuja única reivindicação é o direito de trabalhar para o sustento de nossas famílias e pelo progresso do Brasil. Nosso movimento é pacífico, nossas reuniões são democráticas e tudo o que fazemos é de conhecimento público. O povo brasileiro já compreendeu a justeza de nossa causa e já manifestou também, publicamente, a sua solidariedade. Queremos agora uma definição e uma solução concreta para a aflitiva situação em que se encontra a grande família Panair.

O pedido de audiência e uma cópia do memorial foram encaminhados a Castello Branco. Entretanto, quando os recebeu, o presidente optou por não tomar conhecimento. Encarregou o ministro Luís Viana Filho, da Casa Civil, da tarefa de informar que o assunto já não lhe competia e que, se houvesse alguma mudança na decisão, ela partiria exclusivamente do brigadeiro Eduardo Gomes. Em caráter oficial, Viana alegou que faltava tempo na agenda presidencial para receber o funcionalismo da Panair.

No hangar, a recusa literalmente desesperou centenas de empregados, sobretudo os mais humildes, que naquele momento já enfrentavam uma situação financeira bastante difícil, tendo esgotados os seus meios de sobrevivência. Para ajudá-los, os colegas nomearam uma comissão de seis membros durante a assembleia geral do dia 4 de março, cuja missão seria elaborar um plano para recolher auxílios. Não havia mais lugar para altivez ou orgulho. A prioridade agora era proteger os companheiros de luta durante o período em que aguardavam as indenizações, que ainda não haviam chegado. Os funcionários em melhores condições, que vinham contribuindo com dinheiro, não podiam mais fazê-lo, pois tinham suas próprias famílias para sustentar com recursos limitados.

Sensibilizados com aqueles que passavam por maiores privações, representantes da Comissão Geral procuraram Alberto Victor Magalhães Fonseca no dia seguinte, para exigir o pagamento prometido. O síndico avisou que não sabia quando poderia remunerá-los, pois ainda esperava do Ministério da Aeronáutica o levantamento das verbas necessárias; e a demora das autoridades, alegou, se devia ao fato de aquela ser a maior falência já registrada no país. Os representantes, então, pediram que os alimentos mantidos no reembolsável da massa falida lhes fossem vendidos. Fonseca também vetou essa possibilidade, informando que aqueles gêneros deveriam ser alienados em leilão público.

Diante do absurdo da situação, as aeromoças que testemunharam a conversa não ficaram paradas. Convocaram as colegas e organizaram-se para sair uniformizadas às ruas, a fim de arrecadar fundos destinados ao pagamento dos aluguéis e à compra de medicamentos para os que precisavam com maior urgência. Paralelamente, alguns pilotos partiram para o Departamento Nacional do Trabalho, onde solicitaram autorização para receber doações de mantimentos da Aliança para o Progresso. Foi-lhes imediatamente assegurado um suprimento de leite em pó, gorduras e lentilhas. Rumando depois à Superintendência Nacional de Abastecimento (Sunab), conseguiram ainda angariar feijão, arroz e açúcar.

A solidariedade foi grande e veio de diversas fontes. Na segunda-feira, dia 8, o representante da Cruz Vermelha Internacional, Robert Martins, visitou o hangar para avisar que havia contatado a instituição The Food For Peace e que, ao que tudo indicava, seriam mandados outros gêneros alimentícios. Já na tarde do dia 9, membros da Aliança para o Progresso, da Conferência Nacional dos Bispos do Brasil e da Confederação Evangélica iniciaram a distribuição de caixas com açúcar, feijão, batata, leite em pó, gérmen de trigo e gordura.

— A campanha para arrecadação de fundos prosseguirá até que seja dada uma solução para o caso da Panair — disse um representante da Comissão Geral aos repórteres da *Tribuna da Imprensa* que estavam por lá. — Fomos obrigados a recorrer à caridade pública para que a luta que vimos travando, no sentido de amparar os 5 mil funcionários, não venha a fracassar pelo estômago.

Um comandante procurou o repórter do *Jornal do Commercio* que fazia plantão no hangar e apelou:

— Diz aí no seu jornal que nós já estamos passando fome.

— Por que vocês não aceitam os empregos oferecidos pelas demais companhias? — questionou o jornalista.

— Não se abre mão assim de vinte, trinta anos de serviço. Não vamos abandonar a luta até que a Panair torne a ligar as capitais do país.

No *Última Hora*, a jornalista Thereza Cesário Alvim também repercutiu a situação:

> Homens e mulheres jovens, fortes, perfeitamente aptos para o trabalho, habituados a trabalhar, querendo trabalhar, foram atirados na humilhante condição de serem alimentados — e alimentar suas famílias — pela caridade alheia. Falo dos funcionários da Panair do Brasil. Este é um caso de cura pior que a doença. (...) Não podem eles ficar à espera da liquidação dos bens da Panair para receber os salários atrasados e, só então, voltar a comer. Sem ter providenciado previamente uma garantia para as famílias desses homens, o Governo continua indiferente diante da sua situação dia a dia agravada. Preocupado em dar aulas de moral pública, esquece-se dos seus deveres morais para com o indivíduo. Vejo agora, com grande mal-estar, que os funcionários da Panair estão sendo socorridos pelos "Alimentos para a Paz". A que ponto chegamos! Trabalhadores dispostos e honestos levados à condição de mendicância — e precisando aceitar esmolas de mãos estranhas.

O amparo também chegou do próprio setor aeronáutico. A Comissão de Arrecadação de Fundos para os Funcionários da Panair enviou uma carta solicitando ajuda a todas as companhias aéreas nacionais — com a notada exceção da Varig — e às estrangeiras que operavam no Brasil. A primeira empresa a responder foi a italiana

Alitalia, que mandou um representante para descobrir de que forma poderia socorrê-los.

Na mesma ocasião, agentes do Dops que acompanhavam as movimentações produziram o seguinte comunicado aos superiores:[55]

> Polícia Política
> Setor: Dops
> Pasta 45
> Dossiê n° I
> Folha 9
> GB — Secretaria de Segurança Pública
> Seção de Atividades Antidemocráticas
> p. 3
>
> Segundo informações que nos têm chegado, os funcionários da Panair do Brasil S.A. estão sendo orientados por pessoas que têm interesse em provocar desordens, tanto que os referidos funcionários não querem arredar o pé de onde estão, e já estão procurando obter apoio de seus colegas de outras empresas. (...) Porém o caso mais grave vai ocorrer na próxima segunda-feira quando será esclarecido aos funcionários pelo representante do Ministério da Aeronáutica, de que não é possível este Ministério fazer entrega de qualquer importância para pagamento dos mesmos, por tratar-se de uma empresa falida fraudulentamente, e que os funcionários poderão procurar novos empregos, sabendo-se também que ao governo só interessa aproveitar os funcionários do serviço de comunicações, que são em número de cinquenta e poucos.

Àquela altura, a avalanche de más notícias parecia infindável. Data também de 8 de março o boletim interno da Celma n° 144, informando os funcionários da oficina que sua diretoria fora dissolvida e substituída pelo major-brigadeiro José Kahl Filho, nomeado diretor-presidente, por Kleber Correia Lemos, diretor-tesoureiro, e pelo coronel Marcos Baptista dos Santos Júnior, diretor-gerente. A decisão fora selada três dias antes, quando Eduardo Gomes recebeu em seu gabinete Carlos Geminiano da Franca, 2° procurador da República, "designado para acompanhar o 'caso Panair' como representante da União".[56] As indicações, contou o próprio ministro da Aeronáutica, tinham-se baseado em nomes "da confiança do governo". Gomes aproveitou também para consolidar o brigadeiro Henrique do Amaral Penna como representante de sua pasta na falência da Panair. No meio jurídico, os acontecimentos em Petrópolis suscitaram debate: as ações da Celma, controlada pela holding Planejamento e Administração Guanabara, ainda eram propriedade de Simonsen e Rocha Miranda, de modo que, independentemente do fechamento da Panair, parecia absurdo intervir na subsidiária em detrimento dos direitos de seus proprietários legítimos.

A tragédia da Panair produzia efeitos cada vez mais nefastos. Em meio ao caos que se instalava, no dia 17 de março a aeromoça Helga Schneiner reuniu um grupo de nove colegas num último esforço de combate. Uniformizadas, como de costume, elas atravessaram o Rio de Janeiro, fixando-se na frente do Palácio das Laranjeiras, onde decidiriam montar acampamento. Recebendo de imediato a atenção dos moradores do bairro, na forma de cobertores, barracas, lampiões e alimentos, sentaram-se na calçada e declararam que não sairiam de lá até que o presidente da República concordasse em recebê-las pessoalmente.

IV
O clima

1

— Senhor presidente e senhores senadores, o Senado, através da palavra dos ilustres senadores Jefferson de Aguiar e Vivaldo Lima, ouviu críticas à conduta do governo a respeito de sua decisão no que concerne ao caso da Panair do Brasil — abriu a sessão do Congresso Nacional o influente senador João Agripino, líder do governo e representante da UDN da Paraíba.

Era o dia 18 de março. O acampamento das dez aeromoças em frente ao Palácio das Laranjeiras tinha sido a gota d'água para o assunto explodir em Brasília. Agora, a Seção de Relações Públicas do Ministério da Aeronáutica solicitava que o político paraibano explicasse ao presidente do Senado, Nogueira da Gama, e aos demais parlamentares da Casa as razões que haviam levado o marechal Castello Branco a tirar a Panair dos céus. O brigadeiro Eduardo Gomes, por sua vez, via-se na obrigação de anunciar que pediria verbas para pagar os salários atrasados e as indenizações dos funcionários, que faziam filas para receber doações de alimentos no hangar da companhia.

— Os dois oradores se preocuparam a fundo com a situação dos empregados daquela empresa e fizeram apelos dramáticos e veementes ao governo para que desse uma solução à situação deveras angustiosa por que passa a classe. Pediu-me o senhor ministro da Aeronáutica, brigadeiro Eduardo Gomes, que oferecesse ao Senado os esclarecimentos do governo e os motivos que o levaram a declarar cassada a concessão dada à Panair para operar em voos, no país e no exterior — anunciou Agripino. — A imprensa tem-se preocupado com o assunto, senhor presidente, e era propósito do ministro da Aeronáutica não dar a público as determinações da providência governamental, porque envolviam a honorabilidade de homens e não interessava ao governo expô-los ao julgamento popular. Agora, porém, que o assunto é repetidamente ventilado, no Senado e na Câmara, além de na imprensa, já não pode o Ministério da Aeronáutica furtar-se ao dever de dar ao Senado e à Nação as razões do seu procedimento.

Com a firmeza nas palavras, que lhe era bem característica, organizou seus papéis sobre a tribuna e começou sua exposição:

— A Panair do Brasil, senhor presidente, era uma sociedade que tinha como capital social a importância de 88 milhões de cruzeiros, dividido em ações do valor nominal de 200 cruzeiros. As ações da Panair do Brasil, em 1960, tinham uma cotação baixa, porque a empresa, há muitos anos, vinha atravessando repetidas crises econômicas e financeiras. A Panair do Brasil, como se sabe, constituía-se de capital majoritário nacional e uma parcela de capital que pertencia à Pan American. Em maio de 1961, as ações da Panair eram cotadas, na Bolsa de Valores do Rio de Janeiro, a 100 cruzeiros, metade do seu valor nominal. Em junho do mesmo ano, o grupo Celso Rocha Miranda e Mario Simonsen adquiriu o controle da empresa, comprando 64% das ações pelo preço aproximado de 200 milhões de cruzeiros. Portanto, pagando por ação, de uma empresa já àquela época praticamente insolvente, mais de cinco vezes o seu valor nominal e mais de dez vezes o seu valor de bolsa — apontou o parlamentar. — Poder-se-ia admitir, senhor presidente, que esse grupo houvesse adquirido o controle da Panair do Brasil numa tentativa de recuperação, o que seria deveras louvável. Outros grupos, detentores do controle da empresa, anteriormente, não haviam conseguido o menor resultado nas tentativas de sua recuperação. Era, portanto, possível que o grupo que pagava por ação do valor nominal de 200 cruzeiros, ações de empresa com repetidos débitos e déficits e já o desequilíbrio, grupo que pagava, repito, mais de 1 mil cruzeiros por ação cotada na Bolsa de Valores a 100 cruzeiros, tivesse intuito de recuperação da Panair. É certo, senhor presidente, que o grupo Celso Rocha Miranda e Mario Simonsen jamais havia operado em empresas de navegação aérea. A sua especialização era outra, ou melhor, as firmas das quais detinham capital majoritário tinham por finalidade a operação em seguros. Disso, nasceu a suspeita geral de que o grupo Celso Rocha Miranda-Mario Simonsen adquirira a empresa, não para recuperá-la, mas para se recuperar — acusou.

Os olhares ficaram mais atentos. A denúncia era muito grave. Parecia que o "Caso Panair" renderia mais um capítulo no agora malfadado destino do conglomerado de Mario Wallace Simonsen. Cerca de oito meses antes da cassação da companhia aérea, a Comal e a Wasim, que coroavam o potentado do empresário no setor cafeeiro, haviam perdido o direito de funcionar, resultado de uma intensa campanha alimentada pelos resultados produzidos numa Comissão Parlamentar de Inquérito.[57] Por sua vez, Celso da Rocha Miranda, o sócio de Simonsen na Panair, enfrentava críticas por manter intactas suas relações com o amigo Juscelino Kubitschek, ex-presidente do país cassado em 8 de junho de 1964 e exilado em Portugal desde julho. Sendo ambos associados ao regime civil que caiu sob acusações de corrupção, os acionistas da Panair agora estavam em maus lençóis.

Continuou João Agripino:

— Logo depois, começaram a comprovar-se as suspeitas. Em 1960, ano anterior à sua aquisição pelo grupo a que me refiro, a Panair apresentava um déficit de 748 milhões de cruzeiros. Havia tido uma receita de 3 bilhões e 354 milhões de cruzeiros e uma despesa de 4 bilhões e 102 milhões de cruzeiros. Em 1961, ano da aquisição e correndo um semestre por conta da nova administração, a Panair ofereceu um déficit de 1 bilhão e 891 milhões, quase 2 bilhões de cruzeiros! Em 1962, o déficit foi de 3 bilhões; em 1963, foi de 6,7 bilhões de cruzeiros — expôs, lendo os dados na cartilha que tinha em mãos. — Ocorre que, quando uma empresa de navegação aérea se apresenta deficitária, o déficit é coberto pelas subvenções federais. E, portanto, quem o paga é o brasileiro de todas as categorias sociais, já que todos contribuem nos impostos. As subvenções, calculadas na base de quilômetro voado, de modo geral para todas as empresas, propicia às outras a cobertura do déficit, mas já não mais à Panair. O desta deveria ser coberto com recursos especiais, a ela destinados, com exceção à má administração. Até aí, teríamos apenas a ação de má administração que, tendo adquirido as ações da Panair por um preço excessivo, em vez de recuperá-la, agravou a situação financeira da empresa. Mas o governo fez levantamento da conduta do mesmo grupo nas empresas que atuavam em seguros. E chegou a esta dolorosa constatação: o custo dos seguros feitos pela Panair aumentou extraordinariamente depois que o citado grupo passou a controlá-la. As taxas de seguro do DC-7 passaram de 4,6% para 6% e a do Constellation de 7,5% para 8,87%. Os seguros de aviões a jato, Caravelle e DC-8, foram feitos em 1962, respectivamente, em 1º de julho, à taxa de 5,28% e, em 30 de setembro, à taxa de 7,04%; taxas essas muito superiores às pagas por outras empresas de aviação por equipamentos semelhantes. E ainda mais: as taxas de seguro do DC-7 aumentaram de 4,6%, em 1961, para 6%, em 1962, e 6,2%, em 1963. As taxas do Constellation aumentaram de 7,5%, em 1961, para 8,87%, em 1962, e 7,7%, em 1963.

O senador José Ermírio de Moraes, bastante concentrado no discurso, intercedeu:

— Permite Vossa Excelência um aparte?

— Com prazer — respondeu o parlamentar paraibano.

— Gostaria de saber quem era o distribuidor desses seguros — questionou Moraes.

— Vossa Excelência terá a sua curiosidade satisfeita dentro de poucos segundos — garantiu Agripino, prosseguindo com sua exposição. — Depois da Revolução de 31 de março, a taxa de DC-7, que era de 6,2%, baixou para 3%; e a do Constellation, que era de 7,7%, para 3%; a do Caravelle, que era de 4,69%, para 2,85%; a do

DC-3, que era de 6%, para 3,75%; a do DC-8, de 6,98%, para 4,35%; ou seja, quase a metade. Todos os seguros, e aqui vem a resposta ao ilustre senador José Ermírio, quer no estrangeiro, quer no país, foram feitos por intermédio da Ajax Corretores de Seguros S.A., pertencente ao sr. Celso Rocha Miranda.

— Monopolista dos seguros do Sul até dos do Banco do Brasil! — exclamou José Ermírio de Moraes.

—... que ganhou a respectiva comissão sobre os prêmios pagos — acrescentou o senador udenista. — Verifica o Senado que o mesmo grupo que adquiriu a Panair aumentava as taxas de seguro para ganhar comissão sobre taxas mais altas, e pagava seguros duas vezes mais que as outras empresas, porque tinha comissão sobre as taxas, comprovadamente. O montante dos prêmios do seguro, só em 1962, apenas dos aviões a jato, importou em 1,9 milhão de dólares, ou seja, perto de 4 bilhões de cruzeiros, ao câmbio atual. Da mesma forma, senhor presidente, o governo verificou ainda: a Panair comprou dólares ao Banco do Brasil, para pagamento em prestações, no prazo de cinco anos, a partir da data da remessa, utilizando esse montante para pagar o preço do arrendamento de um avião à Pan American, e contraiu empréstimo, no Banco do Brasil, comprando os dólares, que recebeu de uma vez, para pagar em cinco anos. Este mesmo avião, arrendado à Pan American, a Panair alugou ao governo português, para fazer a linha Lisboa-Luanda, recebendo o preço da locação em dólares, à vista. A Panair dava preferência, para remessas em dólares, ao pagamento de sua dívida de 7 milhões de dólares a favor da Pan American, dívida esta garantida pelos senhores Mario Simonsen e Celso Rocha Miranda, em detrimento da compra de peças e sobressalentes para seus próprios aviões — denunciou. — Em outras palavras, os recursos de que dispunha a Panair eram transferidos à Pan American. Em face dessa orientação, por falta de peças, dos dez Constellations pertencentes à Panair, oito estavam parados; dos cinco Catalinas, permaneciam paralisados quatro; e dos três Caravelles, dois não vinham voando.

Novo momento de apreensão. O ato da cassação, ouviam os membros da Casa, dera-se por questões de segurança de voo e não só pelo vulto dos débitos contraídos pela empresa. Isso pesou e muito nas ponderações, sobretudo porque se alegava que, em vez de atender às suas próprias necessidades técnicas e operacionais, a Panair privilegiava a tranquilidade dos acionistas em relação aos avais pessoais assumidos junto à Pan Am. Agripino discorreria com veemência sobre esse ponto, para que não restassem outras dúvidas entre os políticos ali presentes sobre o acerto da medida presidencial.

— As amortizações da dívida de 7 milhões de dólares, a favor da Pan American, foram remetidas para o exterior, ficando o valor em cruzeiros, dos dólares remetidos, para ser pago em cinco anos e em prestações, em virtude de uma resolução da Sumoc de 11 de dezembro de 1962, à qual foi dado efeito retroativo para ser aplicado às prestações vencidas, desde 15 de outubro de 1961. Vê-se, portanto, que a Panair, para pagar sua dívida à Pan American, recebia dólares do Banco do Brasil, para pagá-los também em cinco anos, a mesma operação que já tinha feito com o mesmo Banco do Brasil, no caso do arrendamento desses aviões — acusou. — A Panair, para obter dinheiro, cruzeiros, vendia passagens para voos que não efetuava e, assim, seu débito com as outras empresas aéreas, decorrentes dos endossos dessas passagens àquelas companhias, era constante e cada vez mais crescente. Em janeiro de 1963, esse débito era de 10 milhões de cruzeiros. Janeiro de 1963, repito. Em dezembro de 1964, o débito passou a ser de 141 milhões de cruzeiros! A Panair pagava à Wasim S.A., empresa pertencente ao mesmo grupo que controlava seu capital, uma comissão de 2% ao ano, ou seja, 140 mil dólares anuais, sobre a quantia de 7 milhões de dólares devida à Pan American, sob o fundamento de a Wasim ter avalizado as notas promissórias referentes à mencionada dívida. A Panair pagava a Mario Wallace Simonsen & Sons Trust Corporation[*] a comissão de 4%,

---

[*] A Mario Wallace Simonsen & Sons Trust foi criada em dezembro de 1962 com sede em Vaduz, Liechtenstein, para englobar todas as empresas do Grupo Simonsen. O plano de Mario Simonsen era transferir 70% das ações para os funcionários brasileiros e passar os 30% restantes aos filhos. O empresário não teve tempo de concretizá-lo. O truste foi desfeito em julho de 1965.

também ao ano, ou seja, mais de 240 mil dólares anuais, sobre 6 milhões e 127 mil dólares, valor do preço da compra de um DC-8, a título de garantia dada pela aludida firma ao pagamento do referido preço de compra, apesar de o avião ter sido vendido com reserva de domínio a favor da vendedora.

— Permite Vossa Excelência um aparte? — solicitou o senador mineiro Afonso Arinos.

— Com todo o prazer — concedeu Agripino.

— O discurso de Vossa Excelência parece-me da maior importância, porque esclarece e justifica a intervenção do governo na Panair. Desde logo, gostaria de acentuar o seguinte: Vossa Excelência não chegou ao fim da sua oração, mas não poderia aparteá-lo depois de terminada, razão por que solicito o aparte no seu discurso — justificou. — Parece que a explicação se cifra a esses pontos. No entanto, duas dúvidas permanecem no meu espírito. A primeira é a seguinte: como se chegou a tal situação, sem que os órgãos responsáveis do governo estivessem acompanhando essa degringolada escandalosa e gradativa? Está claro que esta censura não se reporta ao governo atual que, pouco depois de ter a tranquilidade necessária, interveio na empresa, mas, sem dúvida alguma, atinge aos órgãos de fiscalização do Ministério da Aeronáutica, nos períodos anteriores, que não podiam deixar de ter conhecimento dessa situação. O segundo ponto, para o qual chamo especialmente a atenção de Vossa Excelência, é que, se fica perfeitamente elucidada a procedência da intervenção, não está esclarecido o abandono do pessoal. São duas coisas diferentes. Quem levou a Panair à situação que exigiu a intervenção foi a diretoria, incompetente e desonesta, mas a verdade é que o pessoal, 25 mil pessoas, incluindo, evidentemente, os familiares e dependentes dos servidores, nada tem com isso, e o governo atual precisa tomar uma atitude para protegê-los e assegurar-lhes os seus direitos.

— À primeira indagação de Vossa Excelência, respondo dizendo que o Departamento de Aeronáutica Civil tinha todos esses dados — afirmou Agripino. — A situação deficitária da Panair e a situação de abandono a que ela deixava os seus aviões eram do conhecimento da DAC, em todos os governos. A DAC sabia, há muito, que a situação da Panair era insustentável.

— Logo, é corresponsável, até certo ponto — sugeriu Arinos.

— Logo, o Ministério da Aeronáutica, através da DAC, no governo anterior, era corresponsável, sobretudo pela omissão, pela falta de providências no sentido de os negócios da Panair não chegarem ao estado de desregramento a que chegaram — retrucou o orador.

O diálogo foi, de repente, interrompido pelo presidente do Senado, Nogueira Gama, que fez soar a campainha.

— Cabe-me informar ao nobre orador que lhe restam apenas cinco minutos para terminar seu discurso. Já se acham presentes 45 senhores senadores, pelo que não se pode dar a prorrogação cogitada no Artigo 163, Parágrafo 2º, do Regimento Interno. Vossa Excelência poderá continuá-lo ao fim da Ordem do Dia — lembrou Gama.

— Senhor presidente, peço a palavra para questão de ordem — interveio o líder da Arena no Senado, Daniel Krieger.

— Tem a palavra para questão de ordem o senhor senador Daniel Krieger — concedeu.

— Senhor presidente, pergunto a Vossa Excelência se o nobre senador João Agripino poderá continuar falando por delegação do líder de governo e da União Democrática Nacional, que se somam.

— O líder do governo e o líder do partido têm, pelo Regimento, direito a vinte minutos. O nobre senador João Agripino, como líder, poderá falar por mais vinte minutos — autorizou Gama.

— Senhor presidente, não ocuparei todo esse tempo. Creio que não precisarei mais do que cinco ou dez minutos de paciência dos meus ilustres colegas — estimou Agripino. — À segunda indagação do senador Afonso Arinos, responderei logo depois de concluir a exposição que vinha fazendo.

— Obrigado — disse Arinos.

— Existiu neste país uma empresa denominada Comal, de orientação e controle do senhor Mario Simonsen — prosseguiu o representante paraibano no Congresso. — Essa empresa foi objeto

de um inquérito parlamentar na Câmara dos Deputados, e nele se apurou ter a firma lesado o Brasil em fraude cambial da ordem de 25 milhões de dólares, ou seja, mais de 44 bilhões de cruzeiros. Os diretores da empresa estão respondendo por aquele fato perante a Justiça. Estava, portanto, o governo diante de uma situação insustentável para a Panair. Os débitos da Panair eram de tal ordem que o patrimônio não valeria coisa da ordem de um décimo ou um vigésimo. O governo apurava que a empresa tinha sido sugada pelo mesmo grupo que havia comprado as ações, para se tornar proprietário da empresa, enriquecendo outras firmas do mesmo grupo, porque, em relação à Panair, a situação era a de o governo brasileiro subvencionar sempre que havia déficit. Então, o governo chegava à conclusão de que o grupo Rocha Miranda-Simonsen tinha por objetivo sugar os cofres públicos brasileiros através de subvenções que fossem dadas à Panair, para se enriquecer noutras empresas. Oferecia-se, então, como solução, senhor presidente, a intervenção. Mas todos veem que, quando um grupo econômico procede desta forma, ele o faz conscientemente e na disposição de, a qualquer momento, entregar o "abacaxi" ao governo — ironizou o parlamentar.
— A intervenção, portanto, seria péssimo negócio para o Tesouro Nacional, que ia receber um patrimônio insignificante com a responsabilidade de liquidar um débito fabuloso. Ora, depois de o governo receber o patrimônio, não tinha como se furtar ao pagamento integral dos débitos. Havia ainda a solução da desapropriação, ou, para falar mais claro, de receber em doação, e, ao que creio, o grupo não fazia questão nenhuma de doar. Mas, senhor presidente, seria do interesse do país receber essa massa falida, com o encargo de saldar os compromissos que iam a muitas vezes o valor do ativo?

Olhares ainda mais fixos. Nenhum deles tinha noção da amplitude do caso. Nenhum deles imaginava que, por trás da aquisição da Panair, quatro anos antes, houvesse motivos tão tacanhos. E nenhum deles admitiria abertamente, mas era difícil se posicionar diante do caso.

— Senhor presidente, no momento em que o governo procura orientar a sua política econômico-financeira no sentido de reduzir o déficit das operações subvencionadas, não seria possível receber a Panair em doações por desapropriação, a não ser para fechá-la. Não tinha, portanto, utilidade para o país a conduta do governo, em qualquer dos dois sentidos. O governo verificou que a Panair operava em linhas aéreas, por concessão, a título precário, e que, portanto, bastava-lhe cancelar a concessão dada, a título precário, para que ela não pudesse mais operar. E foi esse o caminho que o governo adotou. Eu perguntaria a qualquer dos senadores: quem que estivesse em condições de presidente da República ou do ministro de Estado, quem de nós teria dúvida em adotar a mesma posição, ou teria dúvida em adotar a mesma solução, para o resguardo do prestígio do Brasil no exterior, nas linhas internacionais, que já estavam desajustadas, atrasadas, impontuais, e, por que não dizer, desmoralizadas, para resguardo do prestígio das companhias de navegação aérea no país? Porque todos nós sabíamos que, em avião da Panair, não se tinha segurança sequer de viajar.

— Permite Vossa Excelência um aparte? — interrompeu o senador Atílio Fontana.

— Com prazer — permitiu Agripino.

— Desejo apenas dar meu testemunho a respeito do que vem relatando Vossa Excelência com tanta segurança, com tanta certeza. No meu entender, realmente, as providências do governo foram as mais acertadas possíveis. Não quis fazer uso da palavra para tratar do problema, porque poderia ser mal interpretado, de vez que faço parte de uma pequenina companhia de transportes aéreos, que detém apenas 3% das linhas domésticas do Brasil.* Ouço, pois, Vossa Excelência com muita satisfação, observando que está muito bem informado sobre o que ocorria e ocorre nas companhias de transportes aéreos — elogiou Fontana. — Não me refiro a todas, evidentemente. Fico, assim, satisfeito em ouvir o relato de Vossa Excelência feito com tanta clareza, a respeito deste assunto. Ainda mais: quero

---

* A companhia em questão era a Sadia Transportes Aéreos, que em 1972 se transformaria na Transbrasil.

congratular-me com o governo pela providência que tomou, providência saneadora e que, acima de tudo, constitui uma advertência às outras companhias de transportes aéreos.

— O aparte do ilustre senador Atílio Fontana é, sem dúvida, muito honroso para o orador e para o governo, porque, além de emitido por homem de sua envergadura moral, o é por proprietário, também, de empresa de navegação aérea — agradeceu Agripino. — Em verdade, Sua Excelência focaliza um segundo aspecto da questão, no corolário da pergunta formulada pelo senador Afonso Arinos. O governo não deve ficar de braços cruzados ante a situação das outras empresas de navegação aérea do país. O governo sabe, anualmente, a situação de cada uma delas e sabe, também anualmente, se está sendo bem ou mal administrada. É preciso que o governo tenha, e tem, instrumentos para interferir, a fim de evitar que se proceda, em relação a outra, o que se permitiu com referência à Panair. É necessário evitar que outra empresa possa chegar à mesma situação da Panair, por sua omissão.

— Permite Vossa Excelência um aparte? — pronunciou-se, novamente, José Ermírio de Moraes.

— Com todo o prazer — disse o senador udenista.

— Há um fator que, talvez, Vossa Excelência desconheça. É o do corretor, distribuidor de seguros, que recebe uma comissão no mínimo de 30% e, em alguns casos, 35% ou talvez mais. Vai até a 1 milhão de dólares nesse setor — alertou o parlamentar.

— Não desconheço; apenas não quis mencioná-lo no meu discurso — respondeu Agripino. — Quando falei na comissão de 2%, o que está provado, é porque, se a Panair concordava em pagar taxa que representava o dobro do que as outras companhias pagavam, pelo mesmo seguro, do mesmo avião, nisto há de convir, Vossa Excelência, é porque havia aí qualquer coisa suspeita. Ainda se a intermediária do negócio do seguro fosse a própria empresa do mesmo grupo! Mas não era só essa empresa que ganhava com o aumento da taxa; a outra também, entrando ainda a comissão que se paga ao intermediário. Assim, a empresa seguradora não recebia mais do que a taxa que recebia a outra empresa, também brasileira, pelo avião do mesmo tipo e da mesma categoria. Senhor presidente, estando o governo na alternativa de encampar, desapropriar, receber em doação ou fazer a intervenção, verificou que nenhuma das soluções conviria ao interesse nacional e qualquer delas seria péssimo negócio para o Tesouro. Só lhe restava considerar cancelada a concessão dada a título precário. A Panair pediu concordata e o juiz decretou-lhe a falência. Se uma empresa comercial ou industrial chegar a pedir concordata ou chegar a falir, porque o governo tomou providência de restrição violenta de crédito, digamos, e sabe o senador José Ermírio, como também o senador Atílio Fontana, que esta providência governamental pode levar uma empresa à falência, cria-se, em relação a essa empresa, o mesmo problema que se criou em relação à Panair quanto aos seus empregados — comparou o político da Paraíba. — Mas ninguém há de se lembrar de pedir ao governo providências no sentido de lhes dar trabalho, amparando, desse modo, os ex-empregados da empresa industrial ou comercial que houvesse falido. Senhor presidente, se uma empresa industrial, do maior porte, neste país, viesse a falir em consequência da nova política governamental, e muitas têm falido em São Paulo, deixando milhares de seus elementos desempregados em consequência disto, ninguém pediria ao governo que os colocasse novamente. É certo, senhor presidente, é dever do governo, ao traçar a sua política, fazê-lo de tal forma que não provoque desemprego em massa. É certo que é tarefa do governo não permitir que a sua população seja faminta. Mas não é certo, absolutamente, que deva o governo ter a obrigação de dar emprego aos servidores da Panair, por cuja falência é responsável a sua diretoria ou o grupo financeiro que a dominava. Senhor presidente, os empregados da Panair que hoje se queixam do governo pelo desemprego a que chegaram, se se quiserem deter no exame da sua situação, de sã consciência, hão de chegar à justa conclusão de que o responsável por sua situação não é outro senão o grupo econômico Rocha Miranda-Mario Simonsen. Usaram eles aquela empresa, pioneira da navegação aérea do Brasil, em proveito próprio, com o sacrifício dos seus empregados, e estes jamais poderiam ignorar que o grupo levaria a empresa à ruína e à falência, hoje ou amanhã — atacou Agripino.

E continuou, arriscando-se a fazer previsões sobre o futuro:

— Se o governo tivesse fechado os olhos, a empresa iria à falência do mesmo jeito, quando os credores começassem a executar os débitos. E algumas dezenas ou centenas de brasileiros teriam morrido em consequência de desastres aéreos. Sabe o senador Atílio Fontana, como sei eu, relator do Ministério da Aeronáutica que fui por muito tempo, que, se uma empresa aérea começa a ter desequilíbrio e o governo não a supre em subvenções, ela passa a descuidar-se na reposição de peças essenciais à aeronave, ocasionando, muitas vezes, acidentes. Muitos dos acidentes aéreos são decorrentes desses descuidos, propositados ou não. De modo que, se não fosse tomada tal providência, daqui a alguns meses a situação seria a mesma, pelo natural desenrolar da insolvência da companhia, com prejuízo da vida de brasileiros que fossem imprevidentes e viajassem nessa companhia. Mas, senhor presidente, não imagine o Senado que venho, em nome do governo ou do ministro da Aeronáutica, dizer que está desinteressado pelo problema dos empregados da Panair. Não! — enfatizou. — O que venho dizer é que o ministro da Aeronáutica e o governo estão empenhados em dar aos empregados da Panair toda a acolhida e encontrar para eles solução adequada. O governo é sensível à situação dos 5 mil empregados da Panair. O governo não se sente obrigado a empregá-los, porque não se sente obrigado a empregar funcionários de empresas que venham a falir. Mas o governo, sensível ao problema social, ao problema de milhares de famílias que ficaram ao abandono, à fome, à miséria, ao desemprego, está empenhado em dar solução, e espera encontrar uma que satisfaça aos empregados da Panair.

— Permite Vossa Excelência um aparte? — solicitou o senador Arthur Virgílio, do PTB do Amazonas.

— Com prazer — concedeu o orador.

— Inegavelmente, após ouvir o relato frio que Vossa Excelência acaba de fazer, com dados indesmentíveis, a respeito da situação calamitosa em que se encontrava a Panair do Brasil, não há quem deixe de mudar o conceito inicial que fizera, em virtude da brusquidão da medida governamental que surpreendeu o país, atirando esses 5 mil funcionários e suas famílias às mais difíceis condições de vida — concordou o político. — Inegavelmente, após ouvir Vossa Excelência nesses esclarecimentos que se tornavam necessários e que acho até tenham tardado, porque era dever do governo dar satisfações à opinião pública do seu gesto, não há, repito, quem não aceite a medida, quem não a justifique, e até quem não a aplauda, uma vez que encarnam apenas os altos interesses do país e a defesa do que seja o cumprimento do dever dos governantes. Mas agora ouço Vossa Excelência afirmar que o governo não tem obrigação de dar emprego aos funcionários que foram dispensados, e, logo a seguir, dizer que está empenhado em solucionar o grave problema dessas 5 mil famílias. Apenas neste ponto faria uma restrição ao discurso de Vossa Excelência, porque é obrigação do governo, sim, promover o bem-estar de todos que lhe estão jurisdicionados. É obrigação dele impedir que haja desemprego, porque o desemprego é causa de atritos sociais, de tensões sociais, e poderia levar-nos a consequências da maior gravidade — ressaltou Arthur Virgílio. — E se o governo está agora procurando prover esses funcionários, que foram atirados assim ao desemprego, de um momento para o outro, de ocupação, de trabalho, de meios para ganhar a vida, está cumprindo apenas com seu dever, a fim de não criar tensões e crises sociais, que já se esboçam neste país, tendo como um dos fatores precisamente o desemprego que lavra crescente de ano a ano. Milhares de rapazes e de moças, anualmente, são lançados à rua e não encontram mercados de trabalho. Querem trabalhar e não encontram onde, querem colaborar, inclusive para o desenvolvimento e o crescimento do país, e não podem fazê-lo, porque não são absorvidos pela indústria, pelo comércio e já não podem mais ser absorvidos pelos empregos federais, estaduais e municipais. Apenas nesse ponto faria uma restrição ao discurso de Vossa Excelência, reconhecendo, entretanto, que os dados que apresentou ao Senado e à Nação são, em verdade, convincentes — concluiu o parlamentar amazonense.

— Senhor presidente, o esforço que fez o senador Arthur Virgílio para parecer em divergência comigo foi inútil — disse Agripino. — Devo dizer que me sinto muito feliz, embora não surpreendido, com o aparte de Sua Excelência. É o nobre senador um homem do PTB. É a voz que se tem levantado nesta Casa, com maior veemência, em oposição ao governo. Sinto-me feliz, senhor presidente, em ouvir de Sua Excelência a declaração de que os dados que ofereci e os argumentos que expendi convenceram do acerto da providência governamental. Seu gesto não me surpreendeu, porque conheço o nobre senador Arthur Virgílio e sei que Sua Excelência não tem o menor constrangimento em se declarar de acordo com o governo, quando entender que o governo está certo. Em relação à nossa divergência, ela não existe, porque, quando declarei que o governo não tinha obrigação de dar emprego aos servidores de uma empresa que havia falido, eu me referia evidentemente à obrigação legal. Mas, antes, eu acentuara ser dever do governo propiciar o emprego e procurar convergir todo o esforço humano para o desenvolvimento do país. O que sustentei é que, se uma empresa industrial ou comercial vier a falir, como algumas ou muitas têm falido, em São Paulo, não é obrigação do governo dar emprego aos que ficaram sem trabalho, em consequência da falência, mesmo quando a falência fosse determinada ou movida por restrição de crédito violento do governo. No mais, senhor presidente, estamos, eu e o senador Arthur Virgílio, inteiramente de acordo. E muito especialmente de acordo com o propósito do governo de encontrar solução para os 5 mil desempregados da Panair do Brasil. Creio, senhor presidente, que, dentro de algum tempo, o governo poderá dar solução satisfatória ao caso dos desempregados da Panair. E, uma vez que a nação inteira lhe reconhece o acerto da medida adotada, em relação à Panair, em verdade não lhe custa buscar remédios para acudir à extrema penúria em que estão, ou a que podem chegar, os servidores daquela empresa pioneira da navegação aérea do país — sugeriu.
— Com estas palavras, senhor presidente, creio haver-me desincumbido da missão que me foi confiada pelo líder do governo nesta Casa, senador Daniel Krieger, por solicitação do senhor ministro da

Aeronáutica, brigadeiro Eduardo Gomes. E sinto-me deveras satisfeito por ver que o Senado reconhece, unanimemente, o acerto do governo ou, mais do que isto, o aplauso por haver tomado aquela providência.

O que se ouviu em seguida foi uma longa e entusiasmada salva de palmas no Congresso Nacional. A intervenção na Panair do Brasil estava consolidada. Legitimada. Reconhecida pelos mais ilustres representantes do povo. Mais do que a cassação, o que se aplaudiu foi a decisão de liquidar a companhia, agora reduzida a mero objeto de operações criminosas do grupo acionário que adquiriu o seu controle em 1961.

2

A notícia foi veiculada nos principais jornais, revistas, emissoras de rádio e televisão. De certa forma, munida da justificativa de que o fechamento da empresa fez parte de um pacote de limpeza e moralização do capitalismo nacional, iniciado com as intervenções na Comal e na Wasim, a imprensa se acalmou e o assunto deixou de ocupar as manchetes em uma base diária. Na verdade, houve uma reviravolta no posicionamento de parte dos jornalistas, que passaram a atacar ferozmente as atividades de Mario Wallace Simonsen e Celso da Rocha Miranda.

Em paralelo, o cerco já vinha se fechando em outras frentes. Ao pedido de prisão do sócio paulista em 11 de março, requerido pelo promotor Wilson Campelo, da 22ª Vara Criminal da Guanabara, somou-se, no dia 12, a decretação do sequestro de todos os bens do Grupo Simonsen pelo juiz João Luna Magalhães — incluindo não apenas as companhias que o compunham, mas também o patrimônio pessoal do empresário, que tinha terras e propriedades no Brasil, nos Estados Unidos e na Europa.[58]

Paulo Sampaio acompanhou inconformado esse rápido processo. Em pouco mais de um mês, a Panair havia sido destroçada, seus donos tinham sido destituídos dos direitos e, diante das acusações do governo, ele próprio começava a enfrentar a antipatia de alguns antigos funcionários, que agora o associavam à ruína da companhia. Havia adversidade, mas o aviador não se desesperaria. Depois de meditar bastante sobre o assunto, recuperou dados e alinhou todas as informações necessárias para redigir carta refutando uma a uma as acusações. O documento de dezenove páginas, datado de 22 de março de 1965, foi encaminhado ao senador Vasconcellos Torres, político que no passado discutira com propriedade os problemas da aviação comercial no Congresso.

Torres, um estudioso do Direito, reconhecia que os acionistas e diretores jamais haviam tido qualquer chance de se defender, motivo pelo qual, ao receber a correspondência, subiu à tribuna para expor a versão da companhia. Pouco antes de ler o conteúdo perante o Senado, elogiou o pedido de Castello Branco para a abertura de um crédito de 950 mil cruzeiros destinado ao pagamento dos salários atrasados dos empregados da Panair, mas lembrou aos membros da Casa que também as indenizações devidas eram de responsabilidade do governo, nos termos do citado artigo 486 da CLT. O político tinha o apoio do senador Aarão Steinbruch, que acrescentou à lista de solicitações que, "por um elementar dever de cavalheirismo", o presidente da República recebesse as aeromoças há dias acampadas sem qualquer resposta.

"A história da aviação comercial no Brasil está para ser escrita. Pode-se, contudo, dizer que, no dia em que isto for feito, a Panair ocupará nessa obra um capítulo especial", iniciava sua carta Paulo Sampaio. Destacou o engenheiro que a empresa tinha sido pioneira e jamais se contentara com a rotina. Desde a fundação, abrira perspectivas amplas à navegação aérea brasileira, estabelecendo novas linhas e ligando através das asas de seus aviões os diferentes pontos do país, em destaque a distante Amazônia. Considerando os inestimáveis serviços que a companhia prestara com dedicação e patriotismo, era injusto e cruel que agora fosse descartada, difamada e tratada como instrumento de negociatas de capitalistas corruptos e inescrupulosos. O Ministério da Aeronáutica divulgara, ainda que tardiamente, a sua exposição de motivos. Portanto, chegava o momento de fazer uma defesa igualmente agressiva.

Sampaio concordou com a informação do governo de que em 1961, quando a Panair fora adquirida por Mario Simonsen e Celso da Rocha Miranda, suas ações tinham cotação inferior ao valor nominal. Porém, apontou que a justificativa apresentada no discurso do senador João Agripino mostrava ignorância do mecanismo de funcionamento das operações em bolsa. Explicava que "quando se iniciaram as negociações para compra de cerca de 70% dessas ações, que transferia para os adquirentes o domínio acionário da empresa, o seu preço, obedecendo à lei da oferta e da procura, elevou-se imediatamente. Não houve nada de extraordinário nisto. Quem acompanha o movimento da Bolsa de Valores sabe que esse fenômeno repete-se diariamente". Segundo o ex-presidente da Panair, sempre que a ação de uma empresa se achava em baixa e aparecia algum comprador para seus títulos, eles sofriam alta imediata, restabelecendo o equilíbrio e oferecendo margem maior de lucro aos antigos investidores. Acrescentou ainda que não se podia comparar a compra de uma pequena parcela de ações à aquisição do controle acionário de uma companhia inteira.[59]

Quanto à acusação de que o grupo assumira a Panair não para recuperá-la, mas para se recuperar, limitou-se a questionar a vagueza e a contraditoriedade da afirmação. Se o governo insistia em classificá-la como empresa deficitária, insolvente e irrecuperável, já à época da aquisição, qual seria a lógica de aqueles sócios terem investido grandes capitais com o fim de obter lucros fáceis? Além disso, de que eles estariam se recuperando, se, então, ambos comandavam organizações altamente lucrativas? Documentos anexados aos autos da falência da Panair comprovariam que Mario Simonsen e sua Wasim eram, na realidade, credores da aérea em quase 1 milhão de dólares, referentes a aportes feitos para reforçar o capital de giro. Ou seja, ao contrário do que os detratores acusavam, ele jamais subtraiu dinheiro da companhia; só fortaleceu sua posição financeira.

Os informantes do Ministério da Aeronáutica acusavam que quem bancava as operações da falida Panair era o povo brasileiro, porque, segundo João Agripino, quando uma companhia aérea apresentava-se deficitária, o déficit era coberto por subvenções federais. Para Sampaio, aquilo não tinha cabimento. Em primeiro lugar, porque os dados apresentados relativos às dívidas da empresa eram inexatos. Esclarecia o ex-executivo:

> Os déficits acusados nos balanços da empresa não coincidem com as cifras apontadas pelo Ministério da Aeronáutica. Em 1961, o déficit da Panair foi de cerca de 400 milhões de cruzeiros e não de 1 bilhão e 891 milhões de cruzeiros; em 1962, foi de 20 milhões de cruzeiros e não de 3 bilhões; e, em 1963, de 1 bilhão e meio de cruzeiros e não de 6,7 bilhões de cruzeiros. Os balanços correspondentes em que figuram esses dados oficiais da companhia foram aprovados pela Diretoria da Aeronáutica Civil, nas épocas próprias. (...) Devemos, sem dúvida, ao Banco do Brasil, mas isto, é preciso que se diga, não é um privilégio da Panair, mas de todas as empresas de navegação aérea. Os débitos das quatro grandes empresas nacionais são de 23 bilhões e 892 milhões de cruzeiros, dos quais apenas 4 bilhões e 400 milhões cabem à Panair. Grande parte da responsabilidade desse endividamento da indústria do transporte aéreo para com o Banco do Brasil resulta de imprevidência dos governos passados que não quiseram ou não puderam realizar o reajuste das subvenções reclamadas. O reajuste era medida necessária e imprescindível para a sobrevivência das empresas em termos de normalidade, principalmente as subvenções destinadas ao reequipamento e aquisição de sobressalentes. Em 1961, a subvenção de reequipamento foi fixada pelo Governo em 10 milhões de dólares anuais, o que correspondia a um terço dos compromissos anuais gerais da indústria para com os fornecedores estrangeiros. De fato, em 1961, o Governo enviou ao Congresso, e este aprovou em projeto de lei que fixava a subvenção em 3 bilhões e 200 milhões de cruzeiros, ou seja, 10 milhões de dólares a uma taxa de câmbio de 320 cruzeiros por dólar. Pois bem, nos exercícios subsequentes, o dólar continua sua marcha ascendente, até alcançar a taxa de câmbio de Cr$ 1.850, em que hoje se encontra. Contudo, permaneceu inalterada e defasada a subvenção de reequipamento. Os 10 milhões de dólares previstos foram paulatinamente definhando até se reduzirem, no último exercício, a 1 milhão e meio de dólares. Tivesse havido o reajuste necessário dessa sub-

venção, os débitos da Panair e das demais empresas para com o Banco do Brasil não existiriam, nesta data.

O atual ministro da Fazenda, com seu alto tirocínio, reconheceu essa situação. Não podendo corrigi-la, por meio de reajuste das diferenças de subvenção, aprovou um plano de recuperação elaborado pela indústria, posteriormente aprovado pelo Excelentíssimo Senhor Presidente da República, e no qual se prevê um empréstimo às empresas no montante de 26 bilhões de cruzeiros, parte dos quais se destinariam ao pagamento das dívidas das empresas, acumuladas no Banco do Brasil. Os dados acima enumerados revelam, senhor senador, a exata posição econômica e financeira da Panair do Brasil, bastante diferente daquela que se procura insinuar para justificar a medida discriminatória que a levou à falência.

A alegação de que as companhias aéreas recebiam subvenções federais sempre que se encontravam deficitárias era igualmente falsa. Tal procedimento ocorria na França, Alemanha, Inglaterra e Argentina, mas não no Brasil. Aqui, a legislação previa a subvenção exclusivamente para o pagamento de serviços prestados ou a ajuda de reequipamentos, não em razão do déficit, mas da quilometragem voada. Salientava o aviador que a Panair recebera em 1963 subvenção que correspondia apenas a 15% de sua receita geral e que jamais pedira qualquer tipo de ajuda especial. Surpreendia-se ao ter que revisitar a questão; os esclarecimentos já haviam sido prestados no mandado de segurança impetrado ao Supremo Tribunal Federal:

(...) O total das subvenções pagas à PANAIR, anualmente, não excedia a 15% de sua receita geral. Isto esclarecido, tem-se logo a certeza de que, ao contrário do que se possa supor, a empresa não era estipendiada pelos cofres públicos, pois 85% de sua receita provinha de sua atividade comercial produtiva. Aliás, naquela mesma proporção, e até maior, era a subvenção legalmente prestada pelo Governo às demais empresas.

Esclareça-se que as subvenções jamais representaram, no sistema legal que as disciplina (Lei nº 4.200), um donativo, uma dádiva, do Poder Público. Eram e são, as subvenções, o pagamento por serviços prestados. No que concerne às linhas domésticas, o Governo sendo levado à adoção de tarifas deficitárias para atender ao reduzido poder aquisitivo do usuário, compensa o sacrifício imposto às companhias com subvenção por quilômetro voado. Procura, com as subvenções, completar o justo preço da passagem. Nas linhas internacionais o Governo tendo interesse, por questão de prestígio e de divisas, em que o nosso país compita com as poderosas organizações aéreas de outros países, institui a subvenção, principalmente, para corrigir flutuações de tráfego, nos períodos chamados *off season*.

No caso da PANAIR, a subvenção internacional recebida em 1963 (cerca de Cr$ 550.000.000), propiciou uma retenção de divisas, também em 1963, de mais de 10 milhões de dólares. Beneficiou-se, assim, a economia do país em 10 milhões de dólares de divisas, pagando-se por esse extraordinário serviço a módica comissão de 550 milhões de cruzeiros, ou seja, menos de 3%.

(...) basta responder com o fato positivo de que na falência o Banco do Brasil se habilitou com créditos apenas no valor de 4 bilhões. Aquele montante do dobro da receita anual, de dez vezes os auxílios financeiros e subvenções, do total de quantos em auxílios e subvenções se concedeu a todas as empresas, quando chegou a hora de concretizar-se, não passou de 4 bilhões! Onde a verdade? Nas afirmações fantasiosas da informação, ou na objetividade irretorquível dos créditos oficiais habilitados no processo falimentar?

Cabia ainda responder às acusações sobre os seguros da empresa, que lhe eram inéditas. Segundo as fontes do governo, ao entregar os seguros da Panair a uma firma de seu grupo, Celso da Rocha Miranda tentara obter lucros ilícitos, mediante a majoração de taxas. Contudo, Paulo Sampaio lembrou que a Ajax, que cuidava das apólices dos aviões da Panair, era a mesma instituição que administrava os contratos do Loide Aéreo, da Vasp e da Varig, os desta nos anos de 1961 e 1962. Argumentava, assim, que a escolha não se baseara em favoritismo, mas na reconhecida capacidade da firma. Além disso, atentou que os seguros de aviões no Brasil não tinham suas taxas fixadas pelos corretores ou seguradoras brasileiras, mas pelo Instituto de Resseguros do Brasil, órgão do governo, "que por sua vez vai buscá-las no exterior, tendo em vista o fato de que ali se colocam 99% das responsabilidades. Não tem, portanto, a Panair, seu corretor, ou a companhia brasileira que contrata os seguros, a menor participação ou ingerência nos critérios que determinam a fixação daquelas taxas", esclarecia em sua carta.

Era fato que a taxa dos DC-7 e dos Constellations, para o período de 1961-1962, tinha sido de 4,625% e 7,5%, respectivamente, e que no período seguinte elas subiram para 6 e 8,87%. Mas o engenheiro apresentou justificativa totalmente diferente à citada no discurso de Agripino. A diretoria da Panair optara por reduzir os valores dos seguros daqueles aviões entre 1962 e 1963 a fim de ajustá-los ao valor real do mercado, o que dentro da lógica da operação implicava aumento de taxa, sobretudo quando o mercado internacional de seguros encontrava-se em situação estável, como era o caso. Porém, o que precisava ser considerado pelas fontes do governo é que, depois do reajuste dos valores, o prêmio final baixou. Logo, não havia como tirar de lá lucros ilícitos.[60] Continuava:

> Em 1961, os DC-7 estavam segurados em US$ 850.000,00 e os Constellations em US$ 150.000,00. Em 1962, essas importâncias foram reduzidas para US$ 600.000,00 e US$ 120.000,00, respectivamente. Se considerarmos, para simples efeito de comparação, que o número de aeronaves DC-7 e Constellations, o objeto do seguro foi o mesmo, em 1961/62 e 1962/63, encontraremos uma diferença, a favor da Panair, mesmo às novas taxas de US$ 3.312,50 para cada DC-7 e de US$ 606,00 para cada Constellation. Isto significa uma economia total de US$ 13.250,00 para os seguros dos primeiros e de US$ 6.666,00 para os segundos.

A única entidade que lucrou com os novos valores dos seguros dos DC-7 e Constellation, em 1962, mostravam os documentos, foi a Panair. E a economia se estendeu ao período de 1963/64, quando os prêmios baixaram novamente, algo que também foi omitido no discurso de Agripino. Revelava Sampaio que a companhia pagara US$ 128.690,57 — quase a metade do que lhe tinham custado os prêmios dos seguros daquelas aeronaves em 1962 —, não só por força de sua política de seguro, mas também por sua orientação na operação deflacionária dos aviões em questão.

Sobre as taxas atribuídas aos aviões a jato Caravelle e DC-8, comentava o ex-executivo que os números batiam. Porém, o seguro dos DC-8 já havia sido contratado pela antiga administração e por meio de outro corretor. Sob o grupo Rocha Miranda-Simonsen, entre os anos de 1963 e 1964, elas baixaram, tendência que continuaria entre 1964 e 1965. A acusação simplesmente não cabia. Da mesma forma, apesar de verdadeira a informação de que a Panair pagara taxas superiores às da Varig, que operava equipamentos semelhantes, o governo não levou em consideração em sua exposição que a empresa gaúcha já vinha operando jatos dois anos antes da concorrente fechada. Omitiu-se no discurso do Senado que a diferença entre os valores, em 1964, já havia caído e até mesmo sido ultrapassada, uma vez que o DC-8 da Panair era cotado a 4,35%, enquanto a Varig pagava 4,39% pela taxa do Boeing 707.[61]

Prosseguindo em sua defesa, Sampaio contestou também as alegações do senador João Agripino de que as taxas da frota da Panair tivessem baixado por força da "Revolução". Lembrou que no dia 11 de março de 1964, diante de uma queda internacional nos valores dos seguros, a Panair se apressara em propor ao IRB o cancelamento de todas as suas apólices, visando renová-las por causa da economia de prêmios que seria verificada. Mas em decorrência de uma greve no serviço postal de Londres, o IRB só confirmaria as taxas, anteriormente justadas, a partir de 1º de abril de 1964. Portanto, apontou, a tendência da queda já vinha sendo sentida internacionalmente. Ele citou artigo de uma publicação inglesa de credibilidade para comprovar sua explicação, o qual informava que 1964 surgia "como o mais fraco destes últimos anos, não tanto em consequência de grandes sinistros, mas em consequência de redução de taxas". De acordo com a revista, quando se iniciou o transporte em aviões a jato em larga escala, em 1958, os seguradores passaram a cobrar taxas relativamente altas para cobrir as perdas que surgiriam enquanto as empresas aéreas treinassem suas tripulações e pessoal de terra, abrindo novas rotas. Tais taxas cairiam anos depois, quando muitas companhias, que não estavam dispostas a pagar os elevados preços cobrados no mercado, decidiram que era mais barato correr seu próprio risco.

3

Sampaio escrevia com segurança, pois os dados que utilizava desafiavam contestações. Estava disposto a tudo para resistir àquilo que julgava ser uma grande arbitrariedade e a restaurar a Panair em seu lugar de direito: os céus do Brasil e do mundo. Sua determinação, no entanto, às vezes dava lugar a certo pessimismo. O aviador pensava em todas as ilegalidades até então cometidas contra a companhia e na facilidade com que os mais diversos agentes as tinham conseguido praticar. De certa forma, talvez não acreditasse genuinamente que um pedaço de papel repleto de argumentos, endereçado a um importante parlamentar, viesse produzir efeitos significativos.

Um poder oculto rondava os hangares da Panair, seus tentáculos chegavam ao Ministério da Aeronáutica, à 6ª Vara Cível, ao Supremo Tribunal Federal e, agora, ao Senado. Esse poder não tinha rosto, não tinha mãos, mas sua força crescia, silenciando e infligindo dor. Estava acima dos homens, acima da sociedade, acima até da constitucionalidade. Que chances teriam as palavras para confrontá-lo, se nem as mortes, as greves de fome, as campanhas, as moças acampadas nas Laranjeiras tinham conseguido detê-lo?

Por outro lado, que alternativas restavam? O aviador precisava policiar os pensamentos e nutrir a esperança, sua única arma. Se não lutasse, quem o faria? A Panair do Brasil era ele; ele era o paradigma da Panair. Ele a tinha feito, desenvolvido, amado. Não poderia ceder ao medo ou desistir. Cinco mil famílias contavam com o seu discernimento. Tinha que se revigorar. Repetiria essa reflexão sempre que voltasse a hesitar.

As autoridades, na voz do senador João Agripino, também acusavam a existência de irregularidades no contrato de arrendamento de um DC-8 à Pan American. Nova surpresa. A Panair não havia arrendado a aeronave, mas comprado com a licença do ministro da Aeronáutica da época, que aprovara parecer do grupo de trabalho constituído em caráter permanente para opinar sobre a conveniência, necessidade, utilização e preços dos aviões. Além disso, a companhia não realizara a compra com dólares do Banco do Brasil. Explicou:

> O que ocorre em tais casos, com relação a todas as empresas de aviação comercial brasileiras, é coisa muito diferente do que se pretendeu fazer supor. Decisão do Conselho da Sumoc, datada de 1959, estabelece que as empresas que se reequipam — com aprovação do órgão governamental próprio — têm, todas elas, direito a efetuar as remessas para pagamento no exterior mediante o desembolso de 10% à vista e o restante em 48 parcelas mensais. Não recebeu, assim, a empresa dólares, como pode parecer pelo que foi afirmado. Recebeu sim, como as demais, e legitimamente, uma ajuda indireta e oficial do Governo.

As denúncias eram maliciosas e, invariavelmente, improcedentes. Na mesma linha, levantaram-se suspeitas sobre remessas feitas à Pan American para pagamento do débito encontrado na Panair. O ex-executivo indignava-se; a operação fora aprovada pelo Conselho da Sumoc em 1962, quando era seu diretor executivo Octávio Gouveia de Bulhões, ministro da Fazenda do governo Castello Branco. E o financiamento então concedido fora feito nas mesmas bases do deferido a reequipamento, ou seja, 10% no ato e o restante em 48 prestações mensais. Tudo previsto na Resolução do Conselho da Sumoc de 11 de dezembro de 1962.

Sampaio percebeu que a "informação" tentava, a todo momento, urdir negociatas. Em tom de escândalo, a Panair foi acusada ainda de alugar um avião à companhia aérea portuguesa TAP. Era de conhecimento geral que não se tratava de aluguel e sim fretamento de voo, com tripulações brasileiras, com qualquer dos três DC-8, para uma viagem semanal a Luanda. Por meio daquela operação, a transportadora nacional aproveitava horas ociosas de sua frota e ganhava 75 mil dólares por voo. Um negócio magnífico, totalmente regular. Irregular — e isto convenientemente não foi mencionado

— fora a atuação da Varig em 1961, quando, após comprar aviões com financiamento do governo brasileiro, fez precisamente o que Agripino condenava em seu discurso: alugou-os à El Al, de Israel, para serem operados, inclusive, com tripulações israelenses.[62]

Diferentemente do que se denunciou, também não se beneficiara a Panair com a venda de bilhetes utilizados em outras empresas. Quando a companhia vendia passagens que eram honradas por congêneres, havia a compensação por reembolso por meio da Câmara de Compensação (voos domésticos) e do Clearing House da Iata (internacionais). E a posição da Panair, normalmente, era de credora. No Clearing House, lançavam-se não apenas os bilhetes endossados, como diversos débitos correspondentes a serviços que a brasileira recebia em vários aeroportos europeus, como despacho, carga e descarga e manutenção — tudo pago regularmente. Os autos comprovariam que a cobrança feita pela Iata, após a abertura da falência, nada mais foi do que o reflexo da cassação das linhas e a possível descarga de vencimentos antecipados pela dissolução da companhia. Já na Câmara de Compensação nacional, a posição da Panair em 1964 foi, realmente, de devedora. Contudo, atrasos nos pagamentos, quando aconteceram, não passaram de poucos dias. Sampaio explicou de forma transparente o motivo do débito: três aeronaves Caravelle tinham sofrido incidentes e precisaram ser tiradas de operação temporariamente para a realização de reparos. Por conta disso, a Panair providenciou reacomodações em voos de congêneres.[63]

Na obstinação do governo em encontrar falcatruas, alegou-se também que a Panair efetuara pagamentos preferenciais à Pan American visando acautelar as responsabilidades de sua avalista, a Wasim, de Mario Simonsen. O engenheiro refutava:

> Tanto é exato que antes do contrato a que se referem as informações prestadas ao ilustre senador udenista ser devidamente registrado na Sumoc — o que permitiria à Panair fazer as remessas para pagamento da dívida —, esteve em atraso durante cerca de doze meses, sendo nesse período os débitos liquidados pontual e diretamente por Wasim, como avalista. Esta é que é a verdade.

Sobre esse fato de a Panair pagar comissões às entidades avalistas, Paulo Sampaio não sabia onde estava a irregularidade. Aquela era uma prática corriqueira nos meios bancários de todo o mundo. Mencionava ele que, no Brasil, o BNDE cobrava comissão até pelos avais que prestava em nome do Tesouro Nacional.[64] A garantia oferecida pela Wasim Societé Financiene — Géneve, um estabelecimento bancário suíço, no ato da aquisição da Panair, em 1961, foi assumida mediante comissão de 2%, como era a praxe no setor, dentro e fora do Brasil. Já a garantia oferecida solidariamente pelos dois acionistas, individualmente, foi gratuita: eles jamais cobraram comissão alguma. E a paga à Mario Wallace Simonsen & Sons Trust, também regular, era conhecida pelas autoridades brasileiras e da DAC. Este aval referia-se ao contrato de compra de uma aeronave DC-8, de matrícula PP-PEF.

O ex-executivo indignava-se com as suspeições sobre a suposta relação entre a Comal, destroçada meses antes, e a Panair. "É natural, embora não nos pareça ético, que se lance mão de semelhante recurso, quando é evidente o propósito de embaralhar as coisas com o objetivo exclusivo de se confundir a verdade", desabafava. Pacientemente, ele explicou que a Panair nunca negociara com a Comal. Se o fato de Mario Simonsen ser acionista das duas firmas pudesse despertar dúvidas, elas estariam dissipadas pela fiscalização rigorosa feita na contabilidade da aérea, por comissão constituída para todas as empresas, sob a presidência do brigadeiro Oswaldo Balloussier, que nada acusara a respeito.

A segurança operacional, o patrimônio maior da Panair ao longo de seus 35 anos de atividades, a proteção ao voo estendida a todos os aviões em viagens no Atlântico Sul, os procedimentos de manutenção executados em suas oficinas e hangares — tudo isso era agora posto em xeque. Agripino alegava que o descalabro era tão grande, que a intervenção seria um péssimo negócio. As ações das próprias autoridades, no entanto, desmentiam sua "informação": bastava lembrar que, imediatamente, após a cassação das linhas, os militares ocuparam e determinaram a continuidade dos serviços de meteorologia e comunicações, além da Celma, situação que ainda perdurava. Ou seja, não apenas a companhia manteve até o final seu alto padrão de segurança, como dava suporte essencial e único à aviação civil e militar no continente.

Para atestar que as operações da Panair estavam comprometidas pela suposta insolvência, o governo usava como evidência o fato de algumas aeronaves ficarem em solo. Sampaio contra-argumentou, explicando a diferença entre os conceitos de frota total e frota operacional. Esclareceu que todas as empresas aéreas — e até a FAB — possuíam aviões em operação e aviões parados, e apontou que a Panair jamais deixara sua frota aquém das necessidades da malha. Acontece que quando chegaram os modernos Caravelle, em 1962, parte das linhas até então operadas pelos Constellations passou a ser coberta com os novos aviões. Na data da cassação, a companhia só precisava de quatro Constellations para realizar seus voos, embora possuísse dez desses equipamentos. As unidades, adquiridas em 1946, já eram obsoletas e estavam inteiramente amortizadas nos livros da empresa. Pela dificuldade de se encontrarem peças no mercado, a Panair simplesmente optou por desativar alguns Constellations e utilizar seus componentes para reposição.

Os cinco Catalinas, por sua vez, nunca deixaram de voar, mesmo diante das dificuldades naturais da Amazônia e do suprimento de peças. Tanto era verdade que, dois dias após a interrupção dos serviços, foi decretado estado de calamidade pública em toda a vasta região, onde a empresa servia a 43 cidades, carentes de qualquer outro sistema eficiente de comunicação. Sampaio fazia o seguinte questionamento: por que se estranhava que alguns dos aviões permanecessem no solo, quando isso acontecia com todas as empresas de aviação? Defendia o ex-executivo que se a companhia mantinha aeronaves paradas por falta de sobressalentes, tal fato deveria ser usado como evidência de sua preocupação com a segurança de voo e não o contrário.

Foi longa a lista de acusações. Mas eram elas, realmente, dirigidas à Panair do Brasil? Ao estudá-las, e, depois, enquanto preparava os esclarecimentos, o engenheiro sentiu que, em toda e qualquer oportunidade, tentava-se atacar a honorabilidade e a índole dos acionistas e dos membros da gestão. Para ele, ficou evidente que o que estava em jogo não era a situação econômico-financeira da empresa, ou os seus reflexos na segurança de voo. O ataque era dirigido a pessoas físicas, não à pessoa jurídica. E, no processo, as autoridades não hesitaram em pegar desprevenidas e condenar ao desemprego 5 mil famílias.

A carta foi lida perante os ilustres senadores e publicada no *Diário do Congresso Nacional*. Porém, não surtiria efeito. Isso porque três dias mais tarde o ministro da Aeronáutica incumbiria o coronel-aviador Guido Jorge Moassab, chefe de Relações Públicas daquele órgão, de encaminhar nova documentação ao senador Vasconcellos Torres, que alinhava cifras ainda mais desalentadoras em relação aos débitos da Panair. Por outro lado, o próprio Eduardo Gomes se daria o trabalho de compilar documentos contra o grupo Rocha Miranda-Simonsen.*

4

Simonsen acompanhou tudo da Europa, onde morava desde fins de 1963, sendo informado por Rocha Miranda e Sampaio dos desdobramentos da liquidação de sua companhia aérea. Mas, bastante reservado, em momento algum se pronunciou à imprensa sobre o assunto, e, mesmo em casa, pouco comentou. Às pessoas próximas, jamais confidenciou queixas ou verbalizou palavras ásperas sobre os detratores. Durante toda a crise, diziam os mais íntimos, tudo o que pediu foi tranquilidade e fé. "A verdade vai aparecer", habituou-se a repetir para os filhos. No entanto, deprimido pela morte da esposa, que acontecera em Paris cinco meses antes, e pelo cerco à Comal, à Wasim e, agora, à Panair, o próprio empresário, sempre descrito pelos conhecidos como um otimista, já não demonstrava mais muita disposição para lutar.

---

* Ver Apêndices V e VI: Documentação de Eduardo Gomes e Carta de Guido Jorge Moassab a Vasconcellos Torres (29/03/1965).

No dia 22 de março, mesma data em que Sampaio escreveu para o senador Torres, Simonsen foi surpreendido por um ataque em seu próprio lar. Pela manhã, assim que acordou, recebeu na casa em que residia em Orgeval, perto de Paris, um envelope pardo entregue de forma misteriosa, sem indicação de remetente. Ao abri-lo, encontrou vários recortes de jornais. Todos os textos que estavam ali o atacavam e às suas empresas.

Naturalmente, perturbou-se. Pegou alguns objetos pessoais e documentos e saiu com a correspondência nas mãos, desaparecendo sem deixar vestígios. A filha, Marylou, e o genro, o conde italiano Carlo Notarbartolo di Villarosa, que estavam hospedados com ele na propriedade campestre Le Pre Carre, número 78, acionaram os contatos que puderam para tentar descobrir seu paradeiro. Não conseguiram.

Foi somente no fim do dia, quando a família já estava bastante aflita, que o patriarca voltou.

— Tomei um avião e fui para Pelham — explicou Simonsen à filha.* — Precisei sumir um pouco para pensar, sozinho, se eu era esse homem que eles estão mostrando nos jornais.

A jovem de 22 anos de idade, agora aliviada com o retorno do pai, aproximou-se.

— Eu queria lhe dizer que não sou — continuou ele. — Estou com a consciência tranquila. Quero que você saiba e também conte para seus irmãos que tudo o que eu fiz foi de acordo com meus valores e sempre pensando no bem do Brasil.

Ela se revoltou ao examinar o conteúdo dos recortes.

— Veja o que estão fazendo com o senhor! Eu não quero nunca mais pisar no Brasil — desabafou. — Eu odeio o Brasil!

O empresário sorriu. Abraçou-a longamente. Depois, sentou-a no colo e disse:

---

* Pelham Place é uma propriedade localizada no distrito de East Hampshire, a cerca de 90 quilômetros de Londres, e consiste num casarão do final do século XVIII e jardins, sobre um terreno de 28 hectares. Mario Simonsen adquiriu o conjunto em 1961. O local passou a ser residência da família sempre que viajava à Inglaterra.

— Minha filha, lembre-se: os homens passam, mas o Brasil fica. Se você deixar o ódio entrar no seu coração, começará a sua destruição. Será o princípio do seu fim. Você tem que cultivar o amor, e o amor pelo seu país. Nunca se esqueça de que você é brasileira.

Tomada pela raiva, a moça ainda tentou contra-argumentar, sem sucesso. Foram dormir.

No dia seguinte, Marylou acordou mais cedo que o habitual. Preocupada pelo estresse com que o pai sofria, decidiu lhe fazer uma surpresa: iria acompanhá-lo até o escritório em Paris. Dali, almoçariam juntos e, no fim da tarde, voltariam para casa, para ele espairecer com as netas Laura e Francesca. Naquela época, parecia que apenas as meninas tinham o poder de lhe arrancar algumas risadas.

Mas ele não desceria para o desjejum. Ao procurá-lo em seu quarto, Marylou o achou desacordado e sem sinais de que respirasse.

Voou pelas escadas. Lá embaixo, contou ao marido o que viu.

— Acho que papai desmaiou.

Marylou sabia que a realidade era outra. Mas a cena que encontrou no andar de cima foi grande demais para que conseguisse processar, para que pudesse aceitar.

O conde acionou a emergência pelo telefone e a ajuda veio rápido. Contudo, em questão de minutos os médicos estavam prontos para transmitir as más notícias ao casal: Mario Wallace Simonsen, 56 anos, havia falecido, vítima de um colapso cardíaco.[65]

V
A turbulência

1

A notícia da morte de Mario Simonsen impactou Celso da Rocha Miranda duramente. Os dois eram sócios na Panair, mas, mais do que isso, amigos de longa data. Gostavam-se com sinceridade, convergiam nas visões filosóficas e valores humanos, tinham ideais afins para o desenvolvimento do Brasil. Na catástrofe da empresa aérea, apoiavam-se mutuamente contra os golpes que sofriam. Agora, Rocha Miranda precisaria segurar o rojão sozinho. Juridicamente, isso significava assumir uma nova responsabilidade: no processo da falência, teria que honrar individualmente o pesado aval assumido junto à Pan American no ato da aquisição da companhia brasileira, em 1961, compromisso que representava milhões de dólares.[66]

Os jornais mais relevantes noticiaram o falecimento do sócio. No dia 24 de março, o *Correio da Manhã* publicou: "Tendo perdido sua esposa há cinco meses e constatando que, apesar de tudo, a campanha contra ele em seu país prosseguia, não poupando nada, o sr. Mario Simonsen passou a viver um período de profundo constrangimento, terminando com o enfarte que o vitimou." O *Diário Carioca* circulou com o forte título: "Simonsen morre esmagado sob os escombros do império que criou."

Os funcionários da TV Excelsior de São Paulo (Canal 9) e do Rio de Janeiro (Canal 2), que acompanharam o cerco ao fundador da emissora, compraram espaços em diários de circulação nacional, onde publicaram uma nota de pesar. Nela, lia-se: "Ao reverenciarmos sua memória no único instante de paz que pôde ter em meses de desassossego e desamor, prestamos-lhe nosso preito de saudade." O desaparecimento do empresário, entendiam eles, poria fim a uma história de lutas concorrenciais e políticas iniciadas no começo da década, disputas determinantes para a derrocada final do grupo em 1965.

A origem dos problemas remontava a cinco anos antes. Na época, se a criação da Excelsior e a aquisição da Panair serviram de atestado da capacidade inovadora de Simonsen, seu empreendedorismo e sua resiliência a desafios, as mesmas características não podiam ser atribuídas ao próprio Brasil, um país antiquado, ainda limitado à vocação agroexportadora, com uma indústria muito incipiente e uma população urbana quase totalmente dependente da importação de bens manufaturados. O setor cafeeiro, que respondia por dois terços das divisas cambiais, cambaleava. Para se ter uma ideia da gravidade da crise que se apresentava no horizonte, a safra paranaense de 1959 para 1960 produzira, sozinha, 17 milhões de sacas, para um consumo mundial de cerca de 40 milhões. A superprodução nacional e o acirramento da concorrência externa provocaram uma baixa acentuada dos preços da *commodity* no mercado global, de modo que o Paraná só conseguiu vender 1,8 milhão de sacas aos estrangeiros — ou seja, 10% do que colheu.

A situação fez acender o alerta vermelho na recém-inaugurada Brasília. Para manter o equilíbrio econômico e proteger os produtores, o governo federal, amparado em regulamentação vigente,* indicou firmas privadas nacionais para realizar intervenções no setor. Por ordem da Comissão Executiva de Assistência à Cafeicultura (Ceac) e com a aprovação da Sumoc, o Instituto Brasileiro do Café

---

* O Decreto nº 41.925, de 29 de julho de 1957, aprovou o regimento da Comissão Executiva, entre cujas funções estava a promoção de operações de compra e venda de café para defesa do mercado.

(IBC), autarquia vinculada ao Ministério da Indústria e do Comércio que executava a política cafeeira, nomeou a Comal, de Mario Simonsen, interventora no mercado paranaense, para adquirir os excedentes de produção. À concorrente Almeida Prado S.A. foi confiada a mesma missão em São Paulo, Goiás, Mato Grosso e no Porto de Santos. A Marcelino Martins Filho, em Minas Gerais e Rio de Janeiro. A Djalma Boechar interveio só em Minas Gerais e a Jabour, no Espírito Santo. Atuando em seus nichos, cada uma passou a vender os cafés do governo a prazo, que seriam pagos ao IBC por meio do resgate das letras aceitas pelo comprador.

A Comal era a mais estruturada das empresas. Diferentemente das congêneres, que somente atuavam a partir do país, a exportadora de Simonsen já funcionava de forma semelhante às multinacionais do primeiro mundo. Por meio de suas então recém-abertas coligadas Wasim Societé Financiene, de Genebra, e Wasim International, Inc., de Nova York, tinha acesso não apenas a todos os mercados mais relevantes, como, quando necessário, a financiamentos com bancos estrangeiros a juros mais baixos que os cobrados no Brasil.

A intervenção corria dentro das condições previstas, quando, paralelamente, o empresário resolveu colocar em ação um plano para expandir o alcance de suas firmas e a influência brasileira no comércio global. Em 1962, surpreendeu o mercado alemão, um dos grandes consumidores de café do mundo e uma porta de entrada para o leste europeu, ao adquirir por 6,5 milhões de marcos a maior torrefação daquele país, a Nörenberg, de Hamburgo, que possuía uma rede de 116 lojas.[67] A compra, realizada por meio da americana United Milk Products Corp., subsidiária do grupo sediada em Cleveland (Estados Unidos), representou sua primeira incursão junto ao consumidor final. Os varejistas internacionais não gostaram nada do avanço: com a vantagem de ser um dos maiores exportadores do Brasil, país responsável por 75% da produção mundial de café, Simonsen passaria a atuar em todas as etapas da comercialização do grão.[68]

No ano seguinte, 1963, ele entrou novamente no caminho dos estrangeiros. Enquanto o governo brasileiro contabilizava as estatísticas de exportação previstas para aquele exercício, as autoridades constataram que, pelo ritmo das vendas, o país não conseguiria preencher a cota que lhe fora fixada no Acordo Internacional do Café de 1962. A conclusão implicava uma perspectiva desalentadora: se, de fato, o Brasil não a atingisse, consequentemente perderia participação em 1964, já que diversos exportadores da África, bem-sucedidos no cumprimento de suas próprias cotas, passavam a reivindicar parcelas maiores do mercado.

Havia o temor generalizado de um agravamento da crise. Em busca de soluções, o IBC abriu consulta junto às firmas nacionais e, após analisar todas as propostas, escolheu a Comal para vender 1,25 milhão de sacas em sessenta dias — o necessário ao cumprimento do compromisso federal assumido internacionalmente. O desafio era extraordinário, visto que, em suas operações mensais, a empresa costumava movimentar volume bem menor, de cerca de 120 mil sacas. Ainda assim, Simonsen foi capaz de entabular negócios dentro do prazo previsto e, com isso, garantiu, pela primeira vez na história, o preenchimento da cota brasileira de exportação de café. As nações que esperavam abocanhar mais espaço no comércio exterior ficaram, talvez literalmente, a ver navios carregados de grãos do Brasil.

Tudo parecia transcorrer bem, quando, ainda no primeiro semestre, começaram a aparecer na imprensa notícias de que a Comal e a Wasim teriam realizado transações irregulares com os cafés do IBC. Sob a alegação de que recebera queixas de importadores nos Estados Unidos, que teriam acusado o Grupo Simonsen de vender o grão abaixo dos preços do mercado, no chamado "câmbio português", o deputado Herbert Levy, da UDN de São Paulo, passou a questionar publicamente a idoneidade dos negócios das empresas e de seu dirigente.

O grupo já havia exportado 750 mil sacas dessa operação especial, restando um lote de 500 mil, já liberado pela Carteira de Câmbio do Banco do Brasil e comprado pela Wasim International, Inc., de Nova York, com saques por liquidar referentes a contratos de câmbio com o BB no valor de US$ 23 milhões. Acusando a organização de apropriar-se indevidamente desses cafés e desse montante, o deputado transformou o assunto em denúncia no Ministério Público. Em seguida, no dia 4 de junho, conseguiu aprovar na Câmara a constituição de uma Comissão Parlamentar de Inquérito "para apurar diversos fatos relativos ao café".* O efeito quase imediato da ação foi o enquadramento de Simonsen num contexto de escândalo com desdobramentos internacionais.

À CPI, cujos trabalhos estenderam-se por oito meses,** foram convocados para depor o próprio Mario Simonsen, Cleomar Gonçalves, diretor da Comal, Max Rechulsky, diretor da Wasim suíça, e Saulo Ramos, advogado do escritório Vicente Rao — agora contratado como diretor jurídico do grupo, um estratagema para assegurar seu acesso irrestrito à sala dos interrogatórios. Também foram chamados o presidente do IBC, senador Nelson Maculan, e o diretor da Carteira de Câmbio do Banco do Brasil, o economista Eleutério Proença de Gouveia. Com a devida cobertura da imprensa, Levy, relator da comissão, cujo papel era ouvir testemunhos, coletar dados e apurar informações, apareceu em cena com quatorze denúncias prontas contra o grupo, acusando também os representantes da autarquia e da instituição bancária de participar de esquemas de corrupção.[69]

— Terá esta CPI oportunidade de conhecer em toda a sua extensão a interferência de uma firma na administração da autarquia cafeeira e como esta passou quase cegamente a servir os seus interesses, ainda que contrariando os da economia cafeeira do Brasil, interferência que se estendeu ao próprio Banco do Brasil. Não há notícia de precedentes dessa natureza na história administrativa do país — atacou o deputado. — A observação que se impõe é a de que sobra dinheiro ao grupo para comprar estações de televisão, empresas de

---

* A Resolução da Câmara dos Deputados nº 24, de 4 de junho de 1963, criou a Comissão Parlamentar de Inquérito "para apurar diversos fatos relativos ao café". Foram designados para os trabalhos os deputados José Alkmin, Pacheco e Chaves, Renato Calidônio, Rogê Ferreira, Herbert Levy, Newton Carneiro e Cantídio Sampaio e, como suplentes, Amaral Furlan, Paulo Macarini, Raimundo Padilha e Emanuel Waissmann.
** A CPI encerrou os trabalhos em 4 de maio de 1964, um mês após o golpe civil-militar que depôs o presidente João Goulart.

aviação, órgãos de imprensa, agências telegráficas e todo o impressionante elenco internacional que tem os característicos de um poderoso *trust*, como se verifica da leitura do relatório do deputado Cantídio Sampaio, mas falta para pagar os débitos das companhias de armazéns gerais e para restituir o numerário pertencente ao IBC, por tão longo tempo e em tão grande volume retido indevidamente.

Os jornais foram para cima dos acusados, numa campanha desmoralizadora sem precedentes na história empresarial brasileira. Sob a manchete: "Clamor do povo ante o escândalo do café", o *A Noite*, dirigido por Eurico de Oliveira, atacou: "O apoio oficial reiterado, conferido ao grupo inescrupuloso da Comal que, há mais de dois anos, frauda, subtrai, espolia o Banco do Brasil e o Instituto Brasileiro do Café — como se evidencia no relatório do deputado Herbert Levy — é acontecimento espantoso, sem analogia na longa existência de nossa vida governamental." Depois, apareceu ainda com o título "Comal acusada do maior escândalo da República". "A fim de tirar o maior proveito do sistema, pôs a Comal no exterior firmas que têm passado por importadoras da rubiácea por ela exportada", criticou.

Em depoimento prestado no dia 10 de setembro de 1963, Mario Simonsen, ao ser indagado por Levy sobre a quantidade de dólares que havia recebido do Banco do Brasil, respondeu:

— Não recebi nenhum centavo. Ao contrário disso, facilitei àquele banco 30 milhões de dólares, para ressarcimento numa transação de café.

O *Última Hora*, que cobriu a sessão, publicou que a resposta "deixou o sr. Levy verdadeiramente indignado, a ponto de vociferar que ia pedir a convocação do ex-ministro Walter Moreira Sales, autor da informação de que o Grupo Simonsen havia feito um grande levantamento em dólares no Banco do Brasil".

Simonsen, a essa altura, sentia que as pressões que vinha sofrendo tinham origem fora, e não dentro do Brasil.[70] Na CPI, destacou:

— Eu sei como trabalhar em matéria de café e o mecanismo comercial da minha empresa está à disposição de quaisquer brasileiros que queiram conhecê-lo. Mas só dos brasileiros.[71]

Paulo Francis, do mesmo *Última Hora*, denunciou:

> Onde se leu "Herbert Levy acusa a Comal", leia-se "Grupo Moreira Salles" acusa "Grupo Simonsen". Onde se leu "Grupo Moreira Salles", leia-se "Grupo Rockefeller". Todo mundo sabe disso e ninguém diz. (...) A campanha contra a Comal, movida ostensivamente pelo deputado Herbert Levy com o concurso de jornais ibadianos, é obra do Grupo Rockefeller, através de Walter Moreira Salles.[72] O Grupo Simonsen (dono da Comal) vem prejudicando, pela competição inteligente, o quase monopólio de exportação de café do Grupo Rockefeller. Diz-se até que David Rockefeller (do Chase Manhattan) estaria no Brasil para incentivar a campanha.[73]

Vicente Rao, ex-ministro da Justiça e Negócios Interiores, e advogado contratado pelo grupo, apresentou perante a comissão 499 documentos enviados pela Comal, além de 22 fotocópias autenticadas dos *warrants* mencionados por Levy em suas acusações. De posse de certidão assinada pelos peritos Vicente Chieregatti e Paulo Argimiro da Silveira, assistente técnico da diretoria e perito criminal do Instituto de Polícia Técnica de São Paulo, especializados em exames de reproduções, o jurista comprovou perante os deputados que cópias falsificadas tinham sido usadas para subsidiar as denúncias. Em seguida, pediu aos membros da CPI o confronto das versões.

— Baseando-nos, não em simples alegações, mas em farta e exclusiva prova documental, demonstramos e desmentimos cabal e completamente todas as quatorze principais acusações, todas as inverídicas imputações de falso testemunho — defendeu Rao. — Durante oito meses, o deputado udenista tramou a destruição da única organização que representa o país em igualdade de condições no mercado internacional. A vida da Comal foi devassada, em seus mínimos detalhes, divulgados foram os seus sistemas de operação, seus segredos comerciais, seus sigilos bancários. Tudo isto ficou à disposição dos concorrentes, principalmente dos estrangeiros, que não viam com bons olhos a entrada de uma empresa brasileira livre nos mercados internacionais de importação e consumo do café.*

O jornal de Samuel Wainer ainda destacaria:

> O sr. Herbert Levy, como relator da CPI, embora tenha como obrigação apurar a política do café no Brasil, limitou-se a pesquisar as negociações da exportadora Comal e, com relação a esta, a sua mais séria acusação refere-se ao mecanismo de financiamento de *warrants*. Na defesa do prof. Vicente Rao, contudo, ficou ontem provado que nenhum *warrant* foi financiado. Todos estavam em branco. Os documentos citados como "provas" pelo relator eram "conhecimentos" de depósito e não *warrants*. E mesmo assim relativos a café de terceiros que foram objeto de saques bancários antes de serem comprados para a intervenção da Comal.

Apesar de as evidências apresentadas pela defesa comprovarem a inépcia das acusações — em 1º de dezembro de 1965, o Supremo Tribunal Federal concederia *habeas corpus* aos acusados e trancaria os processos criminais —,[74] o Grupo Simonsen teve todos os seus créditos cortados no exterior. Aqui, o Banco do Brasil protestou os títulos de US$ 23 milhões, provocando, de forma automática, a insolvência da Wasim de Nova York.[75] Em seguida, por meio de carta datada de 27 de maio de 1964, a Comal foi proibida de exportar café e viu-se forçada a encerrar as atividades.

Foi mais ou menos nesse período que se agravou o estado de saúde de Maria Luíza Cochrane, a esposa de Mario Simonsen. A amigas próximas, Baby, como era apelidada, já confidenciara que vinha sofrendo por causa dos ataques à família. Gradualmente, entrou em estado de depressão clínica. O marido, seguindo recomendações médicas, tirou-a definitivamente do Brasil, estabelecendo residência quase permanente num apartamento do Hôtel Plaza

---

* O autor contatou David Rockefeller, 100 anos, por meio da Rockefeller & Co, entidade que representa os interesses da família, para conversar sobre Mario Wallace Simonsen. Em 24 de abril de 2015, recebeu por escrito, em caráter não oficial, o seguinte posicionamento: "Nossos registros mostram que o sr. Rockefeller realmente se encontrou com o sr. Simonsen duas vezes — em 1958 e 1960. No entanto, não temos nenhum registro da finalidade desses encontros e, infelizmente, o sr. Rockefeller não se lembra de tê-lo conhecido."

Athénée, em Paris. E foi ali, no dia 4 de outubro, depois de assistir a uma corrida de cavalos com Simonsen e Paulo Sampaio, que ela veio a falecer.[76]

A perda da esposa mexeu com as sensibilidades do empresário. A partir daquele momento, também deprimido, difamado internacionalmente e sem a companheira ao lado, ele passaria a viver de forma reclusa, deixando de empreender grandes esforços na luta pela reabilitação. Antes de deixar Paris rumo à casa alugada em Orgeval, tentou ainda fazer um acordo com o governo. Como garantia do crédito de US$ 23 milhões, ofereceu todo o seu patrimônio no Brasil e no exterior, inclusive as ações das suas companhias e até sua casa particular em São Paulo — mais do que o suficiente para cobrir o crédito reclamado. Esperava, com isso, convencer o governo e a opinião pública da lisura de suas atividades e de sua capacidade de honrar compromissos. Os advogados registraram no então Tribunal Federal de Recursos a resposta que o capitalista obteve:

> O Banco do Brasil, como entidade bancária, quis aceitar o oferecimento, segundo se constata nos pareceres oferecidos pelos seus consultores jurídicos. Mas pressões de ordem superior, eminentemente políticas, fizeram o Banco recuar, conforme se verifica no processo respectivo, onde existe uma conclusão favorável ao recebimento das garantias e, logo a seguir, outra desfavorável, revogando a primeira sob um pretexto qualquer.
>
> Era preciso, no entender de certos políticos, que o Banco do Brasil ficasse a descoberto e que a dívida por saldar-se, sem garantias, a fim de transformar-se o fato na bandeira de destruição das empresas do sr. Simonsen e, afinal, de sua própria vida (...).
>
> Ninguém consegue compreender como e por que o governo impediu o Banco do Brasil de receber um patrimônio tão grande, de valor superior ao débito da Wasim! Nada pode explicar o fato absurdo do Banco haver-se recusado a receber as ações das empresas, espontaneamente oferecidas, para permitir que algumas fossem simplesmente destruídas, como a Panair e a Comal (...).
>
> Não se permitiu que o Banco recebesse o patrimônio e o sr. Simonsen, além do descrédito no mercado internacional, foi proibido pelo Governo

brasileiro de exportar café. Não aceitaram seu patrimônio e não lhe permitiram comerciar! E quiseram, depois disto, que ele pagasse cambiais no valor de 23 milhões de dólares!

O desfecho da CPI foi trágico também para Eleutério Proença de Gouveia, o diretor da Carteira de Câmbio do BB, e sua família. Ao verificar a armadilha em que caíra ao liberar, por ordem de cima, a operação de venda das 500 mil sacas sem os documentos representativos necessários — as letras documentárias e os conhecimentos de embarque — e que fora esta a brecha que tornou possível a ação sobre a Wasim, com o corte de créditos que a forçou à inadimplência, o economista se desesperou. Responsável legal pela operação, foi bastante pressionado por Levy nas sessões de depoimento. Ele se afastou das funções no banco por motivos de saúde em fevereiro de 1964.[77] No dia 24 de junho, foi exonerado do cargo pelo já empossado presidente militar Castello Branco.[78] Por fim, três dias mais tarde, a imprensa noticiou seu suicídio.[79]

2

Aldo Pereira, um dos mais respeitados estudiosos da história da aviação comercial no Brasil, documentaria mais tarde as movimentações de Ruben Berta durante todo esse período. "A Varig, já rompidos os laços cordiais com a Panair do Brasil, vale dizer, com o grupo financeiro que a controlava e vendedor dos Caravelles, vendeu seus aviões franceses em 1964", escreveu. A empresa gaúcha os tinha incorporado em 1959, iniciando, com aquelas aeronaves, a própria era do jato no Brasil. Sobre as relações de Berta com os adversários de Simonsen, Pereira destacou:

> O colunista Hélio Fernandes, após comentar "a importância extraordinária de seus negócios", informa que "outubro de 1963 marca para Mario Simonsen o longo caminho de volta. (...) Tendo nessa época rompido com Walther Moreira Salles (os dois disputando o mesmo bolo em que se constitui o café brasileiro), teve cortados os créditos internacionais ainda por

seu inimigo, junto ao Chase Manhattan e outros poderosos bancos internacionais". Esta informação do "rigorosamente verdadeiro" cronista esclarece pelo menos uma das razões da concessão das linhas da Panair à Varig: é que esta tomou ao Chase Manhattan Bank, por empréstimo garantido pelo governo brasileiro, conforme certificado n° 2, de 31-1-63, a importância de US$ 5.000.000 pelo prazo de cinco anos e juros de 6% ao ano, para liquidar dívidas da linha concedida à Real do Brasil ao Japão, montando os juros em US$ 758.332,84. (...) Transferindo as linhas internacionais da Panair à Varig, esta teve aumentada sua receita em dólares, assim podendo saldar suas dívidas junto ao implacável credor David Rockefeller. Antes do fechamento da Panair, a imprensa noticiou o encontro de David Rockefeller, Walther Moreira Salles e Ruben Berta, então presidente da Varig, realizado no restaurante da revista *O Cruzeiro*. A entrevista, apesar de ter chegado ao conhecimento público, foi tão sigilosa que do assunto nela tratado nem Mario Simonsen tomou conhecimento.[80]

O último relatório de desempenho das aéreas brasileiras publicado pela Assessoria Econômica da DAC, relativo precisamente ao exercício de 1963, revelava que enquanto o Grupo Simonsen sofria os ataques, não apenas o chamado Consórcio Varig (composto pela própria Varig, mais Aeronorte, Aerovias, Nacional e Real) acumulava déficit de Cr$ 6.500.722.614 — *versus* os Cr$ 2.339.951.725 atribuídos à Panair — como o inchaço de sua frota intercontinental em relação à malha de longo percurso vinha impactando a eficiência. Ao passo que a Panair possuía dois DC-8, com utilização diária de 8h32min, e dois DC-7C, com 5h22min/dia, a Varig tinha dois Boeings 707, que voavam 4h39min por dia, e três CV990-A, cuja utilização ficava em 2h53 min diárias.[81] Ou seja, a situação, preocupante para todo o setor, era ainda mais grave na companhia do Rio Grande do Sul.

Nesse sentido, Paulo Sampaio escreveria em seus diários particulares que a agressividade de Berta no esforço de conquista do mercado europeu era agora motivada menos por cobiça e mais por sobrevivência:

Notória é a ação desenvolvida pela Varig, visando participar das linhas da Europa. A razão dessa disputa podemos encontrar em vários motivos. Um deles, porém, sobreleva aos demais. O tráfego Brasil-Europa é constituído em 70% por passageiros brasileiros natos ou naturalizados e de estrangeiros aqui residentes. A revisão dos acordos aéreos com os países do Velho Continente se orientava no sentido de sua reformulação em bases que permitissem, ou melhor, que reservassem, à transportadora nacional — a Panair — 50% desse tráfego. Assim, estariam resguardados e protegidos os legítimos interesses da economia cambial brasileira e a transportadora nacional — a Panair — obteria um acréscimo de receita da ordem de 20%, sem o menor dispêndio, pois, mantido o mesmo número de frequências semanais, obter-se-ia um melhor e mais justo aproveitamento das aeronaves. O tráfego Brasil-Estados Unidos, por sua vez, apresenta situação inversa. Mais de 60% dos passageiros são de outra nacionalidade, não restando, consequentemente, qualquer perspectiva para a operadora Varig, face à desfavorável posição estatística. Em suma, a Panair tinha pela frente uma larga avenida. A Varig se encontrava em um beco. Como saída, procurou, durante 10 anos, diante de cinco Presidentes da República, a obtenção de linhas para a Europa. Conseguiu-a, enfim, em 10 de fevereiro de 1965.

A revista *Brasil de Hoje* aprofundou a questão:[82]

Não se pode, aliás, negar o empenho com que o sr. Berta perseguiu sempre esse objetivo. (...) Suas tentativas, realizadas, aliás, primeiramente no governo Kubitschek, quando colocou à disposição do chefe do governo um avião para a sua viagem a Portugal, ganharam ímpeto redobrado no governo Jânio Quadros. Não chegaram, entretanto, a surtir efeito, talvez que pelo inesperado da renúncia daquele titular. Assumindo o poder o sr. Goulart, o sr. Berta julgou ter alcançado o seu objetivo. O novo presidente da República era também gaúcho e não negaria certamente ao seu conterrâneo (apesar do seu ar prussiano e da pronúncia por vezes defeituosa, o sr. Berta nasceu no Rio Grande do Sul) a satisfação daquilo que para ele consubstanciava um ideal. A pretensão, porém, era absurda por uma série de razões de ordem técnica e moral, motivo por que o sr. Goulart se recusou sempre a deferi-la, a despeito de insistentemente solicitado a fazê-lo. Nasceu daí a animosidade do sr. Berta pelo governo anterior, animosidade que o levou a sair em peregrinação pelo Brasil afora, sob o pretexto de combater a fundação da Aerobrás, mas, na realidade, para atacar rudemente o chefe da nação, numa incursão pelo terreno político que, aliás, a todos surpreendia e intrigava.

Se é verdade que a batalha pelas rotas europeias se intensificou nos anos 1960, ganhando novos contornos com a campanha contra Simonsen e a deflagração do golpe civil-militar, a determinação de Ruben Berta em transformar a Varig na empresa de bandeira do país tinha origem muito anterior. O primeiro sinal visível apareceu em 1947, ano em que a Cruzeiro do Sul solicitou ao governo a abertura de linhas para os Estados Unidos, especificamente Washington e Nova York.[83] O pleito, que foi logo atendido, levou o presidente daquela empresa, José Bento Ribeiro Dantas, a comprar três aviões Douglas DC-4 e contratar instrutores norte-americanos que chegaram a realizar trinta voos experimentais nas novas rotas.

Quando todos os preparativos estavam prontos e só faltava acertar a data da inauguração do serviço com o Ministério da Aeronáutica, Dantas foi informado pelo diretor jurídico daquela instituição, Trajano Furtado Reis, de que a Cruzeiro não deveria esperar qualquer subvenção para realizar seus voos intercontinentais. Como a companhia não teria condições de operar para lá sem o apoio do governo, o empresário pediu confirmação da notícia por escrito, recebendo-a prontamente.

A Varig, então, surpreendentemente, entrou com pedido semelhante, propondo-se a realizar os percursos sem qualquer auxílio financeiro. Diante da oferta, as autoridades cancelaram a concessão dada à Cruzeiro e a transferiram para a concorrente, que passou a operar em agosto de 1955. Mas, fato curioso, no final daquele mesmo ano, a empresa de Ruben Berta estava recebendo as subvenções federais.[84] Dantas, por outro lado, desistiu de visar o mercado internacional e reforçou seu empreendimento no campo doméstico, vendendo cada DC-4 a 600 mil dólares e adquirindo, em seguida, quatro Convair CV-340.

Para o funcionalismo da Cruzeiro, o golpe fora tramado com antecedência. Era sabido que Berta mantinha relações próximas com a Cernai e que descobrira por meio do presidente daquele órgão que o governo desejava criar uma linha entre o Brasil e os Estados Unidos com uma companhia nacional. Berta sabia também que a Panair só não se candidatara para não competir com a Pan American, de quem ainda era subsidiária, assim como sabia que sua proposta seria bem recebida, pois tinha ajudado Getúlio Vargas em campanha. De fato, o então presidente da República se encarregou de facilitar as negociações com o Ministério da Aeronáutica.[85]

Com a migração de Erik de Carvalho da Panair para a Varig após a grande greve de 1955, a missão de internacionalizar o grupo gaúcho ganhou fôlego. Embora agora fosse vice-presidente da companhia de Berta, Carvalho permaneceu detentor de um lote significativo de ações da antiga empregadora.[86] Com ele, Fernando Maciel Osório, fazendeiro gaúcho que era cofundador e ex-membro do Conselho Fiscal da Varig. Documentação interna da Panair referente ao gradual processo de nacionalização, datada de janeiro de 1961 — portanto, de quando a empresa ainda era ligada à Pan Am —, apontava:

> É oportuno salientar que o sr. Erik de Carvalho, além de ex-funcionário e ex-diretor da Panair, é hoje vice-presidente da Varig, mesmo assim, comparece às nossas assembleias para conhecer detalhes da vida da Companhia, obtendo informações que, naturalmente, são úteis à concorrente, além de fazer críticas destrutivas a um balanço absolutamente honesto (...).
>
> Na Assembleia de 1956, o Dissidente Fernando M. Osório, fundador e ex-membro do Conselho da Varig, travou o seguinte diálogo com o acionista dr. Geraldo Mascarenhas, quando este disse-lhe:
>
> "O sonho de V. Exa. sr. Osório, não se realizará. A Varig não tomará conta da Panair do Brasil", retrucando, exclamou o sr. Osório. "Só não se realizará se os senhores não forem amigos dos seus funcionários." (Diário Oficial de 30.4.1956, pág. 8.969.)

A cobiça da Varig nas linhas internacionais da Panair é sabida e tentada por todos os meios, desde que a antiga Diretoria não foi reeleita, quando pretenderam criar a tese, pueril, de que a Panair não era suficientemente brasileira para ser instrumento de nossa política aérea no exterior. (Antes eles achavam que era.)

(...) As campanhas que, periodicamente, vêm sendo movidas contra a Panair escondem interesses inconfessáveis, que não podem ser confundidos com os legítimos interesses nacionais.

Refletem a luta de grupos privados brasileiros, em torno de uma empresa de capital nacional e estrangeiro, hoje muito mais nacional do que estrangeiro (...).

A luta de grupos privados nacionais em torno da mesma empresa não pode ser deslocada de seu verdadeiro sentido e constitui fenômeno comumente observado.

Quando se trata, porém, de uma empresa de aviação comercial, matéria que se presta a enormes atritos, com profundas repercussões na opinião pública, agrava-se o problema, de tal sorte que, não temos dúvida em afirmar, os que instigam um falso debate nesse terreno, respondem por gesto altamente impatriótico.

O grupo dissidente da atual direção da Panair compromete-se neste ponto essencial: em defesa de interesses exclusivamente particulares, invocam os sinceros ideais nacionalistas de um povo, num gesto que seria de pura mistificação, não fosse, também (o que é mais grave), uma atitude conscientemente antinacional.

Meses depois que esse documento foi produzido, quando Paulo Sampaio procurou Celso da Rocha Miranda para intermediar a compra da participação restante de 20% da Pan American pelos acionistas dissidentes, aqueles "interesses inconfessáveis" — antes obscuros — tornar-se-iam cristalinos. O próprio Rocha Miranda registraria o seguinte sobre Carvalho e Osório:*

---

* Para ainda mais informações, ver Apêndice VII: Trecho de memorial sobre o processo de aquisição.

O presidente Jânio Quadros nos pediu que os auxiliássemos [na nacionalização da Panair]. Prometi arranjar um empréstimo internacional, desde que eles me dessem uma garantia real. Uma semana depois, eles voltaram e garantiram o aval do Banco Nacional de Minas Gerais. Eu arranjei o empréstimo com banqueiros ingleses e solicitei dos compradores o aval prometido. Mas surgiram outros complicadores. Primeiro, eles disseram que a Pan Am tinha se recusado a entrar em contato com eles e só faria isto por meu intermédio. Era o resultado de uma antiga rixa. Aquele grupo tinha lutado contra a Pan Am durante longos anos e a companhia guardava seus ressentimentos.

Coincidentemente, estava para chegar ao Brasil o sr. Balluder, representante da Pan American. Ele me confirmou a disposição de vender as ações por um preço bem razoável. Isto é, pelo preço que elas estavam cotadas em Bolsa. Mas estipulava três condições: que fossem também compradas as ações vendidas anteriormente ao grupo de acionistas brasileiros, o grupo da companhia Planejamento e Administração Guanabara, ao preço que fosse pedido; que fosse quitado o débito com a Pan Am, de 8 milhões de dólares, e, finalmente, que se desse uma garantia de que a companhia não seria vendida à Varig. Eu assegurei que não tinha a menor impressão que a revenda à Varig estivesse em cogitação, mas, de qualquer forma, prometi tomar essa responsabilidade dos compradores, que, por sua vez, se comprometeram comigo quanto a isto.

Eu toquei as negociações e marcou-se, finalmente, uma data para a transferência das ações. Eu entrei em contato com o sr. Valentim Bouças, que representava o tal grupo brasileiro, e negociei o preço que, aceito pelos compradores, possibilitou marcar o dia para a transferência das ações da Pan American. Mas, no dia aprazado, os compradores pediram o adiamento por uma semana, sob a alegação de que o acionista brasileiro que tinha o capital, sr. Fernando Osório, estava vendendo uma fazenda no Rio Grande do Sul. Diziam que ele já havia consumado a venda, mas ainda não havia recebido o dinheiro. Às vésperas da nova data marcada, ele, no entanto, me procurou para dizer que não tinha o dinheiro.

Eles, então, me pediram para comprar as ações em meu nome, fazendo um empréstimo. Como eu já estava bem assustado com essa história toda, impus duas condições: fazia a compra em meu nome e depois transferiria para eles pelo mesmo preço. Paulo Sampaio merecia toda a minha confiança e, naquela época, também Erik de Carvalho era o outro sócio comprador das ações. Exigi, também, que eles pelo menos me trouxessem o dinheiro dos selos no dia seguinte. Pedi a carta do Banco Nacional de Minas Gerais dando o aval para a operação. Tudo parecia finalmente normalizado e marcamos nova reunião no escritório do sr. Valentim Bouças. Eu apareci no dia, paguei a importância combinada, facilitada, inclusive, em quatro prestações mensais.

Os compradores não levaram o dinheiro do selo. Mas eu perguntei pela garantia do Banco e eles prometeram me levar no dia seguinte, no meu escritório. Aí, eu fiz pé firme: "Ninguém sai do meu escritório enquanto não aparecer a carta. Fica aqui um refém e os outros podem ir buscar o aval do Banco, porque eu já investi um dinheiro muito grande nisto." Erik de Carvalho saiu para buscar a carta e, logo depois, me telefonou José Luiz de Magalhães Lins, que era, então, o diretor do Banco Nacional. O José Luiz estava com Erik na sala e me confirmou o aval para o empréstimo. Mas, surpreendentemente, me disse que a condição essencial para o Banco era que eu desse o meu aval.

Eles tinham garantido ao Banco que eu daria meu aval para o empréstimo que tinham solicitado, no valor da operação de compra das ações. O José Luiz me disse que só tinha concordado com a operação em função do meu aval. Foi impossível evitar a irritação. O próprio Paulo Sampaio já estava bastante irritado com a história toda porque não participava dessas confabulações, desses truques. Desconfiou que estava trabalhando com trapaceiros.

Eles alegaram, então, que tinha havido um equívoco que seria desfeito e superado com uma carta de Aluisio Faria, do Banco da Lavoura. Mas a carta do Banco da Lavoura também não aparecia.

Num raro registro público sobre o assunto, a coluna social de Jacinto de Thormes no *Última Hora* documentou a movimentação de Carvalho e Osório nesse período:

Saindo do Copa para ir ao leilão de Silvério Ceglia, os casais Carlos Eduardo de Souza Campos e Gustavo Magalhães encontraram o alto-comando da Varig, srs. Fernando Osório, Erik de Carvalho e Cabral. Estavam os três radiantes com o andamento dos negócios relacionados com a Panair. Os casais Souza Campos e Magalhães felicitaram os três senhores pela solução e Didu fez questão de ressaltar ao sr. Fernando Osório: "Também eu sou possuidor de ações da Panair. Estou radiante com essa vitória patriótica. Vocês podem contar comigo."[87]

Rocha Miranda continuaria:

Nesse meio-tempo, fui chamado ao DAC. Fui junto com Paulo Sampaio para falar com o brigadeiro Clóvis Travassos, que tinha sido ministro da Aeronáutica e dirigia o DAC naquele momento. Ele queria saber sobre a compra da Panair. Historiamos tudo para ele, que, surpreendentemente, nos disse de forma categórica: "Não tenho nada contra o fato de os senhores comprarem a Panair. Quero lhes dizer, porém, que se os senhores estão comprando para revender ao sr. Ruben Berta, eu vou desapropriar as ações. Antes que o senhor Berta faça a Bertobrás, eu farei a Aerobrás." Curiosamente, pouco tempo depois, ele é quem faria a desapropriação da Panair. No dia seguinte a essa conversa com o brigadeiro, eu dei um aperto muito grande nos compradores. Às vésperas de embarcar para fechar o negócio com a Pan Am, eu precisava da garantia prometida.

Foi nesta ocasião que eu comecei a ser procurado insistentemente pelo sr. Ruben Berta. Por absoluta falta de tempo, em função de problemas pessoais e familiares, eu não pude falar com ele. Por coincidência, acabamos nos encontrando no aeroporto, quando fui embarcar um parente. Ele estava visivelmente irritado, numa aflição muito grande. Fui falar com ele, que, na terrível irritação em que se encontrava, nem mesmo respondeu ao meu cumprimento. Ele foi incisivo comigo: "Eu exijo que o senhor faça a transferência imediata das ações para os rapazes." Lembrei a ele que não estava comprando a Panair para mim e sim atendendo a um pedido, porque os "rapazes", conforme a referência dele, alegaram que não tinham o dinheiro para a compra. Ele desconheceu o que eu dizia e insistiu: "Eu exijo que o senhor faça a transferência amanhã." Perguntei pela garantia e ele disse que a Varig garantia tudo. Lembrei ao sr. Berta [sobre as restrições da Pan Am] e falei da conversa com o sr. Balluder e com o brigadeiro

Clóvis Travassos, aos quais garanti que a Varig não estava envolvida na operação. A minha ideia era fazer um *pool* com a Vasp para fortalecer as companhias que não faziam voos internacionais. Sem alterar o tom de voz, lembrei a ele também que não aceitava imposições e isto foi o bastante para que ele dissesse ameaçadoramente: "Pois não aceite. Amanhã começa uma guerra. E saiba que nesta guerra eu vou até a sua destruição total."

Parti para os Estados Unidos logo depois. Na Pan Am me perguntaram sobre o empréstimo que eu tinha feito para comprar as ações e sobre os termos da operação. Eu tinha encaminhado o pedido para pagar em oito anos, à taxa de 7%. Mas, naquele momento, o pessoal da Pan Am me ofereceu uma operação de financiamento direto, sem as taxas do banco. O acordo foi feito depois que eles se comprometeram a deduzir do débito da Panair o material que a empresa havia adquirido deles, mas que ainda não havia sido entregue. A lisura da Panair sempre foi completa. Com a dedução do custo do material não entregue — fato que, aliás, me foi alertado pelo brigadeiro Travassos —, o crédito deles reduziu-se para 7,5 milhões de dólares, aproximadamente.

Quando eu estava no exterior, [Ruben Berta] mandou um telegrama ao presidente da República, dizendo que eu estava comprando a Panair, mas que tinha interesses estranhos à aviação comercial. Segundo ele, nossa intenção era a de fazer uma grande negociata. E foi isto que ele saiu declarando pelos jornais, numa campanha tremenda contra nós. Mas eu voltei do exterior com a Panair comprada e, em consequência, com a tal "guerra" declarada.[88]

O envio do já mencionado telegrama, ao que se seguiu a aquisição do Consórcio Real-Aerovias pela Varig, repercutiu negativamente na Câmara. No parecer da CPI constituída pela Resolução nº 38, de 1960, para investigar as causas de alguns acidentes aéreos, o deputado Miguel Bahury, presidente da comissão, alertou:[89]

Em 10/10/1961, depondo perante a CPI, o sr. Ruben Berta confessou ter, na compra de 85% do controle da Real, mais Aerovias, feito um mau negócio:
"Um bilhão de 750 milhões de cruzeiros — dentro de um ativo e passivo que era muito maior."

O sr. Cláudio Viana (assistente do diretor de Manutenção-Engenharia) já nos dissera, durante a inspeção da Varig em Porto Alegre, sobre a compra do controle da Real-Aerovias:

"A Aerovias tem pequeno patrimônio. São instalações em alguns locais do país, sem maior significado econômico. O importante são as linhas internacionais — a linha para Miami e a linha para Tóquio. A nova Aerovias Brasil terá vida jurídica a partir de 1º de junho. Ela não tem praticamente patrimônio, infraestrutura, manutenção, operações, aeronaves, a não ser 3 Convair encomendados, aviões mais ou menos da classe do Boeing, mas um pouco menos."

Esbanjamento de dinheiro — desperdício, dizemos nós.

A certeza de que futuras e polpudas subvenções tudo cobrirão (...).

Examinemos, em detalhe, o caso da compra da Real pelo grupo que controla a Varig. É o próprio sr. Ruben Berta, presidente da Varig, quem declara: "Fizemos um péssimo negócio; a Real está falida; mas não poderíamos deixar de atender a um apelo do presidente Jânio Quadros, que nô-lo endereçou em forma de exigência; além disso fizemos a aquisição por patriotismo." É sabido que o ex-presidente Jânio Quadros tinha interesse em proteger o grupo Linneu Gomes e os financiamentos deste, que, segundo se diz, também sempre foram financiadores do sr. Jânio Quadros. Ao sr. Ruben Berta é que não cabia atender a um apelo de tal ordem. (...) Tudo isso por quê? Por patriotismo? Para atender a uma loucura do sr. Jânio Quadros? Positivamente não. Outros interesses levaram o sr. Berta ao cometimento da transação. O sr. Ruben Berta, em quem reconhecemos valor, inteligência, capacidade e até mesmo o patriotismo que alardeia, cujos dotes louvamos e admiramos, sem favor, também é portador de uma ambição que se está tornando desmedida e à qual há que se pôr um termo. Nós, que acreditamos até no desinteresse material do sr. Berta, nele descobrimos no entanto, algo mais perigoso e mais danoso, para o nosso comércio aviatório, do que a ambição do lucro — é a ambição do poder, do controle absoluto de todas as empresas, a ambição do monopólio, do truste condenável sob todos os aspectos. Para ilustrar, transcrevemos um cabograma enviado pelo sr. Ruben Berta, em data de 14 de agosto de 1961, ao governador Carvalho Pinto, cujo texto oferece uma perfeita ideia das intenções do sr. Berta; ei-lo:

"Lamento levar conhecimento Vossa Excelência Grupo financeiro Celso Rocha Miranda e Mario Simonsen dispondo ilimitados recursos no exterior apossou-se 62% ações Panair traindo infelizmente grupo tratava nacionalização Panair e sua integração plano geral indústria acordo desejos Presidente Jânio Quadros pt esse grupo como tive ocasião expor Exmo. Senhor Secretário Viação tramava obter também controle Vasp a fim enquadrá-la seus planos que servem interesses obscuros e só visam grandes lucros pessoais pt Diante grave risco assumir também controle Real que atravessa situação difícil fomos obrigados assegurar essa posição com intuito impedir esse desenlace do problema e sempre sob princípio de fazer posteriormente acerto com Vasp acordo planos possa ter Governo Estado São Paulo e determinações finais Vossa Excelência pt. Quero afirmar solenemente esses propósitos perante V. Exa. nesse momento até que Governo tome resoluções finais. Saudações respeitosas vg Ruben Berta Presidente Varig"

No telegrama transcrito o sr. Berta fala no "grupo que tratava da nacionalização da Panair" e que, segundo tudo indica, não era outro senão o grupo do próprio sr. Ruben Berta.

Assim como os parlamentares, o professor Arp Procópio de Carvalho, consultor jurídico do Centro Técnico Aeroespacial de São José dos Campos, deu ciência às autoridades aeronáuticas de que a Varig, já àquela época insolvente, adquiria a Real, declaradamente falida, visando estabelecer um monopólio privado da aviação comercial brasileira "mediante a eliminação das concorrentes, quer pela absorção, fusão ou consórcio, quer através de acordos secretos, habilmente mascarados em pontes aéreas, áreas de preferência, divisão de receita das linhas em proporção à oferta, que são formas de burlar a vigilância do Executivo, do Congresso e da imprensa e de lesar ao público em geral, contribuinte do fisco ou usuário do serviço".

Apesar dos avisos, nenhuma providência foi tomada — e a situação do grupo controlado por Ruben Berta só se agravou.[90] Destacaria Procópio de Carvalho:

A Aerovias, detentora das linhas exploradas pela Varig Internacional, sempre foi deficitária, tendo atingido o máximo de prejuízos no ano de 1961, quando foi adquirida pela Varig. A partir de então, os déficits aumentaram astronomicamente. Para se ter uma ideia, citamos os seguintes montantes dos déficits da Aerovias: 1960 — Cr$ 13.931.066; 1961 — Cr$ 610.889.783; 1962 — Cr$ 1.302.195.527; 1963 — Cr$ 2.303.537.623. A Nacional, que só operava linhas domésticas no interior, deu lucro até o ano em que foi absorvida pela Varig, o mesmo acontecendo com a Real. Convém informar que nesse período superavitário as empresas já eram subvencionadas pelo governo federal, pois, se não o fossem, seriam fatalmente deficitárias. Agora todas são deficitárias e nem o governo federal pode salvá-las. A própria Varig apresentou lucro nos balanços até o ano de 1960, inclusive. Em 1961 absorveu o Consórcio Real-Aerovias-Nacional-Aeronorte e passou à categoria de altamente deficitária, sendo em 1963 a campeã inconteste dos prejuízos.[91]

Ironicamente, embora vislumbrasse uma concentração na aviação comercial brasileira, Berta posicionou-se contra a criação da Aerobrás sempre que ela foi discutida como solução para a crise generalizada: não podia cogitar a hipótese de uma estatal que abrangesse todas as companhias e absorvesse a Varig. O executivo até mesmo demitiria funcionários que tocassem no assunto nos ambientes da empresa. Foi o que aconteceu, por exemplo, com o comandante Paulo de Mello Bastos, que em 25 de maio de 1963 sofreu desligamento em represália a uma carta que enviou ao ministro da Aeronáutica recomendando a constituição da Aerobrás como resposta aos problemas.[92] A dispensa, que não tinha amparo legal, pois o aeronauta era dirigente de sindicato, despertaria animosidades e catalisaria a primeira grande greve geral dos transportes no Brasil, a chamada "Greve Mello Bastos".[93]

O piloto revelaria mais tarde que havia um permanente clima de desemprego na Varig e que quem não fosse favorável ao ponto de vista de Ruben Berta era sumariamente demitido. Ele próprio foi proibido de voar e, depois dos eventos de 1964, teve de se exilar no Uruguai.

Sobre a estatização do setor, o presidente da Varig discursou na 1.092ª Sessão Ordinária do Conselho Pleno, realizada em 17 de outubro de 1963, na qual ressaltou:

> Se consultarmos a opinião pública sobre a conveniência duma Aerobrás, veremos que o resultado é contra. Em tal sentido ainda se pronunciaram contra muitas entidades públicas e simpósios nacionais, como o Congresso de Aeronáutica em São Paulo, a Conferência de Petrópolis, o Congresso das Assembleias Estaduais, o Congresso dos Jornalistas, os mais respeitados órgãos da opinião pública. O próprio presidente da República é contra a Aerobrás. (...) Na Varig, o Colégio Deliberante da Fundação votou, em peso, contra. Trezentos e tantos votos contra um só a favor. — Os próprios tripulantes são 85% contra. — E não querem Aerobrás por vários motivos: não se sentiriam seguros nesses aviões de "chapa-branca", sabendo o que custa mantê-los. (...) A favor da Aerobrás só são indivíduos mal informados, e alguns tripulantes frustrados. Como não conseguiram progredir pela sua própria capacidade, buscam a proteção do Estado, para sustentarem-se não pela competência, mas por compacta união, senão por abusos e greves.[94]

A visão do estudioso Aldo Pereira, no entanto, era diferente:[95]

A bem da verdade, deve-se lembrar que o Sindicato das Empresas Aeroviárias e, individualmente, a Cruzeiro, a Panair e a Vasp, jamais tomaram publicamente posição contrária à criação de uma Aerobrás, qualquer que fosse.

A contraofensiva foi comandada pessoalmente pelo dinâmico e ousado presidente da Varig, que proferiu inúmeras palestras sobre a aviação comercial brasileira, que redundavam em propaganda de sua própria empresa. Após um plebiscito realizado na Varig, sem que fosse precedido de amplo, necessário e indispensável debate, a ideia de uma Aerobrás foi derrotada, ficando expressamente proibida a simples menção do assunto em locais de trabalho, inclusive a bordo dos aviões em voo.

Grandes, belos e bem confeccionados quadros foram exibidos, estatísticas convenientemente distorcidas, imprensa, rádio e televisão foram mobilizados, contra uma Aerobrás. Auditórios respeitáveis aplaudiam o conferencista que se manifestava contra uma Aerobrás que não existia e que, portanto, não podia ser analisada e honestamente criticada.

3

Quando os militares derrubaram o presidente João Goulart em 1º de abril de 1964, num golpe de Estado apoiado por boa parte do empresariado, a possibilidade de criação da Aerobrás tornou-se remota. Em suas aparições públicas, o marechal Castello Branco fez questão de apregoar a defesa da iniciativa privada como forma de reverter a crise econômica e de limitar os gastos públicos. Mas Mario Wallace Simonsen e Celso da Rocha Miranda não fariam parte da política econômica do novo regime.

Simonsen, já difamado por meio da implacável campanha midiática articulada pelos detratores durante a CPI do Café, estava associado demais ao presidente deposto e a outras lideranças civis — informação da qual até o Departamento de Estado norte-americano tomaria conhecimento.* Apoiara os três governos anteriores em seus objetivos e metas para o mercado cafeeiro. Politicamente, ficara marcado em agosto de 1961, quando, no episódio da renúncia de Jânio Quadros, deu apoio logístico para que o então vice — Goulart —, que naquele momento estava em missão comercial na China, retornasse ao Brasil e assumisse a Presidência.

Naquela ocasião, chefes militares, em destaque o ministro da Guerra, marechal Odílio Denis, e parte das lideranças civis tentaram impedir a posse, considerando que Jango simpatizava demais com o comunismo e representava, por este motivo, "uma ameaça à Segurança Nacional". Leonel Brizola, governador do Rio Grande do Sul e cunhado do vice, reagiu, anunciando que seu estado resistiria com todos os meios possíveis àquilo que julgava ser um desrespeito à Constituição. O país correu o risco de mergulhar numa guerra civil.

---

* Ver Apêndice VIII: Trecho de telegrama da Embaixada dos EUA no Brasil ao U.S. State Department e nota relacionada.

Sendo a Aeronáutica acionada com ordens para prender Goulart, caso ele desembarcasse no Brasil, todos os voos de carreira que vinham da Europa passaram a ser monitorados. Em 28 de agosto (dois dias após a saída de Quadros), o governo português divulgou que o Brasil determinara a todas as empresas internacionais que faziam escala em Lisboa com destino à América do Sul o fornecimento, com pelo menos uma hora de antecedência, do horário das chegadas em Recife, Rio de Janeiro ou São Paulo — as portas de entrada do continente —, além das respectivas listas de passageiros. A Panair, única brasileira que operava essas rotas, foi especialmente visada. No dia seguinte, 29, o *Correio da Manhã* publicou:

> Domingo, às 21 horas, o avião da Panair procedente de Paris chegou ao Galeão, sob suspeitas gerais de que trazia a bordo o sr. João Goulart. O avião levou um tempão para poder aterrissar e o comandante Lefévre foi obrigado a ler várias vezes a lista de passageiros. Tão logo desceu o aparelho dirigiu-se à base aérea, luzes apagadas, ocasião em que soldados da FAB, munidos de "flash lights", passaram a revistá-lo, esquadrinhando de lanterna na mão a cara dos passageiros. Um deles, em tom de piada, declarou:
> — Pode ficar descansado que eu não sou o Jango.
> Ao que o militar respondeu, imediatamente:
> — Sorte sua.
> Não contentes com a prolongada busca no interior do aparelho os vigilantes fabeanos reviraram todo o compartimento de bagagens, caçando o possível clandestino.

Diferentemente do que se disseminou, Jango não retornou ao Brasil pela Panair. Muito menos realizou viagem direta. Enquanto avaliava, a distância, os desdobramentos da situação no país, comunicando-se com os aliados por telefone, decidiu retardar a volta. Mas Simonsen realmente se colocou a favor da legalidade. Materializou seu suporte da seguinte maneira: orientou o pessoal da Panair a contatar congêneres do mundo inteiro para que o trajeto fosse traçado. Jango partiu de Cingapura para Zurique em voo regular da britânica Boac, a bordo de um Boeing 707 que fez as escalas previstas em Calcutá, Karachi e Beirute. Max Rechulsky, que conhecia o vice da época em que atuara como tesoureiro do Partido Comunista Brasileiro, foi enviado para interceptá-lo na cidade suíça e acompanhá-lo até Paris, onde o hospedou no Hôtel Prince de Galles e ofereceu acesso à infraestrutura de comunicações do escritório da Wasim.

Jango ainda fez uma curta extensão do roteiro até Barcelona, onde sua esposa e filhos passavam as férias. De volta à capital francesa, decolou para Nova York num Boeing 707 da Pan American, do qual foi o primeiro passageiro a descer, sendo recebido por boa parte da imprensa local. Em seguida, partiu para a Cidade do Panamá em um DC-8 da Panagra, que fez escalas em Miami e Lima antes de rumar para Buenos Aires. Ali, embarcou para Montevidéu num Constellation da argentina Transcontinental. Finalmente, entrou no Brasil na noite de 1º de setembro, por Porto Alegre, a bordo de um Caravelle III da Varig.[96] A primeira-dama, Maria Thereza Goulart — ela, sim—, deixou a Europa rumo a Brasília viajando em um DC-8 da Panair, acompanhada de Paulo Sampaio. Chegou no dia 15.*

A partir dali, os militares listaram Simonsen entre os homens "do esquema Jango", fato incômodo devidamente explorado por Herbert Levy durante a CPI: "Na renúncia do sr. Jânio Quadros, o sr. Mário Simonsen agiu com presteza. Forneceu o avião que deveria ir buscar o vice-presidente João Goulart em Paris para trazê-lo ao Brasil", ironizou o relator em seu parecer final, publicado dia 5 de maio de 1964 — um mês depois do Golpe. "Era o tráfico de influências o seu objetivo", acrescentou.

A rejeição ao empresário ficou nítida imediatamente após a tomada de poder pelos golpistas. É que a TV Excelsior, líder de audiência

---

* A programação de voos da Panair foi alterada para acomodar o retorno de Maria Thereza. O DC-8 utilizado, de matrícula PP-PDS, antes de seguir para Lisboa na viagem originalmente programada ao Brasil, aterrissou em Barcelona para embarcar a primeira-dama e seus filhos. Na escala técnica em Dacar, a aeronave recebeu combustível adicional, devido à extensão do itinerário até Brasília (o voo regular, PB-23, fazia a rota Paris-Roma-Lisboa-Dacar-Recife-São Paulo-Rio de Janeiro). A operação gerou atraso de uma hora aos demais passageiros.

em diversas praças, optou por retardar a cobertura jornalística dos acontecimentos de 1º de abril. Segundo os funcionários, a ordem partiu de cima. Os executivos tiveram de dar satisfações:[97]

> A direção da emissora defendeu-se dizendo que a sede da Excelsior era muito próxima ao cais do porto e que toda essa área estava ocupada por partidários do Jango e do Brizola, armados com metralhadoras. Apenas quando o Exército chegou e dominou a região é que a Excelsior-Rio pôde fazer a cobertura dos acontecimentos. No dia do golpe militar a Rede Excelsior não transmitiu os acontecimentos nem em São Paulo nem no Rio de Janeiro por ordem da direção geral da emissora. Segundo declarou o jornalista Fernando Pacheco Jordão: "...já no dia primeiro de abril a gente tirou o jornal do ar, por ordem da direção, do Wallinho Simonsen, que achou melhor não colocar o jornal no ar do que dar a informação do golpe. O Adhemar de Barros... dominava a situação em São Paulo e ele havia requisitado todas as rádios e televisões e o Wallace resolveu tirar o jornal do ar. Isso foi ter repercussão depois, em maio, porque aí nós fomos todos presos (os jornalistas)... com a acusação de termos feito greve no dia primeiro de abril para não transmitirmos a informação do golpe..."[98]

A emissora seria tomada de seu dono. Em março de 1965, o sequestro dos bens do grupo veio com a nomeação do Banco do Estado da Guanabara como fiel depositário dos valores no Rio. Dessa forma, o governador Carlos Lacerda — inimigo declarado de Mario Simonsen — efetivamente passou a controlar o destino do Canal 2. Nos corredores, denunciaram-se conchavos. O *Última Hora* acusou:[99]

> Sobretudo nos setores mais oposicionistas do PSD, afirma-se abertamente que não só o recente episódio da Panair do Brasil, mas outros, como por exemplo do Grupo Simonsen, estão sendo preparados pelo Governo Federal, por encomenda, para valorizar o herdeiro presuntivo do trono da chamada "Revolução". No caso do Grupo Simonsen, o controle dos canais de tevê pelo Banco do Estado da Guanabara foi considerado um verdadeiro absurdo em favorecimento ao sr. Lacerda. (...) Da elaboração do plano [do

sequestro dos bens], urdido sob a orientação do ministro Roberto Campos, foram inteirados o grupo Herbert Levy e o governador Carlos Lacerda, com os quais o Governo Federal fez uma composição. Em troca da liquidação do grupo Simonsen — que ele vem combatendo há tempos, por ser seu concorrente em operações comerciais e financeiras de vulto —, o sr. Herbert Levy encerrará suas críticas à política econômico-financeira do Governo, contra a qual vinha fazendo verrinas, sobretudo em São Paulo.

Lacerda, apontava o jornal, teria concordado em cessar as críticas na CPI do "caso Hanna".[100]

Num documento enviado à Justiça, os advogados de Simonsen questionariam:

> Também a Justiça recebeu influências exteriores. Há até mesmo uma "Justiça estranha" agindo neste caso.
>
> Por que a Justiça da Guanabara, totalmente ausente de qualquer das raízes deste processo, de fundamentos nitidamente federais, avocou a si o pretenso direito de processar criminalmente um determinado número de pessoas?
>
> Terá sido a razão deste famigerado processo a possibilidade, através de um sequestro judicial decretado arbitrária e violentamente, de entregar-se o controle acionário de uma rede de estações de televisão a um determinado governador de Estado do qual esta estranha Justiça é um dos poderes?
>
> Não será prova disto o fato de que mesmo depois de ocorrido o falecimento de Mario W. Simonsen o juiz da 22ª Vara Criminal da Guanabara continuar a determinar providências como se morto ele não estivesse?

O sócio Celso da Rocha Miranda não estava em melhor situação política. Era considerado *persona non grata* pela Aeronáutica desde 1956, quando intermediara a compra do primeiro porta-aviões brasileiro, o *Minas Gerais*, junto aos ingleses, para a Marinha. A operação desencadeou uma longa e grave crise nas Forças Armadas, durante a qual as duas corporações militares disputaram o direito de tripulá-lo. O conflito foi tão sério que, à época, o *Correio da Manhã* classificou a rivalidade de "guerra fria", destacando que não havia solução aparente para o impasse:[101]

> Como a função precípua do porta-aviões, ou aeródromo naval, é transportar aviões, surgiu a questão de saber quem tripularia os aviões do *Minas Gerais* — sua "aviação embarcada" como se chama. Deveria ser a aviação naval, isto é, pilotos formados pela Marinha, para a função, ou deveriam os pilotos ser da Aeronáutica?[102]

Com o navio atracado perto de Roterdã, na Holanda, pronto para ser entregue ao Brasil em meados de 1960, a Marinha adquiriu helicópteros e iniciou o treinamento de pilotos, agravando a rixa. Houve incidentes sérios, como o disparo contra uma aeronave da MB por ordem da FAB em Tramandaí (RS), em dezembro de 1964. Três ministros militares exoneraram-se dos cargos. O problema só foi solucionado no governo Castello Branco, com interferência de Eduardo Gomes, por meio da assinatura do Decreto nº 55.627, de 26 de janeiro de 1965, que em seu Artigo 3º estabeleceu: "Nas Forças Armadas, a posse e a operação de aviões serão restritas, exclusivamente, à Força Aérea Brasileira."

Num outro aspecto, o regime militar desaprovava o nível de intimidade que Rocha Miranda mantinha com Juscelino Kubitschek, mesmo após a cassação do mandato do então senador. A relação entre os dois influenciou a decisão de atacar a Panair, segundo o próprio empresário revelaria:

> Eram pessoas, digamos, idealistas, que achavam que a Panair — e isto chegaram a me afirmar — era o instrumento da contrarrevolução de 64. Talvez porque a Panair voasse para Lisboa e todo mundo sabia das minhas ligações com Juscelino Kubitschek, que estava exilado em Portugal. A Panair, na visão destas pessoas, seria uma espécie de correio para levar e trazer instruções de uma contrarrevolução que se imaginava que estivesse sendo planejada por JK. Tanto assim que, toda vez que eu viajava, eu era assaltado na volta. Roubavam meus documentos e objetos de uso pessoal. Isso aconteceu três vezes e numa delas desapareceu a minha máquina fotográfica.

Com os sócios majoritários da companhia politicamente enfraquecidos, o pensamento de fechá-la, germinado em 1963, tornou-se uma possibilidade real depois do Golpe. Apurou o *Diário de Notícias*:

> Quando Jango assumiu a presidência da República, o seu ministro da Aeronáutica escolhido foi o brigadeiro Clóvis Travassos, cujo nome havia sido insistentemente sugerido (leia-se exigido) por Ruben Berta. Para facilitar e, inclusive, obter a boa vontade do brigadeiro Eduardo Gomes e, com isso, um substancial reforço político na área mais arredia do novo presidente, foi o nome do brigadeiro Clóvis Travassos submetido à chaucela do veterano marechal do ar. É claro que Eduardo Gomes logo aceitou com entusiasmo a ideia de ser Travassos o ministro de Jango, já que ele era e sempre foi a "menina dos olhos" de Eduardo. Mais uma vez, Berta, de uma cajadada matou vários coelhos. Começou aí o cerco da Panair. Durou pouco o Parlamentarismo com ele, caiu o ministro aeronáutico de Jango, mas não houve incompatibilidade alguma entre o ex-presidente e o brigadeiro Clóvis.
>
> Passou o tempo e veio a revolução de abril, seguida de grandes modificações na administração do país, porém, na Aeronáutica, quase nada foi modificado e à frente da DAC ficou o brigadeiro Clóvis Travassos. O cerco à Panair não sofreu, consequentemente, qualquer solução de continuidade, pelo contrário, foi apertado, e muito. A "linha mole", que está sempre com quem está mandando, continuou o seu trabalho, que só foi interrompido nos poucos dias da passagem pelo comando da FAB do brigadeiro Márcio de Sousa Melo, que não teve tempo para desmontar a máquina de trituração da Panair, sempre comandada nos bastidores pelo presidente da Varig. Veio Eduardo Gomes, desatualizado, para resolver o problema da aviação embarcada. Resolveu, teoricamente, porém, encontrou um trabalho de demolição da Panair em franco andamento e aceitou as soluções do seu chefe de Estado-Maior, ex-amigo de Jango e fraternal amigo de Ruben Berta. Afinal, tudo não passa de um exagerado bairrismo, um brigadeiro gaúcho chefiando o Estado-Maior da FAB, amigo de um outro gaúcho, presidente de uma empresa de transportes aéreos gaúcha. E, assim, protegem o prestígio (leia-se interesses confessáveis e inconfessáveis) da Varig, gaúcha até no nome.[103]

Travassos assumiu a Diretoria de Aeronáutica Civil em 28 de abril, recebendo em seguida do presidente do Sindicato Nacional das Empresas Aeroviárias — à época, José Bento Ribeiro Dantas, da Cruzeiro —, um relatório sobre a crise financeira por que atravessava a aviação comercial brasileira, suas causas e origens, e um pedido de auxílio. Nas palavras do brigadeiro:

— Em 25 de maio de 1964, após debates na Diretoria de Aeronáutica Civil com os representantes das empresas, fui apresentado pelo Sindicato Nacional das Empresas Aeroviárias à "Análise Econômica para os anos de 63, 64 e 65" e um "Plano de Recuperação do Transporte Aéreo Brasileiro", consubstanciando um plano de ação, chamado mínimo, no setor doméstico, no setor internacional e de auxílio financeiro referente a uma operação de crédito de 26 bilhões, ainda no corrente ano, pois que superior a esse total se afigurava o prejuízo da indústria em 1964, após o desconto de 12 bilhões de subvenção que lhe seria paga no corrente exercício — expôs Travassos durante a 12ª Reunião Extraordinária da Comissão de Transportes, Comunicação e Obras Públicas, realizada em 30 de setembro de 1964. — Analisado em linhas gerais o plano apresentado, foi levado ao conhecimento do senhor ministro da Aeronáutica, sendo pedida sua atenção e atendimento. Isso em fins de maio último. Havendo Sua Excelência aceitado, em princípio, tais ponderações, em começo de junho submeteu-as à apreciação do Ministério da Fazenda. A partir dessa ocasião, passaram a se realizar estudos na Superintendência da Moeda e do Crédito, isso no setor do Ministério da Fazenda e na Diretoria de Aeronáutica Civil, visando encontrar solução para o assunto.

Ouvido por Ruben Berta, que estava presente, o brigadeiro encerrou a exposição da seguinte forma:

— Julgo ser meu dever, ainda, declarar aos senhores que considero grave e muito difícil a situação econômico-financeira das empresas aeroviárias e, em particular, da Panair do Brasil S.A.*

---

* O conteúdo da exposição foi publicado, na íntegra, no Diário do Congresso Nacional em 10 de novembro de 1964.

A partir dali — apurariam diversos veículos de imprensa depois de consumado o fechamento —, Eduardo Gomes secretamente destacou o civil José Carlos Fragoso Pires, que lhe prestava assessoria pessoal no Ministério da Aeronáutica, para atuar junto a Travassos e elaborar as bases do plano de extinção da companhia. No texto de seu relatório, escorado, segundo os jornais, em estudos feitos por representantes da Varig e da Cruzeiro, o assessor indicou como solução mais viável para a crise do setor retirar as linhas da empresa do grupo Rocha Miranda-Simonsen e transferi-las às concorrentes. Essa proposta foi levada a efeito mesmo sem aprovação dos integrantes da reunião da Comissão Interministerial Permanente constituída para examinar a situação da aviação comercial brasileira, realizada dois dias antes da cassação das linhas.[104]

Em fevereiro de 1965, agentes do Dops infiltrados no hangar do Aeroporto Santos Dumont registraram a seguinte acusação de um funcionário da Panair por eles identificado como Janot: "Denuncio o brigadeiro Clóvis Travassos, que tem pronto desde o dia 15 de junho de 1964, quando diretor da Aeronáutica Civil, a falência da Panair e que jamais estudou o problema social, o problema desta falência junto ao Ministério da Fazenda, que apresenta prejuízos ao Brasil, as implicações internacionais junto ao Ministério do Exterior, e o problema do desemprego de 4.800 funcionários. Este projeto chama-se: 'Processo de eventual liquidação da Panair', feito pelo economista Fragoso Pires por encomenda direta do referido brigadeiro."*

A reportagem do *Correio da Manhã* foi investigar a procedência da informação e fez grandes revelações. "As dívidas da empresa para com o Banco do Brasil são da ordem de Cr$ 19 bilhões e não Cr$ 101 bilhões, como diz o relatório elaborado pelo economista José Carlos Fragoso Pires, do Ministério da Aeronáutica, dando a empresa como 'em situação econômico-financeira irrecuperável', e que provocou a cassação das linhas."[105] *O Dia*, por sua vez, apontou

---
* O documento produzido pelos agentes do Dops está preservado no Acervo de Polícia do Arquivo Público do Estado do Rio de Janeiro — Dossiê nº I, pasta 40 — Seção de Atividades Antidemocráticas.

que a "cassação das linhas internas e externas da Panair do Brasil foi fundamentada num relatório 'integralmente contestável' apresentado ao ministro Eduardo Gomes, da Aeronáutica, pelo economista Fragoso Pires (...)".[106] O mesmo conteúdo repercutiu em *A Notícia*, no *Diário de São Paulo*, no *Diário Carioca*, na *Folha de S.Paulo* e no *Última Hora*.

Fragoso Pires confirmaria, no futuro, ter sido autor das ideias de cassar as linhas da Panair e de transferir as concessões imediatamente à Varig e à Cruzeiro, para que o governo conseguisse consumar o fechamento — e que tudo aconteceu em sigilo, envolvendo, em determinado momento, apenas os presidentes das aéreas beneficiadas com a resolução. O estudo da situação jurídica da Panair teria sido realizado com a consultoria dos advogados Hamilton Prisco Paraíso e João Pedro Gouveia Vieira (este, autor do texto do despacho de cassação), e o das questões trabalhistas, de Francisco de Mello Machado, juiz da Justiça do Trabalho. Cláudio Ricardo Holk, ligado no passado à Real e Varig, o teria assessorado na parte técnica-operacional da substituição. No tocante aos números, o assessor civil de Eduardo Gomes alegaria, no entanto, ter usado "documentos secretos ou confidenciais" fornecidos pela Aeronáutica:

> Eu tive uma missão. Eu era assessor do brigadeiro Eduardo Gomes, que era ministro da Aeronáutica. Eu fiz isso de graça. Não tinha ordenado, não tinha emprego. Era um assessor particular dele. (...) O brigadeiro, quando eu acertei com ele, ele foi no meu escritório. Ele me disse: "Estou com esse problema aqui. Vê se você me dá uma sugestão aqui e tal." Eu digo: "Tá bom, ministro. Deixa comigo. Eu vou entrar de cabeça nisso aí." Ele foi embora. Quando chega de tarde, a minha secretária pensou até que eu ia ser preso. Chegou um oficial e meia dúzia de soldados, carregando um monte de papéis. Eram os papéis que ele tinha. E eu fiquei fim de semana lendo aquilo e conversando com pessoas e tal e coisa. E me deu uma clareza: porque esse grupo do Celso Rocha Miranda... eram uns vigaristas... o tal do Simonsen. (...) Esse camarada deu um golpe no governo. Quer dizer, era um cara que já estava sujo. Ele ia dar outro golpe aqui. (...) Eles [Aeronáutica] tinham um monte de informações. Elas foram parar no gabinete

do ministro. E o gabinete do ministro me trouxe para eu poder estudar. Aí, quando eu estava com isso pronto, fiz o meu plano, que era de cassação das linhas. Porque eu digo: "Se você cassar as linhas, você vai resolver o problema. Se você não cassar, não vai resolver nunca. (...) Naquela época, o governo estava pagando de subsídios 28 bilhões às empresas de navegação, dos quais 23 eram à Panair. A Varig era um e pouco. (...) Eu, aí, fiz a exposição aos brigadeiros. Eles fizeram várias perguntas. (...) No mesmo dia, de tarde, o brigadeiro me procurou e me disse: 'Foi tudo aprovado. Eu vou falar com o presidente Castello Branco.' Foi ao Castello, expôs tudo e o Castello aprovou."*

Contudo, apontaria *O Paiz*:

Relatório secreto encomendado pelo Ministério da Aeronáutica prova que a Panair do Brasil, às vésperas de seu fechamento, era a única empresa de transporte aéreo brasileira em condições de continuar funcionando. (...) A realidade sobre o fechamento da Panair comporta uma série de revelações muitas das quais inoportunas de serem contadas agora. Um exemplo é um relatório reservado, terminado às vésperas do fechamento da empresa, encomendado pelo Ministério da Aeronáutica, e feito pelos melhores técnicos dessa unidade por ordem do brigadeiro Henrique Fleuss. O relatório prova que a Panair era a única em condições de continuar operando, porque as suas dívidas não eram maiores que as empresas congêneres nacionais e era na verdade a única que oferecia "uma estrutura tecnicamente perfeita".[107]

Já a *Tribuna da Imprensa* publicou:

A informação de que o débito da Panair é de Cr$ 19 bilhões, prestada ontem pelo Banco do Brasil a funcionários da empresa, invalidou o levantamento contábil feito nas companhias de navegação aérea apresentado pelo ministro Eduardo Gomes ao marechal Castello Branco, porquanto a Varig, com montante de Cr$ 32 bilhões, passou a figurar como a maior devedora aos cofres da União.

---

* O autor conversou, pessoalmente, com José Carlos Fragoso Pires, 82 anos, no dia 9 de abril de 2015, quando colheu as informações aqui publicadas.

E foi além, denunciando outros personagens:

> Não é possível que o governo tenha tomado uma medida dessas, tão violenta e discriminatória, sem preparar pelo menos uma aparência de justificativa. Posso garantir que o autor intelectual do plano e dono da ideia da intervenção na Panair e distribuição das suas linhas à Varig e à Cruzeiro do Sul foi o sr. José Carlos Fragoso Pires. (...) Esse senhor é homem de muitos negócios e um deles é ser proprietário da Frota Oceânica, encarregada de ficar com a parte boa e rentável do Loide e Costeira e deixar os ônus desses órgãos com o próprio governo. Metido em transporte marítimo, ligado a grandes grupos estrangeiros, é natural que quisesse também se meter em aviação comercial, fonte perene de grandes tacadas e força geradora de prestígio incalculável. A primeira pessoa a ver esse plano do sr. José Carlos Fragoso Pires foi o sr. Glycon de Paiva, do Conselho da Panair. Achou-o inacreditável. A segunda, o sr. Prado Kelly, o maior amigo do brigadeiro Eduardo Gomes e que funciona como uma espécie de seu conselheiro de alto gabarito, e cujos conceitos e ponderações são geralmente acatados pelo ministro da Aeronáutica. Mas nesse caso o brigadeiro Eduardo Gomes agiu pela própria cabeça, pois o sr. Prado Kelly considerou o plano "absurdo e sem sentido".

Além de implicar essas pessoas, o diário apontou o envolvimento de Roberto Campos, que teria dito ao presidente Castello Branco que o Brasil não podia se dar ao luxo de ter duas companhias aéreas disputando o mercado internacional. Segundo Hélio Fernandes, o ministro defendeu que se os recursos do país fossem direcionados para auxiliar apenas uma transportadora, nosso poder de barganha poderia aumentar perante as empresas aéreas estrangeiras. Em relação à escolha da Varig sobre a Panair, o jornalista ressaltou:

> As ligações entre o sr. Roberto Campos e o grupo da Varig datam de longo tempo; a proteção que Campos dispensa a Berta não é de agora; por tudo isso, as suspeitas de que o ministro do Planejamento está manobrando por trás do golpe contra a Panair são lógicas e justificáveis. Em 1960, a Varig solicitou o aval do BNDE para um empréstimo no exterior no valor de 10

milhões de dólares. O pedido foi estudado por um Grupo de Trabalho do BNDE constituído por três técnicos de alta categoria. Esse grupo em fundamentado parecer opinou pela negativa ao pedido de aval da Varig alegando: 1) a precariedade da situação econômico-financeira (já em 1960, note bem) da empresa, que tecnicamente poderia ser considerada falida. 2) A impossibilidade flagrante que teria a Varig em pagar as dívidas resultantes da operação, o que obrigaria o BNDE a honrar a obrigação pagando a dívida.[108]

Segundo Fernandes, o Conselho de Administração do BNDE continuava sob forte influência de Campos, mesmo após a sua saída da instituição. Isso porque era representado por Vitor da Silva (amigo próximo do ministro, colocado na diretoria do BID por sua indicação), Raul Fontes Cotia (diretor do Ministério da Fazenda, também regresso ao conselho do BNDE com seu apoio), Sette Câmara (nomeado representante na ONU sob as mesmas circunstâncias) e José Toqueville de Carvalho (irmão do assessor jurídico de Campos, Gabriel Costa Carvalho). O ministro do Planejamento já estaria a par da grave situação financeira de todas as companhias aéreas nacionais — especialmente, a da Varig — desde 1960, informação reiterada pelo processo MTPS 307.520/64, que o ministro do Trabalho, Moacir Veloso, enviou-lhe em 29 de junho de 1964. Ainda assim, influenciou na concessão do empréstimo.

Com a referida "máquina de trituração" funcionando a jato, Castello Branco teria sido apenas superficialmente informado sobre o assunto, endossando integralmente as recomendações de seus assessores. Travassos era o braço direito de Eduardo Gomes, desfrutava de sua total confiança e apoio. Por sua vez, Gomes tinha o ouvido do marechal; que, em hipótese alguma, desautorizaria a ordem de um ministro militar.[109]

4

Tudo acontecia sigilosamente nos corredores do Ministério da Aeronáutica, com o acompanhamento periódico de Ruben Berta, afirmariam fontes da própria DAC.[110] Embora ninguém na alta administração da Panair tivesse tomado conhecimento desse complô, a partir de 1964 Paulo Sampaio passou a sentir — e chegou a deixar isto registrado em seus diários pessoais — que sua companhia não obteria qualquer apoio do governo pós-Golpe.[111]

O ministro da Aeronáutica o via com antipatia. A relação entre os dois desgastara-se já no início da década anterior, época em que a Panair atravessava o seu período áureo, estabelecendo-se firmemente nas linhas internacionais. Naquele tempo, por causa da concentração de esforços na Europa e nos planos de nacionalização, a transportadora acabou reduzindo ou cancelando linhas domésticas consideradas de penetração nacional pelo patriótico Gomes, então comandante da 2ª Zona Aérea do Recife.[112] O brigadeiro nunca a perdoaria e também não esconderia seu desafeto, mesmo tendo a empresa reassumido as rotas; para o marechal, a Panair nunca passou de uma "testa de ferro" da Pan American.

Travassos, por sua vez, vinha demonstrando má vontade desde junho, especialmente no tocante aos importantes tratados firmados com as aéreas europeias — aqueles que livrariam a Panair das tão controversas subvenções, revertendo o déficit operacional em lucro. Assinado o primeiro acordo, "ficou estabelecido que por passageiro que embarcasse em avião da Panair do Brasil rumo à Alemanha a Panair creditaria à Lufthansa 50% do valor líquido da passagem e, reciprocamente, cada passageiro conduzido do Brasil ou da Alemanha pela Lufthansa mereceria o mesmo tratamento".[113] Em menos de um mês, a Alitalia também fechou. Porém, enquanto aguardavam a decisão da Air France, Rocha Miranda e Sampaio foram informados de que quem conduziria as negociações finais seria o próprio Clóvis Travassos, que formaria uma delegação para ir à França efetivar o tratado. O brigadeiro viajou a Paris, mas, quando voltou, não havia assinado acordo algum.

Após a queda da Panair, esse tipo de dissimulação, as tramas e traições revelaram-se de forma cristalina. Dois episódios, em particular, chamaram a atenção. Um deles, o incidente ocorrido na Celma com o coronel Marcos Baptista dos Santos, que apareceu fardado nas dependências da oficina no dia seguinte à cassação das linhas. Santos fora admitido cerca de seis meses antes da suspensão dos voos, indicado por Pamplona e identificado como um coronel da Força Aérea Brasileira que se reformara devido a problemas de saúde na família. Ao entrar em cena à paisana, alegou necessitar do emprego para sustentar parentes. Agora, em plena ativa, assumia o controle da estratégica subsidiária com os brigadeiros Kahl Filho e Pena.[114]

O segundo episódio, também significativo, foi protagonizado por cinco membros do Conselho de Administração da própria Panair, que, sem oferecer grandes explicações, assinaram uma carta de demissão coletiva e deixaram os cargos em 9 de fevereiro de 1965 — apenas um dia antes da cassação das linhas.* Glycon de Paiva, do Conselho Nacional de Economia (citado nas denúncias envolvendo Fragoso Pires), José Luiz de Magalhães Lins, do Banco Nacional de Minas Gerais, Antônio Carlos de Almeida Braga, do Banco do Estado da Guanabara (um mês depois, depositário dos bens de Simonsen), Manoel Francisco Nascimento Brito, do *Jornal do Brasil*, e Fernando Machado Portela, do Banco Boavista, não apenas abandonaram suas posições, como, em alguns casos, procuraram a imprensa para confirmar a acusação de que a companhia era mesmo irrecuperável.[115]

A cobertura do jornal de Brito foi bastante peculiar. Se, por um lado, a maioria dos diários enfocou a violência que caracterizou a intervenção, por outro, o *JB* trouxe manchetes de apoio à medida do governo e à atuação da Varig: "Caso da Panair teve solução certa, afirmam técnicos"; "Panair deve só lá fora US$ 900 mil em seguros"; "Deputados de São Paulo apoiam ato do Governo"; "Débito da Panair superava as subvenções à indústria" e "Varig vê como irmãos os da Panair". Na própria reportagem inicial sobre a cassação das linhas, o jornal apareceu com uma morna nota na primeira página, intitulada "Panair encerra atividade". Na manchete que acompanhava o pequeno artigo, afirmou, taxativamente: "Governo cancela

---

* Ver Apêndice IX: Carta de demissão de membros do Conselho da Panair.

concessão da Panair porque situação econômica é irrecuperável." Uma curiosidade: bem abaixo, os editores publicaram a chamada da Varig para os novos voos internacionais, cedendo à empresa gaúcha cerca de 30% a mais de espaço na página. Mais adiante, no dia 16, em vez de cobrir o decreto de falência da Panair, o impresso fez publicidade da companhia de Ruben Berta: "Nos aviões para a Europa, a Varig introduziu o churrasco gaúcho."*

A manipulação das informações que iam para a imprensa ganhou uma dimensão nova após a publicação de um parecer falso do BNDE que não apenas acusava a insolvência da aérea de Simonsen e Rocha Miranda, como recomendava uma solução drástica. Sob a manchete "Relatório do BNDE mostra que a situação da Panair já era irrecuperável em 1963", *O Globo* replicou o discurso do senador Agripino, noticiando que

> o quadro panorâmico para o ano de 1964 demonstra que o total de compromissos e prejuízos é superior a toda a subvenção da indústria, acrescida, inclusive, de empréstimo total ora solicitado. (...) Daí se conclui a incapacidade da Panair do Brasil de solver os compromissos mesmo se todos os auxílios do governo fossem transferidos da indústria geral para atender exclusivamente a essa empresa.

Mas o diário também acrescentou:

> Relatório do Banco Nacional do Desenvolvimento Econômico, relativo ao exercício financeiro de 1963, atesta que, naquela época, já era irrecuperável a situação econômico-financeira da Panair do Brasil, cujas dívidas atingiam a um total de 66 bilhões de cruzeiros.

Os trechos reproduzidos apelavam:

---

* Ver também o Apêndice X: Circular interna para os escritórios na Alemanha e Áustria, que registra a demissão do gerente comercial da Panair na região, Finn Larsen, o qual, já em 1961, negociava secretamente com Ruben Berta. Apenas quatro anos depois, fechada a ex-empregadora, Larsen assumiu o cargo de diretor da Varig no setor europeu.

Demonstrada a irrecuperabilidade da Panair do Brasil, devem ser examinadas as diversas hipóteses para solução de sua deplorável situação econômico-financeira, resguardando a parte de seus serviços públicos considerados essenciais. (...) A falência é o único desfecho provável. (...) Aconselham-se medidas enérgicas para acelerar o início da liquidação e salvar o que resta da empresa, compondo o quadro da indústria.[116]

A menção ao relatório, com publicação de excertos, surpreendeu a todos, inclusive ao próprio presidente do BNDE, José Garrido Torres, que procurou o jornal para revelar que o tal documento não havia sido redigido por agentes daquela instituição. Esclareceria Torres em carta:

Senhor diretor,
Em sua edição de 18 do corrente, essa conceituada folha publicou trechos de um relatório sobre a situação financeira da Panair do Brasil S.A., atribuído ao Banco Nacional de Desenvolvimento Econômico.
Nesta data, estou respondendo a uma consulta da direção da empresa sobre se tem fundamento a notícia mencionada.
Creio, senhor diretor, que a melhor elucidação do assunto é a que poderia ser feita com a transcrição dos termos da minha resposta àquela consulta:
"Ilmo. Senhor Paulo Sampaio, presidente da Panair do Brasil S.A. Av. Marechal Âncora. Nesta.
Respondendo a sua carta de 19 de fevereiro corrente, cabe-me informar que o relatório que nela se refere, publicado na edição de *O Globo* de 18 deste, não foi elaborado pelo BNDE, ficando, portanto, prejudicado o segundo item de sua pergunta."

Enquanto pôde, Ruben Berta passou longe da polêmica envolvendo a preparação da Varig para assumir os voos da Panair e das outras denúncias que respingavam nos hangares de Porto Alegre. Mas as repetidas críticas o fizeram falar:
— A Varig recebeu a ordem do governo para iniciar as linhas da Europa às 16 horas do dia 10 de fevereiro e a obrigação de realizar o primeiro voo seis horas depois disso, isto é, às 22 horas do mesmo

dia — reiterou o executivo gaúcho.[117] — Pôde fazê-lo, tecnicamente, porque tem aviões e tripulantes de reserva, em estado de alerta, para o seu próprio serviço.[118]

Ele também defendeu sua empresa das acusações de que teria se beneficiado com o fechamento da concorrente:

— Não é verdadeira a suposição de que a Varig vai beneficiar-se economicamente das linhas da Europa. A Panair, nos últimos meses, operava com gravíssimo déficit, talvez de Cr$ 1,5 a Cr$ 2 bilhões por mês. Estudos feitos na sua estrutura econômica mostram que seu possível déficit a ser coberto por subvenções, no ano de 1965, poderia elevar-se a Cr$ 20 bilhões. Uma parte substancial disso provinha das linhas europeias — disse, embora o próprio Banco do Brasil já tivesse se habilitado no processo de falência cobrando apenas Cr$ 4 bilhões, crédito menor que o devido pela própria Varig. — Sob o ponto de vista econômico, a empresa aceitou o encargo de arcar com os prejuízos da Panair porque vê na junção dos serviços internacionais, dentro de uma estrutura única, a última possibilidade de reduzir déficits e, por conseguinte, também reduzir as subvenções, que o governo não deseja mais pagar, através da padronização progressiva do material de voo, melhor intercâmbio operativo, maiores possibilidades de vendas internacionais em face da concorrência estrangeira e outros fatores dessa natureza, para salvar os serviços aéreos brasileiros do desastre de uma Aerobrás — continuou. — Nos dois anos vindouros, a Varig pretende obter a correção dos fatores que levaram a Panair ao fracasso comercial. É um encargo muito longe de ser lucrativo, que a Varig só tomou a si pelo fato de ser uma Fundação, menos interessada em lucros comerciais, mas muito interessada em criar condições de ocupação para a massa de gente que nela trabalha e que, com a absorção do pessoal da Panair, se elevará a mais de 10 mil pessoas.[119]

Embora Berta insistisse só ter tomado conhecimento da decisão do governo horas antes de a cassação se consumar, seus próprios subordinados revelariam que não apenas a informação chegou à Varig antes, como essa antecedência foi suficiente para que o próprio executivo destacasse funcionários para tomar as providências necessárias.[120] Além disso, apesar de afirmar que a nova operação internacional constituía um fardo ingrato, uma semana antes a própria Varig divulgara ao *Jornal do Brasil* que, ao executar as linhas que lhe haviam sido atribuídas pelo governo no setor europeu,

> transportou, no período de 11 de fevereiro a 31 de março, um total de 14.380 passageiros, realizando 82 voos, em 876 horas. Foram utilizados, nas viagens, aviões Boeing 707, Convair 990-A e o Super-Constellation-G, este no Voo da Amizade. A Varig considera que, para a época, uma vez que o inverno europeu mal terminou, o aproveitamento pode ser tido como excelente.

Paulo Sampaio acompanhava as contradições a distância, pelas páginas dos jornais. Apesar da adversidade, mantinha a convicção de que recolocaria a Panair em seu lugar de direito: os céus e aeroportos do Brasil e do mundo. Com Celso da Rocha Miranda e o time de advogados da companhia, dedicaria toda a sua energia à reabilitação, assim que o Supremo Tribunal Federal concedesse a segurança requerida por meio do mandado impetrado.

VI

Catástrofe

1

— No caso vertente, a falência aparece como um efeito, em relação à cassação do direito de explorar as linhas, a causa. O ato, que se ataca por meio do mandado de segurança, antecedeu, no tempo, à decretação da falência, e foi invocado na sentença que a decretou como o motivo determinante do estado de insolvência da impetrante — explicou o advogado. — Assim sendo, negar a possibilidade de submetê-lo ao controle jurisdicional, pela via própria e perante o juízo específico, designados na Constituição Federal, será admitir a subsistência do efeito sem qualquer possibilidade de apreciação jurisdicional da sua causa, ou seja, será admitir a subsistência, sem remédio, do ato originariamente lesivo de direito subjetivo da Primeira Impetrante. A Panair do Brasil S.A. recorrerá da decisão de Vossa Excelência.

O jurista recolheu os documentos que espalhara sobre a bancada, guardou-os apressadamente em sua pasta e saiu. A companhia aérea acabava de sofrer outra derrota fenomenal. Ao contrário do que todos esperavam, o STF rejeitou os argumentos contra a cassação do direito de voar. *O Dia* noticiou: "O mandado de segurança impetrado pela Panair do Brasil S.A., contra o ato do presidente da República e do ministro da Aeronáutica, que cassaram a concessão de linhas de transporte que a empresa detinha, foi indeferido pelo relator da matéria ao Supremo Tribunal Federal, ministro Vilas Boas."[121] Com ele, tomaram parte do julgamento os ministros Prado Kelly, Adalício Nogueira, Evandro Lins e Silva, Hermes Lima, Pedro Chaves, Victor Nunes Leal, Gonçalves de Oliveira e Luiz Gallotti. "O ministro Vilas Boas solicitou informações à Presidência da República para instruir o pedido", destacou O *Diário de S.Paulo*.[122]

Celso da Rocha Miranda soube que houve pressões do governo para que a segurança não fosse concedida.[123] Os assessores também o informaram de que a Varig exerceu influência no desfecho judicial. Nos autos, ficou registrado que a empresa gaúcha, por meio de seu advogado Henrique Augusto Diniz de Andrada, requereu intervenção no julgamento do mandado, apresentando-se como "assistente da autoridade coatora".* O pedido foi atendido pelo ministro Vilas Boas em sete dias.[124]

Antes do pronunciamento do Supremo, a transportadora de Ruben Berta já havia ingressado oficialmente no processo de liquidação da concorrente. Segundo reportagem de *O Estado de S.Paulo*, "alegando transporte de passageiros da Panair quando os aviões desta empresa não podiam voar, a Varig habilitou-se na falência em trâmite na 6ª Vara Cível com crédito de 80 milhões de cruzeiros". Ou seja, não apenas Berta ganhou as linhas da rival, como cobrou dela dinheiro por tê-las assumido.[125]

Semanas mais tarde, também o agravo de instrumento interposto contra a decretação da falência falharia em atingir seu objetivo. "A Segunda Câmara do Tribunal de Justiça do Estado da Guanabara decidiu, por unanimidade de votos, negar provimento ao agravo. Foi relator o desembargador Olavo Tostes", publicaria o *Correio da Manhã*.[126]

Se a batalha ia mal na Justiça, nas ruas o movimento dos panerianos continuava vivo. Eles já não militavam no hangar desde 17 de março, porque, por ordem do juiz Mário Rebello de Mendonça Filho, a sede da companhia fora fechada e estava sob guarda de

---

* Ver Apêndice XI: Requerimento de Henrique Augusto Diniz de Andrada.

soldados da Aeronáutica.[127] Agora, a Comissão Central realizava as reuniões na sede do Sindicato dos Aeroviários. No Rio de Janeiro, o ativismo sobrevivia também em locais como o auditório da TV Tupi, no bairro da Urca, que durante algum tempo abrigou os funcionários para transmitir as assembleias em cadeia nacional nas noites de segunda-feira. Eles tinham o apoio do produtor Alcino Diniz.

Mas a frente de resistência mais visível era mesmo o acampamento das aeromoças, agora chamadas "anjos sem asas" em todo o país. A ampla cobertura dos veículos de imprensa e o apoio da opinião pública ao infindável protesto já incomodavam o governo. O *Correio da Manhã* publicou: "As aeromoças foram ameaçadas, na manhã de ontem, pelo coronel Rebelo [Guilherme Rebelo da Silva], subchefe da Casa Militar, de que se não saíssem até o meio-dia a polícia do Exército as removeria à força. As aeromoças não saíram e já têm passagens para seguir o presidente amanhã até Brasília e acampar em frente ao Palácio do Planalto."[128] De acordo com o redator do texto, o coronel também tentou impedir que os demais funcionários da Panair lhes prestassem assistência.

Ele não conseguiu; a ajuda era grande e vinha de todos os lados. Hilda, a esposa do comandante Paulo Lefévre, assumiu a tarefa de entregar às jovens uniformes limpos e passados. Geneviève e Livia, mulher e filha do comandante Jorge Pontual, respectivamente, distribuíam os medicamentos que arrecadavam. As comissárias eram apoiadas também pelos moradores do próprio Parque Guinle, que lhes ofereciam água gelada, bombons, flores e revistas. A Churrascaria Gaúcha lhes trazia o almoço e o restaurante Saint-Tropez, o jantar e cigarros. O Café Palheta mandava o cafezinho. O dono de um salão de beleza da região as procurava periodicamente para garantir que estivessem sempre apresentáveis no momento em que os portões de ferro se abrissem. As Indústrias Cabiac enviavam vidros de perfume. E escoteiros do Grupo São Miguel passaram um dia inteiro ali, examinando as duas barracas que as moças haviam montado e ajudando com serviços de limpeza.[129] Segundo o *Jornal do Brasil*, também "um velho passageiro da Panair, residente em Belém, compareceu ao acampamento, lá deixando um embrulho com doces, frutas, leite em pó e biscoitos. Sensibilizado com a situação das moças, adiou sua viagem de volta ao Pará, anunciando que passará mais alguns dias no Rio para auxiliá-las no que for preciso".[130]

— Será muito difícil sensibilizar o presidente. Ele é um veterano de guerra que se acostumou com os mais duros quadros da Campanha da Itália. Não vai se impressionar com um piquenique de aeromoças — tentou desencorajar um assessor presidencial.

Uma delas respondeu:

— Para ser um bom militar são indispensáveis força de vontade e absoluta confiança em sua equipe. De uma certa forma, somos como os militares — comparou. O funcionário público calou-se e foi embora.

As comissárias resolveram, então, levar seu protesto a outro patamar e iniciaram uma greve de fome. "A decisão foi tomada na tarde de sábado, após as moças terem sofrido hostilidades de quinze soldados da guarda do palácio, que formaram à frente delas para que o presidente da República não as visse ao regressar de sua viagem ao Sul", destacou o *Última Hora*:

> No momento em que o marechal Castello Branco entrava no Palácio das Laranjeiras, as aeromoças se puseram de pé, tendo nas mãos uma faixa: "Presidente, aguardamos audiência." Quinze soldados da guarda presidencial, entretanto, postaram-se à frente delas, para impedir que o marechal visse a faixa. As moças, neste instante, deram um passo à frente e foram obstaculizadas pelos soldados.
>
> Na manhã de ontem, o Gabinete Militar da Presidência baixou instruções aos guardas do portão do Parque Guinle para que impedissem o ingresso de funcionários da Panair. Todos que por ali ingressam, mesmo moradores, tinham que se identificar.[131]

"As dez aeromoças da Panair que estão acampadas nos jardins das Laranjeiras à espera de um passageiro presidencial que lhes desaperte o 'cinto de in-segurança', já foram até ameaçadas de expulsão. Curioso: foram postas no olho da rua e agora querem colocá-las no olho de casa", ironizou o *Diário de Notícias*.[132]

Em 29 de março, 12 dias após o início do acampamento, o marechal, finalmente, recebeu Helga Schneider, a líder do grupo. Mas sozinha. Durante o encontro, que foi breve — começou às 20h50 e durou cerca de dez minutos —, Castello Branco justificou que não a atendera antes pois nenhuma audiência havia sido marcada:

— Isso devia ter sido providenciado com a guarda do Palácio — disse.

Helga retrucou imediatamente:

— Em todas as ocasiões em que tentei um entendimento fui interrompida pelo coronel Rebelo.

Castello Branco irritou-se:

— Não aceito pressão. O governo mantém a promessa de amparar todos os empregados da Panair.

Ali mesmo, o marechal marcou para as 14h30 uma entrevista da aeromoça com Arnaldo Sussekind, ministro do Trabalho, a quem, disse o marechal, ela "deveria ter levado o problema social". No final do encontro, Helga entregou ao presidente uma carta de Adhemar de Barros, em que o governador de São Paulo defendia a aprovação da proposta da Vasp — já oficialmente recusada pelo Ministério da Aeronáutica — e um documento elaborado por economistas que recomendavam o retorno das atividades da Panair.

— Não posso dar uma resposta imediatamente — desconversou o militar ao pegar os papéis. — O problema não compete apenas a mim. Mas vou encaminhar essa documentação ao ministro da Aeronáutica.

Levantaram-se e Helga saiu.

Por volta das 21 horas, os repórteres de plantão viram as jovens retirar-se do local abraçadas. Um representante da Comissão Central informou à imprensa:

— A suspensão do acampamento é um voto de confiança nas promessas do governo, mas não implica o término da campanha que vem sendo sustentada pelos funcionários desde que foram cassadas as linhas da Panair. As assembleias gerais continuarão sendo realizadas diariamente na sede do Sindicato dos Aeroviários, até que todos os empregados da Panair estejam realmente com suas situações resolvidas, admitidos em novos empregos.

Na manhã seguinte, jornalistas de *A Notícia* foram cobrir a inscrição de cerca de quinhentos panerianos às vagas abertas no Departamento de Trânsito do Rio.[133]

— Há vários dias venho passando, com meus filhos e esposa, a feijão, farinha e água — contou um comandante de DC-7, nove anos de Panair, ao repórter. — No último domingo, uma vizinha caridosa, sensibilizada com nosso drama, nos mandou uma travessa de macarrão, que economizamos para o jantar. Como não vejo dinheiro desde dezembro, fui obrigado a tirar meus filhos menores do colégio e estou para perder meu apartamento na rua Gustavo Sampaio, por falta de pagamento. Já vendi tudo o que tinha. No apartamento, só temos cadeiras. Vim me inscrever para o concurso no Departamento de Trânsito porque a situação é de desespero. Aceito qualquer cargo para amenizar o sofrimento da minha família.

Um mecânico de manutenção, seis anos de Panair, também desabafou:

— Estou trabalhando como motorista de caminhão para sustentar minha família.[134]

Entrevistada, Lígia Fernandes, funcionária do Detran, contou que o órgão público estava aceitando inscrições para recepcionistas, escriturários, pintores e despachantes. Ela orientou os candidatos a trazer e apresentar suas carteiras funcionais da Panair ou as carteiras profissionais do Ministério do Trabalho.

— Já temos quinhentas pessoas, mas o Departamento só aproveitará 350. No total, mais de 1.100 pessoas já se inscreveram na Espeg [Escola de Serviço Público do Estado da Guanabara]. É de cortar o coração da gente ver senhoras e senhores idosos ficarem sem trabalho, pois em nenhum outro lugar eles serão aceitos por causa da idade — lamentou Lígia. — Uma colega nossa costuma ter crises de choro e precisa ficar isolada dos demais no gabinete da secretária do coronel Américo Fontenele, até que se acalme.[135]

No dia 9 de abril, Helga e as colegas foram recebidas por Sussekind em nova audiência que durou meia hora. Ali, a líder do grupo contou em detalhes o drama por que passavam os 5 mil colegas e seus dependentes. O ministro lhe disse:

— O pagamento dos salários atrasados está na dependência da aprovação, pelo Congresso, da verba especial já pedida pelo presidente da República. As indenizações serão pagas dentro das normas legais. Os empregados devem proceder às suas habilitações na Justiça. Vou me encontrar hoje com o presidente e o ministro da Aeronáutica para discutir o problema do aproveitamento do pessoal da Panair e me comprometo a dar uma informação concreta, inclusive, sobre a distribuição dos funcionários em seus novos empregos, na próxima sexta-feira.

Ele deixou um cartão com os contatos de seu assessor, que ficou de marcar o horário para outra reunião. E avisou:

— Há vagas no Samdu [Serviço de Assistência Médica Domiciliar e de Urgência] e Saps [Serviço de Alimentação da Previdência Social] em todos os estados, que poderão ser preenchidas com pessoal da Panair.

Helga reclamou que as promessas não estavam sendo cumpridas. Mostrou uma carta que continha as condições impostas pelas empresas aéreas para admitir os funcionários da Panair.

— As admissões estão acontecendo sob uma série de condições — denunciou a aeromoça.

— Vou convocar uma reunião com os representantes dessas empresas para discutir as condições contratuais que deverão ser observadas — assegurou o ministro.

O novo encontro aconteceu no dia 10, das 17h30 às 19 horas. As jovens compareceram acompanhadas por representantes da Comissão Central. Mas, segundo informações passadas à imprensa, o ministro não apresentou qualquer solução concreta; apenas voltou a afirmar que se comprometia a contratar o máximo de pessoas possível, sem se responsabilizar por níveis salariais, condições dos contratos ou limitação de idade. "As aeromoças comentaram que o governo não resolveu, como prometera, em nota oficial, a situação do pessoal da Panair, porque não dá emprego para todos e os que oferece, pagam salários muito baixos e não dão quaisquer garantias", repercutiu o *Correio da Manhã*.

Ao fim da reunião, dissolveu-se a Comissão Central dos funcionários. Terminava ali, esvaziado, o movimento coletivo. Agora, cada aeronauta e aeroviário teria que lutar sozinho por uma chance no mercado.[136] Às comissárias que participaram do acampamento estariam reservadas novas dificuldades:

> Durante o acampamento em frente ao Palácio das Laranjeiras, um fotógrafo da polícia, que se apresentou como profissional da imprensa, colheu fotos individuais, em poses de frente e de perfil, e dados pessoais de todas as aeromoças. Com os dados e as fotos, as comissárias foram fichadas no Dops como subversivas e tiveram cortadas todas as possibilidades de conseguir emprego. As comissárias já se apresentaram a diversas empresas de aviação, tanto nacionais como internacionais, além de firmas particulares, mas quando informam que participaram do acampamento são imediatamente recusadas. As comissárias informaram que todas estão enfrentando uma situação difícil, porque completamente sem dinheiro e praticamente sem possibilidades de conseguir novos empregos.[137]

Os pagamentos dos salários referentes a janeiro e os quinze primeiros dias de fevereiro, autorizados pelo governo, foram finalmente realizados na primeira semana de maio de 1965, para os funcionários do Rio de Janeiro, e, a partir da semana seguinte, aos demais no Brasil. Mas a demora no atendimento ao pessoal desempregado e o não cumprimento das promessas produziram mais críticas ao governo e à Varig. Segundo a *Folha de S.Paulo*, todos os senadores e deputados por aquele estado e mais 150 parlamentares assinaram um memorial entregue a Castello Branco pelo deputado Pedro Aleixo, da UDN de Minas Gerais, pedindo que o governo analisasse melhor a distribuição das linhas internacionais da Panair:[138]

— Uma coisa é aceitar uma concessão provisória a curto prazo; outra, muito diferente, é apoiar a outorga definitiva. A concessão definitiva significaria o monopólio das linhas internacionais, o que é contrário ao espírito da Constituição e, além disso, representaria praticamente o controle da aviação comercial brasileira, reserva da aviação militar, por uma única empresa privada — criticou Aleixo.

Eduardo Gomes defendeu-se e à Varig:[139]

— A escolha da Varig para suceder a Panair decorreu da necessidade de se evitar a solução de continuidade nos voos para a Europa, com a dupla finalidade de impedir a perda do mercado internacional e a fim de honrar os contratos de transportes feitos pela Panair, através da venda de bilhetes de passagens, ainda não utilizados, no montante de 1 milhão de dólares. A escolha de outra transportadora para substituir a Panair, em especial a Vasp, única solicitante à concessão referida, seria, certamente, repetir experiência malsucedida e havida com outras quatro empresas nacionais.

Ruben Berta, por sua vez, tentou esquivar-se da polêmica, afirmando que todas as decisões envolvendo concessões de linhas aéreas eram da alçada do governo, sem que a empresa gaúcha exercesse qualquer ingerência na matéria:[140]

— O governo, como as dá, pode tirá-las a qualquer momento. A indicação da Varig, entretanto, já foi comunicada pelo governo brasileiro a todos os governos estrangeiros, no sentido de ser a portadora da bandeira brasileira, de acordo com os tratados bilaterais. Claro que se o governo, amanhã ou depois, desejar modificar essa situação, não será a Varig que vai se opor — alegou.

2

Nesse período, realizou-se o primeiro leilão do acervo da Panair. No edifício da companhia na praça Marechal Âncora, o leiloeiro Fernando Mello organizou um pregão de lotes contendo apenas bens perecíveis.[141] Mas todos os olhos estavam mesmo voltados para a negociação das joias mais valiosas: os imóveis que compunham o vasto patrimônio da falida no Brasil e no exterior. Publicou o *Diário de Notícias*:

> Em cada uma das capitais sul-americanas onde pousa, a Panair dispõe de escritórios magnificamente localizados nas "cities" — e por sinal que fun-

cionam, ou funcionavam, como verdadeiros centros de diplomacia avançada do próprio país no estrangeiro. Quem conhece a Europa bem sabe quanto vale em luvas um escritório desses a dois passos da praça da Ópera, ou em pleno Piccadilly, ou ainda numa paralela à Via Veneto! Pois essas luvas, essas instalações, esses "pontos" comerciais são peças do patrimônio da Panair, cuja conversibilidade em valor corrente interessa decerto a todos os credores da massa falida, inclusive e principalmente aos próprios funcionários, a quem assiste o direito primordial de evitar que tais bens sejam convertidos numa "herança fina" de herdeiros "parvenus".[142]

Na última semana de março, o síndico Alberto Victor Magalhães Fonseca, do Banco do Brasil, havia requerido o envio de um emissário ao exterior para "arrecadar e fazer um levantamento das agências ali sediadas, liquidando ou transferindo a terceiros a responsabilidade das mesmas, de acordo com a legislação de cada país, da melhor forma possível". Indicara para a missão o funcionário Adolpho Schermann. A Curadoria de Massas não se opôs, contudo formalizou que qualquer liquidação ou transferência fosse "precedida de autorização expressa do Juízo" nos autos, após a realização, em cada caso, de "audiência, no mais breve possível, da Falida, dos credores e desta Curadoria". O juiz Mário Rebello de Mendonça Filho aprovou a indicação e Schermann embarcou com a esposa para a Europa no dia 29 daquele mês.

Investido do poder de demitir os funcionários da Panair e liquidar o patrimônio e os débitos, o preposto recebeu do BB autorização para "movimentar contas bancárias e receber créditos, inclusive receber quantias de repartições governamentais públicas e particulares, obrigando-se a prestar contas".* Ao *Jornal do Brasil*, Fonseca garantiu que seu representante não fecharia nenhum acordo "sem autorização do juiz da 6ª Vara Cível, Curador da Massa e da Sindicância".[143]

A liquidação, no entanto, não se processaria dessa forma. Conforme o próprio Schermann registrou mais tarde no processo, ele

---

* Informações do Banco do Brasil e da Curadoria de Massas constantes nos autos do processo de falência da Panair do Brasil.

transferiu os contratos de locação da maior parte dos escritórios da Panair à Varig sem consultar as partes interessadas — e o fez gratuitamente ou por preço interior ao da avaliação oficial, dispensando-se da obrigação de realizar concorrência. Com as lojas, passaram também à empresa gaúcha os móveis, utensílios e outros bens da falida. O restante do patrimônio, como veículos e maquinário, vendeu a preços irrisórios, dilapidando inteiramente o acervo acumulado durante vinte anos de operação paneriana no exterior. As condições negociadas prejudicaram gravemente a massa e os credores.

Nos autos, constariam as seguintes informações:

> O contrato da agência de Londres, por exemplo, originalmente avaliado por £ 20/30.000, "passou a ser estimado em seguida em £ 15.000, sendo finalmente alienado, sem concorrência, pela irrisória quantia de £ 5.000 (a fls. 183 do 'relatório')". "O contrato da agência em Manchester e as instalações do Aeroporto na mesma cidade foram gratuitamente transferidos à Varig (Fls. 184 do 'Relatório')." "O contrato de locação em Madri, embora avaliado em 200.000 pesetas, foi transferido à Varig, sem concorrência, mediante o pagamento de apenas 100.000 pesetas, havendo o sr. Schermann transferido àquela empresa aérea, sem qualquer justificativa, a parte correspondente à metade das luvas, à qual renunciou o locador (Fls. 0089 da 'prestação de contas')." "Os contratos de locação das agências na Itália foram transferidos à Varig; sem concorrência, gratuitamente, exceto no tocante à Agência em Roma, pela qual foi cobrada a quantia de Lit. 30.000.000, a título de Luvas (a fls. 72 e 74 do 'Relatório')." "O contrato de locação da agência em Zurich foi gratuitamente cedido à Varig (a fls. 145 do 'Relatório')." "Os contratos das agências na Alemanha foram gratuitamente transferidos à Varig (a fls. 128 do 'Relatório')."

Ao processo falimentar seriam adicionados, ainda, documentos com revelações sobre os motivos pelos quais Schermann exorbitou de suas responsabilidades, agindo autonomamente, de forma irregular, para desbaratar o patrimônio:

Não foi por acaso que o preposto do Síndico, sr. Adolpho SCHERMANN, alienou à Varig, sem concorrência e com inobservância da determinação do Juízo falimentar, móveis, utensílios e outros bens da Falida no exterior; não foi também por acaso que aquele preposto cedeu à Varig gratuitamente ou em condições desvantajosas para a Massa a quase totalidade dos contratos de locação; havia um elo, uma motivação para isso, traduzida nas pessoais retribuições de favores pessoais, aliás, despudoradamente confessada pelo sr. Adolpho Schermann a fls. 0098 e 0235, do citado "relatório".

"A Varig nos hospedou no Hotel Flórida com todo o conforto, atendendo-nos sempre prestimosamente."

"A Varig, por sua vez, foi atenciosa na hospedagem que nos deu, reservando-nos ótimas acomodações no Hotel Metrópole."

Ditos favores explicam, mas não justificam, uma parte das infrações de favorecimento à Varig. A outra parte encontra explicação no fato de ter o preposto se permitido orientar-se, nos assuntos de caráter jurídico, pelo ilustre dr. Aguinaldo Junqueira Filho, advogado e diretor da referida Varig, eis porque assim se expressou o referido preposto, à fl. 0235, em seu "relatório":

"O representante da Varig, dr. Aguinaldo de Melo Junqueira Filho, foi outro elemento de grande valor nos assuntos que tratamos, sobretudo nos de caráter jurídico, em que me prestou valioso auxílio."

As irregularidades são evidentes e inegáveis, os prejuízos causados à Massa são vultosos, e por eles deve o Banco do Brasil responder, na conformidade da disposição taxativa do artigo 68 e seu parágrafo único, da Lei de Falências.

O BB passaria incólume. Para se garantir, Schermann, antes de deixar cada escritório da falida, queimou, ele próprio e sem autorização judicial, os documentos que pertenciam à Panair:

Enquanto a lei falimentar determina a arrecadação de todos os bens e também dos documentos da falida, [o síndico Banco do Brasil] mandou à Europa um funcionário (sr. Adolpho Schermann), que foi de agência em agência, para inventariar os bens, ocasião em que, conforme relatório reservado, por esse funcionário feito ao Banco, queimou documentos da falida, em diversos países, sozinho, sem autorização ou assistência de ninguém.

Paulo Sampaio e Jorge Mourão, estarrecidos com a rápida dilapidação do patrimônio e a destruição dos papéis, enviariam à Justiça um longo memorial, denunciando cada ilegalidade cometida durante a liquidação. Entre os crimes praticados pelo representante do síndico, destacariam:

(...) operou-se, no exterior, um processo sui generis de "liquidação entre amigos", no qual a austera e vigilante figura do Ministério Público — à revelia deste, é claro — passou a ser exercida por quem? Pela própria empresa competidora, a VARIG, herdeira das sempre cobiçadas linhas da Europa e, com sagacidade, disposta a se transformar, como de fato se transformou, em legatária do acervo material precioso existente das principais cidades Europeias.

A fls. 20.049, lá está o estranho "liquidante" a confessar ter agido por conta própria, admitindo, outrossim, ter infringido determinação do MM juiz da 6ª Vara Cível, no afã de atender os interesses da Varig.

(...) Lá está, a fls. 20.292, devidamente assinalada, a revelação feita pelo próprio sr. SCHERMANN, de que a VARIG, "hospedou-me no excelente Plaza Hotel". Lembremo-nos de que esse liquidante recebia diárias de US$ 350, superiores às dos diretores da falida, quando em atividade, que eram de US$ 30. A sua dedicação aos interesses da VARIG era, portanto, remunerada...

(...) houve fabuloso prejuízo para a Massa [na Espanha]. O mesmo, entretanto, não parece ter ocorrido com a VARIG, que especulou e lucrou, pois, ao que se diz, ficou com o contrato dos escritórios da PANAIR (Calle Jacome — treze) por 100 mil pesetas e o traspassou, poucos dias após, por 250 mil.

(...) Esse mesmo "liquidante", cuja capacidade de afirmar coisas inverossímeis ultrapassa todos os limites, declara, mais adiante, nessa mesma página 183, que, em poucas semanas, a "CONCORRÊNCIA DE OUTRAS VENDAS DE LOJAS E ESCRITÓRIOS NA MESMA RUA FORAM, COM O

TEMPO, DESVALORIZANDO AS OFERTAS ATÉ CHEGAR À ATUAL SITUAÇÃO QUE SE RESUME EM UMA OFERTA DE £ 5 mil que aceitei depois de sua aprovação, pelos pavimentos de 29 NEW BOND STREET e a ENTREGA DA LOJA ao proprietário SEM INDENIZAÇÃO DE PARTE A PARTE". Depois disto, perdoe-nos V. Exa., só botando o apito na boca... Com que então, em Londres, no ano de 1965, em Bond Street, houve, em poucas semanas, tal desvalorização que andares que valiam £ 15.500 (Cr$ 40 mil) passaram a valer £ 5 mil (Cr$ 9 mil) e Lojas que valiam £ 2.250 (Cr$ 4.500) passaram a nada valer...

(...) A suntuosa e bem localizada loja da Panair [em Paris], com suas instalações de escritórios, viaturas, máquinas etc. tiveram avaliação de Frs. 819.500, a loja, e 49.164 os móveis e automóveis, totalizando Frs. 868.664.

Todavia, do balanço apresentado não consta o valor da loja e dos utensílios vendidos à Varig.

Está dito que a Varig deduziu, do que deveria pagar, a quantia de Frs. 168.527,17, valor das indenizações dos empregados por ela aceitos. Indaga-se: a Varig pagou essas indenizações?

O esclarecimento deve vir, sem tardança, pois, o que se sabe constitui versão vergonhosa envolvendo ilícitas transações.

Com um pouco de atenção, desvendada estará a manobra, que constituiu o seguinte:

1º) A Varig deveria pagar Frs. 858.664 pela loja e instalação da Panair, em Paris;

2º) Deduziu, desse total, a quantia de Frs. 168.527,17, valor das indenizações que seriam devidas aos empregados da Panair;

3º) Mas, não pagou essas indenizações. No seu exclusivo interesse, conservou os empregados, livrando-se de indenizá-los;

4º) Houve, claro, claríssimo, uma locupletação ilícita;

5º) A compreensão feita só teria cabimento se a mesma representasse reembolso à Varig por quantias dispendidas. Não tendo ocorrido desembolso, ilícito será — como foi — o reembolso;

6º) Beneficiou-se a Varig. Em detrimento de quem? Da Massa e dos funcionários.

Sim, porque mais humano, mais justo e mais decente, teria sido o efetivo pagamento aos funcionários.

Não a sua absorção pela Varig, mercê da suspeita atuação do liquidante, hóspede agradecido (pois poupava diárias) e servidor submisso: sr. Schermann

(...) Só neste lance, a Massa perdeu Frs. 168.527,17, o equivalente, na época (1965), a Cr$ 66.600. (...) Essa desenvoltura de um liquidante "com carta branca" levou o sr. Schermann a pagar, na Inglaterra, indenizações trabalhistas inexigidas pela legislação e, de outro lado, na França, a transferir para os cofres da Varig as indenizações devidas, por lei, aos servidores da Panair. (...) A vender, como vendeu, um automóvel MERCEDES BENZ, em Paris, por cerca de Cr$ 360.

(...) O que se viu foi o arrasamento de um patrimônio, feito, arbitrária e insensatamente, por um liquidante que, no seu Relatório, não se cansa de evidenciar e proclamar sua submissão à Varig.*

Questionado em abril de 1965 sobre o deferimento da proposta da Varig para arrendar as lojas, o juiz Mário Rebello de Mendonça Filho disse:

— Nada tenho a recriminar o síndico pela autorização que fez, a título precário, da utilização das agências. Ao síndico, o que a lei veda é pendente recurso, alienar os bens da massa. Obriga-o, entretanto, a praticar atos conservatórios indispensáveis a manter intacto o patrimônio do devedor.

Publicamente, o assunto morreu ali. Nos autos do processo, no entanto, a discussão levaria anos — e as contas prestadas pelo Banco do Brasil jamais seriam aprovadas.[144]

No mesmo mês, a Varig levaria outro importante quinhão do patrimônio da Panair. O Banco do Brasil juntou aos autos do processo a proposta de Ruben Berta para arrendar duas aeronaves DC-8 da massa falida (registros PP-PDS e PP-PEA) por US$ 75 mil mensais, cada uma, e incluiu parecer favorável da DAC. Por pressão oficial, o Juízo falimentar acolheu as condições. Mais tarde, a

---

* Os documentos são datados de novembro de 1974. Mais informações sobre a liquidação do patrimônio da Panair serão fornecidas ao longo deste capítulo.

Cruzeiro do Sul arrendaria três aviões Caravelle (PP-PDV, PP-PDX e PP-PDZ) por US$ 20 mil ao mês, cada.*

No futuro, o perito avaliador Flávio Marques May, nomeado pelo juiz da 6ª Vara Cível, apresentaria um laudo descritivo de vistoria e avaliação das aeronaves e turbinas, no qual questionaria os aluguéis cobrados das arrendatárias, por ele considerados muito baratos.

Na página 4 do documento, argumentou: "Todas as aeronaves e turbinas encontram-se em ótimo estado de utilização ou de manutenção, nada havendo de anormal que possa alterar extraordinariamente o seu valor." Depois, na página 7, pontuou: "A impugnação da avaliação apresentada pelo ilustre procurador, com apoio da Assessoria do Ministério da Aeronáutica, merece, de plano, sérios reparos." Destacou Marques May que a oferta de DC-8 e Caravelle no mercado era quase nula naquele momento. Portanto, que os bens da Panair eram "ativos valorizados", o que tornava incompreensível a sua cessão a preços tão baixos. Ele apontou:

> Diante desses fatos e dos preços dos arrendamentos vigentes no mercado internacional (solicitado, na época, para no mínimo US$ 90 mil, conforme página 961 do processo), não nos resta dúvida de que essa rendabilidade [sic.] da aeronave proporciona ao arrendatário resultados que lhe permitem uma operação lucrativa, mesmo tendo como componente de custo o aluguel contratado. (...) As aeronaves CARAVELLES e nove turbinas estão arrendadas à Cruzeiro do Sul por US$ 20 mil cada por mês. O grau de rentabilidade dessas aeronaves é indiscutível. (...) O aluguel contratado foi, na época, visivelmente irreal. No mercado internacional, o arrendamento (casco nu) conhecido como *dry lease* poderia ter atingido US$ 35 mil a US$ 40 mil por mês. (...) A própria Cruzeiro do Sul reconhece que o valor dessas aeronaves era maior que o da exigência.

O perito destacou, ainda, que a "oferta da Empresa espanhola Iberia, sem licitação de mercado, foi de US$ 40 mil por mês, confor-

---

* O contrato de arrendamento dos DC-8 foi assinado em 16 de junho de 1965. Em julho, os aviões perderam as cores da Panair e, em agosto, entraram em operação na Varig. O contrato envolvendo os Caravelles data de 17 de fevereiro de 1966, quando o primeiro jato foi incorporado à frota da Cruzeiro do Sul.

me documentos anexos" — proposta que, inexplicavelmente, recebeu recusa do Juízo falimentar. Novamente, em detrimento dos interesses da massa falida e dos credores.

Sobre os arrendamentos, Paulo Sampaio escreveria:

> Os aviões DC-8 e Caravelle foram, por pressão oficial, arrendados às companhias Varig e Cruzeiro, respectivamente. Os hangares e oficinas da Panair no Galeão, com todas as suas preciosas e modernas máquinas de valor incalculável, foram arrendados à Varig por preço irrisório, tendo, inclusive, a arrendatária feito a ocupação antes do arrolamento e arrecadação de bens. O fabuloso estoque de peças também no Galeão, avaliado em muitos milhões de dólares, está hoje ao sabor de estranhos que se ainda não o arruinaram o farão em pouco tempo.[145]

Em julho de 1965, foi a vez de três hidroaviões PBY Catalina voltarem a voar, nas cores da Cruzeiro. Matriculados PP-PEB, PP-PEC e PP-PCW, eles estavam parados no pátio do aeroporto de Belém desde a cassação das linhas da Panair e foram arrendados com um DC-3 (PP-PED). Segundo o *Jornal do Brasil*, José Bento Ribeiro Dantas deslocou-se até a capital paraense para se encontrar com "um grupo de técnicos e diretores da empresa que, lá, foram receber todo o acervo da extinta Panair do Brasil".[146] Os demais Catalina (PP-PCX e PP-PDR) passaram ao controle da Força Aérea Brasileira, que jamais os utilizaria em voo; as aeronaves seriam desmontadas e suas peças destinadas à reposição.

A Pan American, por sua vez, reivindicou a reintegração de posse de um DC-7 (matriculado PP-PEG), que estava arrendado à Panair, e um DC-8 (PP-PEF), comprado com reserva de domínio; eles seriam devolvidos em 9 de setembro. O restante da frota em condições de voo — dez Constellations e um DC-7 — ficou definitivamente no chão, à espera dos próximos leilões.

3

Nesse meio-tempo, Paulo Sampaio e Jorge Mourão montaram um núcleo de resistência em quatro salas da Companhia Internacional de Seguros, de Celso da Rocha Miranda, na rua da Assembleia, 104, centro do Rio, para acompanhar o andamento do processo de falência. Assim que se estabeleceram, souberam que o Banco do Brasil designara o contador Armando Simões de Castro para realizar o exame contábil da escrita da Panair, providência solicitada pelo juiz. Os ex-diretores se animaram. Tinham a esperança de que, feita a perícia nos dados, tudo ficaria esclarecido de forma cristalina e o governo não teria outra saída senão voltar atrás.

— Posso dizer pela expressão em seu rosto que o senhor tem más notícias, dr. Tude — brincou Paulo Sampaio ao ver o advogado entrar.

— Acabo de voltar da 6ª Vara. Li em uma certidão que até hoje o laudo contábil do perito não foi juntado aos autos da falência — disse o jurista, visivelmente incomodado.

— Como assim, doutor? — indagou Mourão. — Hoje é 9 de junho. A União oficiou ao Juízo da 6ª Vara que apresentou o laudo no dia 24 de maio.

— Nem mesmo o relatório-base para a formação do inquérito foi entregue — revelou o assessor. — Mas o que me causou mais estranheza é que parece que o dr. Armando já encaminhou uma cópia do documento ao Supremo Tribunal Federal.

— Como pode ter mandado para lá antes da juntada nos autos? — perguntou Sampaio. — Isso é legal?

— Digamos que o perito está desrespeitando os princípios mais basilares do sigilo profissional, pois é ao juiz da falência, em primeiro lugar, que o laudo deve ser apresentado — respondeu Rocha.

Sampaio ficou perturbado. Não perdera a confiança na Justiça, mas já encontrava dificuldade para se manter tranquilo diante daquele tipo de imprevisto, cada vez mais frequente. É que as surpresas, invariavelmente, surgiam com o propósito de atingir a Panair. Somente duas semanas mais tarde, em 25 de junho, o trio teria a sua resposta. Naquele dia, o laudo contábil foi finalmente entregue ao Juízo falimentar, e, quando o advogado o pegou para examinar, ficou atônito ao notar que o texto era completamente diferente do original enviado ao STF.

— Acredito que algo muito sério esteja acontecendo no processo de falência da Panair do Brasil — anunciou Rocha. — O laudo contábil encaminhado ao Supremo foi adulterado antes de voltar ao Rio de Janeiro.

Mourão arregalou os olhos, em evidente sinal de abalo. Sampaio não demonstrou qualquer reação externa, mas, por dentro, sentiu seu coração ser apunhalado por mil facas. Respirou fundo e, com a voz calma, perguntou:

— Como assim?

— Ambos os laudos são assinados por Armando Simões de Castro, mas os conteúdos são completamente diferentes. Na maioria dos casos, antagônicos. Só posso concluir que no período em que ficou em Brasília o laudo sofreu ostensiva adulteração — disse o advogado. — Há duas versões do mesmo documento apresentadas pelo mesmo perito ao juiz, ambas datadas da mesma época e tendo idêntica finalidade consistente em atender às determinações da Lei Falimentar. A primeira versão, a original, foi datada de maio. Mas é essa segunda, que sofreu a adulteração, que consta dos autos do inquérito.

— Sofreu que tipo de adulteração? — questionou o ex-presidente da companhia. — O dr. Armando concluiu que a diretoria e o dr. Celso não tiveram qualquer responsabilidade criminal no fechamento da Panair.

— Isso não pode estar acontecendo — balbuciava Mourão, que, bastante agitado, andava de um lado para o outro.

— Senhores, tenham calma. Vamos entrar com um recurso. Temos fotocópia da certidão do Supremo com a versão originária do laudo e podemos estabelecer comparações entre as afirmações apresentadas antes e agora — tentou tranquilizá-los o assessor jurídico.

— Sim, doutor, mas isso não desfaz o fato de que alguém está agindo de má-fé para nos atingir — pontuou Sampaio. — Não bastou fecharem a Panair e atirarem milhares ao desespero. Agora, querem nos incriminar? Por quê?

— Obviamente, não conseguiram encontrar respaldo nas acusações sobre a segurança de voo e a manutenção, Paulo. Destruíram a empresa para atingir homens. Agora, querem destruir homens para obstar a recuperação da empresa — explicou Mourão. — Com o laudo pericial verdadeiro, as acusações levantadas pelo Ministério da Aeronáutica, reproduzidas pelo senador João Agripino na tribuna do Senado, seriam pulverizadas pela Justiça.*

— Compreendo inteiramente o que está sentindo, dr. Paulo. Mas a única coisa que podemos fazer é recorrer à Justiça para trazer os fatos alegados à luz da verdade — aconselhou Rocha.

— O que, especificamente, eles mudaram no texto, doutor? — indagou Mourão.

— Eles alteraram quase todas as informações que inocentam a gestão da Panair de crimes falimentares. Foi grande o trabalho de manipulação. Não apenas houve acréscimos e aditamentos como a supressão maliciosa de várias informações esclarecedoras apresentadas pelo perito no texto primitivo do laudo. Nos quesitos do Ministério Público, passou-se da resposta negativa categórica à resposta afirmativa não menos categórica — explicou. — Senhores, isso que foi feito é crime, não tenham dúvida. É crime previsto no Artigo 342 do Código Penal.[147] O dr. Armando falseou, calou, negou a verdade, pois as duas versões do mesmo laudo são contraditórias.

A apresentação de um laudo pericial falso pelo preposto do síndico foi a prova de que os três precisavam para constatar que o funcionamento das instituições jurídicas brasileiras começava a mostrar um comportamento alienígena, fora do normal. Se a Revolução passasse a atropelar esses preceitos tão fundamentais ao exercício do Direito, a verdade e a isenção, onde iria parar a Justiça do país? O relatório serviu também para evidenciar a obstinação das autoridades em liquidar a companhia. A Panair do Brasil entrava agora para a história não mais como uma empresa inovadora e pioneira, mas

---

* Documento encontrado pelo autor no acervo do Dops disponível no Arquivo Público do Estado do Rio de Janeiro revela que o presidente da Panair foi alvo de uma investigação pela Polícia Política precisamente na época da elaboração do laudo contábil falso. Em seu parecer, o chefe do Serviço de Investigações, Moacyr Hosken de Novaes, atesta que o executivo "não registra antecedentes desabonadores". Ver Apêndice XII: Parecer sobre investigação aberta contra Paulo Sampaio.

como um caso de perseguição do Estado sem precedentes nos anais forenses.

O assunto repercutiu na Câmara Federal como escândalo:

— Além de todos os erros deste governo, parece que corre um mar de lama debaixo do Palácio do Planalto. Os laudos periciais encaminhados ao Supremo Tribunal Federal e à 6ª Vara Cível da Guanabara foram pré-fabricados e entendo ser inadmissível que pudessem ter redação diferente — criticou o deputado Amaral Netto, do MDB da Guanabara. — A quem interessa, com que objetivo e que lucro pode trazer ao seu autor ou aos que fizeram com que o seu autor falsificasse um documento dessa importância é o que o governo está obrigado a responder.

— O presidente Castello Branco e o marechal Eduardo Gomes foram enganados por seus assessores, mas o fato absoluto é que o governo, em si, está chafurdado neste lodo que é a massa falida com a qual se tramou a falência da Panair — atacou Dias Menezes, do MDB de São Paulo. — O governo, na sua santa ingenuidade, não se dava conta, ao decretar a falência da Panair, de que seus assessores se prestavam às mais repulsivas manobras. Este laudo falso, no qual se baseou o governo para decretar a falência da Panair, é elemento de convicção que está a exigir da Câmara a constituição de uma Comissão Parlamentar de Inquérito. Essa Comissão deve apurar em toda a sua profundidade o que é realmente esse repulsivo episódio da falência decretada pelo governo, no interesse de concorrentes daquela empresa, e visando pura e simplesmente a interesses escusos e pessoais, que uma CPI haveria de provar.

Assessorado pelos advogados Nelson Hungria e Carlos Gomes Monteiro, Tude Neiva de Lima Rocha elaborou um memorial, no qual questionava a idoneidade do contador para funcionar no processo, acusava o síndico Banco do Brasil de ter permitido o encaminhamento de dois laudos excludentes e enumerava, uma a uma, as alterações entre o documento original e o falsificado.* A publicação destacava:

---

* Ver Apêndice XIII: Confronto das diferenças existentes entre as versões do laudo pericial.

Ambas as versões têm o mesmo cabeçalho, a mesma finalidade, a mesma data, o mesmo destino. Das vias que recebeu o síndico, uma foi remetida, desde logo, ao Supremo Tribunal Federal ainda em maio de 1965 e a outra, que deveria servir para a elaboração do relatório do síndico (que ficou pronto em junho de 1965), sofreu inúmeras modificações até ser entregue a este juízo, como acabamos de ver pelas transcrições feitas. Como um mesmo laudo pode ter versões diferentes sem que se considere adulterado e falsificado o texto que sofreu as modificações?

O presente inquérito está viciado com a falsidade ora apontada. O ato do contador merece as sanções da Justiça, que não pode tolerar a falsidade dos peritos.

Diante das evidências, não havia como negar a inidoneidade da perícia. Contudo, a ação de Incidente de Falsidade foi julgada improcedente pelo juiz Rui Octávio Domingues, o então titular da 6ª Vara Cível. Era incrível. Apesar das afirmações contidas no laudo, de que a contabilidade da Panair havia sido analisada com base em vários elementos, inclusive em relatório de uma comissão nomeada "para examinar os livros contábeis de todas as empresas de transporte aéreo, especialmente os da Panair do Brasil", constaria dos autos do processo no dia 27 de setembro de 1965 que "o relatório sobre as conclusões do inquérito instaurado neste Ministério [da Aeronáutica] para verificação da situação econômica das empresas brasileiras de transporte aéreo, no segundo semestre de 1964, não foi encaminhado a este gabinete pela comissão dele encarregada, por isso que ainda não ultimado".* Ou seja, as informações que se alegou terem sido utilizadas para a elaboração do laudo em maio sequer haviam sido entregues pela comissão competente quatro meses depois.

Discordando da decisão judicial e utilizando as fartas provas de que dispunham, os advogados da Panair impetraram um recurso no Tribunal de Justiça do Estado. Dessa vez, o 1º Grupo de Câmaras Cíveis recebeu os argumentos da companhia, julgou "tratar-se, as-

---

* Ver Apêndice XIV: Ofício nº 63 GM5 1054-R.

sim, de Incidente de Falsidade, portanto, de uma causa com o fim específico de declarar fato determinado" e reconheceu a impropriedade do trabalho do perito nomeado pelo Banco do Brasil. Também determinou que uma outra perícia fosse realizada na escrita da empresa, em acórdão que transitou em julgado.[148]

Restava aguardar o novo laudo ser desenvolvido. Enquanto isso, Celso da Rocha Miranda contratou os advogados Miguel Seabra Fagundes e Eduardo Seabra Fagundes para representá-lo e à Panair do Brasil em um novo memorial à Justiça Federal. O acionista pretendia refutar as informações apresentadas pela União que serviram de base para a rejeição do mandado de segurança original. Em reunião, instrumentou-se.

— Doutores, o governo alega a ilegitimidade da Panair para impetrar segurança — disse Rocha Miranda. — Qual a procedência disso?

— Bom, dr. Celso, admitir que o decreto de falência prive a Panair de legitimidade para postular perante o Pretório Supremo, contra o ato presidencial de cassação do direito de exploração das linhas, equivale a admitir que um ato de juiz de Direito possa privar o mais alto Tribunal do país do exercício de um dos atributos mais importantes da sua jurisdição, que é o exame, por meio de competência originária, dos atos do presidente da República — esclareceu um dos assessores.

— Os acionistas têm, sim, legitimidade para a impetração da segurança — acrescentou o colega. — Ninguém pode negar ao acionista de uma sociedade, que como tal nela empenha parte do seu patrimônio, interesse na preservação da atividade essencial, pois da preservação ou da cessação da sua atividade resultará o crescimento ou deterioração do capital que investiu.

— Ótimo — respondeu Rocha Miranda.

— Se não é possível negar ao acionista esse interesse, consequentemente não se lhe pode negar interesse em atacar um ato do poder público que privou a sociedade do direito indispensável para o exercício de sua atividade — completou Miguel Seabra Fagundes.

— Certo. Sugiro, então, que passemos à questão da precariedade das concessões da companhia, que as autoridades levantaram. Achei que este ponto estava plenamente esclarecido. Mas conseguiram surpreender-nos de novo — destacou o empresário.

— A União sustenta que a tese do regime de autorizações no campo da navegação aérea é favorecida por acórdão do Supremo Tribunal, interpretativo do artigo 153, parágrafo 1º, da Constituição da República — explicou Eduardo. — Mas, para que as linhas de navegação aérea saiam do regime de concessão para o de autorizações, é fundamental disciplinar este segundo nas suas minúcias. Por exemplo, convocar os interessados, apurar sua idoneidade, as condições de desempenho do serviço, modalidades de fiscalização, sanções pela infringência das obrigações assumidas.

— E quanto à prorrogabilidade sucessiva dos contratos, prevista por aquele Decreto-Lei nº 9.793? — perguntou o acionista.

— O Ministério da Aeronáutica, como o senhor sabe, alega que nunca cogitou nova prorrogação dos contratos celebrados com a Panair. No entanto, o decreto que mencionou deixa claro que não se trata de um favor do poder concedente, mas um direito do concessionário — afirmou Miguel. — Fez-se da prorrogabilidade a regra. Eles só poderiam excluir as prorrogações sucessivas se o serviço viesse sendo mal prestado. A Panair em momento algum foi acusada na Exposição de Motivos de prestar mal o serviço. O que se admitiu foi que viesse ainda a prestá-lo, decaindo do seu excelente padrão de segurança de voo. A alternativa decorre sempre de ter sido satisfatória, ou não, a execução do serviço no período vencido. Se satisfatória, a prorrogação é direito do concessionário; se insatisfatória, é direito do concedente.

— Desculpem-me interromper — intercedeu Eduardo, que lia uma cópia da exposição. — Mas me parece absurdo o governo alegar a caducidade das concessões com base em vagas hipóteses sobre a deficiência na segurança de voo da empresa. Isso é algo que os antecedentes e o excelente conceito do seu serviço de manutenção desautorizam.

— Pois é, doutor, mas é nisso que a Exposição de Motivos tem se baseado. Alegam que a segurança de voo está ligada ao serviço de manutenção e à aquisição de peças, e que a Panair possuía técnicos e maquinaria para prestar um serviço perfeito. Mas que a suposta insolvência a impedia de adquirir material — disse Rocha Miranda.

— De fato, dr. Celso, o comprometimento da segurança de voo poderia autorizar a suspensão do direito de explorar as linhas. Mas o comprometimento efetivo e não a suspeita vaga de comprometimento. O comprometimento constatado por meio de fatos concretos, apurados, cientificados à empresa e divulgados, tudo pelas vias próprias da atividade administrativa — refutou Miguel. — No caso, aqui, o que o Ministério da Aeronáutica apresentou foi uma hipótese, uma vaga hipótese: a possível queda do alto nível técnico, do exemplar serviço de manutenção da Panair, pelas dificuldades financeiras da empresa, que a levariam, possivelmente, a não adquirir motores e peças sobressalentes para as suas aeronaves. A essa arguição, vaga e hipotética, o dr. Paulo Sampaio trouxe a mim documentos que mostram que a Panair, ao adquirir seus aviões DC-8 e Caravelle, comprou, simultaneamente, grande quantidade de peças, com o que se dispensava, por muito tempo, importar material. Aliás, comprou com lucro quanto ao preço, dada a crescente valorização do dólar. Não só isso — continuou o jurista —, mas está comprovado nos autos da falência, por meio dos débitos da Cruzeiro do Sul, originados da cessão de material sobressalente, pela Panair: era tal a reserva de sobressalentes, que ela podia cooperar no serviço de manutenção de uma empresa congênere.

— Na pressurosidade e surpresa com que se quis fulminar a morte da Panair, não se teve em conta, sequer, a magnífica tradição dos seus serviços de manutenção — lamentou Rocha Miranda. — No concernente à Panair, o que se quis não foi proteger a segurança de voo, e sim encontrar um pretexto para privá-la da exploração das linhas. Tudo foi feito de plano, sem a invocação de qualquer ocorrência concreta e sem a oportunidade para defesa alguma. Que explicação há para tudo isso, a não ser a má-fé na luta com que se pretende esmagar uma empresa pioneira, da magnífica tradição da

Panair, para entregar-lhe as disputadas linhas a uma concorrente insaciável? — desabafou.

Ao término da reunião, a dupla de advogados incumbiu-se de redigir o memorial, que foi logo impetrado. Enquanto o acionista e os antigos diretores da falida esperavam o longo trâmite judicial, foram mais uma vez pegos de surpresa por ato do marechal Castello Branco.

4

No dia 28 de janeiro de 1966, o governo baixou o Decreto nº 57.682, declarando "de utilidade pública, para fins e desapropriação, em favor da União Federal, as ações societárias da Companhia Eletromecânica CELMA". A estratégica oficina de revisão de motores da Panair, ocupada militarmente e mantida em funcionamento desde a cassação das linhas, era agora retirada de seus donos, com as ações e todo o patrimônio, em prol do "bem do interesse público e da Segurança Nacional" — conforme destacaria o regime na redação da lei.*

O brigadeiro Eduardo Gomes, que assinou o texto, já se interessara pela subsidiária na primeira visita que havia feito, duas semanas após o decreto de falência da Panair. Ali, surpreso com a grandiosidade e complexidade das instalações, escrevera num quadro-negro a profética sentença: "A Celma continuará revisando."[149] Realmente, cumpriu com sua palavra. Só que, para tanto, nos bastidores, violou os direitos dos proprietários: pelo que desapropriou, o governo ofereceu à massa falida Cr$ 1,3 bilhão de cruzeiros. O acervo, examinado pela firma Montreal, valia mais de Cr$ 10 bilhões.

Os representantes da Panair, já estupefatos com a dilapidação da rede de agências e a forçada cessão das aeronaves às concorrentes por metade do preço internacional, registraram outra queixa na Justiça, desta vez referente ao caso da Celma:

---

* Ver Apêndice XV: Decreto nº 57.682, de 28 de janeiro de 1966.

Fica evidente:

a) Que o governo considerou de vital importância para o país essa expressiva parcela do patrimônio da empresa cujas linhas cassou, atirando-a à falência.

b) Que, projetando lançar mão, através de idêntico expediente, da vasta e única existente no país rede de comunicações da Panair, já tendo feito o mesmo — por meio de arrendamentos impostos — com os aviões e oficinas de manutenção do Galeão, reconhece esse governo que a Panair, no seu todo, é um patrimônio que não pode ser extinto e, sim, preservado.

c) Que o governo, oferecendo preço vil pelos bens desapropriados, usa de dois pesos e duas medidas quando desapropria bens de empresas nacionais e estrangeiras.

d) Que o governo e, mais propriamente, o sr. ministro da Aeronáutica, quando lança mão do processo de desapropriação é porque antevê o restabelecimento do direito violado pelo pronunciamento da Justiça, adotando, assim, a tática reprovável da "terra arrasada".

Todavia, é importante esclarecer-se, de início, que a subtração da Celma em nada afetará a capacidade operacional da Panair, que poderá retornar ao voo, independentemente. Dano irreparável, sim, existirá para a economia nacional se a administração do Estado deixar estiolar esse fabuloso complexo industrial construído pela Panair e único na América Latina.

(...)

As propaladas notícias sobre a projetada desapropriação do serviço de comunicações, se verdadeiras, concretizam mais um absurdo jurídico a ser cometido contra os bens da massa. Se desapropriando a Celma — que é bem da massa — houve erro de direito, quanto às comunicações o erro será maior, visto tratar-se de bens que nem sequer possuíam a autonomia jurídica da Celma e que se encontram já arrecadados nos autos da falência.

Um ano mais tarde, esta previsão se consumaria. Em 16 de janeiro de 1967, o governo federal baixou o Decreto-lei nº 107, que autorizou o Poder Executivo a desapropriar definitivamente a infra-estrutura de apoio ao voo que pertencia à Panair. Ela vinha operando em caráter precário pelos antigos empregados desde a sentença da falência, garantindo a segurança a todas as aeronaves, civis e militares, que sobrevoavam o território brasileiro e o Atlântico Sul: "Considerando a necessidade de garantir a segurança e continuidade das operações da Rede Internacional do Serviço Móvel Aeronáutico, de apoio às rotas internacionais que cruzam o espaço aéreo brasileiro" e "considerando que esses serviços são intimamente ligados à própria segurança nacional", o Departamento de Comunicações da companhia foi transformado em uma estatal denominada Telecomunicações Aeronáuticas S.A. (Tasa). O decreto sentenciou o "arrolamento de todas as instalações, bens e equipamentos de telecomunicações pertencentes à Massa Falida da Panair do Brasil S.A., desapropriadas pela União e julgadas necessárias à operação da sociedade".*

Em nova frente de luta, Paulo Sampaio, calejado, mas incansável, apelou ao Juízo falimentar:

(...) o governo desapropriou os Serviços de Proteção ao Voo da Panair, tendo sido a ação ajuizada perante a 4ª Vara da Fazenda Pública. Para imitir-se na posse desse precioso patrimônio, de valor superior a milhões de dólares, o governo ofereceu 100 mil cruzeiros novos, o que levou o próprio síndico, Banco do Brasil, a contestar a ação por ser irrisória a quantia oferecida e declarando mesmo, textualmente, que "mais do que a quantia oferecida vale um dos geradores pertencentes ao equipamento desapropriado".

O complexo se constituía em:

a) Cerca de 40 estações receptoras e transmissoras, completamente equipadas, de longo alcance, interligando o território nacional, países sul-americanos e africanos. Todas com circuitos, em número de 58, de radiotelegrafia e de radiotelefonia; quinze radioteletipos e quatorze radiofaróis. No território brasileiro, a cobertura era total, notadamente na fabulosa Amazônia. No estrangeiro, treze centros de maior importância, a saber: Lisboa, Madri, Londres, Dusseldorf, Frankfurt, Beirute, Porto, Paris, Roma, Milão, Buenos Aires, Santiago e Montevidéu (rádio e teletipo).

---

* Ver Apêndice XVI: Decreto nº 107, de 16 de janeiro de 1967.

Além destas, Lima e Iquitos, Ilha do Sal, Miami, Paramaribo, Port of Spain e Dacar;

b) Rede urbana de Teletipo, Serviço privativo da Panair, avidamente apropriado pelo governo em leilão;

c) Oficina Eletrônica, com ferramental e instrumental precioso;

d) Serviços assistenciais de motores e usinas;

e) Setor de Manutenção de Estações;

f) Setor de Recondicionamento e Fabricação;

(...) O valor oferecido e aceito para a imissão da posse foi de Cr$ 121.817,21, embora o valor contábil, constante nos livros da empresa, em outubro de 1964, fosse de Cr$ 701.618,07.

(...) Confiam, os LITISCONSORTES, na clarividência, na serenidade e no destemor que exornam a JUSTIÇA.

Confiam em que essa JUSTIÇA atenderá o propósito puro do poder expropriante que outro não é e nem pode ser que não o de PAGAR O JUSTO VALOR pelo bem expropriado.

Sejam quais forem as decisões. Assim prosseguirão entendendo os LITISCONSORTES, que, com orgulho e honra, têm se mantido, inarredáveis, na defesa de um patrimônio, moral e material, que tanto enobreceu o Brasil.

Mesmo porque, todos somos personagens que a HISTÓRIA, um dia, inexoravelmente, julgará.[150]

5

Com a Panair esquartejada, seus despojos repartidos entre as concorrentes e o governo, Celso da Rocha Miranda, Paulo Sampaio e Jorge Mourão tinham, agora, que se preparar para outra batalha inglória: a da defesa pessoal contra a acusação de que haviam sido eles — os acionistas e diretores — os responsáveis pela "maquinação da falência". Já sentindo os efeitos de uma Justiça hostil, precisavam encontrar uma forma não apenas de provar a sua inocência, restabelecendo-se moralmente, mas de encerrar os processos criminais.

Finalizava-se a elaboração do novo laudo pericial, substituto do falsificado. Distribuído, este documento recebeu aprovação unânime dos peritos do juiz, do síndico e dos falidos, e passou por exame do Instituto de Resseguros do Brasil, que concluiu "serem absolutamente normais e regulares todas as operações de seguros da Panair". Caía em descrédito o último argumento do governo usado para justificar o "descalabro econômico-financeiro" da empresa.[151]

De posse do parecer no início de 1967, o Tribunal de Justiça nomeou o curador que estudaria as acusações da União e proferiria sobre a regularidade ou não dos atos administrativos praticados pelos diretores da companhia aérea. Pedro Henrique de Miranda Rosa, que era promotor público interino destacado para uma vara de família, acabava de voltar de férias quando foi designado para o cargo de 1º curador de massas falidas.

— Fiquei sabendo que pegou o caso da Panair — aproximou-se dele um promotor, enquanto caminhava pelo alpendre do Tribunal.

— Pois é. Vou precisar de um bom tempo para estudar o processo — respondeu Rosa.

— Lembre-se do caso Mannesmann, hein? O curador demorou, ultrapassou o prazo de cinco dias e acabou permitindo que entrassem com uma ação penal subsidiária.[152]

— É verdade.

O curador pretendia examinar o processo num prazo mais dilatado, mas, advertido pelo colega, estudou-o entre uma quinta-feira e um domingo. Foi tempo suficiente para verificar que não tinham mérito as alegações da União e, muito menos, cabimento o inquérito aberto contra os acusados.

Entre os crimes imputados aos acionistas e diretores pelo Ministério da Aeronáutica, destacavam-se o uso do sistema de compensação e arrendamento de aeronave para conseguir dinheiro, o emprego de meios ruinosos para obter numerário — vendendo passagens abaixo do custo e concedendo cortesias indevidas —, a admissão de enormes débitos de empresas pertencentes ao mesmo grupo que dispunha do controle acionário da Panair (especificamente, a TV Excelsior), a escolha da Ajax Corretores de Seguros, de Celso da Rocha Miranda, para fazer as operações de seguros a taxas mais elevadas, o empréstimo de capital a diretores para gastos pessoais, as elevadas comissões pagas por Mario Simonsen à Wasim, o aumento fictício do capital visando obter maior crédito e a irregularidade e falsidade da escrituração da companhia.

Imputações descabidas, todas elas, opinou o 1º curador de massas falidas. Já que o próprio governo afirmara que a Panair do Brasil era insolvente antes da aquisição do controle acionário pelo grupo, como é que agora queria acusar os acionistas de levá-la à falência? "Preexistindo o estado de insolvência àquelas práticas imputadas aos indiciados, essas práticas poderão ser havidas como crimes falimentares?", questionou Rosa em seu parecer de 26 páginas. Rocha Miranda deveria ser retirado da condição de réu por se enquadrar como sujeito ativo inidôneo para a prática de crimes falimentares, já que "não se lhe pode estender a condição que a lei reserva, no artigo 191, aos Diretores, administradores, gerentes ou liquidantes das sociedades falidas".

Restava a apreciação da culpa de Paulo Sampaio, Jorge Mourão, Osvaldo Pamplona Pinto e Edgard Fróes da Fonseca. O curador afirmou que, no tocante à compensação e à cessão de passagens de cortesia pela Panair, não houve prejuízos materiais ou insinuações de que seu uso fosse abusivo. A perícia fixara exemplos, mas não os enquadrara como ruinosos. "O que a lei pune nesses crimes é a habitualidade, o uso constante de vendas abaixo do custo, diretamente destinadas a obter, a qualquer preço, numerário para procrastinar a quebra", esclareceu.

O que ocorrera, apurou Rosa, foi que em sua quase totalidade aquelas cessões representaram uma vantagem que a Panair oferecia aos clientes, com a absorção de percursos nacionais complementares aos internacionais: adquirentes de passagens ao exterior recebiam, como cortesia, passagens domésticas entre as cidades onde residiam e aquelas de onde os aviões da Panair partiam para fora. Com isso, à custa de assentos não ocupados nas linhas domésticas, incrementava-se a venda de passagens internacionais com grande vantagem para a empresa. Era um instrumento eficaz para enfrentar a concorrência das congêneres estrangeiras. Já as cortesias pessoais cedidas por Celso da Rocha Miranda e Mario

Wallace Simonsen tinham os valores debitados dos acionistas em conta-corrente.[153]

Sobre a acusação de que os proprietários admitiam débitos de outras empresas do grupo, Pedro Henrique de Miranda Rosa ressaltou que os gastos vinham sendo periodicamente amortizados e estavam contabilizados na conta do devedor, que era também avalista, pessoalmente, dos débitos da Panair. O que acarretaria crime é se as despesas pessoais tivessem sido contabilizadas nas despesas gerais, pois haveria o prejuízo. "Manter créditos ou débitos com acionistas ou clientes em conta-corrente não nos parece ilícito, notadamente na espécie", declarou, acrescentando:

> Os referidos débitos da TV Excelsior, ao que tudo indica, não envolvem crime falimentar, eis que se tratava de permuta de transporte por propaganda, como esclarece a perícia sem apontar como ilícita (a fls. 1.500). As contas que envolvem comissão por avais relativa à compra de um avião DC-8 e que resultaram em um crédito indevido à Wasim, de US$ 49.016,00, foram compensadas e não geraram qualquer prejuízo, como se pode concluir pela informação do Perito do Juízo (a fls. 1.502).

O curador destacou, ainda, que o relatório do síndico confundira adiantamentos normais e regulares com empréstimos aos diretores, e que as contas de Mario Simonsen com suas firmas não podiam ser tachadas de lesivas, já que os juros por avais eram uma prática comum e a perícia não os julgara excessivos. "A análise cuidadosa dos laudos periciais leva à conclusão de que, na operação que envolve o Banco Mineiro da Produção S.A., houve apenas troca de credores com vantagem para a Panair, pois transformou-se uma dívida em dólares, exigível à vista, em dívida em cruzeiros, pagável a prazo. Não parece à Curadoria terem ocorrido fraudes cambiais."

Rosa pontuou, também, que o aumento "fictício" de capital, que agora servia de acusação, fora imposto por força da Lei nº 4.397, de 17 de julho de 1964, e que a gestão da empresa só deveria ser punida em caso de aumento fraudulento dirigido a enriquecer terceiros — o que não acontecera. Outra imputação grave, a de uso de dinheiro público em gastos pessoais da diretoria, tinha se baseado em exemplos pitorescos, como a encomenda de uma armação de óculos que um diretor fizera a um piloto, para pagamento futuro, no valor de 1 dólar. O fato, textualmente incluído na acusação, fora classificado pela Aeronáutica como "de maior gravidade, especialmente, em face do estado de insolvência em que se encontrava a Panair, e dos auxílios financeiros recebidos pelo Governo Federal".[154]

No final do estudo, o 1º curador de massas falidas não encontrou nenhum crime praticado pela administração da Panair do Brasil que tivesse arrastado a empresa à falência. "A caracterização dos delitos falimentares não foi feita nos autos desse Inquérito Judicial. Não encontrou a Curadoria o elemento dolo presente nos atos dos administradores da empresa e, como não se admite, no moderno direito falimentar brasileiro, o crime falimentar culposo, os atos indicados não bastam para tipificar o elemento delitual", concluiu.

Rosa decidiu pelo não oferecimento de denúncia e solicitou, ao final do relatório, a apensação — ou arquivamento — dos autos do inquérito aos do processo da falência. Na segunda-feira seguinte, seguiu para a 6ª Vara Cível e entregou seu parecer.*

— O síndico rejeita as suas constatações, dr. Pedro — informou-lhe o procurador-geral. — O Banco do Brasil apresentou queixa e está tentando entrar com uma ação penal subsidiária para substituí-lo. Não só ele, mas a União, por meio do procurador da República dr. Carlos Geminiano da Franca. Sugiro que leve o processo de volta para opinar sobre a ação.

Rosa se surpreendeu.

— Doutor, sendo o Ministério Público uno, eu não posso ser substituído por outra pessoa, por outro interessado, depois de ter opinado. Eu sou o titular da ação. Se eu, como titular da ação, digo que não tem ação, isso tem que ser respeitado — protestou o curador de massas. — Eu não encontrei nenhuma irregularidade nos atos da diretoria da Panair. Decidi pela apensação.

---

* O parecer de Pedro Henrique de Miranda Rosa é datado de 19 de junho de 1967.

O jurista julgava inadmissível que se criasse aquele tipo de conflito, pois detinha a autoridade para representar o Ministério Público no caso. Contudo, considerando a contundência de seu interlocutor, decidiu levar o parecer de volta para casa e reexaminar a matéria. Horas de estudo. Depois de muito rever as informações, não conseguiu chegar a outra conclusão e manteve-se fiel ao posicionamento original.

Quando retornou à 6ª Vara Cível, deparou-se com um exército de advogados que o aguardavam para tirar fotocópias do relatório. Rosa passou direto, como que não se importasse com a movimentação atípica. Entregou os papéis e foi despachar outros processos que estavam sob seus cuidados.

Enquanto concentrava-se nas atividades rotineiras, foi novamente chamado à sala do procurador-geral.

— Dr. Pedro, eu acho que o senhor deveria retirar o seu parecer — ouviu.

— Doutor — respondeu Rosa, após uma breve pausa. — Não estou me rebelando contra a sua autoridade. Se o senhor tivesse me substituído de véspera, tudo bem. Se tivesse me substituído antes da entrega do parecer, estaria perfeito. Mas depois de eu entregar e haver a certidão de que eu devolvi? O senhor me desculpe, mas eu não posso fazer isso — declarou. — A minha decisão tem que ser respeitada. Eu não encontrei crime e pedi a apensação do inquérito. É isso que deve ser feito.

O 1º curador de massas ficou retido por horas no local. A impressão que teve durante o longo diálogo é que o procurador-geral tentava convencê-lo, a qualquer custo, a entrar com uma ação penal contra os diretores e acionistas da Panair. Já notara que o Juízo da 6ª Vara Cível mantinha contato constante com o Departamento Jurídico do Ministério da Aeronáutica, interferência que desaprovava. O caso mostrava-se ardiloso e ele não estava pronto para contrariar suas convicções.

— Bom, dr. Pedro, o senhor sabe. Há outras curadorias prontas para recebê-lo. O que não faltam são propostas.

— Olha, doutor, eu sou titular do Tribunal do Júri. Apenas me devolvam para o meu cargo originário — respondeu.

— Não, dr. Pedro. Aí, vai parecer punição — comentou o procurador-geral. — Se o senhor voltar para o júri, for rebaixado da sua interinidade como curador para a titularidade como promotor, podem interpretar como perseguição.

— Olha aqui, depende de mim aceitar — retrucou Rosa. — Eu prefiro ficar ruim no meu cargo de titular, onde não me aborreçam. Júri é muito fácil para mim. Já estou há oito anos no júri, não há problema algum.

Pedro Henrique de Miranda Rosa abandonou a sala e deixou o caso. Assim que saiu, o juiz Rui Octávio Domingues ordenou que o pedido de arquivamento do inquérito fosse retirado dos autos falimentares como se nunca tivesse existido, sob a alegação de que "a promoção de fls. 2062 foi desentranhada dos autos por ordem de autoridade superior".[155]

Rosa foi imediatamente substituído por outro jurista, Jefferson Machado de Góes Soares, a quem nomearam 3º curador de massas falidas. A primeira atitude do novo encarregado foi dedicar tempo para estudar o histórico do processo. Ele leu, averiguou e, por fim, também peticionou sem oferecer denúncia contra a gestão da Panair. Só que acrescentou um porém. Apesar de rejeitar a queixa de Carlos Geminiano da Franca, representante da União, decidiu acolher a do preposto do Banco do Brasil. Não era o que os ex-diretores da falida esperavam, pois já haviam sido inocentados pelo parecer do antigo curador. Ainda assim, animaram-se; a nova petição continuava excluindo três deles da lista de réus.

Atentas, as forças que atuavam no caso não deram oportunidade para que a semivitória pudesse ser celebrada. Em ato inusitado, o titular da 6ª Vara Cível contrariou também o 3º curador de massas falidas e determinou que os autos fossem remetidos a uma das varas federais, entendendo que houvera, sim, crimes cometidos contra o Estado. Soares, que não acompanhara a odisseia de seu antecessor, surpreendeu-se. Ele apresentou uma reclamação ao Egrégio Tribunal de Justiça, mas, antes que pudesse ser apreciada, o juiz exigiu a rápida entrega dos autos a Geminiano da Franca, por meio de despacho nos seguintes termos:

> Providencie o cartório, sob a pena de responsabilidade, a entrega, em 24 horas, do processo do Inquérito Judicial, ao eminente dr. procurador da República, a fim de que o Colendo Tribunal Federal de Recursos tome conhecimento e aprecie os recursos da União Federal e do Banco do Brasil. O referido processo deverá ser autuado como "queixa-crime", figurando como querelantes a União Federal e o Banco do Brasil S.A., e como querelados as pessoas mencionadas no despacho deste Juízo. Rio, 2/1/1968. (assinado) R. O. Domingues.

Os autos seguiram a jato para Brasília. Desconfiou e depois veio comprovar o novo curador de massas que, ao determinar a remessa daqueles volumes para a capital, Domingues deliberadamente criara um contexto para dificultar o julgamento da ação. A União e o Banco do Brasil haviam oferecido queixa contra os falidos não como lesados, segundo decidiu o juiz, mas na qualidade de credores, nos termos do artigo 108 da Lei de Falências.[156] Entretanto, para possibilitar a entrega dos documentos ao advogado da União, o magistrado resolveu forçar a interpretação do caso para que se aplicasse o artigo 119 da Constituição Federal, que dispunha que aos juízes federais competia processar e julgar, em primeira instância, "os crimes políticos e os praticados em detrimento de bens, serviços ou interesses da União ou de suas entidades autárquicas ou empresas públicas, ressalvando a competência da Justiça Militar e da Justiça Eleitoral".

Soares, perplexo, foi tirar satisfação sobre a contraordem.

— Doutor, eu não compreendo. O senhor oficiou recebendo, em parte, a queixa. Tudo o que lhe restava fazer era fixar a competência da justiça local — questionou o curador. — Por que remeteu os autos do processo para uma vara federal? Eu não reconheci a queixa da União e, além disso, não cabia ao senhor julgar nenhum crime em primeira instância. No caso, os indiciados eram acusados da prática de crimes previstos na Lei de Falências, e nenhum desses delitos constitui atentado a bens, serviços ou interesses da União, de entidade autárquica ou empresa pública. Os atos delituosos imputados aos réus foram todos praticados em detrimento de bens, interesses e serviços da Panair do Brasil S.A., pessoa jurídica de direito privado — destacou.

Se não havia crime sem prévia definição legal, nunca poderia ter o juiz alegado que ocorrera delito contra a União, pois não existia em lugar algum do texto falimentar qualquer alusão a transgressões daquela natureza.[157] Soares considerava aquilo um arbítrio judicial absurdo, como não se ouvia falar desde a codificação do Direito Penal.

— A lei falimentar determina que o Juízo Cível, ao receber a denúncia ou a queixa, remeta o processo do inquérito judicial ao Juízo Criminal competente. Via de regra, o Juízo Criminal competente é uma vara criminal estadual, no Estado da Guanabara. Mas, se o querelado fosse o presidente da República? Não deveria o processo ser remetido ao STF? Se o querelado fosse, por hipótese, um juiz, não iria o processo para o Tribunal de Justiça, como instância originária, para processar e julgar o feito? — tentou se justificar Domingues.

— O senhor parte de uma premissa falsa. Para falir, há de ser o paciente comerciante, por força da lei, e, também por força da lei, não podem ser comerciantes nem o presidente da República nem o juiz. Assim, eles nunca poderiam ser querelados num inquérito judicial originário de processo falimentar — rebateu Soares. — Processar e julgar delitos, na sistemática do processo falimentar, já é da competência, também expressa em lei, do juízo criminal. No caso, não foi superada a primeira fase desse ritual. O que se discutia ainda era o recebimento ou rejeição da queixa-crime. Dessa decisão é que recorreria o Ministério Público.

O curador percebeu que o juiz quis destacar o inquérito judicial do processo falimentar, por meio de uma tecnicalidade da lei, segundo a qual, quando recebida a denúncia ou a queixa pelo juízo cível, eram os autos do processo enviados ao juízo criminal, passando a instruir o processo criminal. O que Domingues não permitiu que se fizesse, "por ordem de autoridade superior", era considerar a única outra alternativa: apensar o inquérito aos autos da falência, inocentando os acusados.

— Meritíssimo, o processo falimentar é, por disposição expressa da lei, do âmbito da justiça criminal. Assim estava na Constituição Federal de 1934 — prosseguiu Soares. — Aos juízes federais é proibido processar e julgar as causas de falência, mesmo quando interessada a União.[158] Além disso, mesmo que competisse aos Tribunais Federais de Recursos julgar em grau de recurso as causas decididas pelos juízes federais, jamais o senhor poderia julgar o recurso em apreciação, porque, além de se tratar de causa de falência, o senhor é juiz estadual, e não federal.[159]

Aquelas não seriam as únicas irregularidades que o 3º curador de massas falidas observaria ao longo do tempo em que atuaria no processo falimentar da Panair. Ele ainda testemunharia graves incidentes praticados pelo titular da 6ª Vara Cível. Desde que assumira a direção do processo, o juiz já vinha privilegiando o pagamento dos créditos trabalhistas, antes mesmo do tempo previsto pela lei, "com total preterição dos demais interesses da massa, salvo os da União, à qual, segundo o mesmo, seriam abjudicados os bens da falida, uma vez pagos os aludidos créditos trabalhistas". Em novembro de 1966, o magistrado demonstrara sinais de parcialidade ao determinar, sem a consulta prévia de qualquer parte, o adiantamento de 10% daqueles créditos. À decisão seguiram impetrações de agravos por parte da Panair e da União, e ainda uma reclamação formal do Banco do Brasil.

Mas nada o escandalizaria tanto como a série de medidas levadas a efeito no dia 6 de março de 1968.

6

Completavam-se três anos da decretação da falência. O Banco do Brasil, que liquidara irregularmente o patrimônio da Panair no exterior, também extrapolara o prazo legal, de dois anos, para encerrar o processo — sem que sequer tivesse concluído a arrecadação e avaliação dos bens ou apresentado o rol de credores estrangeiros, com seus respectivos créditos.[160] A folha mensal dos 255 empregados da massa somava 70.274 cruzeiros novos e a falida ainda tinha que bancar incríveis 14.540 cruzeiros novos todo mês para 36 colaboradores do próprio banco, a título de "Ressarcimento de despesas de alimentação e transporte".

Sendo a documentação fornecida pelo representante do síndico considerada "imprestável" porque viera desacompanhada de "qualquer documento comprobatório das operações realizadas, bem como dos pagamentos e recebimentos efetuados", um grupo de 4.008 credores privilegiados prioritários — representados pelos advogados Eugenio Roberto Haddock Lobo, B. Calheiros Bomfim e Newton Marques Coelho — resolveu requerer ao juiz Domingues o afastamento do banco na manhã do referido dia 6.

Argumentavam:

> De início, cabe dizer que a nomeação do Banco do Brasil para o cargo de síndico da falência da Panair do Brasil decorreu de lamentável engano, tanto mais grave porque sumamente lesivo aos interesses patrimoniais do Tesouro Nacional.
>
> É que a escolha do Banco do Brasil para aquela função baseou-se no falso pressuposto de ser ele um dos maiores credores da falida, em face de sua habilitação por crédito de quase 5 (cinco) bilhões de cruzeiros velhos.
>
> A verdade, porém, é que o Banco do Brasil nem sequer credor era ou é da Massa Falida, pois o crédito declarado refere-se exclusivamente a operações realizadas através de sua Carteira de Câmbio, *por ordem e conta do Tesouro Nacional*.

E denunciaram:

> O artigo 186 da lei de falências capitula como crime falimentar manter "escrituração ATRASADA, LACUNOSA, defeituosa ou confusa", e esse dispositivo foi invocado em queixa-crime oferecida [pelo síndico] contra os ex-diretores da falida e até contra o contador da falida, e no entanto ao assumir a administração da Massa, com operações menos complexas, [o

síndico] mantinha a escrituração em atraso, com uma berrante, clamorosa lacuna sobre as liquidações adoidadas que realizou no exterior, e deixava de juntar ao processo, no prazo legal, os balancetes mensais, já que se encontrava isento do oferecimento de balancetes semanais, expressamente previstos para o caso de continuidade do negócio.[161]

(...) tão rigoroso no apurar o atraso de escrituração da falida, mantinha 36 funcionários do Banco do Brasil, com salários sem autorização judicial, rubricados como "ressarcimentos", na contabilidade, e com tantos contadores não mantinha a escrituração em dia e cultivava o maior silêncio sobre as irregularidades e monstruosas liquidações feitas no exterior, sem arrecadação, sem avaliação, sem leilão, sem assistência de representantes do Ministério Público ou da falida.

(...) Jamais, na história do direito falimentar, houve um síndico tão jupiteriano, tão distante dos interesses dos credores e da Massa, tão indiferente às reclamações pela sua inércia olímpica ou búdica.

Tendo recebido as críticas à atuação do Banco do Brasil no início do expediente, Domingues despachou favoravelmente e, de imediato, retirou a instituição do cargo de síndico da massa falida da Panair. Ele o fez antes mesmo que a petição fosse juntada aos autos, examinada pelo 3º curador de massas, pelo Ministério Público ou pelo próprio BB, que não pôde se manifestar.

Para substituir o banco, nomeou o credor trabalhista Cândido Altino da Ressurreição e Souza, que recebeu a petição e declinou imediatamente, alegando "falta de condições para executar a tarefa a contento". Em seguida, convocou um segundo credor trabalhista, Oswaldo Ribeiro Pinto, que também rejeitou o cargo por não poder dar-lhe "toda a atenção que ele requer". Então, chamou um terceiro, Cadmo Mergulhão, que recusou a função "por não se sentir à altura de exercer tal mister". Por fim, Domingues proferiu: "Tendo havido três recusas sucessivas, nomeio como síndico da falência da Panair do Brasil S.A. o major Adriano Guimarães Lima."

Neste último despacho, no entanto, o juiz se apressou em determinar que o militar assinasse desde já o termo de compromisso e tomasse posse dos bens da massa — um acervo estimado em 200 bilhões de cruzeiros e sobre cujo valor era calculada a comissão do síndico até o limite máximo de 6%.

Jefferson Soares achou muito suspeita a sequência de nomeações. Como pode, no mesmo dia 6 de março, o juiz ter examinado a petição, decidido sobre ela e, isolada e sucessivamente, cogitado, indicado, escolhido, procurado e intimado os três credores? E mais: como houve tempo para eles formularem e levarem ao titular da vara suas respectivas petições de recusa, sendo que um nem o fez diretamente, mas por intermédio de advogado, a quem procurou para uma orientação? E por que a escolha derradeira do major para o cargo?

O 3º curador de massas averiguou que Lima nada tinha a ver com a falência; não era credor e, apesar de se dizer advogado, passava por completo desconhecido nos meios forenses. Qualificava-se para a sindicância unicamente por ser amigo pessoal de Domingues. Soares percebeu também que, para embasar a decisão, o magistrado simulou o cumprimento da Lei de Falências, segundo a qual "se credores sucessivamente nomeados não aceitarem o cargo, o juiz, após a terceira recusa, poderá nomear pessoa estranha idônea e de boa fama, de preferência comerciante".[162] Embora na lista nominativa de credores comerciantes da Panair constassem importantes estabelecimentos bancários, como o Banco Nacional de Minas Gerais, o Banco do Estado da Guanabara, o Banco de Crédito Real de Minas Gerais e o Banco Boavista, nenhum deles foi convocado.

A manobra não terminou ali. Ainda no produtivo 6 de março, assim que ficou sabendo da nomeação, o major compareceu pontual e espontaneamente ao cartório, assinou o termo de compromisso de síndico e tomou posse e administração de todos os bens da massa. Depois disso, conseguiu encontrar tempo para se informar sobre o atraso de vários meses em que se achava a escrituração e redigir petição ao juiz, solicitando autorização para contratar os serviços de outros militares para assessorá-lo na sindicância — o general Colombo Teles de Siqueira e os coronéis René Goulart e Roberto Moreira Garcez — grupo de "trabalho auxiliar da administração da falência, constituído de pessoas que procurarão esclarecer o síndico sobre os altos interesses do Poder Executivo Federal" e cuja indicação dos nomes fora "obtida nos mais altos escalões do Poder Federal".

De imediato, Domingues despachou todas essas petições e determinou e presidiu diligências que foram prontamente realizadas. No final do incrível expediente, elaborou e assinou o auto de encerramento da escrituração preexistente da massa, no escritório respectivo, e reconsiderou sua própria decisão de antecipar o pagamento de 10% dos créditos trabalhistas, contra a qual o agora ex-síndico Banco do Brasil apresentara reclamação.

O dinamismo demonstrado não encontrava paralelo em toda a história do direito falimentar.

Nos dias que se seguiram, ainda despachando em alta velocidade e sem qualquer fiscalização, o juiz resolveu contratar uma equipe de onze advogados, entre os quais constava um parente de sua esposa e um influente jurista do qual ele próprio havia sido auxiliar no passado.

Enquanto as mais prósperas empresas do país não conseguiam ultrapassar o reajuste de 20% dos pagamentos de seus servidores, a massa falida da Panair chegou a triplicar salários nos três primeiros meses da nova sindicância, indo a folha de pagamento de 9.205 cruzeiros novos para 25.220 cruzeiros novos — sendo 21.800 cruzeiros novos só com os honorários dos novos advogados, cujos contratos não tinham termo porque foram firmados "enquanto durassem os processos".

Esses fatos, somados à peculiar ordem de que fossem tiradas e encaminhadas ao SNI* fotocópias de todos os despachos do processo da falência, não passaram despercebidos pela imprensa. No dia 5 de maio, o *Jornal do Brasil* noticiou:

---

* O Serviço Nacional de Informações (SNI) foi criado pela Lei nº 4.341, de 13 de junho de 1964, e, oficialmente, tratava dos assuntos atinentes à "Segurança Nacional". Em termos práticos, era uma poderosa máquina administrativa que funcionava como polícia política.

Está em curso no Foro da Guanabara um caso de falência em que a União é a maior interessada.

A julgar pelo que se viu até agora, no entanto, a União parece totalmente desinteressada no desfecho.

No episódio sinistro da vida forense — o processo da falência é presidido pelo juiz Rui Octávio Domingues — o Banco do Brasil foi destituído do cargo de uma sindicância, sob a alegação de gastar demasiado. Mas, ainda não havia passado um mês, as despesas da massa já estavam aumentadas em cerca de 40 milhões mensais em cruzeiros antigos.

De 2 de janeiro último a 10 de abril, o juiz acrescentou à massa um prejuízo de 150 milhões de cruzeiros velhos por mês, ou sejam, 600 milhões ao todo.

Há contratos de honorários, com polpudos recebimentos mensais, deixando entrever a eternização do processo.

No lento mecanismo de nossa justiça há petições autuadas, despachadas e com mandados expedidos — tudo na mesma data.

Há também tráfico de influência: homens pagos para defender a União estão agindo contra os interesses dela em favor de outros.

O juiz que preside o processo frequenta diariamente os escritórios da falida, à vista de quem queira conferir (...).[163]

O Globo repercutiu o assunto com a reportagem "FAB ignora contratações para a Massa da Panair":

O ministro Márcio de Sousa Melo, da Aeronáutica, informou ao deputado Levi Tavares, do MDB paulista, que seu ministério não tem elementos para informar sobre a existência de uma petição do major Adriano Guimarães Lima, síndico da falência da Panair do Brasil, comunicando ao Juízo da 6ª Vara Cível da Guanabara ter contratado os serviços do general Colombo Teles de Siqueira e dos coronéis René Goulart e Roberto Moreira Garcez como auxiliares na administração da massa, com salário de 1.500 cruzeiros novos por mês. Confirmou que o Banco do Brasil foi destituído das funções de síndico e que o maior credor não era o Banco do Brasil, e sim a União Federal.[164]

O intransigente *O Paiz* foi além:

> A verdade é que o boi foi morto mas as piranhas não conseguiram devorar toda sua suculenta e farta carne. Esta, continua alimentando dezenas de pessoas, de apaniguados conforme demonstram peças constantes no processo da massa falida, sem precedentes nos anais da Justiça brasileira. (...) Não bastasse a excelente assessoria jurídica de um corpo de onze advogados nomeados pelo novo síndico, com salários de 2 a 5 milhões de cruzeiros velhos por mês, o major-síndico, buscando também assessoria militar, contratou para prestar serviços à massa, um general e três coronéis, insinuando que as indicações partiam dos altos escalões militares, citando mesmo alguns nomes de figuras eminentes e no comando de maior responsabilidade (...) o processo inaugurou uma prática nova nunca antes registrada nos anais da justiça. Determinou-se que de toda peça que fosse juntada aos autos, uma fotocópia devia ser imediatamente encaminhada ao SNI, porque estava-se agindo sob a "égide de um sistema militar".[165]

O 3º curador de massas falidas, que em momento algum fora consultado sobre quaisquer decisões, mandou abrir vista ao processo já no dia 6 de março, ainda que apenas para constar nos autos. Em vão. A petição só seria aberta no dia 29, depois da destituição do síndico, da nomeação do major, da homologação dos contratos advocatícios, admissão dos novos empregados, dos aumentos de salários e da expedição de mandados de pagamento.

O Banco do Brasil protestou com grande veemência. Por causa do conflito gerado em duas frentes — a do antigo síndico e a do Ministério Público —, Domingues resolveu incluir Soares nos autos. Mas foi somente no dia 22 de maio, quando todos os despachos já produziam seus efeitos, que o processo voltou ao conhecimento do curador.

O capital da massa esvaía-se como água descendo pelo ralo. Gastava-se até com viagens de grupos inteiros ao exterior para cumprir supostos deveres que podiam ser resolvidos com tranquilidade pelo correio. Uma expedição de funcionários deslocou-se até Buenos Aires — dispondo de diárias de 30 dólares *per capita* e salários de 2 mil cruzeiros — apenas para visitar o escritório de um advogado e trazer uma minuta de petição a ser redigida no Rio de Janeiro. Autorizadas pelo juiz, essas pessoas desembolsaram 8.114 cruzeiros novos à custa do patrimônio da Panair em tarefa que, confiada ao serviço postal, sairia por alguns centavos.

Para todos os efeitos, os motivos alegados para destituir o Banco do Brasil do cargo de síndico agora podiam ser atribuídos ao próprio magistrado e a seu amigo — que tinham a bênção da Aeronáutica, a qual não apenas indicou nomes para compor o time do major, como já colocara, antes mesmo da saída do BB, agentes da FAB para atuar no caso. Esse grupo civil-militar passou a realizar reuniões periódicas no gabinete do ministro, para "fazer relatos do desenrolar do processo", conforme o próprio Adriano Guimarães Lima afirmou à imprensa.

Alarmado pelas informações reveladas sem cerimônia aos jornais, o deputado Edgard da Mata Machado, do MDB de Minas Gerais, enviou um requerimento de informações ao presidente do Tribunal de Justiça do Estado da Guanabara e ao Ministério da Fazenda, por meio da presidência da Câmara dos Deputados, para saber por que os gastos da massa falida subiam tanto. "É interessante esclarecer que a administração do Banco do Brasil S.A., inquinada e onerosa, custava à Massa a importância de 9 milhões e 250 mil cruzeiros antigos. Pois bem: hoje, a folha de pagamentos da Massa atinge a 48 milhões e 250 mil cruzeiros antigos por mês, ou seja, mais de cinco vezes o total dispendido pelo Banco do Brasil S.A.!", denunciou o parlamentar. Sobre a interferência militar, questionou ainda:

> Tem o sr. ministro da Fazenda conhecimento de reuniões no Gabinete do sr. ministro da Aeronáutica, com a participação do sr. presidente do Banco do Brasil e do sr. juiz da 6ª Vara Cível, para tratar de assuntos relacionados com a falência da Panair do Brasil S.A.?
> (...) Ao mesmo tempo em que o Banco do Brasil S.A. exercia no processo as funções de síndico, o sr. coronel Alberto Lírio, da FAB, prestava serviços à Massa, sem receber, por determinação do ex-ministro da Aero-

náutica, sr. brigadeiro Eduardo Gomes, qualquer remuneração? Depois da destituição do Banco do Brasil S.A. passou o referido oficial a receber remuneração?

(...) O sr. major síndico declara (*O Globo*, de 8/5/1968) que está a contratar oficiais para prestar serviços à Massa depois de *"consulta aos mais altos escalões do Poder Federal"* e por *"sugestão"* do Gabinete do sr. ministro da Aeronáutica. Esta revelação, assim tão clara, abre campo a impressão de que o processo da falência da Panair do Brasil S.A. estaria a sofrer, presentemente, ingerências ilegítimas e acima de tudo atentatórias à soberania e independência do Poder Judiciário.

(...) É do conhecimento do sr. presidente do Tribunal de Justiça o ato de aprovação pelo sr. juiz da 6ª Vara Cível, da remessa *"ao SNI dos dados e fotocópias de todo o processo da falência da Panair, a partir da posse do atual síndico?"*

(...) O campo dos autos, eles só, já não mais assegurariam ao Juiz liberdade e independência para aplicar a Lei? Necessita o magistrado prestar contas de seus atos aos chefes das Forças Armadas e aos órgãos do Serviço Secreto do Governo Federal? Não mais teria ele condições de exercer o seu venerável ofício escudado apenas na sacralidade de sua toga? (...)[166]

Soares, por sua vez, resolveu manifestar-se oficialmente junto à mais alta classe dos magistrados do Brasil. Ele proferiu uma promoção em que registrava todas as irregularidades que Rui Octávio Domingues cometera à revelia do Ministério Público.

Mas o conteúdo do seu despacho era tão incômodo que o documento foi desentranhado dos autos e devolvido, e o curador passou a sofrer perseguição do síndico e de advogados da massa. Quando o juiz aplicou uma estratégia alternativa, tentando aliciá-lo durante um jantar, o vigilante jurista chegou ao seu limite; ofereceu uma exceção de suspeição contra Domingues para funcionar no processo de falência da Panair.

O Egrégio Conselho da Magistratura se reuniu no dia 19 de agosto para opinar sobre as acusações e, convertendo o julgamento em diligência, determinou a requisição dos autos da falência e a abertura de vista à Procuradoria-Geral da Justiça, na figura do procurador Leopoldo Braga.

O cerco começava a se fechar para o juiz, que, no entanto — como não se sentisse ameaçado —, em nada alterou sua rotina. Ele se recusou a reconhecer a ação do 3° curador de massas falidas e decidiu processá-la em apartado, infringindo o artigo 182 do Código de Processo Civil.[167] Não só continuou a despachar no processo da Panair, como passou a manter os autos arbitrariamente sob seu poder, deixando de enviá-los à Superior Instância para julgamento, como determina o artigo 187 do mesmo código.[168]

Assombrado com o que chegou ao seu conhecimento, Braga redigiu extenso parecer, no qual discorreu sobre todos os mandos e desmandos praticados pelo titular da 6ª Vara Cível. A respeito da perseguição ao 3° curador de massas falidas, apontou:

> Essa promoção causou grande incômodo, a ponto de ser desentranhada dos autos e devolvida ao curador. Daí em diante, por via indireta, primeiramente através do síndico, que, no dia 31 de maio, na mesma data da promoção e do jantar-cilada oferecido pelo juiz ao curador, levantou esdrúxula exceção de suspeição contra este último; e, depois, por intermédio de Batuíra [Batuíra Martins da Costa], passou a exercer o juiz verdadeira guerra de pressão sobre o curador, para afastá-lo da fiscalização do processo, e, ultimamente, a mais intensa e perversa campanha de difamação e calúnias, na imprensa, na televisão, junto à empresa onde o mesmo é empregado; ou, ainda, oficiando ao Imposto de Renda, para desvendar-lhe a vida privada, e a repartições (Dasp, Secretaria de Administração, Contel e Embratel), sugerindo a abertura de processos contra o mesmo, sob a falsa acusação de estar ele acumulando cargos públicos, com infringência da proibição constitucional.
>
> Impressionante a *obsessão* do M.M. dr. juiz em afastar, *a qualquer preço*, o curador do processo falimentar da Panair do Brasil; e o desmedido tamanho dessa *obsessão* é, sem dúvida, proporcional ao altíssimo vulto dos interesses escusos que envolvem os atos da atual sindicância.

Por fim, os nove desembargadores que compunham o Conselho de Magistratura determinaram, em decisão unânime, o afastamento de Domingues do processo. Consideraram que o juiz exorbitara de suas atribuições e atuara parcial e abusivamente no caso, movido apenas por interesses próprios. Ao tomar ciência de sua punição, o magistrado sequer recorreu. Saiu de cena sob sérias implicações morais em setembro de 1968.

7

Apesar da espoliação que sofrera, dois meses mais tarde a Panair tinha condições de quitar os créditos trabalhistas dos 5 mil empregados, pagos em dobro, com recursos da própria massa — encargo do governo previsto pela CLT, mas que jamais foi por ele assumido. Esse pagamento evidenciou não apenas que a companhia sempre teve meios de bancar os próprios compromissos, como, expropriada dos bens e saqueada, ainda dispunha de caixa suficiente para assumir expressivas somas indevidas. No dia 5 de dezembro de 1968, *A Carapuça* destacou:

> A falência funciona como uma autópsia. Abre-se o bucho do distinto, examinam-se-lhes os miúdos e proclama-se o resultado incontestável: tinha mesmo que morrer e... morreu.... Entretanto, no caso da Panair, o cadáver engrossou e insiste em dizer que não morreu. Durma-se com um barulho desses (...) o fato é que a Panair, além de ter dinheiro para pagar todos os credores, possui montanhas de sobras, tanto assim que, antes de começar a vender seu patrimônio, já é a maior depositante do Banco do Estado da Guanabara (30 bilhões velhos, meu velho). E o que é mais. Já está pagando a todos os seus 5 mil servidores — suas indenizações trabalhistas em dobro (...).[169]

Tendo sido a falência aberta no dia 15 de fevereiro de 1965, retroagindo a dezembro de 1964, no mesmo período chegava também ao fim o prazo para condenar os réus no inquérito judicial. A União ainda não provara nenhuma irregularidade alardeada contra os acionistas e ex-diretores, de modo que a prescrição dos crimes falimentares a eles imputados tornava-se inevitável.*

---

* Pela lei vigente, prescreviam-se os crimes falimentares após quatro anos.

Celso da Rocha Miranda e os demais, que nunca cogitaram livrar-se das acusações por essa via exclusivamente técnica, já tinham entrado no dia 28 de agosto com o *habeas corpus* n° 23.631, perante a Egrégia 1ª Câmara Criminal. O acórdão, negando a existência de qualquer crime, por unanimidade, determinou a apensação dos autos, inocentando todos eles.[170]

Com a publicação do acórdão no *Diário da Justiça* de 5 de setembro de 1968, o Ministério Público, se assim desejasse, poderia ter protestado contra a decisão em até dez dias, por meio de um recurso extraordinário, conforme previa o artigo 114, inciso III, da Constituição. Não o fez. Só que quando, em dezembro, a notícia da vitória paneriana bateu em Brasília, o MP surpreendentemente voltou atrás e 82 dias depois — portanto, quase três meses após o prazo legal — resolveu recorrer.

E conseguiu.

Os advogados de Rocha Miranda tentaram usar todo tipo de mecanismo previsto em lei para proteger o grupo contra a ação irregular: foram diretamente ao presidente do Tribunal de Justiça, desembargador José Murta Ribeiro, com petições, agravos e até com um mandado de segurança. Mas não conseguiram impedir o processamento do recurso que atacava a decisão já transitada, de modo que ele chegou até o Supremo Tribunal Federal, com o n° 69.632.

Sem ter a quem mais recorrer, Paulo Sampaio agora desabafaria para seus próprios diários pessoais. Em uma dessas entradas, escreveu, angustiado:

> Encontro-me após anos de serviços prestados à minha pátria e à aviação brasileira às portas de um processo criminal que implicará, forçosamente, em liquidação daquilo que de mais sagrado possuo: a minha reputação de honorabilidade.
>
> Diante de um quadro como este e onde, tendo eu alcançado e ultrapassado os meus 50 anos de existência, torna-se novamente imperativo que eu faça uma pausa para meditação, a fim de rever e de refundir todo o meu passado e o meu presente, buscando, nas contrariedades e nos insucessos que me atingiram e que me levaram à presente condição, os motivos e as razões do meu presente estado de inquietude e de dúvida.

Recomeçar toda uma vida já no outono de uma existência requer condições de ânimo e de combatividade acima do comum, porquanto a reação normal, em casos semelhantes, mais indica o caminho da aposentadoria e da definitiva retirada da arena em que se processam os torneios de gladiadores, e onde a derrota significa o extermínio ou a poupança da vida humana por um simples gesto manual por parte de quem comanda o torneio.

A minha sorte está, portanto, lançada e apenas um juiz pode isentar-me ou condenar-me por crimes que não pratiquei, mas que me envolvem em circunstâncias adversas que podem selar, definitivamente, todo o meu passado de luta e de dedicação à causa da aviação brasileira.

Foi quando tudo parecia perdido e a derrota pelo uso da violência jurídica, inevitável, que a sorte sorriu para o trio. No final, o ministro Adaucto Lúcio Cardoso, que funcionou como relator, negou o recurso do Ministério Público por considerar como "coisa julgada, intangível e sagrada" a decisão da Egrégia 1ª Câmara Criminal no *habeas corpus* nº 23.631. A última tentativa de encarcerar os representantes da Panair frustrava-se, irreversivelmente.

Celso da Rocha Miranda, Paulo Sampaio e Jorge Mourão, que o tempo todo encontraram na leveza de suas consciências a força para continuar lutando, agora podiam direcionar os esforços à restauração maior: a da companhia aérea. Livres e sem receio de serem imobilizados em suas ações, começaram a se preparar para o maior combate de suas vidas.

8

Os agentes do governo federal previam que a artilharia seria pesada. Temerosos com a ressurreição da falida — e com a enxurrada de verdades inconvenientes que viriam à tona —, tiveram que engendrar outros artifícios para mantê-la no chão. Num movimento inédito, a União passou a editar e aplicar, em tempo recorde e contrariando preceitos universais do Direito, legislação direcionada especificamente contra uma empresa.

Assim, no dia 19 de fevereiro de 1969, o presidente militar Arthur da Costa e Silva, respaldado pelo ministro Luís Antônio da Gama e Silva, da Justiça, baixou o Decreto-lei n° 474, que em seu artigo 3° ampliou o conceito de dívida ativa da União:

> Para efeito de aplicação das normas do Decreto-lei 960 de 17/12/1938, entendem-se, também por dívida ativa, os créditos da União Federal, estados e municípios ou de suas agências financeiras decorrentes de contratos ou de operações de financiamentos, ou de sub-rogação de garantia, hipoteca, fiança ou aval.*

Quando atingidos pela mudança, os representantes da Panair aguardavam decisão do novo titular da 6ª Vara, Mauro Junqueira Bastos, sobre se o governo se enquadrava como credor privilegiado ou quirografário. E o juiz só não havia se pronunciado ainda porque o 3° procurador-geral da República, Carlos Geminiano da Franca, figura presente no caso desde o dia da cassação das linhas, retirara do cartório no dia 4 de dezembro precisamente os autos da declaração de crédito da União. Removera-os de forma irregular e segurou-os até março, a tempo de o Estado tomar outras providências.

Ao modificar as normas do direito tributário — estabelecidas pelo então vigente Decreto-Lei n° 960, de 17 de dezembro de 1938 —, o regime militar, "usando da atribuição que lhe confere o parágrafo 1° do artigo 2° do Ato Institucional n° 5, de 13 de dezembro de 1968", dilatou como quis o conceito da dívida da falida e passou também a determinar a forma de pagamento de seus créditos. Os advogados da Panair registrariam o seguinte nos autos:

> A Dívida Ativa da União, que antes só compreendia, para efeitos de Cobrança Executiva, os débitos fiscais e os relativos a contratos outros que, expressamente, elegessem essa forma, passou a envolver, absurdamente, todos os créditos da União decorrentes de contratos ou operações de financiamentos ou de sub-rogação de garantia, hipoteca, fiança ou aval.

---

* Ver Apêndice XVII: Decreto-Lei n° 474, de 19 de fevereiro de 1969.

O que se objetivava, com endereço certo, era transformar, na falência da PANAIR, a UNIÃO, que era credora privilegiada de somente NCr$23.000.000,00, em credora com privilégio total de cerca de NCr$70.000.000,00, permitindo-se, ainda mais, que esse débito fosse cobrado por EXECUTIVO FISCAL, nas Varas Federais, com quebra do tradicional princípio da universalidade do juízo falencial.

A nova onda de ataques não parou ali. Chegava o momento de reajustar os valores cobrados da Varig e da Cruzeiro pelos arrendamentos das aeronaves da massa falida. Assim que a Panair ingressou em juízo com a petição, sobreveio a promulgação do Decreto-lei nº 496, de 11 de março de 1969.* Assinado pelo presidente Costa Silva e os ministros Gama e Silva, da Justiça, Antônio Delfim Netto, da Fazenda, e Márcio de Souza e Mello, da Aeronáutica, em seu artigo 2º o regulamento determinou a expropriação dos aviões, com os respectivos suportes de peças, componentes e equipamentos.

Celso da Rocha Miranda relataria:

> Vários aviões muito bons, os Caravelles e DC-8, foram entregues, respectivamente, à Cruzeiro do Sul e à Varig por um preço ridículo. Foram arrendados e, quando veio a primeira renovação do contrato de arrendamento, nós pedimos concorrência e não obtivemos. Na segunda, fizemos o mesmo pedido. Mas aí o quadro já estava menos dramático para nós porque havíamos ganho o episódio do Incidente de Falsidade e já tínhamos provado que o síndico agia com leviandade. A concorrência foi negada, mas nós anexamos nos autos a prova de quanto valia o arrendamento dos aviões, a partir de ofertas feitas pela SAS e pela Iberia. Mas a proposta feita por aqueles que arrendaram e as propostas que anexamos ficaram muito contrastantes pela diferença de preços. Assim, eles se viram forçados a desapropriar os aviões.[171]

Além de tomar os bens, o governo, por meio do artigo 4º do decreto-lei, ainda proibiu companhias aéreas de "operar aeronaves ou

---

* Ver Apêndice XVIII: Decreto-Lei nº 496, de 11 de março de 1969.

explorar serviços aéreos de qualquer natureza, durante ou depois do encerramento dos processos de sua liquidação, falência ou concordata", aplicando-se efeito "aos processos em curso" — violação frontal do princípio da irretroatividade da lei. O único processo em curso, obviamente, era o da Panair.*

Passaram a coexistir dois procedimentos jurídicos abusivos e, curioso notar, legalmente excludentes: a ação executiva com seu conceito de dívida ativa ampliado pelo Decreto-Lei n° 474 e os créditos privilegiados com expropriação antecipada conferidos pelo Decreto-Lei n° 496.

Quando tomaram conhecimento das desapropriações, os representantes da Panair e os juristas que defendiam seus interesses apresentaram um agravo contra a decisão de transferir os bens da massa ao domínio e posse da União Federal. Mas o protesto foi negado pelo juiz Bastos.

Era hora de reagrupar.

— Certo, meus caros, eu trouxe a documentação que pediram — disse Paulo Sampaio, bastante abatido, ao chegar à reunião convocada por Rocha Miranda. — Peço desculpas pelo meu atraso.

— Não há problema, Paulo. Nós o estávamos aguardando. Foi grande a última violência que sofremos, hein? — tentou melhorar o clima o acionista.

— Os decretos-leis tiveram endereço certo e objetivos abertamente declarados. Ante a ressurreição que despontava, crucificaram a Panair, novamente — respondeu o ex-presidente da companhia.

— Fiz os cálculos. Sem a renda advinda dos aviões, a massa falida deixará de receber todo mês mais de 680 mil cruzeiros novos — disse Mourão.

— Senhores, eu os chamei aqui porque, apesar do recente revés, temos boas notícias — anunciou, sorridente, Rocha Miranda.

---

* O autor entrevistou o ex-ministro da Fazenda Antônio Delfim Netto em 15 de abril de 2015, a respeito dos fundamentos do Decreto-Lei n° 496. Ao terminar a leitura deste capítulo, leia a íntegra no Apêndice XIX: Entrevista com Antônio Delfim Netto.

— Boas notícias? Mas o juiz da 6ª Vara não rejeitou o agravo que o dr. Tude interpôs contra a desapropriação? — indagou Sampaio.

— Sim. Mas estou falando de outra coisa. Dr. Tude, faça as honras, por favor.

— Com prazer — prontificou-se o advogado. — Tendo promulgado o Decreto-Lei nº 496 no dia 11, a União Federal se pronunciou logo no dia 20 sobre o seu crédito, reivindicando a quantia de 70.931.960 cruzeiros novos. Depois, no dia 2 de abril, peticionou junto à 6ª Vara, alegando que, por força da nova legislação, haviam passado ao seu domínio e posse as aeronaves, turbinas, peças e equipamentos. Também requereu que esses bens fossem excluídos da arrecadação e, sob todos os efeitos, considerados transferidos ao governo por conta de seu aludido crédito. Correto, dr. Paulo?

— Sim. Mas, confesso, não consigo enxergar boas notícias nisso — respondeu, frustrado, o ex-executivo.

— Calma, meu amigo, deixe o dr. Tude continuar — interferiu Rocha Miranda.

— O Juízo Falimentar louvou-se em um perito de alta categoria, indicado pelo Sindicato dos Engenheiros, que encontrou os seguintes valores para o que foi recentemente desapropriado pela União: aeronaves, 62.909.550 cruzeiros novos; peças, componentes e equipamentos, 16.775.343 cruzeiros novos — leu o advogado em um ofício. — Essas cifras foram alinhadas no laudo apresentado em 21 de maio de 1969.

Celso da Rocha Miranda, com um largo sorriso no rosto, notou que Paulo Sampaio ainda não compreendia as implicações do que lhe estava sendo dito.

— Você não vê, meu amigo? Esses bens, somados, totalizam quase 80 milhões de cruzeiros novos. É uma importância superior ao crédito reivindicado pela União, fixado em menos de 71 milhões. O dr. Tude acaba de nos contar que o juiz em exercício Mauro Junqueira Bastos, ao deferir a petição do governo em 10 de abril, reconheceu como paga a nossa dívida.[172]

— O quê?! — exclamou o ouvinte, tomando, em seguida, os papéis das mãos do assessor jurídico.

Flagrantes da madrugada de 11 de fevereiro de 1965 – Após a chegada da notícia da cassação das linhas, o DC-8 da Panair do Brasil de prefixo PP-PDS, que faria o voo para a Europa, é recolhido a um dos hangares da companhia no Aeroporto do Galeão, no Rio de Janeiro (acima).

A Varig, operadora de rotas de longo percurso apenas para os Estados Unidos, surpreende ao entrar em cena com o Boeing 707 de matrícula PP-VJA para assumir, na mesma noite, as operações internacionais da principal concorrente (abaixo).

Paulo Sampaio, Celso da Rocha Miranda (à esquerda) e Jorge Mourão (canto direito) recebem o apoio dos colaboradores da Panair, que se mantêm nos postos de trabalho.

Funcionários aglomeram-se no hangar do Aeroporto Santos Dumont, no Rio de Janeiro, para acompanhar a situação da companhia após a paralisação determinada pelo governo.

A Celma, subsidiária da Panair para retífica de motores, amanhece ocupada por soldados do Batalhão de Caçadores de Petrópolis.

Militares armados observam a movimentação dos funcionários das oficinas.

O dia seguinte – Passageiros tentam obter informações sobre seus voos no balcão da Panair no Aeroporto Santos Dumont (acima).

No Galeão, uma aeronave Caravelle, que fazia as rotas domésticas e sul-americanas da Panair, é flagrada em uma área remota do pátio (abaixo). As linhas que o jato operava foram entregues à empresa Cruzeiro do Sul.

Aeronautas e aeroviários reunidos em assembleia permanente rejeitam solução de transferência para a Varig, a Cruzeiro e o Ministério da Aeronáutica, dispondo-se a continuar lutando até que a cassação das linhas da Panair seja revista.

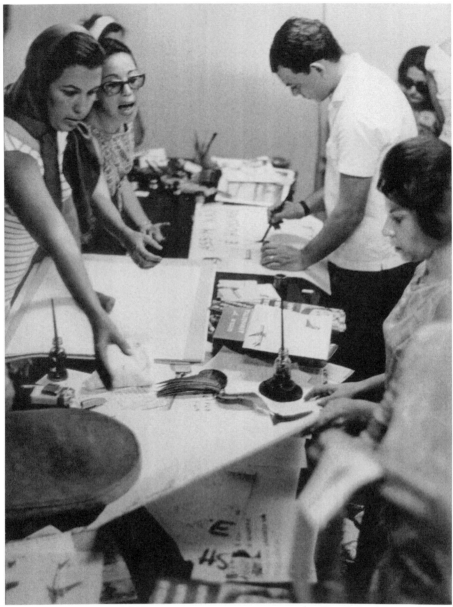

Funcionários da Panair preparam cartazes para a campanha de mobilização da opinião pública.

Populações ribeirinhas da Amazônia recebem suprimentos e correspondências pelas aeronaves anfíbias da Panair, o principal elo entre a região e o resto do Brasil.

Aviões Catalina (à esquerda) e DC-3 (à direita), incorporados à frota da Panair nos anos 1940 para a operação da malha de integração nacional da companhia. Na virada para a década seguinte, a empresa operou a rede mais extensa de linhas domésticas do mundo.

Paulo Sampaio, o primeiro presidente brasileiro da Panair, insiste na nacionalização da companhia e estabelece a ligação aérea regular, até então inédita, entre Brasil, África, Europa e Oriente Médio.

Ainda sob controle da Pan American World Airways, a mais influente e inovadora empresa aérea do mundo, a Panair do Brasil recebe aeronaves quadrimotores pressurizadas Constellation e inaugura voos para a Europa em 1946.

Embaixada informal – A agência da Panair do Brasil na rue Auber, em Paris, presta apoio a brasileiros no exterior. A companhia comprou imóveis amplos e bem localizados pelos quatro continentes em que operava, montando uma rede de representações consulares.

Mario Wallace Simonsen (à esquerda) desembarca de um DC-8 da Panair com a família. O empresário que tornou o Brasil competitivo no mercado internacional virou alvo de concorrentes poderosos, em seu próprio país e no exterior.

Amizades incômodas — Celso da Rocha Miranda (à esquerda), sócio de Simonsen na Panair, recebe Juscelino Kubitschek no casamento de uma filha. A intimidade entre os dois era malvista pelos militares do período pós-golpe.

Para esta "escala" não trazemos passageiros

Além das verificações diárias e rotineiras, a cada 200 horas de vôo, os jatos escalam em nossas oficinas de manutenção. Um verdadeiro exército de engenheiros, mecânicos e funcionários especializados ataca o avião, de ponta-a-ponta. Todo o complexo de instalações e equipamentos que compõem o gigantesco avião: turbinas, superestruturas, equipamentos eletrônicos, pneus e freios, são examinados minuciosamente. Para isso, dispomos de um dos mais modernos parques de manutenção de aeronaves no Brasil. E, por isso, a Panair foi autorizada pela FAA (Federal Aviation Agency) dos Estados Unidos a fazer manutenção em qualquer tipo de aeronave norte-americana: jatos puros, turbo-hélice ou convencionais. Civis ou militares. Não é justo que nos orgulhemos disso?

Contribua com o governo Federal no trabalho de recuperação das finanças do País. Poupe divisas preciosas voando para o Exterior nos aviões da Panair.

Consulte o seu Agente de Viagens IATA ou a

PANAIR

Recordista do Atlântico Sul: mais de 9.000 travessias!

Os DC-8 da Panair foram adquiridos com aval do BNDE.

Nesta peça de sua última campanha publicitária, publicada na revista *O Cruzeiro* três semanas antes da cassação das linhas, a Panair destaca a excelência de seus serviços de manutenção, utilizados inclusive pelos militares. Ao ser fechada, a empresa seria acusada de insegura, embora tivesse as melhores instalações do país, fosse a única empresa aérea brasileira autorizada pela Federal Aviation Agency (FAA) a revisar aeronaves norte-americanas e atendesse doze congêneres estrangeiras que operavam no Brasil. A Varig passaria a usar o hangar e a aeronave estampados na foto sete meses depois.

População carioca comparece à agência da Panair do Brasil na avenida Rio Branco para prestar solidariedade aos funcionários. Balconistas colhem cerca de 100 mil assinaturas. Nos cartazes, algumas mensagens desafiadoras: "Fomos fechados por *Herr* Ruben Berta" e "As linhas da Europa dão prejuízo? Por que a Varig as quer?".

Tropa da Aeronáutica armada com pistolas ocupa o hangar da Panair no Aeroporto Santos Dumont.

Soldados postam-se na entrada do Edifício Panair, na praça Marechal Âncora. Funcionários passam a ter que justificar sua presença no local.

A vigia – Soldados observam a movimentação dentro do hangar. No Departamento de Imprensa da companhia, agentes disfarçados do Dops censuram textos sobre as manifestações contra o fechamento da empresa.

Ônibus do Rio de Janeiro passam a circular com cartazes em defesa dos direitos da Panair.

Na escuta – Ruben Berta, o presidente da Varig, mistura-se discretamente aos funcionários da concorrente recém-fechada para ouvir entrevista do governador Carlos Lacerda sobre o encontro com o brigadeiro Eduardo Gomes.

"Herança fina" – Os hangares e oficinas da Panair no Galeão, "com todas as suas preciosas e modernas máquinas de valor incalculável, foram arrendados à Varig por preço irrisório, tendo, inclusive, a arrendatária feito a ocupação antes do arrolamento e arrecadação de bens", denuncia o documento preservado nos autos da falência.

Neste raríssimo registro, feito por um comandante da Varig, vê-se a situação da frota da Panair logo após o fechamento da companhia.

Aeromoças e outras pessoas acompanham a missa oficiada pelo padre Góes no hangar do Aeroporto Santos Dumont. O prelado diz que a Panair é a imagem do país e deve existir enquanto existir o Brasil.

A campanha na rua – Cerca de sessenta aeromoças e comissários vão às portas dos cinemas para distribuir panfletos, pedindo à população que se manifeste pela revogação do ato que tirou dos céus as asas da Panair.

Aeromoças uniformizadas recebem suprimentos da população e montam acampamento em frente ao Palácio das Laranjeiras, no Rio de Janeiro. O Senado pede que Castello Branco as receba "por um elementar dever de cavalheirismo".

Funcionários da Panair do Brasil, com os meios de sobrevivência esgotados, recorrem à caridade pública e fazem filas para receber doações de alimentos no hangar. São distribuídas caixas com açúcar, feijão, batata, leite em pó, germe de trigo e gordura.

Os jatos DC-8 e Caravelle da Panair são arrendados às companhias Varig e Cruzeiro do Sul, respectivamente. Em documento preservado nos autos da falência, um perito nomeado pelo juiz da 6ª Vara Cível apresenta laudo descritivo de vistoria e avaliação das aeronaves e turbinas, no qual questiona os aluguéis cobrados das arrendatárias, considerados "visivelmente irreais".

Sem perspectiva histórica – Aviões pioneiros são amontoados no pátio do Galeão, onde enferrujam. O último leilão que liquidou o acervo da Panair ocorreu em novembro de 1973, quando as fuselagens restantes foram arrematadas por um grupo de dez sucateiros, para transformação em lingotes de alumínio.

Marca que a ditadura não conseguiu apagar – O logotipo quebrado da Panair do Brasil ainda hoje pode ser visto sobre o hangar vazio da companhia; desde 1974, a antiga sede da praça Marechal Âncora abriga uma instalação militar.

Ex-funcionários da Panair, seus familiares e amigos reúnem-se em almoço comemorativo do aniversário de fundação da companhia. O evento tem sido realizado ininterruptamente desde 1966, ano seguinte ao decreto de falência.

— É isso mesmo que ouviu — completou o acionista. — Eles baixaram o Decreto-Lei nº 496 para nos atingir e silenciar, mas não anteciparam que, desapropriando os aviões, estavam automaticamente tirando a Panair da "falência". Resta-nos pagar apenas cerca de 12 milhões de cruzeiros novos aos credores quirografários.

Os olhos de Paulo Sampaio brilhavam de alegria como os de parentes de um enfermo que acordava após longo período em coma.

— O que isso significa para a Panair, senhores? — perguntou, ansioso.

— Significa, meu caro, que não saímos desta sala até finalizarmos a elaboração do pedido de concordata suspensiva da Panair do Brasil — declarou Rocha Miranda. — Já me comuniquei por telefone com os filhos de Mario, aqui no Brasil e lá em Paris. O sr. Carlo Villarosa, genro do nosso saudoso acionista, providenciará uma procuração de Marylou e dos irmãos dela, para que eu possa representar a família Simonsen na petição. O pássaro auriverde renascerá.

— Nos termos da lei, a concordata suspensiva é deferida se o falido oferecer proposta de pagamento de pelo menos 35% à vista, ou de 50% no prazo máximo de dois anos — prosseguiu o advogado. — Não há como negarem o nosso pleito. A massa falida da Panair, mesmo após tanta espoliação criminosa, tem condições de pagar os créditos restantes integralmente e à vista. A empresa está proibida, pelo novo decreto-lei, de retomar as atividades no setor aéreo. Mas, pelo menos, deixará a condição de falida e os proprietários retomarão o controle do patrimônio remanescente, que ainda é considerável, podendo administrá-lo como bem entenderem.

— Senhores, uma empresa que, ao cabo de quatro anos durante os quais os seus vultosos bens foram escandalosamente dilapidados, desbaratados e torrados ilegalmente, tanto aqui como no estrangeiro, pelos primeiros síndicos, que já pagou integral e indevidamente mais de 32 milhões de cruzeiros de indenizações trabalhistas, que já teve confiscados mais de 85 milhões de cruzeiros de bens para pagamento integral de um crédito da União Federal que não atinge 70 milhões de cruzeiros, e que, ainda, se propõe, em concordata suspensiva, a pagar integralmente a todos os seus credores quirografários, positivamente não estava falida — resumiu Mourão, o antigo diretor-financeiro.

Os membros da antiga gestão e o acionista sobrevivente se emocionaram. O pesadelo estava chegando ao fim. Fora um terror que durara muito tempo, que causara forte sofrimento a milhares de famílias, mas agora era hora de a Panair conquistar a sua liberdade. Após realizar todos os procedimentos legais e extralegais, no dia 2 de junho de 1969 a empresa ingressou no Juízo da 6ª Vara Cível com o pedido de concordata suspensiva.

Os prepostos da União, surpreendidos, entraram em pânico. Ficou claro que precisavam de novas garantias.

Exatamente uma semana mais tarde, no dia 9 de junho, o onipresente 3º procurador-geral da República, Carlos Geminiano da Franca, apresentou um embargo e ingressou na Justiça Federal com um pedido de vistoria para avaliação dos bens expropriados, mesmo após a decisão do juiz que já reconhecera a extinção da dívida da Panair com o Estado.

Àquela altura, embora o governo não tivesse mais legitimidade processual para embargar o pedido, Franca conseguiu fazê-lo — em flagrante violação dos princípios da universalidade do Juízo Falimentar e da soberania do instituto da coisa julgada — e arranjou uma nova avaliação. A análise encomendada, realizada sem a participação dos representantes da falida, reduziu o valor de todo o acervo expropriado a meros 41.745.000 cruzeiros novos.

Depois, em 19 de junho — um dia antes da audiência em que se debateria o pedido de concordata —, Franca ajuizou um Executivo Fiscal instruído com uma nova certidão de inscrição de dívida ativa, para cobrar da Panair outros NCr$ 112.547.499,95 sobre o crédito que já havia sido extinto. O novo montante constituía o maior valor até então já proposto pela Fazenda Nacional.

Embora fizesse aparentar que a fantástica quantia fosse verdadeira, convertendo os dólares relativos à taxa atual e não mais à do dia da abertura da falência,[173] o fato é que a União estava exigindo uma repetição reajustada do pagamento que tinha sido realizado por força do casuístico Decreto-Lei nº 496.[174]

De posse da nova certidão no dia da audiência, o juiz Bastos proferiu:

— Na audiência de instrução, juntou a União Federal o documento de folha 11.078, em que se evidencia estar devidamente inscrito o crédito declarado, nos termos da legislação vigente, da importância de NCr$ 112.547.499,95. Entendo, *data venia* de respeitáveis opiniões em contrário, que o crédito fiscal surge com o lançamento ou a inscrição. E sendo, pois, da competência *rationae materiae* da Justiça Federal a palavra final a respeito, não pode, nem deve, este Juízo pronunciar-se sobre o assunto, cabendo-lhe tão somente determinar a reserva de numerário que garanta o pagamento do crédito declarado.

Submisso ao regime, o magistrado passivamente voltava atrás em sua própria decisão passada e determinava que a Panair pagasse a fabulosa quantia.

Imediatamente depois da sessão, os representantes da falida reuniram-se no escritório na Companhia Internacional de Seguros, para conferenciar sobre os últimos acontecimentos.

— Que diabos aconteceu naquela 6ª Vara, dr. Tude? — descontrolou-se momentaneamente Mourão.

— O juiz furtou-se de examinar a matéria invocada, dr. Mourão. Supôs, ao sabor de sua própria consciência, ser a certidão de inscrição da imaginária dívida ativa, trazida aos autos no dia da audiência, um novo débito da Panair, diverso daquele sobre o qual já houvera ele próprio sentenciado e julgado pago — respondeu o advogado.

— Ele nem ao menos se deu o trabalho de examinar a legitimidade daquela quantia absurda — protestou Paulo Sampaio. — Esquivou-se da responsabilidade dizendo que não cabia a ele apreciar o assunto. E a verdade é que a União, depois de ser paga integralmente pela Panair de tudo quanto pediu, depois de estar extinto o seu crédito, fez, ardilosamente, uma grotesca revisão do que pediu e do que lhe foi totalmente pago, para se dizer credora de mais de 100 milhões de cruzeiros! Poderia, pelos mesmos processos, inscrever 1 trilhão de cruzeiros... Eu simplesmente não sei mais o que pensar.

— A confiança não pode esmorecer em você, meu amigo — consolou Celso da Rocha Miranda. — Dr. Tude, o que podemos fazer agora?

— Bom, dr. Celso, podemos levantar um Incidente de Falsidade contra a sentença do dr. Mauro Junqueira. Não pode servir de fundamento ao despacho que indeferiu o pedido de concordata um crédito, já agora inexistente, justamente porque o próprio juiz o deu como pago, através de decisão sua passada em julgado. E ele qualificou, inexplicavelmente, de crédito tributário ou fiscal um crédito notoriamente contratual, apenas para não desagradar a União.

— E depois de tudo o que já nos aconteceu, o senhor acredita que teremos uma vitória? — questionou Mourão.

— Admitir o contrário seria a ab-rogação dos princípios democráticos e uma nódoa na nossa vida jurídica. Note que esse pedido de concordata suspensiva parte de uma empresa que, coagida, submeteu-se humildemente às restrições que lhe impõe o Decreto-Lei nº 496, uma legislação extravagante e aplicada com efeito retroativo. Vamos entrar com o Incidente de Falsidade, senhores, pois é só pelos procedimentos da lei que a Panair verá livres as suas asas — recomendou o jurista.

Nos autos, ficou registrada a seguinte manifestação:

A União (...) recalculou sua dívida, atualizou a taxa de câmbio e, com isto, a sua dívida que era de NCr$70.000.000,00 passou a ser, absurda e falsamente, objeto de uma cobrança Executiva de NCr$112.000.000,00.

Promoveu-se — em ação fulminante e na calada da noite — a inscrição desse fantástico débito e, com uma CERTIDÃO DE INSCRIÇÃO datada de 19 de junho de 1969, o dr. Carlos Geminiano da Franca, 3º procurador da República, compareceu à audiência que iria decidir sobre a CONCORDATA SUSPENSIVA, realizada no dia seguinte, isto é, a 20 de junho de 1969, e fulminou o pedido da PANAIR.

Não foi por exagero vocabular que se denominou de FALSA essa dívida e, sim, conscientemente, pois, tal inscrição, além de ilegal, é FALSA, como a seguir demonstraremos:

1º) É FALSA, pelo seguinte: Inegavelmente, mesmo que houvesse amparo, moral e legal, para a atualização da taxa de câmbio — o que se admite só para argumentar — a UNIÃO não poderia inscrever sua dívida englobando os NCr$70.000.000,00 primitivos e os NCr$41.000.000,00 resultantes da atualização cambial, ISTO PORQUE OS NCr$70.000.000,00 já estavam pagos, conforme sentença passada em julgado, pela apropriação das aeronaves, peças e equipamentos, já consumada nos termos do Decreto-Lei 496 de 11/03/1969. E, como assim procedeu, INSCREVEU DÍVIDA JÁ PAGA, o que constitui FALSIDADE.

2º) A inscrição de dívidas não pode envolver quantias ilegalmente exigidas e calculadas com frontal violação da lei. E a UNIÃO, inscrevendo importância de dívida oriunda de conversão de moeda à taxa diversa da vigorante na data da falência, violou, ostensivamente, o artigo 213 da Lei de Falências, o que torna ilegal a inscrição.

3º) A inscrição de Dívida a que se refere a CERTIDÃO datada de 19 de junho de 1969 não foi precedida da cobrança administrativa, imperativamente imposta pela legislação tributária. Sem o prévio procedimento administrativo, facultada ampla defesa ao devedor, é ilegal a inscrição e falsa a certidão dela decorrente.

Mais uma vez diremos: Na trilha das violências cometidas contra a PANAIR inscreve-se esse escandaloso capítulo que é a derrota do direito imposta pela lei.

(...) Esperamos, confiantes, em que as providências que o caso requer sejam adotadas, sem tardança.

Simples providências que se resumem no que de mais elementar pode almejar um ser humano.

Respeito ao Direito. Ampla liberdade à Justiça.

Tude Neiva de Lima Rocha entrou com uma ação, esperando que, nos termos do artigo 719 do Código de Processo Civil, o juiz Mauro Junqueira Bastos suspendesse o julgamento dos embargos contra o pedido de concordata suspensiva até a solução do incidente. O magistrado, porém, ignorou a petição e determinou a autuação em apartado e o envio dos autos à Justiça Federal.

E não fez apenas isso. Quando no dia 23 de junho a então credora quirografária Pan American World Airways, Inc. pediu que lhe fosse dada vista dos autos pelo prazo de 48 horas, para se pronunciar sobre os novos documentos apresentados pela União Federal, Bastos imediatamente indeferiu. Naquele momento, dois terços do saldo restante da dívida da Panair eram com a Pan Am, de modo que a companhia norte-americana, interessada nos termos do encerramento da falência, foi privada do direito de receber seu crédito imediatamente e à vista.

Com a atitude anticonstitucional — que prejudicou a falida e seus credores legítimos —, os advogados de Celso da Rocha Miranda arguiram a suspeição do juiz. Eles achavam que Bastos não dispunha de tranquilidade para julgar, diante das pressões do governo. Citaram-lhe o falecido João Barbalho Uchôa Cavalcanti, ex-ministro do Supremo Tribunal Federal: "É preciso que o Juiz nada tenha a temer ou que esperar do governo e das potestades do dia. Nesta situação, devidamente abroquelado, ele cumprirá desambrado seu dever e resistirá às influências perturbadoras da Justiça."

O magistrado lhes garantiu ser resistente a influências externas. Por isso, em sinal de boa-fé, Rocha Miranda desistiu da exceção antes que fosse apreciada pela Superior Instância.

Tendo os autos voltado às mãos do juiz para a decisão sobre o pedido de concordata, veio o golpe final da União.

Em 3 de julho de 1969, os jornais chegaram às bancas com a seguinte manchete: "Empresa aérea não pode ir à concordata".[175] Segundo o *Correio da Manhã*, o governo acabara de baixar o Decreto-Lei nº 669, retirando, especificamente de companhias aéreas, o direito de impetrar a concordata judicial.* Para aplicação imediata, inclusive aos "casos em curso", a legislação foi promulgada, segundo o Estado,

> considerando que a navegação aérea só pode ter eficiência, isto é, segurança, regularidade e precisão, se a empresa que a explora estiver em condi-

---

* Ver Apêndice XX: Decreto-Lei nº 669, de 3 de julho de 1969.

ções econômico-financeiras que permitam, em termos de planejamento, execução, manutenção, supervisão e controle, a perfeita sustentação de serviços através de uma sólida estrutura, capaz de plena atividade.[176]

Hélio Fernandes, da *Tribuna da Imprensa*, protestou:

> Inacreditável, mas rigorosamente verdadeiro: tendo composto alguns débitos e sendo o seu passivo muito mais baixo do que o seu patrimônio, a Panair pediu o levantamento de sua falência, coisa que teria que ser imediatamente concedida. Mas quando o juiz se preparava para decidir nesse sentido, o Governo entrou com um novo executivo contra a empresa (ação que foi considerada nos meios jurídicos uma verdadeira barbaridade) e a falência foi mantida. Caso a falência fosse levantada, como se esperava, é evidente que a Panair ressurgiria (...) e assim poderia obter renda com que pagar principalmente os seus milhares de dedicados funcionários. Mas veio um representante do Governo e à última hora atrapalhou tudo. Por quê?[177]

A resposta partiria do próprio Celso da Rocha Miranda. O novo decreto-lei — assinado por Costa e Silva, Gama e Silva e Souza e Mello —, veiculado pela imprensa como notícia antes mesmo da oficialização no *Diário Oficial* e menos de um mês após a formalização do pleito da Panair, teria sido concebido, nos bastidores, por gente ligada tanto ao governo como à Varig, conforme o empresário documentaria:

> Até então, nós sentíamos que havia uma força poderosa contra nós, mas não sabíamos exatamente de onde vinha. Neste momento, o inimigo botou a cabeça para fora. Nós já suspeitávamos, já compreendíamos, já sabíamos que tudo vinha por intermédio do dr. Adroaldo Mesquita da Costa, o presidente [do Conselho de Administração] da Varig, tio do presidente Costa e Silva.[178] Quando entramos com o pedido de concordata suspensiva, a Varig conseguiu um decreto — assinado pelo presidente Costa e Silva via dr. Adroaldo Mesquita da Costa, já então deslocado para o governo como consultor geral da República — estabelecendo que às empresas de navega-

ção aérea que tenham estado em estado falimentar, lhes é negado o direito à concordata suspensiva. Mas eles tomaram a decisão com certo retardo. Em função disso, aconteceu um fato ainda mais inusitado. Como o decreto ainda não tinha sido publicado no Diário Oficial, o juiz utilizou a notícia de *O Globo* para dar a sua decisão. Claro, negando nosso pedido. Ele negou a concordata suspensiva baseado na lei publicada em *O Globo*.[179]

A nova peça de legislação foi tudo de que Mauro Junqueira Bastos precisou para, quatro dias depois, em 7 de julho, denegar a concordata suspensiva e aniquilar de vez o que restava da Panair do Brasil. Tendo violado novamente o princípio universal da irretroatividade da lei em sua sentença, o magistrado recebeu os embargos oferecidos pela União Federal e acolheu o crédito fantástico recentemente inscrito. Por fim, ignorando o ainda expressivo acervo da companhia, ordenou a sua apressada liquidação e determinou que o produto da venda dos bens fosse destinado ao pagamento do governo. Proferiu:

(...) Nos termos das leis vigentes, declara a União Federal ser credora da Massa Falida pela importância de NCr$ 112.547.499,95 (...) procedendo à reserva citada, o que é inevitável face do ordenamento jurídico em vigor, retira o Juízo a disponibilidade dos bens da massa, ou do produto de sua venda; e, como o valor dos aludidos bens é ignorado até agora em sua realidade, uma vez que esse valor só poderá efetivamente ser apurado quando de sua alienação em leilão, a reserva referida deverá abranger todo o produto da venda de bens da Massa Falida, inclusive direitos e ações. E se assim não procedesse, agiria o Juízo *contra legem*, ou seja, permitindo que bens garantidores do pagamento de credor privilegiado, que é a União Federal, servissem de espeque ao pagamento de créditos quirografários, em evidente e inquestionável subversão à ordem legal.

E quanto mais não fora, já agora seria impossível o deferimento da pretensão da falida, em face do advento de recente decreto-lei, emanado do Governo Federal, e fartamente noticiado e divulgado, na semana que passou, pela imprensa. Realmente, dispôs dito decreto-lei, em seu artigo 1º, que "não podem impetrar concordata as empresas que pelos seus atos constitutivos tenham por objeto, exclusivamente ou não, a exploração de serviços aéreos de qualquer natureza ou de infraestrutura aeronáutica". Prescreve, outrossim, em seu artigo 2°, que suas disposições são aplicáveis, também, aos casos em curso.

Como via de consequência, depreende-se que, além dos argumentos retrodesenvolvidos, não pode a Falida, cujos atos constitutivos têm por objeto a exploração de serviços aéreos, impetrar concordata.

Assim explanados os fatos e o direito, e considerando o mais que dos autos consta e os princípios de direito à espécie aplicáveis:

HOMOLOGO, por sentença, para que produza seus jurídicos e legais efeitos, a desistência manifestada pela embargante Socony Mobil Oil Company Inc., e RECEBO os embargos oferecidos pela União Federal, pelos fundamentos expostos, para o fim de denegar o pedido de concordata suspensiva apresentado pela Panair do Brasil S.A. Consequentemente, determino ao síndico, na forma do artigo 114 da Lei de Falências, que providencie, no prazo legal e sob a pena de responsabilidade, a publicação do aviso ali referido, ordenando ao Cartório sejam os autos conclusos imediatamente após, para a fixação do prazo de liquidação. Outrossim, fica reservado à União Federal todo o produto da venda dos bens da falida, excetuada, naturalmente, a importância necessária para o pagamento dos créditos trabalhistas ainda não satisfeitos, encargos e dívidas da massa. Dispensados os autos de incidente de falsidade, remeta-os ao Cartório, através do expediente competente, à MM. Justiça Federal.

VII

O resgate

1

Assim acabava aquilo que foi uma grande empresa nacional, cujo nome sonoro retinia por toda parte. (...) Leilão melancólico: poltronas geminadas de avião, louça, "tristes trastes". Era de cortar o coração menos aeroviário ver tanto esforço, tanto espaço brasileiro conquistado (e tanto espaço internacional também) reduzido àquele bater de martelo sobre os restos físicos de uma grande companhia que, nacionalizando-se, dera a medida de nossa capacidade no ramo de transportes aéreos.[180]

Os Decretos-leis nº 496 e 669, de 1969, deixaram a Panair do Brasil definitivamente no chão, vetando qualquer possibilidade futura de se ressuscitar a empresa como exploradora de serviços aéreos. Os regulamentos continuariam vigorando mesmo após a revogação do próprio AI-5, em dezembro de 1978, e até após a redemocratização do país.[181] Por outro lado, a inscrição da nova dívida ativa com a União pelo 3º procurador-geral da República alongaria o processo falimentar por mais 25 anos.

Uma semana após a denegação do pedido de concordata suspensiva, Paulo Sampaio e Jorge Mourão protestaram nos autos, por meio de agravo de instrumento impetrado por Tude Neiva de Lima Rocha. Mas, agora reconhecendo que nada mais poderiam fazer enquanto a Justiça brasileira estivesse submetida ao Executivo e sob um regime de exceção, decidiram escrever o seguinte, para a preservação da história e o julgamento futuro dos fatos:

— Alegou-se a irrecuperabilidade financeira da empresa.

Os autos da falência demonstram sua portentosa capacidade econômico-financeira.

— Admitiu-se possível reflexo na segurança de voo.

O resultado do INQUÉRITO DE MANUTENÇÃO levado a efeito, em 1963/1964, em todas as empresas (AVISO MINISTERIAL N° 28/1963), ATESTA, PRECISAMENTE, O CONTRÁRIO. A condição da PANAIR foi considerada inigualável.

— Acusavam sua Administração.

A JUSTIÇA pulverizou as acusações.

(...) Hoje, em todo o Brasil, os espíritos bem formados não têm outra opinião. Tudo foi fruto de perseguição, para favorecer inconfessáveis interesses ocultos.

Essas verdades não podem ser apagadas nestes autos. Deverão ficar gravadas em letras indeléveis, para que ninguém se iluda sobre "O CASO PANAIR".

Não foram apenas eles que se manifestaram. A maior credora remanescente, a Pan American — então, uma das mais poderosas e influentes organizações em todo o mundo —, entrou com uma Arguição de Inconstitucionalidade por meio de agravo de instrumento impetrado pelo advogado William Monteiro de Barros.

Criticando o governo brasileiro, a aérea norte-americana destacou ser

> inconstitucional a aplicação retroativa, à falência da Panair, decretada em fevereiro de 1965, do artigo 3° do Decreto-lei n° 496, de 11 de março de 1969, que equiparou os créditos contratuais da União Federal aos tributários, transformou-os em créditos privilegiados nos processos falimentares (...) em detrimento dos credores quirografários e com a inobservância de sentença transitada em julgado que admitiu os créditos declarados por ela, União, sem tal diferença.

Protestando também contra a decisão do juiz Mauro Junqueira Bastos, apontou:

> Igualmente inconstitucional é a aplicação retroativa, à falência da Panair, do Decreto-Lei nº 669, de 3 de julho de 1969, proibitivo da impetração de concordata por empresas de serviços aéreos — se é que diz respeito ao caso de concordata suspensiva e não tão somente ao de concordata preventiva — eis que a concordata da Panair foi impetrada antes, em 2 de junho de 1969, com observância de todos os requisitos legais, donde constituir, desde então, direito adquirido de empresa falida e dos credores quirografários o fazer jus aos benefícios da concordata, em sendo rejeitada a única impugnação, a da União Federal fundada na inexistente diferença de câmbio que reivindica.
>
> (...)
>
> A suscitação pela Falida do incidente de falsidade, se bem que encaminhado este por V. Exa. à Justiça Federal, tinha que dar lugar à suspensão do processo falimentar, em obediência ao seguinte preceito do artigo 719 do Código de Processo Civil: "... o processo e o julgamento do incidente precederão aos da causa, que será suspensa."
>
> Não tendo havido essa suspensão, está aí outra razão pela qual é nulo todo o processo, inclusive a sentença agravada, a partir da violação do dito preceito legal.

Não deu em nada. Impedida de receber o que lhe era devido, a Pan American teve de se submeter às distorções que amarravam o Judiciário brasileiro da época. Coube a Celso da Rocha Miranda fazer um acordo à parte. Responsável, pessoalmente, pelo pagamento dos títulos referentes ao aval assumido em 1961, o empresário quitou a pendência por meio da dação de terrenos. O *Jornal do Brasil* publicaria anos mais tarde que a Pan Am viraria "uma das maiores proprietárias de Búzios e adjacências, possuindo talvez as cinco últimas grandes, livres e privilegiadas áreas da região. (...) A empresa só não sabe até agora é o que fazer com todo este acervo, oriundo do espólio da Panair".[182]

Os leilões dos bens da massa falida foram acelerados. Ainda em 1969, a empresa paulista Engenav — Engenharia, Indústria e Comércio Ltda. arrematou sete aviões. "As fuselagens serão fundidas e transformadas em lingotes de alumínio que serão vendidos a indústrias de automóveis. O valor total da compra foi de NCr$ 89.700", registrou *O Estado de S.Paulo*, e acrescentou:[183]

> Os leiloeiros públicos Sebastião Lemos e Paulo Brame conseguiram vender, ainda, um avião "Lockheed Constellation" por 77 mil cruzeiros novos. A compra foi efetuada pelo sr. José Arruda, proprietário de uma pequena companhia de aviação no Norte do país.[*] (...) O "Bandeirante Antônio Rodrigues Velho", cuja fuselagem foi vendida ontem por NCr$ 12.500,00, custou à Panair do Brasil, em 1946, aproximadamente 1 milhão de dólares. Foi um dos pioneiros da aviação comercial brasileira.

As liquidações se processaram até 22 de novembro de 1973, quando os últimos lotes foram postos à venda em pregão realizado ao lado dos antigos hangares no Aeroporto do Galeão, ocupados pela Varig e pela Cruzeiro. Sob o título "Panair acaba em leilão arrematada como sucata", o *JB* publicou: "O leiloeiro Paulo Brame ofereceu 116 lotes, avaliados em Cr$ 113 mil. Tudo foi arrematado por Albert Jalkh, que disse representar um grupo de dez sucateiros. O valor levantado foi de Cr$ 104 mil. O produto foi revertido ao pagamento da União. Tudo aconteceu em cerca de meia hora."[184]

Segundo apurou o *Jornal do Commercio*, entre os lotes havia dois Constellations, matriculados PP-PDH — este, ainda em condições de voo — e PP-PDF — "enferrujado, destinado à sucata". Descreveu o repórter: "Os leiloeiros e compradores encontrarão o PP-PDH com as cores azul e branca e a marca de uma pequena companhia da Amazônia, a Asas, que o havia comprado em leilão em 7 de dezembro de 1970. Os compradores não puderam pagá-lo e tiveram que entregá-lo novamente à Massa Falida."[185] Um ex-comandante da Panair, Almir Carlos de Oliveira, até tentou salvar a aeronave, mas

---

[*] A aeronave, matriculada PP-PDG, voou até 29 de maio de 1972, quando se acidentou no Acre, com 15 pessoas a bordo, enquanto fazia a rota Rio Branco-Cruzeiro do Sul.

não conseguiu oferecer o lance mínimo. Também o PP-PDH estava destinado a seguir viagem final rumo ao ferro-velho.

Foi na mesma época que o edifício-hangar da praça Marechal Âncora, durante trinta anos sede administrativa da empresa, perdeu seu tradicional letreiro. Em 25 de maio de 1974, o imóvel passou a abrigar o Terceiro Comando Aéreo Regional, organização militar representante do Comando da Aeronáutica nos estados do Rio de Janeiro, Espírito Santo e Minas Gerais.*

As consequências do fim da maior companhia aérea brasileira foram desastrosas para o país. O governo, cujos agentes fabricaram dados para acusar os acionistas e executivos da Panair de drenar recursos públicos, passou, ele próprio, a gastar mais por causa da falência que impôs: só o Instituto de Aposentadorias e Pensões dos Ferroviários e Empregados em Serviços Públicos (IAPFESP) teve que arcar, já em 1965, com um déficit de 700 milhões de cruzeiros *versus* os 400 milhões recolhidos quando a empresa funcionava.[186] A União precisou, ainda, liberar verbas especiais para assumir os salários dos funcionários da Celma e do Departamento de Comunicações, desapropriados, e os custos com investimentos e manutenção de todo esse acervo.

A *Tribuna da Imprensa* revelou:

> Evitando discretamente qualquer publicidade, meio encabulados como todos os que são apanhados numa gafe — que, neste caso, custou e custará bilhões de cruzeiros aos anêmicos cofres do governo — vêm, agora, as autoridades do Ministério da Aeronáutica obter, do governo federal, um novo crédito especial de 1 bilhão e meio de cruzeiros, para as despesas com serviços afetos à segurança do tráfego aéreo. Isto nada mais é que a renovação, para o presente exercício, da verba destinada ao pagamento dos salários do pessoal da Panair lotado no serviço de comunicações e segurança de voo da empresa, cujas linhas foram cassadas por força da genial ação dos magos e luminosos donos deste Brasil de principiantes.

---

* Informação colhida com a tenente Fátima Evangelista, da Assessoria de Comunicação Social. O prédio é sede do Terceiro Comando Aéreo Regional até hoje.

Renovada que foi a verba, renovemos o comentário, a explicação. Trata-se do único serviço existente no país capaz de suportar e proteger a aviação comercial internacional e doméstica, inclusive a própria Força Aérea Brasileira. (...) Tudo pertencia à Panair. E pertence. Porém, os "esclarecidos" responsáveis pelo golpe da cassação das linhas da Panair e consequentemente pela sua falência desconheciam — e são peritos em desconhecer tudo — esse importantíssimo detalhe (...) a Panair, que, em atividade, recebia do governo, a título de subvenção, um total de 2 bilhões de cruzeiros e 600 milhões para todas as suas atividades anualmente, passou, depois que as "atrocidades" do Ministério da Aeronáutica cassaram as suas linhas, a custar muito mais, ou seja, 3 bilhões de cruzeiros.[187]

Os gastos públicos também aumentaram por causa da decisão de se estabelecer a Varig como única empresa aérea brasileira exploradora de linhas de longo percurso. Se em julho de 1965 o presidente Castello Branco "autorizou aval do Tesouro Nacional a conceder um empréstimo de 5 milhões de dólares à Varig, através do The Chartered Bank de Londres",[188] dois anos mais tarde Luiz Vieira Souto denunciaria:

> Esse mesmo governo que se apoderou da Panair, numa das mais sórdidas manobras que tem notícia a história administrativa do Brasil, é o primeiro a reconhecer a essencialidade dos serviços básicos da empresa para a existência da aviação civil e militar brasileira. Tanto assim, que, após considerá-los de utilidade pública, os desapropriou. (...) Despetalou a rosa e passou a cultivar os espinhos. Asfixiou a vigorosa Panair e passou a prestar tratamento heroico à raquítica Varig à custa de medicamentos pagos a alto preço pelos cofres públicos. Aumento de subvenções, avais para compras de peças no valor de 5 milhões de dólares, empréstimos a descoberto sem garantias reais são concedidos à empresa gaúcha, cujos balanços publicados são verdadeiros atestados de óbito. Óleo canforado, vida artificial que, como dissemos, são estipendiados pelos cofres públicos, por nós míseros contribuintes. Não contentes, porque não era suficiente a medicação, dado o desesperador estado do paciente, apelam para novos recursos e vão ao cúmulo de (Decreto nº 5.216, de 16/01/1967, publicado no Diário Oficial

de 18/01/1967, página n° 715) discriminatoriamente concederem isenção de impostos de importação para produtos importados pela Varig.[189]

Em seus diários pessoais, Paulo Sampaio faria os seguintes cálculos das responsabilidades que a União teria de assumir:

> Em consequência de tanta insensatez e tamanhos desmandos, o que lucrou o governo, em termos de finanças públicas, com o fechamento da Panair? Nada: ao contrário, o governo, que, a título de subvenções, pagava à Panair, anualmente, cerca de 2 bilhões e meio de cruzeiros, foi atingido pelos seguintes encargos:
> 1°) Passou a gastar, em Comunicações, mais de 3 bilhões de cruzeiros, só em salários, encargos sociais e reposição de equipamento e peças, tudo para obter um serviço que obtinha da Panair graciosamente;
> 2°) Pagará, no processo de desapropriação, o valor real da Celma, isto é, cerca de 12 bilhões de cruzeiros;
> 3° Pagará, pela desapropriação do Serviço de Comunicações, o seu justo valor, estimado em muitos bilhões de cruzeiros;
> 4°) Terá que assumir, nos termos do artigo 486 da Consolidação das Leis do Trabalho, os encargos trabalhistas, calculados em mais de 30 bilhões de cruzeiros;
> 5°) Perdeu preciosa mão de obra técnica especializada, com o êxodo de tripulantes para o estrangeiro;
> 6°) Agravou, desumanamente, o problema social, levando ao desemprego 5 mil funcionários e atirando à miséria cerca de 20 mil dependentes;
> 7°) Dificultou, ainda mais, a posição financeira do IAPFESP, que, ao invés de receber, mensalmente, da Panair, cerca de 250 milhões de cruzeiros, passou a dispender, também mensalmente, mais de 400 milhões de cruzeiros em pensões por aposentadorias requeridas por funcionários da Panair, após a cassação das linhas.

Esse acerto de contas, objeto de diversas ações judiciais abertas contra o Estado, jamais aconteceria.

O processo de expatriação de dezenas de comandantes por força da falência, citado por Sampaio e tema de forte repercussão à época, deu impulso a algumas das maiores companhias aéreas estrangeiras — especialmente, as europeias, que aprimoraram seus quadros de tripulantes técnicos com mão de obra brasileira.[190] A portuguesa TAP, à época ainda coadjuvante do cenário aéreo global, conseguiu acelerar sua entrada definitiva na era do jato ao admitir ex-pilotos da Panair. "Mais de duas dezenas de comandantes de aviões a jato da Panair, descontentes com o rumo que tomou a aviação brasileira, estão deixando o país para trabalhar em Portugal, ou Transportes Aéreos Portugueses (TAP), que acaba de comprar dois Boeings 707-320 e não dispunha de pessoal técnico habilitado para tripulá-los", destacou o *Diário de Notícias*.[191] Em relação à suíça Swissair, o jornal criticou, ainda, que o Brasil exportou *"know-how* sem cobrar nada ao país da precisão, apesar de cada piloto ter custado aos cofres desta terra verde-amarela verdadeiras fortunas, impossíveis de serem calculadas, mas claramente visíveis a qualquer pessoa com um mínimo de bom senso".[192]

2

As consequências foram dolorosas também para os perseguidos. Apesar de a Justiça enterrar em pronunciamento final os processos criminais abertos contra os acionistas e diretores da Panair, inocentando-os, perduraram as tentativas do regime de encarcerá-los por vias alternativas. Uma Comissão de Investigação Sumária criada pelo Centro de Informação de Segurança da Aeronáutica (Cisa) expediu o parecer secreto PIS nº 194/CISAR, em que voltava a afirmar, teimosamente: "Celso da Rocha Miranda pode ser considerado o principal responsável pela maquinação criminosa e irresponsável que conduziu a Panair do Brasil S.A., à situação de falência financeira e administrativa, em 1965."

Esse grupo de trabalho se dedicou a fazer uma devassa fiscal em todas as companhias do empresário — especialmente, a Companhia Internacional de Seguros e a Ajax Corretores de Seguros, seus carros- -chefes —,[193] com o objetivo definido de processá-lo por "crime de sonegação fiscal", conforme revela documentação confidencial da época:

(...) Assim, senhor ministro, Vossa Excelência expediu Aviso ao Exmo. Senhor Ministro da Fazenda para que fossem postos à disposição desta Comissão vários Fiscais do Imposto de Renda, indicados pelo Serviço Nacional de Informações — (SNI), a fim de examinarem os Livros de Contabilidade das diversas empresas pertencentes ao sr. Celso da Rocha Miranda, sob orientação dessa Comissão. (...) Outrossim, uma cópia dessa Parte Conclusiva deve ser remetida ao Cenimar, CIE, SNI, DPS, Contel, e aos Setores de Segurança da Aeronáutica, tudo por intermédio do Centro de Informação da Aeronáutica (Cisa), que por sua vez deverá tomar as necessárias providências, junto ao Gabinete de Vossa Excelência, para que o sr. Celso da Rocha Miranda seja processado por Crime de Sonegação Fiscal (...)

Pelo Aviso n° 001/CHGAB/C, de 1969, o ministro da Aeronáutica, Márcio de Souza e Mello, encaminhou à Comissão Geral de Investigações o referido processo, para tentar também enquadrar Rocha Miranda e os cinco diretores da Panair no Ato Complementar n° 42, que autorizava o confisco de bens de pessoas naturais ou jurídicas sob a alegação de "Enriquecimento Ilícito dos Sócios e Diretores (Proc. CGI 218/69)":

Trata o presente processo de fato apurado pela Comissão de Investigação Sumária da Aeronáutica (Cisar) sobre o caso da falência da extinta Panair do Brasil S.A. O expediente é feito por Aviso do Exmo. Senhor Ministro da Aeronáutica. São sugeridas medidas capituladas no Ato Complementar n° 42, contra cinco ex-diretores da Panair, Paulo Sampaio e outros, acusados de crimes falimentares.

Na nova fase de ataques pessoais, Sampaio, que não tinha mais nada a perder,[194] clamou ousadas palavras em seu depoimento ao presidente da Subcomissão Geral de Investigações do Estado da Guanabara:

Na catilinária desenvolvida, diz-se a todo instante que a Panair era defraudada, mas não se apontou o prejuízo. Diz-se que abusara-se dos dinheiros, mas não se diz onde faltou dinheiro ou onde houve desvio dele. E, muito menos, se aponta um ato, um fato, um acontecimento que possa ser, mesmo pelos maliciosos ou pelos ignorantes, considerado como vantagens ilícitas auferidas por qualquer diretor ou acionista.

Em outro documento, também afirmou:

A falência, que se assemelha a uma autópsia, proclama que a Panair não era insolvente, não era irrecuperável e consequentemente não estava falida. Essa autópsia revela, hoje em dia, pelos elementos incontestáveis dos autos da falência, já em fase de liquidação, que o ativo da Panair era superior, quase três vezes, ao seu passivo.

Em 6 de outubro de 1970, com a investida militar em pleno andamento, documentou Armando de Oliveira Marino, relator do Proc. SCGI/GB-00049/69:

No exame do assunto à luz do Ato Complementar n° 42 devemos ser imparciais e desapaixonados. Mister se faz afastar o rancor que a ferocidade perfeitamente válida da pugna judiciária provocou em todos que se envolveram no processo falimentar.

Na realidade, a PANAIR longe estava de ser uma empresa modelar, mas sua insolvência não ficou demonstrada. Seu ativo era muito superior ao seu passivo. De resto era uma empresa em franca recuperação possuindo serviços perfeitos, como o de segurança de voo, utilizado pelo próprio Governo, hoje seu proprietário mercê de desapropriação.

(...) Pelo que se apurou, a União recuperou em virtude de antecipação processual tudo o que emprestou ou avalizou para a PANAIR, a Previdência Social teve seu crédito habilitado e a esta altura, quando o processo já se encontra em fase de liquidação, provavelmente já o recebeu na íntegra. Os créditos trabalhistas foram pagos. Os credores quirografários cuja habilitação foi deferida receberão o que lhe é devido.

No que concerne a utilização por parte dos diretores de recursos da PANAIR em benefício próprio, constatou-se que na realidade existiam contas pessoais onde eram lançadas estas despesas para posterior liquidação e que de resto sempre foi feito através da compensação com os honorários. A alegação dos indiciados de que ao ser decretada a falência eram credores da empresa e de que se habilitaram como tal, tendo seus créditos sido reconhecidos, é verdadeira e elimina a hipótese do possível enriquecimento ilícito.

A perseguição a pessoas físicas perduraria até dezembro de 1978, quando parecer da Assessoria Jurídica da Aeronáutica, na figura do jurista Sergio Abla, recomendaria o arquivamento do processo por falta de mérito. "A farta documentação lastreada que as defesas trouxeram contrastava com as solteiras alegações do Ministério da Aeronáutica, daí porque, em favor da verdade histórica, foi lançado o despacho de fls. 576-589, 2º Vol.", revela o documento secreto. Registraram os advogados da corporação militar:

O Aviso nº 28, de 06 mai. de 1963, (a fls. 793, 3º Vol.), e suas consequências poderiam ter sido o lastro encontrado para a afirmação contida no Aviso nº 26, de 10 fev. de 65 (a fls. 207, 1º Vol.) — sic "Investigações e estudos procedidos neste Ministério, demonstram que a PANAIR DO BRASIL se encontra em situação econômico financeira irrecuperável". Pedimo-lo para enviar as alegações da defesa, de que do Aviso 28 só a Panair saiu fortalecida, entre todas as demais empresas de navegação aérea. E que obtivemos, em face do pedido (a fls. 579, 2º Vol. Repetidos os itens "g" e "h" a fls. 791-792, 3º Vol.)? O silêncio que se encontra ao fim das explicações da fl. 811, 3º Vol.!

(...) A questão do seguro foi objeto, também após delongas jurídicas, de Laudo único, que beneficiou os investigados (a fls. 251, 1º Vol.).

A União Federal está paga, conforme se vê a fls. 277 in fine, 1º Vol.

O tempo decorrido, as falhas dos vários procedimentos civis e penais, permitindo tomassem os investigados a iniciativa de prover a negatividade das acusações, são fatos, no exame em conjunto dos Autos, que recomendam dar, por outro lado, por cumprida a missão da Subcomissão em face do parecer citado a fls. 564-568, 2º Vol.*

---

* Ver Apêndice XXI: Parecer da Assessoria Jurídica da Aeronáutica em relação ao processo SCGI/RJ nº 49/69.

Completamente esvaziada, sem o apoio de seu próprio corpo jurídico, a Comissão Geral de Investigações decidiu acolher o parecer e, por meio da Resolução n° 499, de 24 de dezembro de 1978, finalmente arquivou os processos.*

3

O cenário só começaria a mudar para a falida na transição do mandato do general Ernesto Beckmann Geisel para o do também general João Baptista de Oliveira Figueiredo — o último presidente militar do Brasil —, em março de 1979. Àquela altura, o país ensaiava sua redemocratização, promovendo um gradual e calculado processo de abertura política. De seu lado, Celso da Rocha Miranda voltava a ser reconhecido pelo governo como empresário relevante à economia brasileira, pela atuação no redirecionamento das reservas técnicas do mercado segurador e a contribuição na gênese do Polo de Camaçari, na Bahia, em 1978,[195] "o primeiro complexo petroquímico planejado do país e o maior complexo industrial integrado do Hemisfério Sul".[196]

Em 27 de setembro de 1979, o ministro Délio Jardim de Mattos, da Aeronáutica, expediu à Presidência da República a Exposição de Motivos n° 066/COJAER, em que propunha a edição de decreto-lei que celebrasse uma transação entre a União e a massa falida da Panair, visando encerrar todos os litígios, pelas duas partes. O governo reconhecia ali, pela primeira vez, o impasse criado com a inopinada suspensão das linhas da empresa.

Encaminhado ao ministro Ernane Galvêas, da Fazenda, o projeto passou por alterações, mantendo, no entanto, o objetivo de promover a "liquidação recíproca, com quitação plena, geral e irrevogável" dos créditos.

Só que as bases do entendimento eram leoninas para a Panair. A União se dispunha a revisitar o valor do crédito de Cr$ 112.547.499,95, habilitado em 1969. Contudo, não o extinguia, apenas deduzindo

---

* Ver Apêndice XXII: Resolução de arquivamento do processo SCGI/RJ n° 49/69.

dele a quantia de Cr$ 59.452.735,28. Ao saldo queria acrescer "juros de mora e encargo de 20%".

Da empresa, pedia o fim da cobrança dos créditos referentes à desapropriação das aeronaves, peças e equipamentos, da Celma, dos bens e instalações de telecomunicações, além dos "créditos decorrentes de ocupação, por órgãos da Administração Federal direta ou indireta, de imóveis de propriedade da Massa Falida da Panair do Brasil S.A.". Resguardando-se no texto do acordo, queria também a "renúncia expressa" a "qualquer pretensão, direito, ação ou medida judicial" referentes aos "Aeroportos de Guararapes (Recife), em Pernambuco, Santo Amaro do Ipitangas (Salvador) e Barreiras (Barreiras), na Bahia, Val-de-Cans (Belém), no Pará, e Natal (Natal), no Rio Grande do Norte, com o reconhecimento do domínio pleno da União sobre tais imóveis".

Na cláusula sexta, exigia, ainda, o "perpétuo silêncio" sobre o assunto, inclusive por "herdeiros ou sucessores".*

Rocha Miranda não aceitou.[197]

Ele jamais ouviu do governo, oficialmente e com exatidão, os motivos para a dureza com que o regime militar se lançou contra a empresa e seus representantes. Em um depoimento raro sobre o assunto, analisou:

Fundamentalmente, esta decisão foi fruto da conjugação de três interesses. Primeiro, a Varig. Ela queria ficar com o acervo da Panair. O acervo que lhe interessava: as linhas. Houve interesses de grupos do Ministério da Aeronáutica. (...) O terceiro grupo queria simplesmente assaltar a Panair. Pura pilhagem. Não há a menor dúvida de que estes três interesses estiveram associados neste episódio.[198]

O acionista sentia que a União agora temia pelos encargos que talvez precisasse assumir. Sentindo que os ventos da democracia sopravam em direção ao país, optou por continuar a luta na Justiça.

---

* Ver Apêndice XXIII: Minuta de decreto-lei proposto pelo governo João Baptista de Oliveira Figueiredo.

Em 18 de dezembro de 1984, meses depois que milhares de brasileiros saíram às ruas com os rostos pintados de verde e amarelo exigindo o restabelecimento do direito de votar, realizou-se o julgamento de embargos de divergência apresentados pela União referentes à inscrição do crédito de NCr$ 112.547.499,95. Os onze ministros do Tribunal Pleno, entendendo que o Estado tentava cobrar débito já extinto, decidiram, em voto unânime, pela pulverização da fantasiosa quantia. O sistema judiciário brasileiro voltava a funcionar com independência.

Esse desfecho histórico sacramentou decisão proferida pela 1ª Turma, que, em 1980, já rejeitara os embargos, por meio dos quais o governo tentou reajustar as dívidas da Panair com dólar valorizado. Segundo proferiu o ministro Xavier de Albuquerque, relator do Recurso Extraordinário nº 92.347-1-RJ:

> No episódio que estes autos rememoram, certamente nada edificante, vê-se que a União, vacilante e atônita, não soube encontrar o caminho da realização do seu direito. Variando frequentemente de rumo e socorrendo-se de uma legislação *ad hoc* intermitentemente disparada, terminou por nela se enredar e perder a perspectiva do horizonte. Deixou-se atropelar, em suma, pela própria legislação que engendrara desastradamente para suposta solução de suas dificuldades.

Lembrou também o *Jornal do Brasil*:[199]

> Diante dessa decisão, o Governo ingressou no STF com embargos, fazendo com que o processo fosse julgado novamente, desta vez pelo plenário. O processo foi distribuído, inicialmente, ao ministro Leitão de Abreu, que teve de devolvê-lo ao ser nomeado chefe do Gabinete Civil da Presidência da República. Posteriormente, ele foi distribuído ao ministro Ney da Silveira, que se declarou impedido por pertencer ao TFR, onde o processo já fora julgado, e, por fim, ao ministro Djaci Falcão, que, em um voto de onze laudas, manteve ontem a decisão da 1ª Turma. (...) Com a decisão do STF, o processo retorna, agora, ao Rio de Janeiro, onde se iniciou a ação, para o acerto de contas entre a empresa e a União, a ser decidido pelo juiz falimentar.[200]

Toda uma geração de aeronautas e aeroviários celebrou a vitória.[201] Também comemoraram alguns jornalistas mais experientes que haviam acompanhado a *via crucis* paneriana desde o início. Destacou Artur da Távola em artigo publicado no *JB*:

> Pois a Panair do Brasil, empresa pioneira e exemplar, com o raiar da Nova República, pura coincidência, após vinte e tantos anos de luta viu o Supremo Tribunal Federal reconhecer-lhe os direitos. Como se com a democracia igualmente a justiça voltasse a ter condições de exercer o seu indispensável grau de liberdade e independência.[202]

O *Jornal do Commercio* chegou às bancas com a seguinte nota:

> Porque, unanimemente, o Supremo Tribunal Federal lhe deu ganho de causa — resgatando o bom nome da Panair do Brasil, vítima das incontáveis arbitrariedades cometidas pelo sistema nesses 21 anos de "redentora" em função de interesses no mínimo duvidosos —, o sr. Paulo Sampaio está de alma lavada.
> Tudo bem, mas quem lhe ressarcirá os prejuízos e a humilhação? As noites insones? O desalento? A tristeza de ver fulminado um negócio que parecia promissor? A injustiça?
> (...) Paulo Sampaio tem, agora, a obrigação de desembuchar. De contar tudo que vem guardando dentro do peito. Entregue essa gente, seu moço.[203]

Extasiados, Sampaio e Jorge Mourão de fato foram a público — mas para festejar, não para expor nomes. Em espaços pagos nos principais jornais do país publicaram um artigo assinado, intitulado "O Brasil da Panair". Destacaram:

> O Supremo Tribunal Federal, por unanimidade, deu ganho de causa à PANAIR DO BRASIL, primeira empresa privada a sofrer as consequências do autoritarismo instaurado em 1964, com a decretação arbitrária de sua falência. O acórdão de 18 de dezembro de 1984 encerra uma luta de 20 anos. (...) Esta vitória significa a reparação de uma série de injustiças cometidas

contra a mais tradicional e prestigiosa das empresas de navegação aérea brasileiras (...) [a Panair] vem, assim, manifestar seu regozijo com o restabelecimento da verdade e do Direito, movida pelo espírito da conciliação que inspira hoje a reconstrução democrática do país.*

A Aeronáutica não gostou nada. Sentindo-se apontada, quatro dias depois, por meio de seu Centro de Relações Públicas (CRPA), expediu nota oficial, em que, baseando-se nos mesmos argumentos primitivos usados em fevereiro de 1965, manteve firme sua posição sobre o caso:

(...) O Governo Federal, tendo em vista a exposição de motivos do então ministro da Aeronáutica, brigadeiro Eduardo Gomes, baseada nos estudos precedidos e que demonstravam a incapacidade econômica, financeira e administrativa da Panair, retirou-lhe as linhas de que era merca permissionária a título precário, a fim de garantir a prestação dos serviços de transporte aéreo público, a continuidade dos compromissos internacionais e a segurança de voo (09/02/1965)

(...) Essa decisão [do Supremo Tribunal Federal] não abala em nada a decisão que decretou a falência e que transitou em julgado (item 1 retro), nem a decisão administrativa que lhe cassou os serviços aéreos que a União permitira que executasse a título precário (item 2 retro), tampouco a cobrança do próprio crédito que for apurado no juízo da falência.

A corporação militar arrematou seu posicionamento, ainda, com a acusação: "Não correspondem à verdade as alegações constantes da publicação assinada por Paulo Sampaio e Jorge Mourão."**

A dupla de ex-diretores, agora sentindo-se mais segura do que nunca, mandou a tréplica imediatamente. No dia seguinte, os diários chegaram aos leitores com o artigo "O retorno da Panair", no qual Sampaio e Mourão questionaram:

---

* Ver Apêndice XXIV: "O Brasil da Panair" (28/02/1985).
** Ver Apêndice XXV: Nota expedida pelo Centro de Relações Públicas da Aeronáutica em 12/03/1985.

O comunicado da PANAIR em nenhum momento referiu-se ao Ministério da Aeronáutica ou aos seus titulares, razão pela qual os signatários estranham a nota oficial do Centro de Relações Públicas da Aeronáutica em assunto de teor estritamente jurídico e empresarial.

(...) A decisão do Supremo Tribunal Federal, proferida em dezembro último, declarando inexistente e fantasioso o crédito pretendido pela União, ou seja, reduzindo-o a quase zero, abriu as portas da reabilitação da PANAIR para restituir à empresa todos os seus direitos e prerrogativas de sociedade solvente e ativa. É a ressurreição proclamada no comunicado dos diretores.

A verdade, do ponto de vista jurídico, pode ser expressa através da resposta a duas perguntas que comprovam que a persistência da falência é indevida:

1) Pode se considerar falida uma empresa contra a qual se criou o casuístico Decreto-lei nº 669/1969, para impedir o seu pedido de concordata suspensiva?

2) Pode se considerar falida uma empresa que foi impedida de pagar aos seus credores, mesmo dispondo de todos os recursos para tanto?*

O CRPA calou-se.

4

Após a vitória no STF, houve grande rebuliço no mercado, na imprensa e no governo a respeito de qual seria o próximo movimento dos representantes da companhia. "A Panair, talvez a segunda empresa privada do país à época em que foi decretada a sua falência, em 1965, poderá voltar a funcionar com esta mesma razão social para administrar todas as suas antigas propriedades e subsidiárias, hoje sob o controle da União", publicou a *Gazeta Mercantil*. O diário destacou que os acionistas e diretores decidiram "não reivindicar a devolução da concessão de catorze linhas internacio-

---

* Ver Apêndice XXVI: "O retorno da Panair" (13/03/1985).

nais, para não colocar na mesma situação em que ficou a Panair a empresa que absorveu suas concessões: a Varig — Viação Aérea Rio-Grandense S.A.".

E adiantou:

> A ideia é pedir reintegração de posse de 48 imóveis que pertenciam à Panair e que foram desapropriados pela União, como o escritório da empresa em Buenos Aires e as áreas dos aeroportos Guararapes, em Recife, Val-de--Cans, em Belém, Dois de Julho, em Salvador (recentemente reinaugurado pelo presidente Figueiredo), o de Fortaleza e o de Barreiras, na Bahia. (...) Depois disso, eles reivindicarão a reintegração de posse em duas subsidiárias da Panair que foram desapropriadas e passaram para o controle da União: a Celma — Companhia Eletromecânica S.A. e a Tasa — Telecomunicações Aeronáuticas S.A.
>
> Essas empresas, ambas lucrativas, contavam com patrimônio declarado, nos seus balanços de dezembro de 1983, segundo a revista *Balanço Anual*, da Gazeta Mercantil, de Cr$ 5 bilhões (a Tasa), e de Cr$ 14,8 bilhões (a Celma).[204]

Mourão contou à reportagem que a Panair pleitearia também indenizações relativas à desapropriação de sua frota. A *IstoÉ* destacou:

> A agitação tem sido grande dentro da "família Panair", onde há desde mecânicos, balconistas e tripulantes — muitos ainda na ativa, em várias partes do mundo — a membros das antigas diretorias da empresa. E muitos deles, por saberem que a falência poderá ser suspensa, já se oferecem para trabalhar.

Sete pilotos entrevistados pela revista garantiram que,

> assim como centenas de outros ex-funcionários da companhia, estão dispostos a ajudar gratuitamente Rocha Miranda a estampar na fuselagem dos aviões, novamente, o conhecido logotipo da empresa. (...) Todos confiam nessa força para abrir espaço seja no transporte de carga, seja no ramo dos *charters* de turismo.[205]

Ao *JB*, Mourão disse, ainda, que se não fosse possível ressuscitar a companhia com aviões, cogitavam fazê-lo até mesmo com dirigíveis.[206]

— Tenho recebido telefonemas de pessoas querendo saber quando a empresa voltará a funcionar — depôs, emocionado, o comandante Orlando Marques da Silva.[207]

— Um dia ainda vamos estar todos juntos de novo, fazendo alguma coisa pela aviação comercial do Brasil — afirmou Walter Fernandes, ex-mecânico de voo.[208]

— Nosso maior orgulho é que nos 160 volumes que constituem o processo contra a Panair, nenhum de nossos 5.018 funcionários fez qualquer acusação à direção da empresa, como, normalmente, ocorre em processo de falência — pontuou Mourão.[209]

"Autonomia financeira para embrenhar-se nessas discussões não falta à Panair", destacou a reportagem da *IstoÉ*. "A massa falida da empresa repousa hoje sobre um caixa de quase 55 bilhões de cruzeiros, convertidos em Obrigações Reajustáveis do Tesouro Nacional (ORTNs)."[210]

Com a companhia outra vez estampando o noticiário numa base diária, o Estado agiu para tentar se garantir. Em 18 de agosto de 1985, o procurador-geral da República Carlos Geminiano da Franca voltou ao caso. Às 16h45, ajuizou uma nova petição na 6ª Vara Cível, requerendo em nome da União a habilitação de outros 101 milhões de cruzeiros, acrescidos de juros e correção monetária desde 1970, em uma tentativa de anular os efeitos da recente decisão judicial em favor dos acionistas.

Essa ação alongaria o processo por outros anos — tempo suficiente para a Panair sofrer uma perda significativa. Em 23 de abril de 1986, Celso da Rocha Miranda faleceu aos 69 anos, enquanto se tratava de um câncer, em Nova York. Ele morreu sem assistir ao desfecho de sua própria história.

Escreveu, então, Noenio Spinola:

> Rocha Miranda deixa um espaço que dificilmente se ocupa na história econômica de um país. (...) Plantador de aeroportos, quase quebrado pelo Governo quando este resolveu fechar a Panair, ele ressurgiu adiante plan-

tando outros negócios. (...) Vale a pena estudar a história de suas empresas e empreitadas em tempos nos quais negam-se espaços àqueles que querem seguir seu modelo de independência e cooperação. E onde tantos têm o coração bem menor do que as dimensões exigidas pelo vasto mundo dos negócios.[211]

Com ele, foi embora também a perspectiva de reaver o patrimônio. Enquanto se debatiam os novos créditos habilitados no processo, o governo federal, em plena corrida de privatizações, pôs a antiga subsidiária da Panair em Petrópolis à venda, pelo Programa Nacional de Desestatização (PND).*

Propagandeou a União no anúncio oficial: "A Celma é, hoje, reconhecidamente, a mais capacitada oficina de revisão e reparos de motores aeronáuticos do continente sul-americano."[212] No dia do leilão, 1º de novembro de 1991, como inadvertidamente destacasse uma grande ironia, fez, ainda, sair nos principais jornais a seguinte publicidade: "O Estado Brasileiro vai ficar mais leve. A privatização da Celma decola hoje." Admitindo a própria incapacidade de manter a oficina que tomara à força, o país brincava com as palavras:

> Imagine o Estado brasileiro como um avião cheio de passageiros e carga que, de tão pesado, está perdendo altura. Para continuar voando ele precisa perder peso. (...) Ganha o Estado, que, livre do excesso de peso, pode se dedicar mais e melhor às suas verdadeiras atribuições. Porque afinal escolas, hospitais, saneamento e casas populares não caem do céu.

Às 15 horas, cinco consórcios apareceram na então Bolsa de Valores do Rio de Janeiro para disputar o controle da Celma, ao preço mínimo de Cr$ 49,096 bilhões. A empresa de 1.500 funcionários faturara US$ 60 milhões em 1990 e previa fechar aquele exercício com US$ 67 milhões. Tinha uma cartela de duzentos clientes no Brasil e cinquenta no exterior, e dívidas estimadas em US$ 10 milhões.[213]

---

* A Celma foi incluída no PND pelo Decreto nº 99.666, de 1º de novembro de 1990. Seu Edital de Alienação de Ações foi publicado no Diário Oficial da União em 15 de julho de 1991.

Um grupo formado por General Electric, Andrade Gutierrez, Banco Boavista e Banco Safra venceu a concorrência, levando a oficina por Cr$ 61,3 bilhões.[214] Dessa forma, passou à administração estrangeira a companhia que, nas mãos de Mario Wallace Simonsen e Celso da Rocha Miranda, tornara-se 100% nacional.* A Celma permaneceria na posição de "maior empresa de turbinas do país, a maior operação da GE na América Latina e, segundo o Ministério do Desenvolvimento, a maior exportadora de serviços do país".[215]

Por sua vez, a Tasa, já com 127 instalações de apoio à navegação aérea, seria absorvida pela estatal Empresa Brasileira de Infraestrutura Aeroportuária (Infraero),** a qual, graças a essa expressiva parcela do patrimônio da Panair, passaria a atuar em oitenta aeroportos antes fora de sua jurisdição.[216]

Já os hangares no Galeão seriam demolidos, dando lugar ao Terminal de Cargas Aéreas (Teca) da Infraero.***

Rodolfo da Rocha Miranda, filho do antigo acionista, tomou a frente da causa pelo lado da falida. Assessorado por seus advogados, decidiu investir no encerramento do processo de falência, em vez de continuar a briga na Justiça sobre o terceiro recálculo das dívidas. Eles refletiram que, embora o montante cobrado pela União fosse indevido, pagando-o, conquistariam liberdade de movimento para lutar pelos direitos da empresa sem novas interferências. Rocha Miranda depositou a quantia pedida, de Cr$ 87.122.400.479,12 — equivalente, à época, a cerca de US$ 1,5 milhão —, e, em 4 de maio de 1995, Otávio Rodrigues, o então juiz de Direito da 6ª Vara

---

* A "GE Celma" ainda faz parte do braço GE Aviation, da gigante norte-americana General Electric. No ano em que comemorou o 60º aniversário de fundação da subsidiária brasileira, a controladora destacou que a Celma "foi a primeira unidade latina da GE a atingir US$ 1 bilhão em vendas, em 2009".
** A Infraero foi instituída nos termos da Lei nº 5.862, de 12 de dezembro de 1972. Atualmente, sua finalidade é "implantar, administrar, operar e explorar industrial e comercialmente a infraestrutura aeroportuária e de apoio à navegação aérea, prestar consultoria e assessoramento em suas áreas de atuação e na construção de aeroportos, bem como realizar quaisquer atividades, correlatas ou afins, que lhe forem conferidas pela SAC-PR [Secretaria de Aviação Civil da Presidência da República]". A incorporação da Tasa foi levada a efeito pelo Decreto nº 1.691, de 8 de novembro de 1995.
*** Segundo a Infraero, as obras começaram em 1992 e o Teca foi inaugurado em 1998.

Cível, declarou extintas todas as obrigações da Panair do Brasil com o Estado.*

Segundo o empresário, ao levantar a falência naquele dia, a companhia ainda dispunha de cerca de US$ 10 milhões em caixa.

O júbilo tomou conta da Família Panair. Houve festas, comemorações, solenidades.

Contudo, entre os sobreviventes já não constava mais Paulo de Oliveira Sampaio. O homem que transformou a Panair do Brasil em orgulho nacional e lutou com tanta determinação em sua defesa e pelo seu ressurgimento faleceu em 11 de maio de 1992, perto de completar 85 anos, em casa, após sofrer um acidente doméstico.

Seu passamento foi ignorado pela maior parte dos jornais, que não mais o acompanhavam. Contudo, ele jamais seria esquecido pelos antigos funcionários.

— Não temos a presença do nosso presidente, Paulo Sampaio. Diga-se, a presença física. No pensamento de todos nós, na memória de todos nós, ele está aqui. Está presente, como sempre esteve. Inspirando, motivando, animando um ideal que não se acabou — homenageou Fernando Hupsel de Oliveira, ex-chefe da área de imprensa da Panair, naquele ano. — Da juventude à velhice ele sempre foi assim. E não deve ter passado um dia sequer sem pensar na Panair, sem cuidar da Panair. Ele acreditava na sua volta aos céus, do Brasil e do mundo. Mas, na verdade, este seria o seu sonho de mais difícil realização. Um sonho praticamente utópico, desde que as asas da Panair foram cortadas com muita crueldade, para que jamais pudessem renascer materialmente.[217]

5

Ressuscitada como pessoa jurídica, a empresa propôs uma série de ações judiciais contra a União. Na 26ª Vara Federal, Seção Judiciária do Rio de Janeiro, entrou com o Processo nº 88.0062147, em que pedia a restauração de autos desaparecidos quando se encontravam

---

* Ver Apêndice XXVII: Edital de extinção da falência (04/05/1995).

em mãos do procurador da República. A ação visava o ressarcimento das indenizações trabalhistas pagas indevidamente. Na 6ª Vara Federal, Seção Judiciária do Distrito Federal, abriu o Processo n° 95.01.11993-9, referente à "cobrança de dívida já paga, cumulado com perdas e danos". Na 5ª Vara Federal, Seção Judiciária do Rio de Janeiro, o Processo n° 94664460, "de reconstituição dos autos referentes à desapropriação da rede de proteção ao voo, de que a União se apropriou sem pagar indenização". Na 1ª Vara Federal, Seção Judiciária do Rio de Janeiro, cobrava a diferença no pagamento do preço da desapropriação da Celma e, na 2ª Vara Federal, créditos referentes às suas antigas instalações no Aeroporto do Galeão.

A União viu-se sob o risco real de ter que arcar com pesadas custas.

Assim, durante o primeiro semestre de 1996, Renato Bayma Archer da Silva, político que no passado atuara no Ministério das Relações Exteriores e fora muito ligado a Juscelino Kubitschek e a Celso da Rocha Miranda, recomendou ao então presidente da República Fernando Henrique Cardoso que o governo editasse uma medida provisória que autorizasse, dentro da lei, a assinatura de acordos entre a Panair do Brasil e os Ministérios da Fazenda e Aeronáutica — uma forma de tentar encerrar o assunto rápida e definitivamente.

Contaria o jurista Saulo Ramos:

> O ministro Renato Archer negociou com o presidente Fernando Henrique Cardoso o acordo com a Panair. Durante as negociações e diante do resultado a que chegaram, entenderam ser necessária a edição de medida provisória para a conversão em lei que autorizasse as transações judiciais e a celebração do acordo com os dois Ministérios.
>
> Quem redigiria a medida provisória? O assunto era complexo. Dentro do próprio Governo os bons redatores de texto jurídico levariam tempo para inteirar-se do assunto. Renato Archer sugeriu que pedissem a mim, que fui ministro da Justiça do Governo [José] Sarney e o redator das primeiras medidas provisórias depois da Constituição de 1988, e tinha fama de redigi-las com precisão e concisão. O próprio Fernando Henrique Car-

doso concordou porque havia me pedido (e eu fiz) uma revisão da Medida Provisória que instituiu o Plano Real.

Assim, Renato Archer e o Rodolfo da Rocha Miranda estiveram em São Paulo, na minha casa, solicitando a ajuda. Atendi-os imediatamente. Em alguns dias, estavam prontas as minutas, da medida e da exposição de motivos.

O texto proposto ia direto ao ponto: "Ora, hoje está documentadamente demonstrado que a Panair do Brasil operava em perfeitas condições quando, em 1965, teve cassadas as concessões de suas linhas aéreas, através de ato emocional e sem qualquer respaldo jurídico, inclusive porque não precedido de processo administrativo", ressaltava. "Com esta providência, o país resgata uma de suas dívidas históricas mais dramáticas e promove exemplar limpeza nos textos jurídicos que, daquela época, remanesceram no ordenamento brasileiro, de onde devem ser banidos e apagados para sempre."

Os artigos da medida provisória previam negociações entre a Aeronáutica e a Panair, envolvendo a cessão definitiva do domínio ou direitos sobre os imóveis de propriedade da companhia ocupados pela Infraero, e com a Fazenda, a respeito dos créditos trabalhistas e outros, desde que a empresa renunciasse "expressamente qualquer pretensão ao concreto restabelecimento das concessões que lhe foram cassadas". Por outro lado, a minuta também sinalizava a revogação dos Decretos-Leis n° 496 e n° 669, devolvendo à Panair o direito de se candidatar a novas concessões e voltar a funcionar no setor de aviação comercial, se seus representantes assim desejassem.*

O documento foi entregue e analisado, mas o governo, ainda temeroso, recuou e o assunto foi sepultado na Advocacia-Geral da União. Anos mais tarde, Rodolfo da Rocha Miranda explicaria o motivo à *IstoÉ*: "Temos um ranço político do passado. Todos têm medo. Ninguém quer se posicionar sobre o assunto. (...) Tudo podia ser negociado. Se o governo reconhecer o que fez, só reivindicaremos o que é de direito."[218]

---

* Ver Apêndice XXVIII: Minuta de exposição de motivos e medida provisória produzidas no governo Fernando Henrique Cardoso.

Com o fracasso das negociações, a Panair continuou sua luta pela via do Judiciário.

A empresa conquistou algumas vitórias. Em 22 de abril de 2002, o juiz federal Marcelo Dolzany da Costa, da 1ª Vara da Seção Judiciária do Pará, condenou o Ministério da Aeronáutica a indenizar a companhia em R$ 3.315.660,34 — "em valores de dezembro de 1999 (data da entrega do laudo) e que deverão ser atualizados segundo os critérios do Manual de Cálculos da Justiça Federal" — pela ocupação irregular do terreno em que foi construído o Aeroporto Internacional de Belém/Val-de-Cans.

Apesar de a Advocacia-Geral da União argumentar que "a Lei 5.972, de 1973, autorizou o Governo Federal a registrar em seu nome todos os imóveis ocupados por unidades militares durante vinte anos sem interrupção" —[219] portanto, de que a propriedade passara ao Estado por usucapião —, Dolzany entendeu que o acordo tentado por Figueiredo serviu de atestado de que a União jamais desapropriou o terreno. O magistrado ainda despachou: ao montante devido à Panair deveriam ser acrescidos "juros compensatórios à taxa de 12% ao ano" e "os juros moratórios à taxa de 6% ao ano, a ser aplicado a partir do trânsito em julgado desta sentença, calculados sobre o valor da indenização, corrigido monetariamente, nos termos da Súmula 114 do STJ".

A União apresentou recurso de apelação cível, mas acórdão publicado em 25 de junho de 2004 sentenciou: "Decide a Terceira Turma do Tribunal Regional Federal da 10ª Região, por unanimidade, negar provimento ao agravo retido e à apelação da União Federal, bem como à remessa oficial (...)." A Panair ainda aguarda o fim dos trâmites e o pagamento da indenização.

Mas houve também derrotas. O entendimento da Justiça foi outro em relação à área de Pici, no aeródromo de Fortaleza. Em 28 de agosto de 2008, a Primeira Turma do Tribunal Regional Federal da 5ª Região negou, por unanimidade, provimento à ação impetrada pela companhia. O relator do processo, desembargador federal José Maria Lucena, considerou prescrito o direito da Panair, pelo fato de a apelação cível só ter sido proposta em 1996. Participaram da sessão os desembargadores federais Ubaldo Cavalcante e Francisco Barros.[220]

Publicou, então, a revista *Consultor Jurídico*:

> O Tribunal Regional Federal da 5ª Região julgou prescrita a ação de indenização apresentada pela extinta companhia aérea Panair do Brasil contra a União, pela desapropriação de terreno em que construiu um aeroporto em 1943. Com a decisão da 1ª Turma, o Departamento Nacional de Obras Contra as Secas, que ficou com o terreno, se livrou de pagar R$ 6 milhões de indenização.
>
> (...) Com a prescrição da ação, ajuizada 53 anos após o decreto expropriatório, a Panair, que teria entre cinco e vinte anos para recorrer ao Judiciário, perdeu qualquer direito.[221]

Leitura semelhante teve o TRF5 a respeito do Aeroporto dos Guararapes. "Para o procurador regional da República Antônio Edílio Magalhães Teixeira, o pleito da Panair estava prescrito, já que a empresa não entrou a tempo na Justiça para requisitar a posse e a indenização (o prazo máximo dado é de 20 anos)", divulgou a Procuradoria Regional da República da 5ª Região.[222]

Segundo apurou Cristine Prestes, do *Valor Econômico*, é justamente no argumento da prescrição que hoje se sustenta toda a defesa do Estado. A jornalista destacou em reportagem que não há unanimidade entre juristas a respeito do assunto.

> Apesar do entendimento pacífico do Judiciário, a discussão que ainda persiste com relação ao caso da Panair é técnica. A União alega nas ações de reparação de danos e ressarcimento que a empresa teria apenas cinco anos para o ingresso de ação indenizatória, de acordo com a legislação. No caso das ações relativas aos aeroportos, a prescrição seria de 20 anos. A Panair, por sua vez, tenta derrubar os argumentos de prescrição. Segundo o advogado Celso Werneck, responsável pela ação de perdas e danos da Panair, o que ocorreu com a empresa foi uma série de atos continuados que só tiveram fim com o término da falência da empresa. "Ou seja, a prescrição começaria a contar a partir de 1995", diz.

Há outro argumento, de caráter político. Segundo [o advogado] Marcelo Trindade, fingir que a empresa poderia, durante a falência, entrar na Justiça em busca de seus direitos é "fictício". À época o Judiciário estava sob controle do Executivo, com a edição de atos institucionais. "Os juízes perderam todas as suas garantias, e sem elas ficaram à mercê de cassações", afirma Luis Felipe Salomão, presidente da Associação dos Magistrados do Estado do Rio de Janeiro (Amaerj).

(...) De acordo com Marcelo Trindade, a jurisprudência dos tribunais brasileiros é a de que o Estado não pode adquirir propriedade por usucapião, devendo indenizar, o que não ocorreu na apropriação dos aeroportos. "Não há prescrição nesse caso, porque todo dia o Estado estará usando um bem que não é dele, e a usucapião não se aplica a atos governamentais", diz. Segundo o advogado, o STJ já decidiu que um ato administrativo de apropriação indevida jamais se convalida.[223]

Independentemente das referidas interpretações, dois fatos mais recentes reabriram o debate e podem "zerar" o prazo prescricional, derrubando a principal base de defesa da União.[224]

O primeiro deles: foi só em 25 de agosto de 2009, por meio da Portaria n° 799/GC5, que o Comando da Aeronáutica oficializou a revogação das portarias que aprovavam itinerários e horários de linhas aéreas da Panair.* Ou seja, para efeito legal, até aquela data a companhia tinha o direito de operar as concessões que lhe haviam sido atribuídas, conforme destacou Ancelmo Gois em sua coluna no *O Globo*:

> Acredite. Saiu ontem na página 11 no DO, com 45 anos de atraso, despacho da Aeronáutica que revoga a portaria que autorizava a Panair do Brasil a voar.
>
> É que, na burocracia, a finada, "cassada" pelo golpe de 1964, ainda estava viva e podia operar — com rotas, horários preestabelecidos e tudo mais.[225]

---

* O despacho, assinado pelo tenente-brigadeiro do ar Juniti Saito, comandante da Aeronáutica, foi publicado no Diário Oficial da União em 27 de agosto de 2009.

O segundo desdobramento foi a acolhida do caso da Panair pela Comissão Nacional da Verdade (CNV). Instituída em 16 de maio de 2012 com a "finalidade de apurar graves violações de Direitos Humanos ocorridas entre 18 de setembro de 1946 e 5 de outubro de 1988" e "a fim de efetivar o direito à memória e à verdade histórica e promover a reconciliação nacional", a entidade, ligada à Casa Civil da Presidência da República, propôs-se a "colaborar para que seja prestada assistência às vítimas de tais violações".*

No dia 23 de março de 2013, a CNV realizou audiência pública no Rio de Janeiro, para colher informações sobre os atos de perseguição sofridos pelos representantes da empresa e os reflexos sobre os funcionários e a sociedade. Compareceram para depor Rodolfo da Rocha Miranda, Plácido da Rocha Miranda e Maria Pia da Rocha Miranda — filho, irmão e cunhada de Celso da Rocha Miranda —, Marylou Simonsen — filha de Mario Wallace Simonsen — e Luiz Paulo de Oliveira Sampaio — filho de Paulo Sampaio —, acompanhados, no auditório, por dezenas de ex-funcionários da Panair e seus familiares.

Durante o evento, os integrantes da comissão destacaram:

— Hoje, com a Constituição de 1988, ao lado do racismo, a ação de grupos armados contra a ordem constitucional e o Estado de Direito são crimes imprescritíveis. Pois bem. Foi no âmbito deste golpe inconstitucional e criminoso que muitas violações de direitos da Panair e de seus membros, caracterizáveis como ilícitos civis e como crimes, ocorreram — pronunciou Rosa Cardoso, coordenadora da CNV, na abertura da audiência. — Referindo-me apenas a alguns destes crimes quero recordar os abusos de autoridade e difamação impostos à pessoa jurídica Panair, as denunciações caluniosas praticadas contra seus sócios majoritários e gestores e o esbulho possessório cometido em relação às suas propriedades.[226]

O relatório final que compilou todos os trabalhos realizados pela comissão foi entregue e divulgado ao público em 10 de dezembro

---

* A Comissão Nacional da Verdade foi criada pela Lei nº 12.528, de 18 de novembro de 2011.

de 2014. Os textos, divididos em três volumes que somavam 4.400 páginas, eram diretos e concisos. Sobre o caso da Panair, a CNV confirmou que a empresa foi liquidada por motivos políticos e não financeiros, e que esse processo contou com a participação de agentes da União e instituições como o SNI, beneficiando concorrentes: "Alguns empresários não compactuaram com a conspiração e o golpe, defenderam a Constituição e foram perseguidos e punidos pelo regime ditatorial", destacou o documento. "Um caso exemplar foi o de Mario Wallace Simonsen e Celso da Rocha Miranda, que juntos detinham o controle acionário da Panair do Brasil, a segunda maior empresa privada do país". E detalhou:

"O estrangulamento econômico sofrido por Mario Wallace Simonsen e Celso da Rocha Miranda, mediante bem-urdidos Atos de Estado, é comprovado pelo(a):

— Fechamento e confisco dos armazéns de café (entrepostos aduaneiros), em Trieste, das empresas Wasim e Comal. Essas empresas figuravam entre as maiores exportadoras de café à época de seu confisco, abalando inclusive o conceito do Brasil como exportador.

— Suspensão, sem prazo determinado, das licenças de voo das linhas aéreas da Panair do Brasil S/A., o que levou à decretação de sua falência.

— Desmantelamento do patrimônio da Panair, coordenado por síndicos militares da falência, com a ativa participação do Serviço Nacional de Informações (SNI) e de procuradores especialmente nomeados com esse objetivo.

— Fechamento da TV Excelsior, pioneira no país na implantação da televisão em cores e que contava com técnicos e elenco de primeira grandeza no mercado nacional. Seu fechamento foi decorrente de pressões políticas por parte do governador do estado da Guanabara, Carlos Lacerda, um dos patrocinadores do golpe civil-militar, que buscava, sem êxito, o apoio da rede à sua futura candidatura.

— Cancelamento de todos os seguros de órgãos do governo realizados pela AJAX Corretora de Seguros. Na oportunidade, a AJAX era a maior corretora de seguros da América Latina, contando em seus quadros com mais de 600 funcionários altamente qualificados. As mudanças abruptas das regras vigentes emanadas por decretos que visavam perseguir Celso da Rocha Miranda, como a criação de comissões de inquérito na Companhia Siderúrgica Nacional e em outros clientes da AJAX, com o intuito de identificar ligações políticas, eliminaram qualquer possibilidade de readequação da Companhia às novas regras da ditadura, levando-a ao fechamento, dois anos depois.

— Instauração da Comissão de Investigação Sumária da Aeronáutica (Cisar) — Centro de Informação de Segurança da Aeronáutica (...).

— Instauração da Comissão Geral de Investigações — Estado da Guanabara — tentativa de enquadramento ao Ato Complementar n°42, que autorizava o confisco de bens de pessoas naturais ou jurídicas (...).

"A própria liquidação do patrimônio de alguns favoreceu, direta ou indiretamente, grupos que tiveram crescimento significativo no período. No caso da Panair, por exemplo, é importante lembrar que a Varig, do empresário Ruben Berta, assumiu todas as linhas internacionais do país no exato momento em que a concorrente foi fechada pelo governo."

Como a CNV tinha a prerrogativa de se pronunciar em nome do Estado brasileiro, foi a primeira vez que o país admitiu — pública, ainda que indiretamente — responsabilidade sobre a debacle da Panair. Isso pode abrir as portas para que a empresa consiga vitórias na Justiça.

6

Com o caso da Panair do Brasil ainda longe de chegar ao seu destino final, resta às pessoas a ela ligadas a união e a esperança de ver o nome da companhia restaurado em seu devido lugar na história da aviação comercial brasileira. Os funcionários que ainda sobrevivem continuam se encontrando todos os anos, sempre no sábado mais próximo do dia 22 de outubro — data da fundação da empresa —, para homenageá-la e honrar sua memória.

Essa tradição, iniciada em 1966, não possui qualquer conotação política.[227] Contudo, despretensiosamente, constitui um protesto em si, à medida que os panerianos seguem lembrando a todos que a causa persiste. Afirma Rodolfo da Rocha Miranda:

> Esse deve ser um caso único no mundo. Não conheço outra história de empresa que fechou e que, tantas décadas depois, continua cultuada pelos ex-funcionários, num movimento espontâneo, não subsidiado. Hoje, nesses encontros, você já vê filhos, netos, bisnetos, agregados. Eles vão garantir, no futuro, que a Panair do Brasil permaneça sempre viva.

Durante a festa dos cinquenta anos da empresa, em 1979, Paulo Sampaio analisou:

> Muita gente me pergunta: como explica o fenômeno Panair? Realmente, embora pareça simples uma resposta, mais difícil é dá-la em substância porque o fenômeno é provido de mais contornos do que uma máscara chinesa. (...) Carismática, benquista por todos e sempre atenta às suas obrigações de bem servir à Causa Pública, a Panair soube conquistar corações e embalar os mais incrédulos pelo seu exemplo invulgar, sua audácia desmedida, a seriedade com que tratava as pessoas e coisas e, mais que tudo, o sentimento fraternal e humano que sempre existiu nas suas relações com todos os setores da sociedade. Se adicionarmos a esse dom inato uma severa disciplina que institui o Poder Moral acima de todos os poderes regidos pelos homens, a operação matemática se realiza, dando, como resultado, o Fenômeno Panair.[228]

Carlos Drummond de Andrade o referendou:

> Hoje há sinais de que nem tudo morreu na Panair. Pelo menos sua família, embora "desfalcada" pelo tempo, permanece unida. (...) O nome continua,

o espírito de fraternidade continua, e se amanhã aquela asa encimando a esfera de cinco estrelas voltar aos céus do Brasil, não me espantarei muito. Quem sabe? Esse logotipo tem fôlego de sete gatos.[229]

Talvez. Até que o epílogo seja conhecido e documentado, parece oportuno encerrar este relato com a transcrição da carta que os representantes da companhia enviaram ao juiz da 6ª Vara Cível logo após o episódio da denegação do pedido de concordata suspensiva. Assim:

Exmo. Senhor dr. Juiz de Direito da 6ª Vara Cível do Estado da Guanabara

Paulo de Oliveira Sampaio e Jorge Mourão, na qualidade de representantes da falida PANAIR DO BRASIL S.A., representados por seu advogado que esta assina, vêm, respeitosamente, *nos autos da falência*, para salvaguarda de suas posições em face dos rumos incertos por que enverada o processo falimentar, fazer o pronunciamento abaixo que, como importante ressalva, permanecerá, para exame e considerações futuras, no bojo alentado dos autos do processo de aniquilação de uma poderosa, tradicional e benemérita empresa, que soube cultivar e honrar, durante largos anos, os interesses e o renome do Brasil.

M. M. Juiz. V. Exa. sabe que, nos autos dessa falência, se inscreve um episódio histórico a ser descrito e escrito algum dia para o restabelecimento em todas as consciências do impostergável mérito de uma Justiça que faça da lei sua pedra angular.

A nossa condição de homens responsáveis pelo destino de uma grandiosa empresa nos impõe o dever de contribuir com fiéis subsídios à elaboração histórica.

Como PRÓLOGO, temos um pedido de CONCORDATA PREVENTIVA liminarmente recusado e convertido em falência, sem a menor tentativa, por parte do então M. M. Juiz, de qualquer diligência esclarecedora, que se impunha em face da inexistência, à época da impetração, de qualquer débito vencido ou exigível.

Em seguida, derramou-se, contra a administração da Empresa, a mais virulenta campanha difamatória, através de grosseira e improcedente acusação fantasiosa, manipulada ao sabor de subalternos interesses, por meio de laudo de perícia contábil, posteriormente proclamado FALSO, em decisão final e irrecorrida da JUSTIÇA.

Imobilizados em sua ação, repelidos sempre em qualquer tentativa de proteger os altos interesses patrimoniais da MASSA, viram os signatários, estarrecidos e impotentes, a dilapidação criminosa de um precioso patrimônio moral e material, qual seja, a sua portentosa rede de Agências e Representações no exterior, notadamente na Europa, quando, à inteira revelia do Juízo Falimentar, foi arrasado, nas transações mais obscuras e suspeitas, todo um acervo, inestimável em glórias e fabuloso em expressão material.

São fatos que toda a sociedade comenta e lastima mas que jazem em silêncio no bojo dos autos, sem que se instaurassem os inquéritos, tantas vezes solicitados pelos signatários quantas vezes renegados ao esquecimento.

Não obstante essa fúria devastadora, antes mesmo de qualquer realização importante do Ativo, foram pagas, com os recursos da MASSA, e indevidamente por isso, as indenizações trabalhistas (NCr$ 30.000.000,00) a todos os seus servidores, as grandes e indefesas vítimas da catástrofe, quando disposição cristalina da Consolidação das Leis do Trabalho (artigo 486) atribui, de forma irretorquível, esse encargo à UNIÃO FEDERAL.

Posteriormente, em virtude de legislação específica emanada do Poder Público (Decreto-lei 496 de 11/03/1969), foram as aeronaves, peças e equipamentos da falida transferidos, automaticamente, para o domínio e posse da União Federal, cujos créditos separados se elevam a NCr$ 70.931.960,41. E V. Exa., por sentença datada de 1º de abril do corrente ano, transitada em julgado, DECLAROU PAGA A UNIÃO FEDERAL. *Extinguiu-se, assim, a dívida da falida com esse impenitente credor.*

Restavam, então, somente os credores QUIROGRAFÁRIOS, pela soma total de NCr$ 12.036.693,22.

Como prova de sua extraordinária potencialidade econômica, a falida, em 02/06/1969, entrou com o pedido irrecusável de CONCORDATA SUSPENSIVA, irrecusável porque propondo o pagamento, *integral e à vista*, a todos esses credores.

Surge, entretanto, o dr. procurador da República para embargar a CONCORDATA, com a serôdia alegação de que a UNIÃO FEDERAL —

credora já paga e, portanto, com a dívida extinta por força de sentença já passada em julgado — pleiteava ainda o pagamento de uma fantástica dívida de NCr$ 112.547.499,95. Como sustentáculo de seu pedido, apresentou, o dr. procurador da República, uma CERTIDÃO DE DÍVIDA Nº 35-A, dívida essa inscrita no dia 19 de junho de 1969, *um dia antes da realização da audiência que decidiria sobre a concordata pedida.*

Quem conhece, mesmo ao leve, o processo falimentar e os autos da falência da PANAIR, não terá dúvidas em afirmar, como afirmamos, que a inscrição desse fantástico débito, além de desprezar sua respeitável sentença de 01/04/1969, omite qualquer tramitação pela esfera administrativa como impõe o Código Tributário, repete o indébito e derroga os clássicos dispositivos da Lei de Falências que são os artigos 25 e 213.

Além disso, depois de impetrado e antes de julgado o pedido de CONCORDATA SUSPENSIVA, sobreveio o Decreto Lei nº 669 de 3-7-69, retirando das empresas de transporte aéreo o direito à CONCORDATA.

V. Exa., acolhendo a dívida inscrita e concedendo caráter retroativo ao Decreto-lei nº 669, houve por bem indeferir a CONCORDATA SUSPENSIVA.

Entraram os credores, representando 2/3 dos créditos habilitados, isto é, *julgados*, solicitando a convocação da Assembleia de Credores para se processar a liquidação nos termos do artigo 122 da Lei de Falências.

Tal pedido foi, igualmente, indeferido por V. Exa., em respeitável decisão que considerou, também credora, a UNIÃO FEDERAL, *data venia* em contraste com outra respeitável decisão por V. Exa. prolatada (1º de abril de 1969) a qual, considerando paga a UNIÃO, considerou, *ipso fato,* extinta a dívida.

Determinou, ainda, V. Exa., nessa última e respeitável decisão, que o Síndico providenciasse a imediata liquidação do acervo, abrindo-lhe, para tanto, o exíguo prazo de noventa (90) dias.

Por derradeiro, permitimo-nos apontar, em seguida, alguns dados referentes ao volumoso patrimônio que se pretende liquidar em um trimestre, patrimônio esse constituído em longos anos de labor empresarial.

Nesse sentido, fixaremos a seguir:

AS PERSPECTIVAS DA PANAIR, DO PONTO DE VISTA DE SUA LIQUIDAÇÃO, e que são as seguintes:

1º) CELMA — Ação de desapropriação perante a 2ª Vara Federal. Laudos periciais já apresentados.

Peritos do Juiz 3.800.000,00

Peritos da Massa e dos Falidos 13.000.000,00

2º) COMUNICAÇÕES — Ação de desapropriação perante a 1ª Vara Federal.

Em fase de perícias. Nossos peritos estimam o valor em 12.000.000,00

3º) EDIFÍCIO GALEÃO — Ação de reintegração de posse perante a 2ª Vara Federal.

Em fase de perícias. Nossos peritos já têm o laudo fixando o valor de 11.000.000,00

4º) IMÓVEIS — Situados, no Rio, na Av. Graça Aranha (3.000.000,00) e em Buenos Aires, na rua Maipu (600.000,00).

Já avaliados.

Total 3.600.000,00

5º) IMÓVEIS COMUNICAÇÕES — Cerca de 35 imóveis, ainda não avaliados.

Estimativa 300.000,00

6º) TERRENOS AEROPORTOS — A Massa, com sólidas razões jurídicas, os incluiu no ATIVO.

Valor ESTIMATIVO 30.000.000,00

7º) ESTOQUE DE PEÇAS, AERONAVES REMANESCENTES.

ESTIMATIVA 5.000.000,00

8º) OFICINAS E INSTRUMENTAL — Existentes, ainda, no Galeão.

ESTIMATIVA 5.000.000,00

9º) CRÉDITOS A RECEBER — Conforme escrituração contábil.

APROXIMADAMENTE 12.000.000,00

10º) DIFERENÇA ENTRE O CRÉDITO DA UNIÃO E O VALOR DAS AERONAVES E PEÇAS (DEC.LEI 496).

11.000.000,00

11º) SUBVENÇÃO DE REEQUIPAMENTO — Devida em relação ao exercício de 1964, não paga e creditada à PANAIR.

1.003.000,00

12º) INDENIZAÇÃO TRABALHISTA — Já pagas e recuperáveis nos termos do artigo 486 da Consolidação das Leis do Trabalho.

30.000.000,00

RESUMO

1º)   13.000.000,00
2º)   12.000.000,00
3º)   11.000.000,00
4º)   3.600.000,00
5º)   300.000,00
6º)   30.000.000,00
7º)   5.000.000,00
8º)   5.000.000,00
9º)   12.000.000,00
10º) 11.000.000,00
11º)   1.003.000,00
12º) 30.000.000,00

133.303.000,00 TOTAL

CREDORES QUIROGRÁFICOS

Conforme Quadro de Credores publicado pelo Síndico, relativo aos créditos já julgados:

ATIVO 133.303.000,00
PASSIVO 12.036.693,22

121.266.306,78 SALDO

O quadro descrito anteriormente, no qual as ESTIMATIVAS são despidas de exageros otimistas e calcadas em prognósticos razoáveis e realistas, por si só responderia às alegações de que a PANAIR DO BRASIL era empresa irrecuperável do ponto de vista financeiro.

Mostra, pelo contrário, a solidez de sua alta potencialidade econômica, possuidora de uma infraestrutura *jamais igualada* na aviação comercial brasileira.

Tão poderosa e tão pujante que, mesmo tendo sofrido, durante quatro anos e meio, a arrasadora ação de uma devastadora obra de destruição, pode ostentar, PAGOS TODOS OS SEUS CREDORES LEGÍTIMOS, um *superávit* de NCr$ 121.266.306,78.

Pretenderam os falidos a CONCORDATA SUSPENSIVA que lhes foi negada.

Pretenderam os credores quirografários a liquidação sensata, justa e cautelosa; igualmente, não foram atendidos.

Em consequência, ordena V. Exa. que a liquidação se precipite e se processe, tal como se se tratasse de um pequeno empório, no diminuto prazo de noventa (90) dias.

Que permaneçam, entretanto, como elementos históricos, dentro dos autos, os argumentos, os depoimentos e as cifras alinhados na presente petição, para que se confronte o PATRIMÔNIO que se vai liquidar com o que dele restará, após os noventa (90) dias marcados para sua consecução.

E, no EPÍLOGO, a história consignará, um dia, em que condições se processou o último voo daquela empresa que, outrora, honrou o Brasil, recebeu o carinho dos brasileiros e que se chamou: PANAIR DO BRASIL.

Nestes termos,
P. deferimento

Rio de Janeiro, 11 de julho de 1969

Tude Neiva de Lima Rocha — Adv.
Paulo de Oliveira Sampaio
Jorge Mourão

Apêndices

Apêndice I

Nota expedida pelo gabinete do ministro da Aeronáutica em 10/02/1965

O Presidente da República, tendo em vista a exposição de motivos do Ministro da Aeronáutica, resolveu suspender as concessões de linhas nacionais e internacionais outorgadas à Panair do Brasil, sendo estas últimas concedidas à Varig, a título precário, estando o Governo atento e preparado no sentido de dar amparo aos funcionários da empresa, no atendimento às necessidades que vierem, com a solução hoje adotada.

Apêndice II

Nota expedida pela Secretaria de Imprensa da República em 10/02/1965

Depois de tomar conhecimento, em todos os pormenores, da irrecuperável situação financeira da Panair do Brasil, resolveu o Governo, conforme exposição do Ministério da Aeronáutica, cancelar as autorizações que tinha, a título precário, de linhas internas e internacionais. As referidas linhas, também a título precário, serão conferidas a outras companhias nacionais, de modo a não haver solução de continuidade em serviços tão importantes. Também está na cogitação da Administração Pública a situação do funcionalismo da empresa, que segundo se espera será na sua quase totalidade absorvido em serviço idêntico ao que realiza.

Apêndice III

Nota divulgada pela Varig em 13/02/1965

Admissão de pessoal da Panair do Brasil

Em função dos compromissos assumidos com o Governo Federal, a VARIG informa ao pessoal da PANAIR DO BRASIL que está admitindo pessoal da MANUTENÇÃO e TRIPULANTES (esses últimos por entendimentos com a Associação dos Pilotos da VARIG), EM CARÁTER DEFINITIVO, com GARANTIA DO TEMPO DE SERVIÇO nos termos do comunicado ontem publicado.

Os FUNCIONÁRIOS de MANUTENÇÃO poderão procurar os postos de serviço localizados nos aeroportos S. Dumont e do Galeão, respectivamente no Hangar da VARIG e na Manutenção da mesma empresa.

Esses postos já funcionarão HOJE, domingo, das 9 às 18 horas e nos dias subsequentes, em horário idêntico.

Os Comandantes e Comandantes de Reserva do DC-8, DC-7 e L-049, bem como os navegadores internacionais, engenheiros e rádio-operadores de voo, do DC-8, DC-7 e L-049, poderão procurar seus colegas da VARIG ou a Associação de Pilotos da Varig, a fim de serem encaminhados aos diretores responsáveis pelo setor.

Finalmente, a VARIG está admitindo PESSOAL ADMINISTRATIVO, em diversos setores (Tráfego, Comunicações, Comissaria etc.), devendo as inscrições serem feitas na Seção Pessoal, no Aeroporto Santos Dumont, a partir de TERÇA-FEIRA, dia 16 do corrente.

Rio de Janeiro, 13 de fevereiro de 1965
A Diretoria

Apêndice IV

Telegrama de Ruben Berta a Jânio Quadros

Presidente Jânio Quadros
Palácio Planalto
Brasília

Vivamente agastado levo conhecimento Vossa Excelência grupo Celso Rocha Miranda Mario Simonsen apossou-se 62% ações Panair para enquadrar essa empresa interesses desconhecidos ou realizar grandes lucros pessoais vg traindo grupo brasileiros tratava em termos patrióticos e desinteressados nacionalização Panair e sua integração indústria da qual eh peça importante devido controle exclusivo mercado europeu ponto considerando planos grupo objetivavam obter também controle Vasp e outras empresas fomos obrigados alertar governo SPaulo e resolver problema Real antes produzirem colapso desse consorcio ou tornalo também presa especuladores ponto transação Varig Real visa somente unificar serviços respectivo setor internacional além deflacionar efetivamente sistema interno criando melhores condições industriais para todos no que nada progredimos ateh hoje despeito premencia cada vez maior problemas economicos e técnicos face ausencia planos conjuntos industria e necessidade auxílios financeiros imprescindíveis e urgentes dentro plano ajuda prometido pelo Governo Federal ponto tendo sido portavoz parte plano saneamento indústria perante Vossa Excelencia ramificandose também para setor nacional vg em crise ao sabor inclusive ação especuladores para servir interesses pessoais descabidos ou obscuros enquanto crescem problemas economicos com perigo colapso acelerando advento aerobras ponto posso assegurar Vossa Excelencia Varig lutarah ateh o fim para que Brasil tenha a aviação de que necessita na qual somente se cogite interesses nossa patria mas eh preciso urgentemente se institua um comando unico e energico para disciplinar problemas e darlhes solução adequada e efetiva sob proteção Vossa Excelencia afim de por paradeiro num estado cousas que assume proporções muito graves e marcha inexoravelmente desenlace fatal saudações respeitosas

(As.) Ruben Berta
Presidente Varig

Apêndice V

Documentação de Eduardo Gomes

1) COMPRA DAS AÇÕES PELO GRUPO MÁRIO SIMONSEN--CELSO DA ROCHA MIRANDA E SEU PREÇO:

   a) Em 1961, a Panair tinha todo o seu capital de Cr$ 88.000.000 (oitenta e oito milhões de cruzeiros) absorvido e várias vezes, pelos prejuízos verificados nos anos anteriores. As perdas confessadas por ela, só no exercício de 1961, foram de Cr$ 400 milhões, isto é, mais de quatro vezes o seu capital. As suas ações do valor nominal de Cr$ 200 estavam cotadas, em Bolsa, a Cr$ 100.
   b) O grupo Mario Simonsen-Celso da Rocha Miranda, em 24 de junho de 1961, adquiriu o controle desta empresa insolvente, comprando 64% das suas ações, em três grandes lotes, pagando o preço de Cr$ 266.320.000, ou seja, quase cinco vezes o valor nominal das referidas ações e quase dez vezes o seu valor em Bolsa. Este preço foi fixado, livremente, entre as partes interessadas, não tendo resultado de flutuação de Bolsa, por uma maior procura dos títulos, pois as ações, conforme foi dito, não foram compradas do público, em geral, mas de alguns poucos acionistas que controlavam a empresa.
   c) O citado grupo Simonsen-Rocha Miranda nunca se dedicou ao transporte aéreo. O sr. Mario Simonsen era especialista

em operações financeiras e o sr. Celso da Rocha Miranda em operações de seguro.

d) Assim, o referido grupo não poderia ter e nunca teve, como os fatos demonstraram, cabalmente, o menor interesse em recuperar a Panair como empresa de transporte aéreo.

2) ATUAL CAPITAL DA PANAIR:

a) O atual capital da Panair é de Cr$ 528.000.000, em face do aumento de Cr$ 440.000.000, realizado em 22 de abril de 1964. No entanto, deste aumento realizado há quase um ano, só foram pagos pelos acionistas Cr$ 88.000.000, apesar da situação de enorme necessidade de dinheiro em que se encontrava a Panair, necessidade esta tão grande e tão premente, que ela ainda não havia pago os salários do mês de janeiro da maioria dos seus empregados, quando foi declarada a sua falência, em 15 de fevereiro. O síndico da falência, certamente, irá tomar as providências legais cabíveis para que sejam recebidos os Cr$ 352 milhões correspondentes à parte do aumento de capital que não foi paga e que muito ajudará a resolver a situação difícil em que se encontram os empregados da Panair.

b) Em 20 de novembro de 1964, a Panair reavaliou o seu ativo imobilizado pretendendo, com a reavaliação, elevar o seu capital para Cr$ 336.000.000. O Ministério da Aeronáutica, porém, não aprovou este aumento de capital, de perto de Cr$ 6.000.000.000, porque a Panair não apresentou cálculo da correção monetária do seu ativo imobilizado; nem a relação dos bens reavaliados; nem a relação das dívidas em moedas estrangeiras, para que o Ministério pudesse verificar a exatidão do pretendido aumento de capital.

c) Assim, todas as alegações feitas na carta do dr. Paulo Sampaio, neste particular, não correspondem à verdade.

3) PREJUÍZOS DA PANAIR — OPERACIONAIS E DE BALANÇO:

a) Os déficits da Panair foram:

	1961	1962	1963
Operacionais	1 bilhão e 800 milhões	3 bilhões	6 bilhões e 300 milhões
De balanço	400 milhões	20 milhões	1 bilhão e 500 milhões

b) O déficit operacional é o apurado pela Diretoria da Aeronáutica Civil, com base nos elementos fornecidos pela própria empresa, computando-se para o seu cálculo toda a receita decorrente do transporte aéreo e toda a despesa gerada em função deste serviço.

c) A diferença entre o déficit operacional e o balanço reside da DAC não poder aceitar como receita e como despesa diversos lançamentos pretendidos pela Panair, além de impugnar a inclusão de determinados débitos e créditos em conta de restituídos pendentes.

d) O DAC jamais aprovou qualquer balanço da Panair, e muito menos considerou como exato o prejuízo constante da conta de "Lucros e Perdas".

e) De qualquer maneira, quando uma empresa, com um capital de Cr$ 88 milhões, perde, só no ano de 1963, confessadamente, Cr$ 1 bilhão e 500 milhões, não é necessário ser provado o prejuízo real de Cr$ 6 bilhões e 700 milhões, para se poder afirmar que ela está totalmente insolvente.

4) SUBVENÇÕES E AUXÍLIOS FINANCEIROS CONCEDIDOS À PANAIR:

a) A Panair recebeu, somente nos últimos três anos, os seguintes auxílios e subvenções do Governo Federal:

	1961	1962	1963
Subvenções	913.316.000	866.722.000	1.743.000.000
Auxílio reequipamento	744.093.000	445.934.000	737.164.000
Auxílio de emergência	898.872.000	1.452.000.000	1.200.000.000
TOTAIS	2.556.281.000	2.764.706.000	3.680.164.000

b) Portanto, a Panair, só no último triênio, em subvenções e auxílios, recebeu do Governo Federal mais de nove bilhões de cruzeiros.
c) Ainda assim, teve os prejuízos já mencionados, que eram, também, financiados pelo próprio Governo, como decorrência do não pagamento pela Panair dos seus débitos com o Banco do Brasil S.A. e o BNDE.

5) DÉBITOS VENCIDOS DA PANAIR PARA COM O BANCO DO BRASIL E O TESOURO NACIONAL:

a) Os débitos vencidos da Panair, em 31 de janeiro de 1965:

	Cr$
• para com o Banco do Brasil	2.749.064.000
• para com o Banco do Brasil, por conta do Tesouro Nacional	9.085.577.000
• para com terceiros, registrados na Sumoc, comprometendo, inclusive, o aval dado pelo BNDE	26.464.250.000

b) O total dos citados débitos vencidos era, portanto, de Cr$ 38 bilhões 299 milhões em números redondos, sem a inclusão nesta cifra dos débitos aos bancos locais fornecedores e Institutos de Aposentadorias e Pensões.
c) O montante destes débitos vencidos e não pagos é superior ao dobro de toda a receita bruta de um ano da Panair; a mais de dez vezes todos os auxílios e subvenções pagos à Panair, no ano de 1964, e ao total de todas as subvenções e auxílios que o Congresso Nacional concedeu a toda a indústria aérea durante o citado ano.
d) Assim, a situação econômica da Panair tornou-se irrecuperável.
e) Se a sua última diretoria nega estas cifras, alegando que o débito da Panair ao Banco do Brasil, inclusive por conta da

União Federal, é de apenas Cr$ 4 bilhões e 400 milhões, ela própria ignorava a real situação da Panair.

6) DÉBITOS A VENCER DA PANAIR PARA COM O BANCO DO BRASIL E O TESOURO NACIONAL:

a) Além dos débitos vencidos acima mencionados, a Panair já tinha contraído os seguintes débitos a vencer-se dentro de curtos prazos:

	Cr$
• para com o Banco do Brasil	10.758.552.000
• para com o Banco do Brasil, por conta do Tesouro Nacional	1.090.230.000
• para com terceiros, registrados na Sumoc, comprometendo, inclusive, o aval dado pelo BNDE	50.434.700.000
• TOTAL	62.283.482.000

b) Assim, o total dos débitos vencidos e a vencer da Panair, sem incluir os bancos locais, fornecedores diversos e Institutos de Aposentadoria era em números redondos de Cr$ 62 bilhões mais Cr$ 38 bilhões, isto é, Cr$ 100 bilhões;

c) Como a Panair não apurava lucro pelas suas operações, mas, pelo contrário, prejuízos, que aumentavam, de ano para ano, é evidente que ela não poderia jamais pagar os seus compromissos financeiros, salvo vendendo parte dos seus bens, o que importaria, nela própria, se desfazer de imprescindíveis para executar os serviços aéreos que lhe estavam confiados;

d) Assim, é totalmente incompreensível a Panair pretender debater a sua liquidez econômica, alinhando cifras nada realistas — e ainda por cima em dólares — referentes ao seu ativo e ao seu passivo;

e) É ainda interessante salientar que a Panair, na carta escrita pelo dr. Paulo Sampaio, alega, como único motivo da sua situação de insolvência, textualmente, a "imprevidência dos governos passados, que não quiseram ou não puderam realizar o reajuste das subvenções reclamadas", como se o governo tivesse o dever de cobrir — com os impostos dobrados de todo o povo brasileiro — os déficits decorrentes da péssima administração de uma empresa privada.

7) SEGUROS:

a) As taxas dos seguros feitos pela Panair aumentaram enormemente depois que o grupo Simonsen-Rocha Miranda passou a controlar a empresa:

	1961	1962	1963	1964
DC-7	4,6%	6%	6,2%	3%
Constellation	7,5%	8,87%	7,7%	3%
Caravelle	-	5,28%	4,69%	2,85%
DC-8	-	7,64%	6,98%	4,35%

b) A antiga diretoria da Panair não nega a verdade destas taxas, nem, portanto, que as taxas dobraram depois que o grupo Simonsen-Rocha Miranda passou a "controlar" a Panair e nem que elas baixaram pela metade depois da revolução de 31 de março.

c) Ela alega, apenas, que os valores dados, em 1962, aos DC-7 e aos Constellations, para efeito de seguro, foi menor do que aquele dado em 1961. Em outras palavras: em 1961, os DC-7 estavam segurados por US$ 850.000.000 e os Constellations em US$ 150.000.000. Em 1962, estas aeronaves foram seguradas, respectivamente, por US$ 600.000.000 e US$ 120.000.000. Acontece que, como é evidente, toda e qualquer aeronave, de um ano para outro, perde uma parte substancial do seu valor, expresso em dólares, isto é, deprecia-se, grandemente.

Assim, a defesa da Panair consiste em alegar que, quanto aos seguros, só ocorreu uma irregularidade, não duas; isto é, houve majoração das taxas do seguro; mas não ocorreu também, majoração do valor verdadeiro do avião.

d) É de ser mencionado que a diretoria da Panair, em sua citada carta, declara, sobre o valor real dos Constellations: "Como é sabido, são aviões obsoletos e inteiramente amortizados nos livros da empresa."

e) Para ser verificada a majoração havida nas taxas de seguro é interessante uma confrontação entre as taxas de seguro, respectivamente, dos Caravelles, dos DC-7C/Super Constellations e dos DC-8/Boeing pelas diversas empresas:

Caravelle:	1962	1963
Panair	5,28%	4,69%
Cruzeiro	4,52%	3,69%
Varig	4,133%	3,65%

É interessante salientar que os seguros da Panair e da Cruzeiro, por taxas tão desfavoráveis à Panair, foram ambos feitos na mesmíssima companhia seguradora Excelsior:

DC-7C/Super Constellation:	1961	1962	1963
Panair	4,625%	6,0%	6,2%
Varig	3,5%	2,85%	2,85%

DC-8/Boeing:	1961	1962	1963
Panair	7,04%	6,10%	6,98%
Varig	5,666%	5,86%	4,39%

f) A Panair declara que as citadas taxas foram estabelecidas pelo Instituto de Resseguros do Brasil, órgão do Governo, que por sua vez vai buscá-las no exterior. A diretoria da Panair omitiu, porém, talvez por ignorar:

I — que, em 1962 e 1963, era Presidente do Instituto de Resseguros do Brasil, o sr. Oyama Pereira Teixeira;

II — que o sr. Oyama Pereira Teixeira era membro do Conselho Fiscal da Panair;

III — que a Corretora de seguros da Panair era a Ajax Corretores de Seguros, que pertence ao Grupo Celso da Rocha Miranda;

IV — que a empresa no estrangeiro, que fornecia as taxas de seguro ao Instituto de Resseguros do Brasil era a Willis, Faber & Dumas, que era representada, no Brasil, precisamente, pela Ajax Corretores de Seguros.

8) ARRENDAMENTO DO DC-8 À PAN AMERICAN E LOCAÇÃO DO MESMO AO GOVERNO PORTUGUÊS:

a) A antiga diretoria da Panair nega que se trate de arrendamento de avião, afirmando que se trata de compra, com reserva de domínio, mediante pagamento do preço em prestações. Outrossim, declara que o mencionado avião não foi alugado à companhia portuguesa TAP, mas sim fretado.

b) Ela não nega, porém, que os dólares referentes a cada prestação, lhe foram vendidos pelo Banco do Brasil, para pagamento a prazo, e que o preço do fretamento à TAP foi recebido por ela, em dólares, à vista.

c) Assim — ainda que fossem verdadeiras as características jurídicas dadas pela Panair às operações, o que não é exato — mesmo nesta hipótese, as características financeiras e de moral administrativa, das duas operações, continuam exatamente as mesmas.

9) DÍVIDAS DA PAN AMERICAN AVALIZADAS PELA WASIN:

a) A diretoria da Panair afirma ao ter dado preferência para o pagamento da dívida da Pan American avalizada pela Wasin sobre a compra de sobressalentes;

b) No entanto, em 1963 e 1964 ela utilizou os dólares adquiridos ao Banco do Brasil, em uma percentagem muito maior para amortizar a mencionada dívida do que para comprar sobressalentes.

10) BILHETES VENDIDOS PELA PANAIR, SENDO O TRANSPORTE REALIZADO POR OUTRAS EMPRESAS:

a) É exata a alegação da Panair de que os bilhetes emitidos por uma empresa quando o transporte é realizado por outra são reembolsados através da Câmara de Compensação Nacional.
b) Não nega, porém, a Panair, que a sua conta na referida Câmara apresentava sempre saldo negativo, o que já é anormal, e que o seu débito aumentava, mensalmente, passando de Cr$ 10 milhões em 1963, para Cr$ 141 milhões em dezembro de 1964, sem falar no seu débito perante a Iata (Câmara de Compensação Internacional). Este fato prova — e não foi contestado — que a Panair obtinha financiamento, para a sua caixa, vendendo passagens cujo transporte era realizado, sistematicamente, por outra empresa.

11) COMISSÃO PARA AS EMPRESAS DO GRUPO SIMONSEN-ROCHA MIRANDA:

a) A Panair pagou a Wasin S.A. — empresa pertencente ao mesmo grupo que controlava o seu capital — uma comissão de 2% ao ano — ou sejam, 140 milhões de dólares anuais — sobre a quantia de 7 milhões devida à Pan American, sob o fundamento da Wasin ter avalizado as notas promissórias, referentes à mencionada dívida;
b) Além disso, a Panair pagou a Mario Wallace Simonsen & Sons Trust Corporation a comissão de 4%, também ao ano — ou sejam, mais de 240 mil dólares anuais — sobre 6 milhões e 127 mil dólares, valor do preço total da compra de um DC-8, a título de garantia dada pela aludida firma do pagamento do referido preço de compra, apesar do avião ter sido vendido

com reserva de domínio a favor da vendedora e de ter sido pago, à vista, por conta do preço a soma de US$ 1.225.400,00 sobre a qual também foi calculada a comissão;
c) Estes dois fatos da maior gravidade, especialmente, em face do estado de insolvência em que se encontrava a Panair, e dos auxílios financeiros recebidos do Governo Federal, não são contestados. São apenas justificados com a alegação do BNDE cobrar de terceiros uma comissão, pelos avais que ele concede em nome do Tesouro Nacional.

12) A SEGURANÇA DE VOO:

a) A segurança de voo está ligada, como é evidente, à aquisição de peças e ao serviço de manutenção;
b) A Panair possui técnicas e maquinaria, para realizar um serviço de manutenção perfeito, desde que tivesse peças novas para substituir as defeituosas;
c) Acontece, porém, que a Panair em virtude da sua situação financeira, não estava em condições de adquirir as peças necessárias para a renovação do seu almoxarifado, e de fato não as comprava. Da quota de US$ 360 mil dólares, para o ano de 1964, ela só utilizou a metade;
d) Em face desta situação:
  - dos onze Constellations, três estavam em estado de voar;
  - dos cinco Catalinas, só um podia voar;
  - dos três Caravelles, só um estava apto para voar;
e) Assim, o reequipamento de voo da Panair já estava abaixo do mínimo exigido para a operação das linhas a seu cargo, dentro dos limites normais de segurança em voo.

13) A SITUAÇÃO DOS EMPREGADOS:

a) O Governo Federal, especialmente o Ministro da Aeronáutica, tendo feito tudo e tudo fará na medida do possível para amparar a situação dos funcionários da Panair que durante anos lutaram para defender e engrandecer um patrimônio que é do próprio país: funcionários esses que se encontram em dificuldades devidas, exclusivamente, aos atos praticados pelo grupo de financistas que passou a controlar a Panair;

b) Devido aos esforços do Governo:
- 503 funcionários já estão colocados na Varig e em processo de aproveitamento;
- 307 vagas a serem preenchidas e novos serviços a serem criados, 730, totalizando 1.630 funcionários;
- A Varig pretendia absorver mais quatrocentos funcionários de telecomunicações, que, entretanto, terminaram organizando empresa própria;
- Continuam trabalhando mais de seiscentos funcionários da Celma, sob a responsabilidade do Ministério da Aeronáutica;
- A Cruzeiro do Sul também vai absorver de três a quatro centenas de funcionários e operários da antiga Panair;
- Também o Governo está dando prioridades aos funcionários com tempo de aposentadoria;

c) O grupo Rocha Miranda-Simonsen controla mais de vinte empresas que por este motivo são solidariamente responsáveis com a Panair do Brasil S.A. pelo cumprimento dos contratos de trabalho dos empregados da Panair conforme prevê, expressamente, o parágrafo segundo, do artigo segundo, da Consolidação das Leis do Trabalho. Até hoje, porém, nenhuma destas empresas empregou ou mesmo ofereceu emprego a qualquer empregado da Panair.

Apêndice VI

Carta de Guido Jorge Moassab a Vasconcellos Torres

Rio de Janeiro, 29 de março de 1965.

Senhor Senador:

Incumbiu-me o senhor Ministro da Aeronáutica, de encaminhar à Vossa Excelência um resumo dos débitos da Panair do Brasil S.A., para os anos de 1961, 1962 e 1963, tendo em vista o discurso pronunciado por Vossa Excelência, em face das cartas enviadas pelo dr. Paulo Sampaio.

Cordialmente,
Guido Jorge Moassab, Coronel-aviador,
chefe de Relações Públicas.

Panair do Brasil
Confronto das receitas e despesas em valores absolutos
(Cr$ 1.000)

Nomenclatura Receitas	1961	1962	1963
Passagens	3.155.470	5.882.612	8.778.156
Encom. Expressos e Cargas	548.547	676.828	1.156.243
Mala Postal	291.297	480.365	853.928
Excesso de Bagagens	81.816	122.371	203.338
Subvenções	138.420	913.316	866.772
Diversos	280.075	527.782	1.069.469
TOTAL	4.496.525	8.003.274	12.927.906
Despesas Diretas			
Combustível	890.823	1.628.702	2.778.930
Óleo	27.274	36.059	43.484
Depreciação dos Cascos	262.507	378.619	925.975
Depreciação dos Motores	91.125	214.858	301.018
Revisão dos Cascos	-	-	-
Manutenção dos Aviões	905.029	1.353.600	2.043.246
Seguro dos Aviões	269.931	562.323	1.009.632
Custo dos Comandantes e Copilotos	273.780	422.278	1.067.213
Custo dos Mec. Radiotelegrafistas	109.438	158.189	361.892
Diversos	158.575	415.346	535.839
SUBTOTAL	2.988.482	5.169.974	9.068.211
Despesas Indiretas			
Proteção ao Voo	122.199	252.391	484.476
Organização Terrestre	818.545	1.246.650	2.241.323
Organização Tráfego Pax e Carga	-	1.721.613	2.241.323
Serviço de Passageiros	1.074.057	867.747	1.486.740
Outras Despesas de Linha	453.352	-	-
Administração Geral	931.314	1.792.200	3.435.102
SUBTOTAL	3.399.467	5.880.601	10.580.891
TOTAL	6.387.949	11.050.575	19.649.102
Déficit	1.891.424	3.047.301	6.721.196

Em relação aos déficits da Panair nos exercícios de 1961, 1962 e 1963, cabem as seguintes informações:

Verifica-se do quadro em anexo, que os déficits referidos pelo senador João Agripino e confirmados pela DAC, se referem às operações de voo, isto é, são eles o resultado da atividade da empresa, computando-se para o seu cálculo toda a receita decorrente da exploração do transporte aéreo e toda despesa gerada em função destes serviços.

Os dados constantes do referido quadro são fornecidos pela própria empresa, em caráter oficial, à DAC.

Quanto aos dados apresentados pelo senhor Paulo Sampaio, ex-presidente da companhia, são eles extraídos, não dos Resultados Operacionais, mas simplesmente dos Balanços de cada exercício, fruto da manipulação dos resultados de voo, de acordo com os interesses da empresa de apresentar-se perante seus credores, inclusive internacionais.

Para apuração dos resultados do balanço, a empresa recorre às diversas movimentações contábeis facultadas tecnicamente e pela legislação em vigência, como, por exemplo, a reversão de apropriações para Fundos de Depreciações, Fundos para Revisão de Aeronaves etc., inclusive à movimentação de Transportes a Executar, conta de real expressão pelo saldo elevadíssimo sempre em evidência, e tida como de controle difícil.

Conclui-se pelo exposto que o Balanço e a Conta de Lucros e Perdas deveriam representar fielmente a situação da empresa e seus resultados não vão além de simples peças com fim político-administrativo.

Ativo e Passivo

Afirma o senhor Paulo Sampaio que o "ativo" da Panair ultrapassa em muito o seu "passivo" e que o mesmo se eleva a sessenta e seis milhões de dólares.

Esses valores só poderão ser confirmados mediante inventário e avaliação de todos os bens da empresa.

Entretanto, mesmo admitindo-se como razoável a estimativa acima, chega-se ao oposto das conclusões do senhor Paulo Sampaio, neste particular, senão vejamos:

Ativo
US$ 66 milhões x Cr$ 1.850 = Cr$ 122,1 bilhões; e

Passivo
Somente para com o Banco do Brasil e o Tesouro Nacional — Cr$ 100,6 bilhões; se juntarmos a isto os débitos da empresa para com a previdência social, gasolina, seguros e outros, o seu passivo subirá pelo menos a cento e quarenta bilhões de cruzeiros (Cr$ 140.000.000.000) havendo por conseguinte um passivo a descoberto de 18 bilhões de cruzeiros, que para uma empresa em regime crônico de grandes déficits operacionais é realmente desalentador.

Apêndice VII

Trecho de memorial sobre o processo de aquisição

(...)
Em 1961, logo após a posse do presidente Jânio Quadros, um dos signatários do presente foi procurado pelo Grupo dissidente de Acionistas da Panair, srs. Erik de Carvalho e Fernando Osório, trazidos pelo dr. Paulo Sampaio, que pediu nosso apoio para auxiliá-los na campanha de nacionalização da Panair. Àquela época, 48% do capital da Panair ainda pertenciam à Pan American World Airways e cerca de 20% à Planejamento Guanabara, sociedade civil composta pelos Diretores da Panair eleitos pela Pan American.

Algumas semanas depois, fomos chamados a Brasília, à presença do presidente Jânio Quadros, que nos fez um apelo para adquirir a Panair do Brasil. Dizia ele que toda a Aeronáutica Civil Brasileira estava passando por uma crise decorrente do excesso de oferta, que precisava imediatamente de maiores auxílios para, em seguida, fundir-se as grandes Companhias, ficando reduzido o número de operadoras a apenas quatro. E que a execução deste plano era obstada pela existência da Panair, que, sendo ainda controlada por acionistas estrangeiros, não se dispunha a cooperar no plano de fusão, além de constranger o Governo na concessão de maiores auxílios, urgentemente necessários naquele momento à Indústria Aeronáutica Brasileira. Acrescentou ainda S. Exa. Que já havia feito sentir à Pan American o desejo do Governo brasileiro de ver futuramente nacionalizada a Panair do Brasil, tendo recebido uma reação favorável, desde que lhes fosse pago um preço justo pelas ações, mesmo que aquém do seu valor real.

Respondemos a S. Exa. que a atividade aeronáutica civil era completamente estranha ao nosso ramo de negócio, dedicado exclusivamente às atividades financeiras, mas que nos disporíamos a dar todo o auxílio a um Grupo brasileiro que há muitos anos vinha perseguindo este objetivo.

De regresso ao Rio, transmitimos o ocorrido nesta audiência ao dr. Paulo Sampaio, para que por sua vez o transmitisse aos demais Acionistas dissidentes.

Dias depois, fomos novamente procurados pelo mesmo Grupo, que nos informava então que já havia procurado a Pan American, oferecendo comprar as ações que ela possuía da Panair, e que a mesma havia se mostrado receptiva, indicando como preço de venda das ações o seu valor ao par, desde que em dólares, mas sujeitando qualquer transação ao pagamento integral da dívida da Panair do Brasil para com ela, Pan American, o que na opinião do referido Grupo montava a pouco mais de US$ 5.000.000 (cinco milhões de dólares). Acrescentavam julgar estas condições extremamente favoráveis, dizendo o sr. Fernando Osório possuir os recursos necessários para pagar à vista o preço solicitado pelas ações, e o sr. Erik de Carvalho informava contar com o aval do Banco Nacional de Minas Gerais para um empréstimo que nos caberia obter no exterior, para ser resgatado no prazo de cinco anos, prazo este que no seu entender a própria Panair teria condições de cumprir. A isto respondemos afirmativamente, garantindo que obteríamos o empréstimo solicitado, mediante o aval oferecido, viabilizando, dessa forma, a operação que nos fora solicitada pelo Governo.

Cerca de duas semanas após, voltaram os referidos senhores à nossa presença, alegando que a Pan American confirmava a sua disposição de vender o controle acionário da Panair do Brasil, porém que se recusava a negociar com o Grupo dissidente. Pediram a um dos signatários deste, o sr. Celso da Rocha Miranda, que conduzisse as negociações para eles, no que foram atendidos.

Foi estabelecido um contato nosso com a Pan American por intermédio do dr. Valentim Bouças, então Presidente do Conselho da Panair do Brasil, que solicitou a vinda ao Rio de Janeiro de um representante autorizado, sr. Morrison, diretor da Pan American. Chegando este no Rio, fomos recebidos por ele, que nos confirmou saber do desejo do Governo brasileiro de ver totalmente nacionalizada a Panair do Brasil, o que achava muito justo, pois era então a única linha aérea brasileira ainda controlada por acionistas no exterior. Que estavam dispostos a cooperar para a consecução deste objetivo, dispondo-se a transferir as ações de sua propriedade pelo valor nominal, desde que em dólares, o que na sua opinião representava uma pequena parcela do valor real das ações, tendo em vista o grande patrimônio que a Companhia havia acumulado ao longo de muitos anos, fazendo apenas três exigências:

1º) Que a Companhia não fosse vendida à Varig e que de sua diretoria não fizesse parte Erik de Carvalho, por ser representante daquela Companhia.

2º) Que fossem também adquiridas as ações do Grupo Brasileiro que lhes tinha sido fiel, chamado Planejamento Guanabara.

3º) Que fosse liquidada a dívida da Panair do Brasil para com a Pan American, que montava em pouco mais de US$ 8.000.000 (oito milhões de dólares).

Retrucamos que estávamos dispostos a transmitir estas condições, exceto no tocante à pessoa do sr. Erik de Carvalho, que àquela época julgávamos uma pessoa idônea e que, além do mais, estávamos seguros de que agia em seu nome pessoal, no mais elevado intuito de nacionalizar a Panair, e não o de servir aos interesses da Varig, para provocar o desaparecimento daquela, como supunha o nosso interlocutor.

Aceita esta nossa ponderação, estas condições foram transmitidas ao Grupo dissidente, que achou-as muito razoáveis, exceto quanto ao valor da dívida da Panair para com a Pan American, que lhes parecia excessivo, mas que, como participavam do Conselho Fiscal da mesma, dispunham de todos os recursos para confirmá-la. Pediram-nos, então, que entabulássemos as negociações com o Grupo Brasileiro, o que foi feito através do sr. Valentim Bouças.

O preço pedido pelos vendedores foi equivalente a Cr$ 1.500,00 (hum mil e quinhentos cruzeiros) por cada ação de propriedade dos componentes do Grupo Planejamento Guanabara, exceto as dos srs. Valentim Bouças e César Pires de Mello, que pediam Cr$ 3.000,00 (três mil cruzeiros) por cada uma das suas.

Esta segunda proposta foi transmitida ao Grupo dissidente, que julgou-a aceitável, pois, com a média das ações da Pan American, dariam um preço global inferior a US$ 2.000.000 (dois milhões de dólares), quando estimavam o patrimônio da Panair em cerca de US$ 20.000.000 (vinte milhões de dólares). Informaram que já haviam feito uma inspeção nos livros da Companhia, onde realmente aparecia uma dívida ligeiramente superior a US$ 8.000.000 (oito milhões de dólares), com a qual concordavam, exceto quanto a uma parcela de US$ 800.000 (oitocentos mil dólares), representativa do pagamento de uma oficina e peças de revisão para o motor BA3 que haviam sido transferidas para a Panair, mas que ainda permaneciam em Miami. Estas, além de serem desnecessárias, pois constituíam equipamento dos aviões Constellation, que deveriam terminar sua vida útil em breve, não mais poderiam ser trazidas ao Brasil, pois, pela mesma razão, a então Cacex não licenciaria esta importação considerada inútil.

Pediram-nos, então, que transmitíssemos sua total aceitação às condições pedidas, tanto pelos Americanos, quanto pelos Acionistas Brasileiros, desde que fosse feita aquela redução de 800 mil dólares na dívida da Panair para com a Pan American e que, ainda, obtivéssemos uma prorrogação do empréstimo de cinco para sete anos, pois, no seu entender, a Panair não poderia arcar com uma amortização maior que 1 milhão de dólares por ano.

Nesta reunião estavam presentes os srs. Erik de Carvalho, Fernando Osório e o dr. Paulo Sampaio. Compareceu também o sr. Oscar Santa Maria, outro componente do Grupo dissidente e grande acionista da Panair do Brasil.

Como nos pediram que concluíssemos a operação, perguntamos quem seria o responsável pelo pagamento desta vultosa importância. O sr. Fernando Osório declarou que acabava de vender uma grande propriedade sua no Rio Grande do Sul e que dentro de uma semana disporia dos recursos necessários, para pagamento à vista, devendo, pois, as ações serem transferidas diretamente a ele, que depois as redistribuiria pelos outros acionistas, na medida em que fossem dispondo dos meios para isto. Asseguraram-nos, também, que as ações ficariam exclusivamente nas suas mãos, nenhuma sendo transferida para a Varig, e que disto poderíamos dar garantias à Pan American.

Esta contraproposta foi transmitida à Pan American e aos Acionistas do Grupo Planejamento Guanabara, tendo ambas as partes concordado, inclusive a primeira, que se dispôs a fazer a redução da dívida correspondente à parte do equipamento de materiais e peças que não haviam sido transferidas para o Brasil, além de ainda, com este intento, se dispor ela mesma, a financiar o resgate da dívida da Panair, pelo prazo de 7 anos, aos juros de 7% ao ano, e aceitando as mesmas garantias que nos tinham sido por eles oferecidas.

Nestas condições, o negócio foi dado como concluído, marcando-se de comum acordo a data para a transferência das ações.

Dois dias antes da data marcada, fomos procurados pelo sr. Fernando Osório, pedindo que adiássemos por uma semana a assinatura, pois tinha havido um atraso na remessa do dinheiro do Rio Grande do Sul, o que só se daria dentro de mais quatro a cinco dias. Por medida de precaução, adiamos por mais quinze dias a referida data, tendo obtido, ainda, que o pagamento, ao invés de ser feito de uma só vez, fosse dividido em quatro prestações de igual valor, sem juros, para mais facilitar o grupo comprador.

Uma semana após, procurou-nos novamente o sr. Fernando Osório, dizendo que, por dificuldades de documentação de sua propriedade no Sul, a mesma não tinha sido ainda transferida e que, apesar de o negócio estar concluído, o recebimento final poderia ser retardado ainda de mais trinta a sessenta dias, e que, receando que a Pan American com o novo adiamento viesse a desistir da venda, haviam combinado, entre si, pedir-nos que o substituíssemos na compra, adquirindo as ações em nosso nome, para logo a seguir cedê-las a ele, contra um pagamento à vista, o que faria logo que fosse completada a venda de sua fazenda.

Respondemos que poderíamos examinar esta proposta, mas que a mesma oneraria muito a operação, pois, além dos juros que nos deveriam pagar, pesaria mais ainda o imposto proporcional do selo devido naquela época sobre as transações, digo, transferências de ações, e que seria pago em dobro. Acrescentamos ter a certeza de que, tanto o Grupo Planejamento Guanabara quanto a Pan American, não teriam inconveniente em adiar por mais trinta dias. Ao que nos responderam que, ainda que isto fosse aceito, temiam que neste período o grupo vendedor, verificando que estava dispondo de suas ações por um valor muito inferior ao real, viesse a desistir da venda, e que a dupla despesa de selo era insignificante diante do bom negócio que estavam realizando.

Assim, foi consultado o sr. Mario Simonsen, para saber se este estava disposto a aceitar esta proposta, financiando junto com o signatário desta, sr. Celso da Rocha Miranda, a metade desta operação.

O sr. Simonsen respondeu que estava pronto a atender ao pedido que também lhe fora feito pelo Governo, para nacionalizar a Panair do Brasil, e que portanto estaria disposto a assumir esse encargo, inclusive estendendo o prazo de reembolso, dos sessenta que haviam sido solicitados, para cento e vinte dias, a fim de não criar qualquer constrangimento ao grupo brasileiro que estava realizando a operação, na eventualidade de uma maior demora no preparo dos documentos da venda do imóvel do sr. Osório, coisa aliás muito comum.

Estas condições foram transmitidas diretamente aos sr. Erik de Carvalho, Fernando Osório, Paulo Sampaio e Oscar Santa Maria, que agradeceram a nossa cooperação, que julgavam valiosíssima, e assim reiteraram o pedido para que os substituíssemos, concretizando a compra na data marcada, o que foi feito, assinando-se o termo de transferência das ações da Panair do Brasil pertencentes aos sócios brasileiros da Pan American World Airways e a totalidade das cotas da Planejamento Guanabara, em partes iguais, aos sr. Mario Wallace Simonsen e Celso da Rocha Miranda.

A transação tinha que ser realizada em duas etapas, a primeira sendo a transferência das ações dos sócios brasileiros e da Planejamento Guanabara para o grupo adquirente, o qual compareceria à Assembleia Geral que para isto já havia sido convocada com a necessária antecedência pelos vendedores, para que se realizasse 24 horas após a transferência das ações; Assembleia Geral esta que tomaria conhecimento da renúncia de toda a Diretoria e elegeria a nova, que deveria assinar o contrato de consolidação e resgate da dívida da Panair para com a Pan American.

E assim foi feito. Na data marcada, transferiram-se as ações para os srs. Mario Wallace Simonsen e Celso Rocha Miranda, e realizou-se a Assembleia Geral que deveria eleger o dr. Paulo Sampaio para Presidente, o sr. Erik de Carvalho para Superintendente e o dr. Jorge Mourão para Diretor Tesoureiro, o qual seria substituído neste cargo logo que as ações fossem transferidas aos seus definitivos proprietários.

No momento da realização da Assembleia Geral, o sr. Erik de Carvalho informou que não poderia ocupar o lugar de imediato, porque estava exercendo uma função importante na Varig, da qual ia se demitir, como já era do conhecimento dos seus companheiros. Porém, não podia fazê-lo de pronto. Ponderava também que seu nome, sendo controvertido dentro da Panair, poderia criar dificuldades no momento da transição e que, por isto, sugeria para substituí-lo o nome do engenheiro Carlos Alberto de Mello Flores. Sua proposta foi unanimemente recusada, porque julgavam todos ser muito importante a presença do sr. Erik e que, sendo o dr. Flores engenheiro do DAC não poderia ser convocado por um período de prazo curto. Assim sendo, apesar de o sr. Erik declarar-se disposto a permanecer fora da diretoria, substituído permanentemente pelo dr. Flores, unanimemente ficou decidido deixar o seu lugar vago, aguardando o seu período de desencompatibilização, durante o qual permaneceria particularmente auxiliando o sr. Paulo Sampaio.

A Diretoria ficou, então, constituída provisoriamente por apenas dois Diretores: o Presidente e o Diretor Tesoureiro, número este mínimo para que se pudesse realizar a segunda etapa, que seria a aquisição das ações pertencentes à Pan American, quando deveria também ser assinado pelos novos Diretores constituídos o contrato de empréstimo que resgataria a dívida da Panair para com a referida Pan American.

Assim, realizou-se a etapa final da nacionalização da Panair do Brasil. Este acontecimento auspicioso foi logo comunicado às congêneres e ao Governo Federal, que imediatamente convocou em Brasília uma reunião de todos os executivos das empresas aéreas e do Diretor da DAC, brigadeiro Clóvis Travassos, para celebrá-lo, e no qual o sr. Presidente da República fez um apelo para que todas as empresas procurassem agora um entendimento, para padronizar suas frotas e restringir a superposição de rotas. Neste sentido, a Panair e a Varig assinaram imediatamente, na presença de S. Exa., uma Declaração de Propósitos de realizar este objetivo.

De regresso ao Rio, já encontramos o sr. Erwin Balluder, diretor da Pan American, que viera para transferir as ações da Pan American. Imediatamente, chamamos o Grupo Comprador, para que trouxessem a prometida carta de aval.

Enquanto que em apenas 24 horas chegávamos a um acordo com a Pan American, mais de três dias decorreram sem que pudessem aqueles Senhores apresentar a prometida carta fornecida pelo Banco Nacional de Minas Gerais, que, segundo alegava, estava terminando o exame das garantias que tinham oferecido.

Informado de que o atraso na compra por nós das ações da Pan American se devia à burocracia do banco cedente do aval, o sr. Balluder ofereceu aceitar a garantia pessoal dos srs. Mario Simonsen e Celso da Rocha Miranda, em substituição ao aval bancário, para o contrato de liquidação da dívida da Panair para com a Pan American, que, como ficara combinado, seria resgatada no prazo de 7 anos, aos juros de 7% ao ano, exigindo apenas, por solicitação de seu advogado, que este contrato fosse assinado nos Estados Unidos, por questões legais.

Esta proposta foi entusiasticamente aceita pelo grupo comprador, que solicitou encarecidamente aos srs. Simonsen e Rocha Miranda que lhes dessem mais essa colaboração, para evitar novas delongas, garantindo que em poucos dias seriam substituídos neste aval pelo Banco Nacional de Minas Gerais.

Aquiescendo estes ao pedido formulado, partiu para os Estados Unidos o sr. Rocha Miranda, munido de procuração do sr. Mario Simonsen, onde avalizou em nome de ambos o contrato firmado entre a Panair do Brasil e a Pan American World Airways, para resgate da dívida da primeira para com a segunda.

Logo que regressou ao Rio, chamou os componentes do Grupo Controlador para informar que sua missão estava cumprida, mas que, ainda que dispusessem eles de cerca de noventa dias para readquirirem as ações, desejava ter em mãos imediatamente a promessa do aval, que iria substituir o seu próprio e do sr. Simonsen, no momento da transferência das ações a eles.

Decorridos alguns dias, os srs. Erik de Carvalho e Fernando Osório procuraram o sr. Celso da Rocha Miranda, informando que o Banco Nacional de Minas Gerais não queria assinar a carta de promessa de aval, porque daria o aval definitivo no momento que para isto fosse solicitado. Estranhando o fato e na presença de ambos, o sr. Rocha Miranda telefonou ao diretor do Banco Nacional de Minas Gerais, sr. José Luiz de Magalhães Lins, para esta confirmação. Ouviu surpreso do referido senhor que este assunto tinha sido apenas mencionado a ele, mas que teria todo o prazer de examiná-lo, desde que os avais dos srs. Simonsen e Rocha Miranda fossem mantidos. Criou-se, assim, uma situação de constrangimento, pois alguém fugira à verdade. Imediatamente, partiram os dois para um encontro com o sr. Magalhães Lins, só voltando no dia seguinte, dizendo ter havido um mal-entendido e que, por este motivo, não mais trabalhariam com o Banco Nacional de Minas Gerais, e que já haviam se entendido com o Banco da Lavoura, que daria a carta nos termos combinados.

Contestamos que esperaríamos mais dois dias, mas que confiávamos que não falhassem em tão grave compromisso assumido.

Dois dias após, voltaram os mesmos srs. Erik de Carvalho e Fernando Osório à presença do sr. Rocha Miranda, para dizer que não haviam conseguido o aval prometido, e que também a venda da propriedade do sr. Osório não se tinha efetuado. Vinham, pois, nos pedir para que continuássemos como sócios na Companhia, transferindo para eles apenas metade das ações que havíamos adquirido, o que teriam capacidade de pagar, ficando o aval de US$ 7.400.000 (sete milhões e quatrocentos mil dólares) de nossa inteira responsabilidade.

Completamente estupefatos diante da [trecho ilegível] de tal proposta, respondemos que jamais havia estado em nossas cogitações adquirir, ou de qualquer forma participar, do Capital da Panair. Que todo o nosso apoio havia sido dado para que a Companhia fosse nacionalizada, baseados exclusivamente na confiança que depositávamos neles e na certeza que tínhamos de que eles honrariam seus compromissos, e que, portanto, esperávamos apenas que o fizessem e de forma integral.

Para nossa surpresa, neste mesmo dia, fomos procurados pelo sr. Ruben Berta, que pretendia exigir que aceitássemos a proposta formulada pelos srs. Osório e Carvalho, que dizia seus prepostos, e cuja proposta havia sido por ele formulada, não aceitando uma recusa à mesma, pois, apesar de não ter no momento os recursos para cumprir aquilo que seus representantes haviam originalmente proposto, ele mesmo faria um dia, e que nós deveríamos aceitar a sua palavra e as garantias da Varig. Respondemos que confiávamos no Grupo que havia negociado conosco e que ainda estávamos certos de que iriam cumprir os seus compromissos, inclusive o de não transferir as ações da Panair para a Varig, compromisso este do qual éramos fiadores, tanto diante da Pan American, quanto diante do Diretor da Aeronáutica Civil, brigadeiro Clóvis Travassos, que isto nos havia exigido. O sr. Berta, então, em voz muito exaltada, disse que esperaria 24 horas apenas para que entregássemos as ações da Panair, ou que consideraria uma guerra declarada entre nós que nos levaria ao extermínio.

No dia seguinte, o sr. Paulo Sampaio procurou-nos muito preocupado, pois tinha sido informado pelo sr. Erik de Carvalho que nós havíamos nos recusado a cumprir o compromisso de transferência das ações a eles. Apesar de ouvir diretamente do signatário desta, a afirmativa plena de que a única coisa que desejava era a transferência imediata das ações a eles, quis ouvir isto também diretamente do sr. Mario Simonsen, então na Europa, para onde partiu neste mesmo dia em companhia do sr. Rocha Miranda. Lá chegando, o dr. Sampaio não só ouviu de ambos a plena confirmação, como recebeu ainda uma segunda proposta para o pagamento do preço das ações, no prazo que desejassem, desde que os srs. Simonsen e Rocha Miranda fossem imediatamente substituídos no seu aval.

De posse dessa informação, regressou o dr. Sampaio, certo de que, aqui chegando, esclareceria o que supunha um mal-entendido.

E assim tivemos que enfrentar a realidade de termos nos tornado os proprietários de uma compra que esperávamos apenas financiar.

(...)

Apêndice VIII

Trecho de telegrama da Embaixada dos EUA no Brasil ao U.S. State Department

(...)

<u>CONFIDENTIAL</u>

A-902 2/12/65
Page 8
Rio de Janeiro

(...)

"It appears that the real reasons for cancelling Panair's concessions are more political than financial. All airlines were audited by the same firm in December,* and Panair's financial position was found to be no worse than that of other Brazilian airlines. Panair has a good safety record and excellent shop facilities (Pan American and MATS use them). The cancellation would appear to be an attack on the financial power of the Simonson group. Mario Simonsen, Panair's major shareholder, supported both Kubitschek and Goulart, as well

---

* A auditoria citada no documento foi realizada pela firma Ecotec, mencionada ao longo deste livro e cujo relatório apontou que, dentre todas as empresas aéreas brasileiras, a Panair do Brasil era a que tinha as melhores chances de recuperação.

as a number of lesser PSD and PTB politicians. He was also involved in coffee export scandals under Goulart. Another factor in the decision may have been VARIG campaign to obtain a monopoly on international service. (LIMITED OFFICIAL USE)"

Apêndice IX

Carta de demissão de membros do Conselho da Panair

Rio de Janeiro, 9 de fevereiro de 1965.

Ilmo. Sr.
Dr. Angelo Mario Cerne
M. D. Presidente em exercício do
Conselho de Administração da Panair do Brasil

Senhor Presidente,
    Os signatários da presente, todos integrantes do Conselho de Administração dessa Companhia, vêm por este meio solicitar demissão, em caráter irrevogável, das funções que exercem nesse órgão, pelas razões que passam a expor:
    1°) É do conhecimento geral e, particularmente, de todos quanto têm ligações com a nossa aviação comercial, as dificuldades por que vem passando tão importante setor da atividade empresarial brasileira;
    2°) A fim de colaborar com a Diretoria Executiva da Panair do Brasil, no sentido de atenuar e mesmo afastar tais dificuldades, foi que aceitamos o honroso convite de participar do seu Conselho de Administração, certos de aí poder colaborar com a nossa longa experiência de homens de empresa, ao mesmo tempo, de ao país prestar um serviço, dado o caráter de serviço público igualmente desempenhado pela Panair;

3º) Visando tal objetivo, o primeiro signatário da presente, com o apoio dos demais Conselheiros, propôs fosse solicitado à firma "ECOTEC" um estudo da situação econômico-financeira das Companhias de Aviação brasileiras e, particularmente, da Panair do Brasil, a fim de que a Diretoria Executiva dessa Empresa pudesse conhecer exatamente da situação dela em si mesma, e na perspectiva da aviação comercial brasileira e, consequentemente, enfrentar as dificuldades em face do crescente déficit de operação que corrói, inexoravelmente, dia a dia, a situação grave em que se encontra a Companhia, ameaçada de iminente colapso financeiro;

4º) Em 14 de dezembro de 1964, o segundo signatário da presente teve a honra de submeter à apreciação de V. S., exposição abordando, por sua vez, a situação geral da Companhia, cuja situação financeira já lhe parecia fatal a esse tempo para a recuperação, no plano técnico, da segurança de voo indispensável à sobrevivência da Empresa. Essa exposição, em anexo, fica fazendo parte integrante da presente;

5º) Problemas dessa magnitude só serão resolvidos com a plena compreensão das Autoridades Monetárias do País, e dos bancos governamentais, fiadores da Panair, pois só o Governo Federal dispõe de crédito no volume exigido para a continuação da Companhia, que cumpre sobreviver como empresa que presta serviço público inestimável, sem que necessariamente perca o seu caráter privado. Caso adotada essa solução devem-se, naturalmente, esperar modificações importantes na composição da Diretoria, originárias desses poderes;

6º) Por conseguinte, reconhecendo a inocuidade de nossos esforços no Conselho de Administração, com as limitações de que os Estatutos da Companhia impõem às nossas intervenções na administração direta da Sociedade, não vemos como poderemos ser úteis a ela na solução de problemas tão angustiantes e graves;

7º) Assim, não nos sendo possível estatutariamente agir, e não nos sendo conveniente assistir aos problemas sem sobre eles atuar e por eles responsabilizarmos, reafirmamos mais uma vez a nossa decisão;

8°) Por todas as razões acima enumeradas fica certo que a partir desta data não mais pertencemos ao Conselho de Administração da Panair do Brasil, uma vez que o nosso pedido de demissão é irrevogável.

Finalmente, desejamos esclarecer que o Conselheiro Fernando Machado Portela está integrado dentro do ponto de vista sustentado por nós outros e que só não assina a presente por encontrar-se ausente desta Capital e tão logo regresse formalizará a sua demissão em carta à parte.

Atenciosamente,

_____

Glycon de Paiva

_____

José Luiz de Magalhães Lins

_____

M. F. do Nascimento Brito

_____

A. C. de Almeida Braga

Apêndice X

Circular interna para os escritórios na Alemanha e Áustria

PANAIR DO BRASIL, S.A.
AEROPORTO SANTOS DUMONT — RIO DE JANEIRO

VERWALTUNG
FÜR DEUTSCHLAND
UND ÖSTERREICH

15. September 1961

INTERNE MITTEILUNG!

Hierdurch teilen wir Ihnen mit, dass Herr Finn B. LARSEN am 6. September 1961, auf eigenen Wunsch, aus den Diensten der PANAIR DO BRASIL ausgeschieden ist.

Auf Anordnung unserer Hauptverwaltung in Rio de Janeiro übernimmt mit sofortiger Wirkung, Herr Heinz van OPSTAL, einer unserer bewährten, langjährigen Mitarbeiter, die Aufgaben des Verkaufsleiters für Deutschland und Österreich.

Wir nehmen an, dass Sie alle, wie auch der Unterzeichnete, davon überzeugt sind, dass die Funktion einer Organisation nicht nur durch eine einzige Person gewährleistet wird, sondern des vollen Einsatzes ALLER bedarf. Deshalb möchten wir nicht versäumen Ihnen für Ihre bisherige gute Zusammenarbeit zu danken und gleichzeitig der Hoffnung Ausdruck geben, das Sie auch weiterhin als treue Mitarbeiter sich ganz in den Dienst von PANAIR DO BRASIL stellen.

Leider mussten wir feststellen, dass bestimmte Konkurrenz-Unternehmen, bezw. deren Beauftragte, verschiedentlich versucht haben, dem einen oder anderen Mitarbeiter der PANAIR DO BRASIL in Deutschland, Stellenangebote zu unterbreiten. Diese Angebote verdeutlichen den Misserfolg derjenigen, die glauben sich solcher Mittel und Wege bedienen zu müssen, um die Tätigkeit unserer Gesellschaft in diesem Gebiet zu schwächen.

Im Sinne der guten Arbeitsmoral, die wir bei all denen die für PANAIR arbeiten voraussetzen, räumen wir jedem die Möglichkeit ein, unter Wahrung der eigenen Rechte, persönlich mit der Verwaltung eigene Probleme und Schwierigkeiten, auf freier und loyaler Basis, zu erörtern. Diese Grundlage ist der einzige Weg, um den Respekt all derjenigen zu enlargen, die sich durch gegenseitige Achtung und gute Zusammenarbeit als Teil eines Ganzen betrachten.

In der Überzeugung, dass diese Erklärung der Grundstock für ein gutes Betriebsklima sein wird versichern wir nochmals, dass wir stets bestrebt sein werden alle uns zur Kenntnis gebrachten Fälle und Probleme, in der für sie erforderlichen Zeit, zu bearbeiten und nach Möglichkeit eine für beide Teile günstige Lösung zu finden.

Bruno Heckmann

Apêndice XI

Requerimento de Henrique Augusto Diniz de Andrada

EXMO. SR. MINISTRO VILLAS BÔAS, DD. RELATOR DO MANDADO DE SEGURANÇA Nº 15.215

A S.A. EMPRESA DE VIAÇÃO AÉREA RIOGRANDENSE "VARIG", por seu advogado infra assinado, nos autos do mandado acima referido, vem requerer a V. Exa. se digne admitir a sua intervenção no processo, como assistente da autoridade coatora.

A intervenção se justifica, pois como se sabe, e se comprova com os documentos anexos, decretada pelo Governo Federal a caducidade da autorização dada à impetrante, a exploração das linhas aéreas internacionais a ela confiadas foi transferida à requerente. A decisão a ser proferida no feito interessa, pois [palavra ilegível] à requerente e afetaria, necessariamente, o seu patrimônio.

A defesa do ato impugnado se fará, oportunamente, por [trecho ilegível] memorial e sustentação oral.

Nestes termos

P. Deferimento.

Brasília, 21 de outubro de 1965

HENRIQUE AUGUSTO DINIZ DE ANDRADA

Apêndice XII

Parecer sobre investigação aberta contra Paulo Sampaio

Polícia Política
Setor: Preventivo
Pasta: 26
Folha: 107

GB — Secretaria de Segurança Pública
Superintendência Executiva
Departamento de Ordem Política e Social

Certidão
    O chefe do Serviço de Investigações, em cumprimento ao despacho do senhor Diretor, exarado na petição protocolada sob o número zero nove barra trezentos e noventa e nove mil novecentos e cinquenta e sete, deste ano; CERTIFICA que PAULO DE OLIVEIRA SAMPAIO, brasileiro, filho de Carlos Cézar de Oliveira Sampaio e Rosa May de Oliveira Sampaio, nascido em seis de julho de mil novecentos e sete, não registra antecedentes desabonadores neste Departamento. O referido é verdade e dou fé. Eu, Conceição, Oficial de Administração, a datilografei.
    Rio de Janeiro, em quatro de maio de mil novecentos de sessenta e cinco.

    Moacyr Hosken de Novaes
    Chefe do Serviço de Investigações

Apêndice XIII

Confronto das diferenças existentes entre as versões do laudo apresentadas ao SUPREMO TRIBUNAL FEDERAL — doc. I — e a JUÍZO DA 6ª VARA CÍVEL — fls. 46/93, volume I dos autos do inquérito judicial

Analisando os livros apresentados, afirmou o Senhor Perito:

Versão do laudo apresentada ao Supremo Tribunal Federal (doc. I)	Versão do laudo apresentada ao Juízo da 6a Vara Cível (fls. 46/93, volume I do Inquérito Judicial.
A — Fls. 5, verso:	A — Fls. 49
Os livros, de existência obrigatória, estão revestidos das formalidades legais; a escrituração dos livros "DIÁRIO GERAL ANALÍTICO" entretanto não observava o que preceitua o Código Comercial em seu artigo nº 14 por isso que, os lançamentos abrangendo o exercício de um mês inteiro, eram lançados em data do último dia do respectivo mês.	a) NÃO CONSTA A PARTE GRIFADA a escrituração dos livros "DIÁRIO GERAL ANALÍTICO" entretanto não observava o que preceitua o Código Comercial em seu artigo nº 14 por isso que, os lançamentos abrangendo o exercício de um mês inteiro, eram lançados em data do último dia do respectivo mês.
Há que considerar porém, que a escrituração dos livros "DIÁRIO AUXILIAR DE CAIXA E BANCOS" e "DIÁRIO AUXILIAR DE CONTAS CORRENTES" era feita com rigorosa obediência à ordem cronológica.	b) NÃO CONSTA A PARTE GRIFADA B — Fls. 49:
B — Fls. 5, verso:	Observamos que a cópia dos lançamentos referentes ao mês de outubro ....
Observamos que a cópia dos lançamentos referentes ao mês de outubro	.... de fls. 244 em que se encontra o encerramento do "DIÁRIO ANALÍTICO" nº 85 por determinação do Meritíssimo Dr. Juiz da 6a Vara Cível.

de fls. 244 em que se encontra o encerramento do "DIÁRIO ANALÍTICO" n° 85 por determinação do Meritíssimo Dr. Juiz da 6a Vara Cível, **os lançamentos se encontram em ordem. Para que não pairasse qualquer dúvida sobre a possibilidade de extravio de alguma guia copiativa procedemos a soma de todos os lançamentos feitos no débito a qual conferiu exatamente com a que procedemos quanto ao crédito.**

C — Fls. 6 e 6 verso:

A Sociedade falida na escrituração do DIÁRIO GERAL ANALÍTICO adotava o sistema IBM para contabilizar suas operações, sistema este que obviamente se vale de codificação numérica das diferentes contas o que, sem dúvida, não apresenta a clareza que seria de desejar por isso que todos os lançamentos são agrupados por totais no último dia de cada mês, em inobservância ao que preceitua o artigo 14 do Código Comercial, além de se verificar que de grupo para grupo (Ativo, Passivo, Receita e Despesa) assim como de um mês para outro, encontramos espaços em branco o que contraria igualmente o disposto no referido artigo 14 daquele Código.
Entretanto, nos DIÁRIOS AUXILIARES e de CONTAS CORRENTES e de CAIXA E BANCOS, foram observadas as disposições do artigo supracitado, como já dissemos antes.

D — Fls. 6 verso:

Os resultados expressos nos balanços de 31-12-59 até 31-12-63 demonstram inequivocadamente, que a partir do balanço de 1959, a Panair entrava em estado falimentar, estado esse que, inexoravelmente, de ano para ano, mais se agravava com o acúmulo dos prejuízos que vinham se verificando nos respectivos exercícios, montando em fins de 1964, a mais de DEZ BILHÕES DE CRUZEIROS.

NÃO CONSTA ESTE PARÁGRAFO

"

"

c) **NÃO CONSTA A PARTE GRIFADA**

C — Fls. 49

A Sociedade falida na escrituração do DIÁRIO GERAL ANALÍTICO adotava o sistema IBM para contabilizar suas operações, sistema este que obviamente se vale de codificação numérica das diferentes contas o que, sem dúvida, não apresenta a clareza que seria de desejar por isso que todos os lançamentos são agrupados por totais no último dia de cada mês, em inobservância ao que preceitua o artigo 14 do Código Comercial, além de se verificar que de grupo para grupo (Ativo, Passivo, Receita e Despesa) assim como de um mês para outro, encontramos espaços em branco o que contraria igualmente o disposto no referido artigo 14 daquele Código.

NÃO CONSTA A PARTE GRIFADA

D — Fls. 50:

Os resultados expressos nos balanços de 31-12-59 até 31-12-63 demonstram inequivocadamente, que a partir do balanço de 1959, a Panair entrava em estado falimentar, estado esse que, inexoravelmente, de ano para ano, mais se agravava com o acúmulo dos prejuízos que vinham se verificando nos respectivos exercícios, montando em fins de 1964, a mais de DEZ BILHÕES DE CRUZEIROS.
Como a Panair não apurava lucro ....
....
....
....
a favor de alguns credores (fls. 50).
Assim ....
....
....
....
recuperava (fls. 60).
Não pode deixar de ser dito ....
....
....
....
empresa (fls. 50/).
A Panair..
....
....
....
reclamadas (fls. 51).

355

"

"

O estado falimentar da companhia foi percebido pelo respectivo Conselho de Administração dias antes de encerrar o balanço de 1959, conforme declarações exaradas em ata de sua reunião de 16-11-59.

E — Fls. 7:

As subvenções que o povo brasileiro, por intermédio do Poder Executivo, encaminhava aos cofres da Panair, a par das linhas de crédito que se ampliavam frequentemente, permitiram que o estado caótico em que se debatia a companhia não viesse a ser do conhecimento do público. Assim, embora a superior direção da empresa demonstrasse um senso administrativo de incompreensível otimismo, agravava-se cada vez mais em progressão assustadora a caminhada para o abismo da insolvência irremediável.

NÃO CONSTAM NESTE LAUDO AS CONSIDERAÇÕES QUE FORAM ACRESCENTADAS.

Irregularidades administrativas eram praticadas..............

F — Fls. 8 e 8 verso:

Mas com essa manobra a opinião pública seria ilaqueada em sua boa-fé, julgando que a distribuição das ações representava um índice de absoluto progresso da empresa e, assim, não somente se tranquilizariam os credores como, certamente, a Diretoria tentaria conseguir novas linhas de crédito e ampliação das existentes, transferindo sempre para o futuro a colheita de sua administração — a falência da Panair do Brasil S.A.

NÃO CONSTAM NESTE LAUDO AS CONSIDERAÇÕES QUE FORAM ACRESCENTADAS.

A Panair..............

povo brasileiro (fls. 51).

O estado falimentar da companhia foi percebido pelo respectivo Conselho de Administração dias antes de encerrar o balanço de 1959, conforme declarações exaradas em ata de sua reunião de 16-11-59.

E — Fls. 52:

As subvenções que o povo brasileiro, por intermédio do Poder Executivo, encaminhava aos cofres da Panair, a par das linhas de crédito que se ampliavam frequentemente, permitiram que o estado caótico em que se debatia a companhia não viesse a ser do conhecimento do público. Assim, embora a superior direção da empresa demonstrasse um senso administrativo de incompreensível otimismo, agravava-se cada vez mais em progressão assustadora a caminhada para o abismo da insolvência irremediável.

Neste laudo foram acrescentadas as considerações de fls. 52 a 54, iniciando-se em "As subvenções que o povo brasileiro ....". e encerrando-se em "Os créditos declarados na falência ascendem a mais de 4.800 e representam centenas de BILHÕES DE CRUZEIROS".

Irregularidades administrativas eram praticadas ....

F — 56 in fine:

Mas com essa manobra a opinião pública seria ilaqueada em sua boa-fé, julgando que a distribuição das ações representava um índice de absoluto progresso da empresa e, assim, não somente se tranquilizariam os credores como, certamente, a Diretoria tentaria conseguir novas linhas de crédito e ampliação das existentes, transferindo sempre para o futuro a colheita de sua administração — a falência da Panair do Brasil S.A.

Neste laudo foram acrescentadas as considerações de fls. 57 a 79, iniciando-se em "As empresas de transporte aéreo ...." e encerrando-se em "............... transgressão dos dispositivos da Lei de Sociedade Anônima".

Quesitos do Ministério Público

G — Quesito 8°   **Foram encontrados em cada conta corrente de pessoas físicas ou jurídicas acionistas que se acham intimamente ligadas, por grau de parentesco ou comercialmente, a membros do Conselho Administrativo ou a acionistas da Falida? Em caso de resposta afirmativa, queira o Senhor Perito enumerá-los.**

Resposta — fls. 12:

Sim. Cumprindo as determinações deste quesito relacionamos abaixo informe exigidos, assim como em anexos, documentos em fotocópias para darem uma ideia da natureza dos débitos em questão. ....
....
....
....

Para que, cada um dos saldos retrorreferidos, fossem devidamente precisados quanto às suas origens, necessário seria que a perícia se empregasse em uma investigação deste laudo para um prazo remoto e imprevisível.

Assim sendo, julgamos conveniente apresentar em fotocópias lançamentos que representam uma parte dos que compõem o saldo devedor do acionista Senhor Celso da Rocha Miranda, para a devida apreciação.

Resposta — fls. 55:

Sim. Cumprindo as determinações deste quesito, já relacionamos a folhas 23 deste laudo os informes exigidos. Para que, cada um dos saldos retrorreferidos fossem devidamente precisados quanto às suas origens, necessário seria que a perícia se empregasse e uma investigação que absorveria muito tempo e retardaria a apresentação deste laudo para um prazo remoto e imprevisível além de exigir um alto dispêndio em fotocópias.

Assim sendo, juntamos, em anexos, os respectivos extratos de contas como, para ilustração da natureza dos débitos, julgamos conveniente apresentar, em fotocópias, lançamentos que representam uma parte dos que compõem o saldo devedor do acionista sr. Celso da Rocha Miranda.

H — Quesito 16°   **Há emprego de meios ruinosos para obter recursos e reter a declaração da falência?**

Resposta — fls. 15 verso:

NÃO; diríamos, entretanto, que foram tentados meios "habilidosos" para obter recursos e reter a declaração da falência como seja a manobra promovida de uma correção monetária no Ativo e Passivo da empresa proposta e aprovada em Assembleia Geral Extraordinária de 25 de novembro de 1964 para absorver os prejuízos que se acumulavam na casa dos quatorze bilhões de cruzeiros e ainda apresentar um fictício aumento de capital na ordem de quase seis bilhões de cruzeiros, com a bonificação empírica de 11 ações por ação.

Resposta — fls. 91:

SIM; como ficou demonstrado a folhas 29. Além disso, houve a simulação para obter recursos ....
....
....
....
....

I — Quesito 17°   **Verifica-se o abuso de aceites, de endossos e responsabilidades de mero favor?**

Resposta — fls. 16:
    NÃO conseguimos apurar nada a respeito.

Resposta — fls. 91:
    SIM, como ficou demonstrado a fls. 30.

J — Quesito 18º Verifica-se o emprego de parte do patrimônio ou de fundos em operações alheias às estipuladas nos estatutos da sociedade?

Resposta — fls. 16:
    TAMBÉM NADA APURAMOS que assim possamos classificar.

Resposta — fls. 91:
    SIM, conforme a demonstração de fls. 30/31.

K — Quesito 19º Os credores foram pagos, nos últimos meses da falida com igualdade, ou houve preferência de uns em prejuízo de outros?

Resposta — fls. 16:
    Pelo que foi possível apurar NÃO HOUVE PREFERÊNCIA de uns em prejuízo de outros.

Resposta — fls. 91:
    HOUVE PREFERÊNCIA de uns sobre outros, como se expôs a fls. 30/33.

L — Quesito 20º Pelo balanço ora levantado pelo conhecimento da falência, verifica-se haver a sociedade ocultado mercadorias ou quaisquer outros bens ou valores de arrecadação?

Resposta — fls. 16:
    NADA APURAMOS nesse sentido.

Resposta — fls. 91:
    SIM, como se expôs a fls. 18/19, 26 e 29/33.

Apêndice XIV

Ofício nº 63 GM51054-R

Juízo de Direito da 6ª Vara Cível
Escrivão — JAYME CASTRO
Substituto — ADAUTO CRAVO
Rua Dom Manuel, 29 — 1º and.
TEL. 31-1379
Rio de Janeiro — Estado da Guanabara

Jayme Castro
Serventuário Vitalício do Ofício do Escrivão do Juízo de Direito da Sexta Vara Cível da Cidade do Rio de Janeiro, Estado da Guanabara

Certifico
que, revendo em seu poder e cartório os autos Inquérito Judicial proposto pelo Banco do Brasil, S.A., síndico da Massa Falida da Panair do Brasil, S.A., deles consta, com relação ao que lhe foi apontado e verbalmente pedido por certidão, a peça de teor seguinte: Documento de fls./ MINISTÉRIO DA AERONÁUTICA — GABINETE DO MINISTRO — Ofício nº 63 GM5 1054-R — Rio de Janeiro, GB. 27 de setembro de 1965. — senhor juiz, incumbiu-me o senhor ministro de, em resposta ao ofício 454, de 30 de agosto último, desse Juízo, recebido somente a 23 do corrente, informar Vossa Excelência que o relatório sobre as conclusões do Inquérito instaurado neste

Ministério para verificação da situação econômica das empresas brasileiras de transporte aéreo, no segundo semestre de 1964, não foi encaminhado a este Gabinete pela Comissão dele encarregado, por isso que ainda não ultimado. 2 — Tão logo, entretanto, receba-o, transmiti-lo-ei a Vossa Excelência, para os esclarecimentos de que necessita esse — esse Juízo, no tocante ao Inquérito Judicial sobre a falência da "Panair do Brasil, S.A.". Aproveito a oportunidade para apresentar a Vossa Excelência os protestos de estima e consideração, (assinado) Brigadeiro do Ar Deoclécio Lima de Siqueira. — À Sua Excelência o Senhor Doutor Mario Rebello de Mendonça Filho. Juiz de Direito da 6ª Vara Cível.

NADA MAIS se continha, eu o peço aqui bem e fielmente transcrita, do próprio original, a qual se reporta e dá fé, subscreve e assina nesta cidade do Rio de Janeiro, Estado da Guanabara, aos dezenove dias do mês de novembro do ano de mil novecentos e sessenta e cinco. "Ano do Quarto Centenário da Cidade do Rio de Janeiro". Eu, ... (Jorge de Andrade), escrevente juramentado, a datilografei, e eu, ... (Adauto Cravo), escrivão substituto, a subscrevo e a assino, ao impedimento ocasional do sr. escrivão.

Apêndice XV

Decreto nº 57.682, de 28 de janeiro de 1966

Declara de utilidade pública, para fins de desapropriação, em favor da União Federal, as ações societárias da Companhia Eletromecânica "CELMA".

O PRESIDENTE DA REPÚBLICA, usando da atribuição que lhe confere o artigo 87, inciso I, da Constituição Federal, e de acordo com o artigo 6º do Decreto-lei número 3.365, de 21 de junho de 1941, alterado pela Lei número 2.786, de 21 de maio de 1956, e
CONSIDERANDO a necessidade premente da recuperação da Companhia Eletromecânica "CELMA", integrando-a definitivamente na infraestrutura do sistema aeronáutico do país, a bem do interesse público e da Segurança Nacional;
CONSIDERANDO que a maioria absoluta das ações da Companhia Eletromecânica "CELMA" se encontra na posse temporária da Massa Falida Panair do Brasil S.A., e, como tal, sujeita a realização do ativo, com a venda total ou retalhada das mesmas, ou inclusive, a extinção daquela Companhia com o Processamento de sua maquinaria,

DECRETA:

Art. 1º Ficam declaradas de utilidade pública, para fins de desapropriação, em favor da União, na forma do artigo 5º, letra a, do

Decreto-lei número 3.365, de 21 de junho de 1941, as ações societárias da Companhia Eletromecânica "CELMA", firma estabelecida no estado do Rio de Janeiro, as quais se encontram arrecadadas como bens da Massa Falida Panair do Brasil S.A.

Art. 2º O Ministério da Aeronáutica fica autorizado a promover a efetivação da presente desapropriação correndo as despesas à conta do Fundo Aeronáutico.

Art. 3º É declarada a urgência da aludida desapropriação, nos termos do artigo 15, do Decreto-lei número 3.365, de 21 de junho de 1941, alterado pela Lei número 2.786, de 21 de maio de 1956.

Art. 4º Este decreto entrará em vigor na data de sua publicação, revogadas as disposições em contrário.

Brasília, 28 de janeiro de 1966;
145º da Independência e 79º da República.

H. CASTELLO BRANCO
Eduardo Gomes

Apêndice XVI

Decreto-Lei nº 107, de 16 de janeiro de 1967

O PRESIDENTE DA REPÚBLICA, usando das atribuições que lhe são conferidas pelo artigo 30, do Ato Institucional nº 2, de 27 de outubro de 1965, ouvido o Conselho de Segurança Nacional, e
CONSIDERANDO a necessidade de garantir a segurança e continuidade das operações da Rede Internacional do Serviço Móvel Aeronáutico, de apoio às rotas internacionais que cruzam o espaço aéreo brasileiro;
CONSIDERANDO que esses serviços são intimamente ligados à própria segurança nacional,

decreta:

Art. 1º Fica o Poder Executivo autorizado a constituir uma sociedade por ações, de âmbito nacional, que se determinará Telecomunicações Aeronáuticas S.A. e usará a abreviatura T.A.S.A., para a sua razão social, com a finalidade de:
 a) implantar, operar e explorar, industrialmente, os circuitos da Rede Internacional do Serviço Fixo Aeronáutico, necessários à segurança, regularidade, orientação e administração dos transportes aéreos;
 b) implantar, operar e explorar, industrialmente, a Rede do Serviço Móvel Aeronáutico, de apoio às rotas internacionais que cruzam o espaço aéreo brasileiro;

c) ampliar progressivamente seus serviços de telecomunicações, para fins de segurança, regularidade, orientação e administração do transporte aéreo em geral, de acordo com as diretrizes do Ministério da Aeronáutica, obedecendo ao que for fixado pelo Conselho Nacional de Telecomunicações para a política de telecomunicações.

Parágrafo único. Poderão participar do capital da Sociedade as empresas de transportes aéreos que operem regularmente no país, as pessoas físicas e jurídicas nacionais e, preferencialmente, os seus empregados.

Art. 2º O Presidente da República nomeará uma comissão para elaborar os atos constitutivos da Sociedade, com observância das seguintes prescrições:

 a) arrolamento de todas as instalações, bens e equipamentos de telecomunicações, pertencentes à Massa Falida da Panair do Brasil S.A., desapropriadas pela União e julgadas necessárias à operação da sociedade;

 b) avaliação dos bens e direitos arrolados e desapropriados que constituirão o capital da União;

 c) estatutos da Sociedade.

Art. 3º O pessoal dos quadros da Sociedade será admitido por concurso ou prova de habilitação, em regime empregatício subordinado à legislação trabalhista e às normas consignadas no Regulamento do Pessoal da Sociedade.

§ 1º Fica assegurada a admissão, como empregado na Sociedade a todo o pessoal do Departamento de Comunicações da Massa Falida da Panair do Brasil S.A. que à data da publicação deste decreto-lei, vem mantendo em funcionamento, em caráter precário, os serviços de telecomunicações.

§ 2º Pelo tempo decorrido entre a decretação da falência da Panair do Brasil S.A. e a sua admissão na Sociedade, nenhuma indenização ou aviso prévio, por parte desta, será devida a esses empregados, que, no entanto, contarão esse tempo paras os fins previdenciários.

Art. 4º Nos atos constitutivos da Sociedade fica dispensada a exigência mínima de 7 (sete) acionistas prevista na legislação vigente.

Art. 5º Os recursos que a Sociedade disporá para realizar sua finalidade são advindos:

    a) das tarifas cobradas pela prestação de serviços e aprovadas pelo Conselho Nacional de Telecomunicações (Contel);

    b) da cota-parte das operações do tráfego mútuo, realizado mediante convênios e acordos celebrados com empresas concessionárias ou permissionárias de serviços de telecomunicações;

    c) do produto de operações de crédito, juros de depósitos bancários, rendas e vendas de bens patrimoniais, donativos e rendas eventuais;

    d) do percentual que vier a ser fixado pelo Poder Executivo, sobre o montante da arrecadação das taxas aeroportuárias.

Art. 6º A constituição da Sociedade será aprovada por Decreto do Presidente da República.

Art. 7º Este Decreto-lei entrará em vigor na data de sua publicação, revogadas as disposições em contrário.

Brasília, 16 de janeiro de 1967;
146º da Independência e 79º da República.

H. CASTELLO BRANCO
Eduardo Gomes
Carlos Medeiros Silva

Apêndice XVII

Decreto-Lei nº 474, de 19 de fevereiro de 1969

Modifica a redação de dispositivos do Decreto-Lei nº 960, de 17 de dezembro de 1938, e dá outras providências.

O PRESIDENTE DA REPÚBLICA, usando da atribuição que lhe confere o § 1º do artigo 2º do Ato Institucional nº 5, de 13 de dezembro de 1968,

DECRETA:

Art. 1º Os artigos 22, 33, caput 34 e 74 do Decreto-Lei nº 960, de 17 de dezembro de 1938, este último modificado pela Lei nº 5.554, de 10 de dezembro de 1968, passam a vigorar com a seguinte redação:

"Art. 22. Quando o despacho a que se refere o art. 19 não quer puser termo ao processo, ou quando conclusos os autos por estarem findos os prazos nele marcados, ou ainda se não houver que tomar qualquer das providências referidas nos arts. 19 e 20, o Juiz, no prazo dos 10 (dez) dias imediatos, proferirá sentença.
Parágrafo único. O Juiz deixará de proferir decisão imediata e designará, para um dos dez dias referidos neste artigo, hora para a audiência de instrução e julgamento da causa, se

julgar necessária a produção de prova oral, requerida ou não pelas partes. ....
....

Art. 33. A arrematação será precedida de edital, afixado no local do costume, na sede do Juízo, e publicado na forma do artigo 72.

Art. 34. O prazo entre as datas de publicação do edital e da praça não poderá ser superior a trinta nem inferior a dez dias.

Art. 74. Nas causas para cobrança da dívida ativa de valor inferior a dez (10) vezes o maior salário-mínimo vigente no país, somente haverá recurso ordinário se a Fazenda for vencida, no todo ou em parte."

Art. 2º Ficam acrescidos ao artigo 66 do Decreto-Lei nº 960, de 17 de dezembro de 1938, os seguintes parágrafos:

"Art. 66.
....

§ 1º Quando certificar nos autos que não conseguiu localizar o executado, o Oficial de Justiça relatará as diligências realizadas.

§ 2º Quando certificar que intimou o executado, mas não encontrou bens penhoráveis, o Oficial de Justiça descreverá os bens que guarnecem a residência ou se encontrem no estabelecimento do executado."

Art. 3º Para efeito de aplicação das normas do Decreto-lei nº 960, de 17 de dezembro de 1938, entendem-se, também, por dívida ativa os créditos da União Federal, Distrito Federal, Estados e Municípios, ou de suas agências financeiras, decorrentes de contratos ou operações de financiamentos, ou de sub-rogação de garantia, hipoteca, fiança ou aval.

Art. 4º As ações de qualquer natureza de competência da Justiça Federal, ainda pendentes e cujos autos estejam na Justiça dos Estados ou do Distrito Federal, deverão ser remetidas àquela Justiça, no prazo de 30 (trinta) dias a contar da publicação deste Decreto-lei, independentemente de pagamento de custas.

Parágrafo único. Antes da remessa, serão os autos respectivos encaminhados ao Contador da Justiça local para que proceda ao cálculo das custas relativas aos atos praticados até a instalação da Justiça Federal, cujo montante, se for o caso, será afinal colocado à disposição do Juízo originário.

Art. 5º O disposto neste Decreto-Lei aplica-se aos processos pendentes.

Art. 6º Este Decreto-Lei entrará em vigor na data de sua publicação, revogado o § 2º do art. 2º do Decreto-lei nº 960, de 17 de dezembro de 1938, e demais disposições em contrário.

Brasília, 19 de fevereiro de 1969;
148º da Independência e 81º da República.

A. COSTA E SILVA
Luís Antonio da Gama e Silva

Apêndice XVIII

Decreto-Lei nº 496, de 11 de março de 1969

Dispõe sobre as aeronaves de empresas de transporte aéreo em liquidação, falência ou concordata e dá outras providências.

O PRESIDENTE DA REPÚBLICA, usando das atribuições que lhe confere § 1º do artigo 2º do Ato Institucional nº 5, de 13 de dezembro de 1968,

DECRETA:

Art. 1º Além dos previstos em lei, constituem créditos privilegiados da União nos processos de liquidação, falência ou concordata de empresas de transporte aéreo:

I — a quantia despendida pela União para financiamento ou pagamento de aeronaves, peças e equipamentos importados pelas empresas de transporte aéreo;

II — a quantia vincenda, que haja a União se obrigado a dispender, ainda que parceladamente para pagamento de aeronaves, peças e equipamentos importados pelas empresas de transporte aéreo.

Art. 2º Na liquidação, falência ou concordata de empresas de transporte aéreo passam, imediata e automaticamente, ao domínio e posse da União, por conta e até o limite do seu crédito, as aeronaves, peças e equipamentos adquiridos antes da instauração desses processos:

I — com a contribuição financeira da União, aval, fiança ou qualquer outra garantia desta ou de seus Agentes financeiros;
II — pagos no todo ou em parte, de uma só vez ou parceladamente, pela União ou por cujo pagamento venha a União a se responsabilizar após o início dos processos.

§ 1º O Registro Aeronáutico Brasileiro efetuará ex officio a transferência para a União dos bens especificados neste artigo.

§ 2º A quantia correspondente aos valores dos bens referidos neste artigo será deduzida do montante dos créditos da União.

§ 3º Cabe ao devedor tomar todas as medidas judiciais regulares para acelerar o julgamento do crédito da União, a fim de ser feito o abatimento previsto no parágrafo anterior.

Art. 3º O Ministério da Aeronáutica poderá destinar as aeronaves, peças e equipamentos referidos no artigo anterior ao serviço da aeronáutica civil e comercial, mediante arrendamento.

Art. 4º As empresas de transporte aéreo ficam impedidas de operar aeronaves ou explorar serviços aéreos de qualquer natureza, durante ou depois do encerramento dos processos de sua liquidação, falência ou concordata.

Art. 5º O presente Decreto-Lei entra em vigor na data de sua publicação, aplicando-se aos processos em curso, ressalvados os créditos já recebidos.

Art. 6º Revogam-se as disposições em contrário.

Brasília, 11 de março de 1969;
148º da Independência e 81º da República.

A. COSTA E SILVA
Luís Antônio da Gama e Silva
Antônio Delfim Netto
Márcio de Souza e Mello

Apêndice XIX

Entrevista com Antônio Delfim Netto

Daniel Leb Sasaki — O senhor acompanhou o caso da Panair?

Antônio Delfim Netto — Não. Quando eu cheguei, a Panair já estava liquidada. Esse decreto-lei [nº 496] deve ser alguma coisa sobre a liquidação da Panair.

D.L.S. — É, foi em 1969.

A.D.N — Já era o final do processo.

D.L.S. — Eu tenho aqui alguns excertos de informações que constam nos autos da falência e também o texto do decreto.

A.D.N — O decreto é o que interessa [pausa para leitura]. Aqui não tem nada que... No fundo, é simplesmente um mecanismo para acelerar a liquidação. Não tem nada que prejudicasse a Panair. Se houve prejuízo, já foi muito antes disso.

D.L.S. — O que eles disseram e isso, depois, os advogados colocaram em recursos, é que ele veio em seguida a um pedido que a companhia fez em Juízo [para atualização dos valores arrecadados com os arrendamentos das aeronaves à Varig e à Cruzeiro] e isso obstou. Ele foi aplicado com efeito retroativo. Os juristas comentam que esse decreto-lei só foi utilizado uma vez na história. Neste caso.

A.D.N — Foi especial para isso. Não é novidade. Era simplesmente porque ela queria continuar com a propriedade sobre os bens e ela tinha sido liquidada. Agora: isso aí é a posição do governo. Naquele momento, não podia ser discutida. Mas a ação continua, não?

D.L.S. — Algumas, sim. Outras, a empresa perdeu por prescrição. Mas a grande questão é a seguinte: esse decreto-lei levantou a falência da companhia, porque expropriou as aeronaves. O que a União pleiteava em Juízo como credora era um valor que, após a avaliação dos bens, era inferior.

A.D.N — Como em toda expropriação, há um problema na discussão sobre o valor real do bem. No caso, foi um decreto preventivo, que era para a União se assegurar de que ia receber os bens. Pode ser discutido na Justiça. Mas eu não vejo nesse decreto nenhum prejuízo maior do que já tinha acontecido, se houve um prejuízo. Não sei. Eu nem sei por que a empresa foi liquidada. Ela foi liquidada no governo Castello Branco.

D.L.S. — Sim, ela foi liquidada em 1965. Esse decreto é do governo Costa e Silva. Quando eles alegam atos de perseguição é porque, com esse decreto, a União foi paga antecipadamente e...

A.D.N — ... a União se apropriou dos bens para se pagar. Concretamente, é a única coisa que esse decreto significa. "Eu vou me apropriar dos bens para me cobrir dos *meus* prejuízos. Do que você me *deve*." Bom, se devia ou não isso já é um problema que é outro processo. E tem que ser decidido na Justiça.

D.L.S. — Após a expropriação, a Panair entrou em Juízo com um pedido de concordata para suspender a falência, porque o próprio juiz que levou o decreto a efeito reconheceu como paga a União.

A Panair tinha caixa para pagar os credores restantes. Propôs-se a pagá-los à vista. E, entre esse pedido e o dia da audiência do deferimento, a União baixou um outro decreto-lei [n° 669], proibindo concordata, especificamente, de companhia aérea. Era para impedir que a empresa suspendesse a falência. Também entrou com uma nova certidão de dívida ativa [n° 35-A], com valores reajustados, para cobrar o dobro do que já tinha sido pago e quitado por sentença passada. Aí é que a Panair diz...

A.D.N — ... eu duvido que houvesse uma perseguição. Por que motivo? Eu não estou a par do assunto. Foi muito antes de eu ter ido para o governo. Mas por que motivo o governo Castello Branco perseguiria a Panair? O que ela tinha?

D.L.S. — Há várias teses. Um dos acionistas era o Mario Wallace Simonsen, que já tinha respondido a uma CPI no...

A.D.N — ... isso é outra coisa. Patifaria no mercado de capitais. Café. Um outro negócio. Não tem nada que ver uma coisa com a outra.

D.L.S. — Mas vieram seguidas, uma da outra. A empresa dele foi proibida de exportar café em maio de 1964. Meses depois, a Panair foi cassada. Em relação ao Simonsen, a maior parte das fontes com que conversei afirma que era uma questão concorrencial, de pressão de concorrentes.

A.D.N — Quem são os concorrentes?

D.L.S. — No caso do café, concorrentes estrangeiros que tinham aliados no Brasil...

A.D.N — ... isso é uma idiotice imensa.

D.L.S. — ... e, no caso do Celso da Rocha Miranda, disseram que era a sua relação de amizade íntima com o Juscelino [Kubitschek].

A.D.N — Também não acredito em nada disso. Isso é tudo invenção. Eu não conheço o problema. Mas, de tudo o que eu conheci do regime autoritário, essa ideia de que andaram atrás deles porque eram bonzinhos e amigos do Juscelino... isso é uma tolice. É pura... olha, eu até gostaria de ver as razões pelas quais houve a intervenção. Devem ter razões muito corretas, porque a área econômica estava nas mãos do Roberto Campos [ministro do Planejamento] e do Bulhões [Otávio Gouveia de Bulhões, ministro da Fazenda], pessoas de altíssima qualidade e honestidade. Eu duvido que uma coisa como essa tivesse saído do governo. Aí, deve ter uma outra explicação qualquer. É claro: como toda explicação, tem dois lados. Mas imaginar que foi uma perseguição pessoal, na minha opinião, é fantasia.

D.L.S. — Eu coloquei nesse trabalho toda a base de acusação do governo, inclusive, os números. Alegavam que a Panair era insolvente. Só que na Justiça a companhia comprovou o contrário. O próprio Banco do Brasil, por meio da Carteira de Câmbio, habilitou-se no processo com a quantidade que a Panair disse que devia. Efetivamente, a companhia pagou todas as dívidas. Com a expropriação dos bens, esse pagamento foi antecipado. E, quando tentou retornar às atividades, veio outro decreto que a impediu. Inclusive, um dos artigos do Decreto-Lei nº 496 mantém a Panair no chão até hoje, pois estipula que "durante e depois do processo de expropriação fica impedida de explorar serviços aéreos".

A.D.N — A razão que eu acho... só nos autos é que pode se ver. E é a Justiça que vai decidir isso.

D.L.S. — Em todo o seu tempo lá o senhor não percebeu interferências externas?

A.D.N — Imagina! Isso é ridículo! Imaginar que algum importador estrangeiro preocupado com o Wallace Simonsen...

D.L.S. — Isso na parte do café. No caso da Panair, falam da influência da Varig. Celso da Rocha Miranda deixou registrado que quem interferiu, junto ao governo, na criação desses decretos, foi o jurista Adroaldo Mesquita da Costa, que era...

A.D.N — ... o Adroaldo foi um jurista, procurador da República...

D.L.S. — Consultor-geral da República no governo do Castello. Só que ele era...

A.D.N — ... era gaúcho...

D.L.S. — ... ele foi cofundador da Varig. Fez o estatuto da empresa.

A.D.N — Isso não tem importância, porque ele era... o Adroaldo deve ter feito milhares de coisas e exercido a profissão. Era um sujeito brilhante. De forma que o fato de ele ter sido cofundador da Varig não diz que, nesse caso, ele agiu para beneficiar a Varig.

D.L.S. — Mesmo ele sendo consultor-geral no governo Castello e tio do presidente Costa e Silva?

A.D.N — É, ele era parente do Costa. Mas eu acho o seguinte: não funcionava desse jeito. É ilusão. Não tinha esse... eram todos civis. O Márcio [Márcio de Souza e Mello] era o ministro da Aeronáutica e teve um problema qualquer com a Aeronáutica, alguma coisa... eu não posso saber as razões porque não participei do processo. Agora: eu te aconselho a olhar isso com muito cuidado. Esse negócio de perseguição pessoal... ainda que fosse no campo político... o Celso até morreu já, né?

D.L.S. — Sim, em 1986.

A.D.N — É pura pretensão. Quantos amigos o Juscelino teve que foram grandes cidadãos, extraordinários, e que não foram perseguidos? Não teria razão para perseguir. Eu não acredito. Isso é lenda urbana. Que está aí, mas eu acho que vai ser julgado.

D.L.S. — Especificamente no caso desse Decreto-Lei n° 496, comentou-se na época que a demanda era essa, receber antecipadamente? Por que foi baixado esse decreto?

A.D.N — O decreto é autoexplicativo. O governo não confiava na Panair. Achava que a Panair ia fazer alguma coisa e se cobrou antecipadamente. Mais nada. Não tem nenhum segredo. Nenhum mistério. Nada, nada, nada. Há uma mitologia em torno disso. Os militares não tinham a menor influência no governo. O governo sempre foi civil. Deve estar registrado nos autos por que foi feita a intervenção.

D.L.S. — Sim.

A.D.N — ... a intervenção, no fundo, era porque a Panair tinha patrimônio líquido negativo.

D.L.S. — Ela não tinha. Comprovou na Justiça.

A.D.N — Mas isso... precisa ver as dívidas que ela tinha. Inclusive, quando você tira a dívida com a União, todo mundo vira patrimônio líquido positivo. O máximo que eu posso dizer é o seguinte: a União se cobrou antecipadamente. Foi no bolo e pegou a sua parte. E os outros credores todos...

D.L.S. — Os outros credores reclamaram.

A.D.N — Acho que isso é uma possibilidade. Agora, imaginar que houve um projeto para perseguir a Panair, para desenvolver a Varig... isso é uma maluquice.

D.L.S. — O próprio fato de a cassação das linhas ter acontecido sem aviso prévio ou direito de defesa e, no caso dos decretos, que foram aplicados com efeito retroativo a pedidos já abertos na Justiça: isso não pode ser considerado atos de perseguição?

A.D.N — Isso quem tem que julgar é a Justiça. Quem tem que dizer é a Justiça. Não sei nem se a Justiça podia julgar naquele tempo. Não estou a par de como eram as coisas lá. Mas, aí, eu posso te garantir que podem ter havido algumas coisas... mas essas duas explicações, na minha opinião, são pura lenda, pura lenda. Não era assim que funcionava. Imaginar que o Adroaldo, porque era gaúcho, porque era fundador da Varig... Qual é o gaúcho que não era fundador da Varig? A Varig era um símbolo do Rio Grande [do Sul]. Já era uma boa empresa. Depois, progrediu. Quebrou, depois, com todos os benefícios que recebeu. O que me leva à conclusão seguinte: nenhuma das duas tinha condições de sobreviver mesmo. Como é muito difícil a sobrevivência das companhias de transporte aéreo, com essas flutuações cambiais, variações de preços. A Panair era uma grande empresa, sim. Viajei várias vezes pela Panair. Mas eu não acredito em nada disso, Daniel. Você publicou um livro sobre isso?

D.L.S. — Publiquei há dez anos, mas ele vai sair de novo, ampliado.

A.D.N — Se você puder me mandar um exemplar, eu até gostaria de ler. Senão, você me dá o nome, que eu vou mandar comprar. Não precisa me mandar, não. Porque... eu acho que isso é lenda urbana.

D.L.S. — No caso do funcionamento do Judiciário naquela época: o mesmo juiz que considerou paga a União depois que esse decreto [n° 496] fez efeito... Ele excluiu a União do rol de credores e ia deferir a concordata suspensiva da falência da Panair. Mas no dia da audiência, recebeu uma nova certidão de Dívida Ativa, reajustada, maior do que a que a União já tinha habilitado no processo. E acatou isso, a nova dívida.

A.D.N — Provavelmente, a Procuradoria-Geral da União estava operando.

D.L.S. — Sim.

A.D.N — Até hoje, você vai ver, ela está vigilante. Para defender os interesses do Tesouro. O fato de que chegou no dia não é coincidência, não. Ele estava sendo vigiado, como eles têm obrigação. Obrigação do ofício. A Procuradoria-Geral da União defendeu o Tesouro. O fato de ser o mesmo juiz é porque a matéria estava com aquele juiz. Tudo isso não é uma indicação de que havia uma perseguição. E se você pegar, deve ter dezenas de casos do mesmo jeito — e que ninguém levantou a ideia de que havia uma perseguição.

D.L.S. — Mesmo havendo decretos com endereço certo? A União emanando decretos-leis especiais?

A.D.N — ... o que acontece é o seguinte: eu não sei por que motivo, mas, seguramente, tem um motivo objetivo pelo qual a União decidiu que a Panair tinha patrimônio líquido negativo e liquidou a Panair. Isso você pode discutir à vontade. E pode ir à Justiça dizer: "Tinha... Não tinha..." Eu duvido que a Justiça tenha dito que não tinha. Duvido. Isso precisaria, na verdade, de uma perícia, que acho que nunca aconteceu.

D.L.S. — Houve, comprovadamente, no Judiciário, incidentes de falsidade. Documentos que foram falsificados. A Panair mandava para o Supremo e, antes de chegar lá, eles eram adulterados. Isso foi provado.

A.D.N — Isso é uma... não acredite nessas coisas, Daniel...

D.L.S. — Isso foi comprovado e reconhecido por juízes.

A.D.N — Mas quem é que falsificou?

D.L.S. — Isso não se sabe.

A.D.N — Isso é... olha, eu posso te garantir que isso é outra lenda. Nem tinham competência para isso, Daniel. Você está dando para eles uma inteligência que eles não tinham. Você está dando um benefício de inteligência que eles não tinham.

D.L.S. — Os militares?

A.D.N — Isso aqui é uma coisa automática. Uma vez posto em prática esse negócio, o sistema, a CGU [Controladoria-Geral da União] vai trabalhar naturalmente. Naturalmente. O sujeito que está lá tem a obrigação de acompanhar o processo: o dia que vence, que dia ele tem que entrar com o recurso. Não pode deixar, senão ele vai ser punido. É desídia. Ele está vigilante, está fazendo as coisas. Agora, imaginar que alguém falsificaria um documento... isso é uma burrice.

D.L.S. — Mas isso está nos autos, preservado.

A.D.N — Pode estar nos autos, à vontade. Eu não vou acreditar. Quer dizer... deve ter uma outra explicação. Porque, senão, nós estamos dando a eles uma ideia seguinte: o governo estava parado, esperando a Panair se mexer. Quando a Panair se mexia, o governo tremia e ia lá e corrigia, fazia isso, falsificava documentos no meio do caminho...

D.L.S. — Quando a União habilitou essa nova dívida, a Panair, naturalmente, contestou. Durante quinze anos isso ficou no Judiciário. Em dezembro de 1984, o Supremo deu ganho de causa à Panair, reconhecendo que a União tentava cobrar dívida já extinta.

A.D.N — Ah, dívida extinta não podia cobrar mesmo.

D.L.S. — Esse é o grande ponto. Com esse decreto [n° 496], os bens foram expropriados antecipadamente e a União foi paga. Isso passou em julgado. Depois, a União habilitou, no dia da audiência da concordata suspensiva, uma nova dívida, que durante quinze anos...

A.D.N — ... o que a União devia estar dizendo era o seguinte: "Eu não me cobrei da dívida." O que comprova minha ideia original: o patrimônio líquido era tão negativo, que, me apropriando de todos os ativos, ainda me faltou dinheiro para cobrir a dívida.

D.L.S. — O que a União pediu, recebeu.

A.D.N — Não adianta discutirmos isso aqui, entre nós. O que a Justiça decidiu é o que está correto. Ponto final. É assim que funciona.

D.L.S. — Num documento recém-descoberto, com a abertura dos arquivos, a assessoria jurídica da própria Aeronáutica recomenda arquivar os processos contra os diretores e acionistas da Panair, que foram acusados de crimes falimentares. Porque em 1978, treze anos depois, eles reviram o caso e constataram que a Aeronáutica fazia acusações vazias *versus* todos os documentos que a Panair apresentava em Juízo.

A.D.N — ... você está vendo: o próprio sujeito da Aeronáutica reconheceu que estava errado, se é verdade isso tudo. Não sei. O que mostra que não tem perseguição nenhuma. Não tem perseguição nenhuma. Inclusive, o Celso era um sujeito muito competente. Era um homem de alta qualidade, coisa que o outro eu acho que não era, mas...

D.L.S. — Pois é, o senhor publicou uma tese de doutorado sobre o café, por volta de 1960, época da intervenção...

A.D.N — ... antes...

D.L.S. — ... o senhor conhecia o Mario Simonsen? O que pode falar sobre ele?

A.D.N — Não vou falar nada sobre ele, não. O negócio de café foi... a única coisa que eu posso te garantir: a intervenção não foi uma matéria de perseguição. Muito menos... o negócio do café era completamente independente. Quer dizer... eles têm uma tradição no café. Muito antes dele, eles já estavam no café.

D.L.S. — Sim, começou com o avô, se não me engano.

A.D.N — É. É gente que tem tradição e até hoje tem gente de muito boa qualidade na família.

D.L.S. — Bom, voltando ao Decreto-Lei n° 496...

A.D.N — É isso aí. Tentou se cobrar... você veja: se depois de oito ou nove anos a própria procuradoria da Aeronáutica disse que algumas das causas não existiam, isso mostra que não tinha perseguição nenhuma.

D.L.S. — Pois é, mas houve um prejuízo.

A.D.N — Aí, ele tem direito a uma indenização. Sobre isso, eu vou te dizer uma coisa: eles têm que continuar... não sei se já terminou, eu acho que não... isso já está no Supremo.

D.L.S. — Sim.

A.D.N — O que o Supremo decidir vai ter que ser cumprido. Aí, não importa se houve uma violência, se não houve violência. Se houve perseguição, se não houve perseguição. Se houve erro material, vai ter que ser corrigido.

D.L.S. — Hoje, o obstáculo que eles têm na Justiça é o argumento de que prescreveu o direito de pleitear. Só que eles alegam que, durante trinta anos, tudo o que eles pediam era barrado por meio de decreto ou pressão. Dizem que é fantasioso achar que podiam ter pedido, durante esse processo, qualquer tipo de indenização.

A.D.N — Em 1978, estávamos em pleno regime ditatorial. O parecer do procurador da Aeronáutica...

D.L.S. — Foi um parecer interno. Ficou dentro da Aeronáutica. Nada foi tomado de providência.

A.D.N — Mas está lá. É o que eu estou dizendo. Só que ela não ia tomar, iniciar... mas esse é um documento para o julgamento que vai ter aí. Eu espero que... o que eu acho que eu espero — e tenho certeza — é que no Supremo vai ser corretamente decidido. Se houve violência, se houve um excesso de apropriação, eles têm direito à indenização. Quem vai decidir isso é a Justiça. E não é por conta desses mitos. Vai ser na base de perícias objetivas.

D.L.S. — Está certo.

A.D.N — Se criaram muitos mitos. Eu nunca tomei conhecimento do caso da Panair. Mas esse decreto é isso que eu estou lhe dizendo. Eles não confiavam de jeito nenhum nos dois. E acho que os dois estavam manobrando para alguma coisa.

D.L.S. — Mario Simonsen já tinha falecido. Ele morreu um mês depois que a Panair fechou.

A.D.N — O Celso era um homem de grande habilidade.

D.L.S. — No caso, como funcionava? Como nascia um decreto-lei naquela época?

A.D.N — Esse decreto-lei foi produzido pelo Ministério da Aeronáutica. Obviamente, de acordo com o governo. Submetido à Fazenda, o projeto deve ter sido analisado pelo procurador da Fazenda.

Depois, na Casa Civil, assinado por mim e pelo Márcio [ministro da Aeronáutica].

D.L.S. — Certo.

A.D.N — Porque sempre é assim. É que eu não sei como é que você fez, mas... tem que ter um registro, porque tudo isso foi feito na Aeronáutica... mas isso jamais passaria nessa violência com o conhecimento do Otávio Bulhões e do Roberto Campos. Jamais. E o Celso era amigo deles. Jamais isso passaria com essa violência no governo do Castello.

D.L.S. — O embaixador norte-americano Dulles [John W. F. Dulles], que era brasilianista, publicou em um livro [*Castello Branco: o presidente reformador*] que a celeuma foi tão grande quando fecharam a Panair, que, se não fosse Castello o presidente e o Eduardo Gomes o ministro da Aeronáutica, aquilo jamais teria passado. Porque a opinião pública ficou estupefata. Foi uma coisa súbita. Não era uma empresa que, como a Varig, passou por um processo de decadência e foi minguando. A Panair fechou do dia para a noite.

A.D.N — Mas ela estava em plena decadência. Seguramente, estava com problemas graves financeiros. Eu acredito que o patrimônio líquido era negativo mesmo. Mas tudo isso... hoje, você tem que reconstruir aquele instante. É muito pouco provável... isso aqui é como eu digo... era uma ação preventiva. Provavelmente, o Celso estava armando alguma coisa. Ele era muito competente. Muito. De forma que foi uma cobrança preventiva, antecipada. Agora, o que você está dizendo é o seguinte: depois, se descobriu que isso foi demais. Se eles tivessem pegado menos aviões, menos propriedades, talvez tivessem se pagado. A sua tese, ou melhor, a evolução do processo, diz o seguinte: "Eles se apropriaram demais. A expropriação foi muito superior à dívida." Também é uma questão objetiva que vai ser julgada no Supremo, em algum momento. Hoje, devem ser os descendentes, né?

D.L.S. — É. Um filho dele.

A.D.N — Do Celso?

D.L.S. — É. E a Panair hoje é ativa. Pagou todas as dívidas e levantou a falência. Sobrevive no papel, mantendo essas ações que abriu.

A.D.N — Ela está procurando recuperar um pedaço desse patrimônio que ela supõe que existe. Isso é uma suposição.

D.L.S. — Parte do patrimônio expropriado nunca teve a titularidade passada para a União, como os terrenos de alguns aeroportos. Ela tinha uma área grande de infraestrutura também.

A.D.N — Muito. Como a Varig. Só que, no fundo, no fundo, é tudo meio inservível porque é coisa que é concessão da própria União. Tudo isso é uma discussão infinita. Você vê que o negócio da Varig não terminou até hoje. Ninguém ia perseguir a Varig. É que, de fato, é muito complicado. Eu acho que lá, na Panair, a intervenção... você pode até dizer: "O direito foi transigido." Mas a intervenção foi porque já tinham feito muita transigência. As ligações com o Banco do Brasil não eram tão limpas como parecem. As coisas eram mais complicadas.

D.L.S. — Aliás, o Banco do Brasil, que era síndico da falência, também foi acusado no processo, porque seu representante liquidou o patrimônio no exterior e suas contas nunca foram aprovadas.

A.D.N — Ele cobrou os seus créditos. A Panair devia uma fábula ao Banco do Brasil. Não estou a par, mas de uma coisa você pode estar seguro: cada coisa dessa tem dois lados.

D.L.S. — Sim, exatamente. Estou escrevendo os dois. Cada linha de acusação do governo está lá.

A.D.N — O Banco do Brasil não vai se apropriar de recursos, nem tem interesse. Se fosse banco privado, o proprietário poderia estar se beneficiando. Não. O que o Banco do Brasil faz é que ele é implacável. Vou te dizer uma coisa: o Banco do Brasil é o único lugar onde há pena de morte no Brasil. Se você faz uma bobagem com o Banco do Brasil e recebe um sinal vermelho na tua ficha, *nunca mais...* você está morto, enterrado, não tem recuperação possível. No Banco do Brasil existe pena de morte. Por isso é que as pessoas se comportam bem com o Banco do Brasil. Quando chegar no fim, você vai ver: o Banco do Brasil executou e se cobrou da dívida. Ponto final.

D.L.S. — Agora, o Banco do Brasil, na própria época, foi destituído de síndico pela Justiça, pelo Juízo falimentar, por terem sido comprovadas as acusações que fizeram contra seu representante.

A.D.N — O que eu acho é que o síndico é uma outra coisa...

D.L.S. — ... a pessoa que eles nomearam, que sumiu com o patrimônio... de fato, isso culminou na destituição do síndico.

A.D.N — É, isso... pode ter acontecido. O banco... você nomeia um interventor. Ele faz uma patifaria. Agora, uma coisa eu diria. O Banco do Brasil é assim: não há como ele fazer um perdão de dívida. Se estava dado em garantia para o banco, ele tomou todas as garantias que podia, para se proteger. Agora, o que o síndico fez foi outra coisa. E ele deve ter respondido na Justiça.

D.L.S. — Não respondeu. E o juiz que destituiu o Banco do Brasil colocou em seu lugar, como síndico, um major que era seu amigo pessoal e que não era credor da Panair. E esse major nomeou outros três coronéis. Isso ficou registrado nos autos.

A.D.N — Isso tudo também... o juiz fez o que ele podia fazer, porque estava... o outro também fez o que podia fazer... mas isso tudo não significa que havia uma perseguição contra a Panair. Não havia razão. Qual era o interesse do coronel em fechar a Panair? Nenhum. Não tem interesse nenhum, quer dizer... então, a minha convicção é a seguinte, viu, Daniel: tem muito mito nisso. De qualquer forma, tem dois lados.

D.L.S. — Sim.

A.D.N — Como tudo.

D.L.S. — Está certo. Obrigado, professor, pela sua atenção.

A.D.N — Foi um prazer.

Apêndice XX

Decreto-Lei nº 669, de 3 de julho de 1969

Exclui do benefício da concordata as empresas que exploram serviços aéreos ou de infraestrutura aeronáutica e dá outras providências.

O PRESIDENTE DA REPÚBLICA, usando das atribuições que lhe confere o § 1º do artigo 2º do Ato Institucional número 5, de 13 de dezembro de 1968, e

CONSIDERANDO que a navegação aérea só pode ter eficiência, isto é, segurança, regularidade e precisão, se a empresa que a explora estiver em condições econômico-financeiras que permitam, em termos de planejamento, execução, manutenção, supervisão e controle, a perfeita sustentação de serviços através de uma sólida estrutura, capaz de plena atividade;

CONSIDERANDO que, se a empresa de navegação aérea, entra em falência, concordada ou liquidação, sua estrutura técnico-econômico-financeira não tem mais condições adequadas e necessárias a merecer a confiança de proporcionar serviços regulares, eficientes e, sobretudo, dotados da imprescindível segurança, que compete ao Governo fiscalizar e garantir;

CONSIDERANDO que a concordada, sendo um favor legal, que se dá à empresa estritamente comercial para continuar o seu negócio, não é de molde a ser admitida para a empresa de transporte aéreo, quando se tem em vista, acima do interesse comercial da empresa, a regularidade e segurança do voo, DECRETA:

Art. 1º Não podem impetrar concordata as empresas que, pelos seus atos constitutivos, tenham por objeto, exclusivamente ou não, a exploração de serviços aéreos de qualquer natureza ou de infraestrutura aeronáutica.

Art. 2º O presente Decreto-lei entra em vigor na data de sua publicação, aplicando-se aos casos em curso.

Art. 3º Revogam-se as disposições em contrário.

Brasília, 3 de julho de 1969;
148º da Independência e 81º da República.

A. COSTA E SILVA
Luís Antônio da Gama e Silva
Márcio de Souza e Mello

Apêndice XXI

Parecer da Assessoria Jurídica da Aeronáutica em relação ao processo SCGI/RJ nº 49/69

Assessoria Jurídica

Parecer

Voltam os presentes autos à apreciação do Colendo Plenário desta Casa, com a manifestação da douta Subcomissão do Estado do Rio de Janeiro em cumprimento às diligências determinadas pela Resolução CGI nº 57, de 31 de maio de 1973, fls. 569, II vol.

Em síntese, de toda documentação carreada ao bojo dos autos não emerge nenhum fato relevante, caracterizador da prática do locupletamento sem causa, de conformidade com a tipificação estabelecida pela Legislação Institucional que norteia a ação desta CGI.

Foram minuciosamente examinados pelo ínclito Membro Relator do Colegiado de origem, dr. Hélcio Baptista de Paula, no parecer de fls. 916 usque 918, III vol., os tópicos ressaltados pelo ilustre Membro, Ten Cel Waldir Castro Abreu, em seu pronunciamento de fls. 564/568, II vol.

Destarte, passo a transcrever o parecer do dr. Hélcio Baptista de Paula, verbis (fls. 916/918):

"A farta documentação lastreada que as defesas trouxeram contrastava com as solteiras alegações do Ministério da Aeronáutica, daí porque, em favor da verdade histórica, foi lançado o despacho de fls. 576/89, 2º Vol.

De fato, a prova acusatória se resumia em cópias de informações no Mandado de Segurança impetrado pela PANAIR, veiculando graves acusações, mas só palavras; um laudo pericial que a Justiça comprovou ser falso, do síndico da falência, o Banco do Brasil (?) o qual também é autor da duvidosa exposição de fls. 62 e segs., 1º Vol. Salvo algumas informações relativas a total de débitos, como BNDE, INPS etc., estes foram os documentos, esta foi a prova que desencadeou a investigação sumária e as acusações de que se defenderam os investigados.

Gostaria de emitir, agora, juízo de valor, mas entendo, data venia, em face das Resoluções anteriores desta Subcomissão que, aqui, ele não cabe mais. O que a SCGI/RJ tinha que dizer, tinha que propor, já o fez. Se procedeu a novas diligências o fez, repita-se, em favor da verdade histórica e para acatar bem fundamentada decisão Superior. O que não impede, contudo, sejam realçados alguns pontos, de resto para demonstrar que será inteiramente desnecessário, data venia, prosseguir.

Sabe-se que a PANAIR teve as contas das subvenções e dos auxílios controlados pelo Governo, "De acordo com o art. 22, da Lei 4.200, de 1963, este Departamento procedia, anualmente, à tomada de contas da empresa, a fim de ser comprovada a exata aplicação das subvenções, auxílios e contribuições recebidas em virtude da lei citada" (sic, fls. 811, 3º Vol.). As relativas ao período 51/61, sabendo-se que, todavia, o período crítico da empresa começou em torno de 1960 (vd. relatório da Brastec. Fls. 604 e segs., Vol. III), conforme resposta a fls. 809 e quadro de fls. 799, 3º Vol., também foram objeto de prestação de contas, em face da afirmação de que foram levantadas as importâncias "dos processos de tomadas de contas" (sic).

A ênfase de que "só no último triênio, em subvenções e auxílios, a PANAIR recebeu do Governo Federal mais de nove bilhões de cruzeiros" (sic fls. 15, 1º Vol. E fls. 796, 3º Vol.) esboroa-se, e o fato perde o valor com a prova da fiscalização. Isto sem levar em conta que as leis de concessão dos benefícios tornavam claro que as subvenções, auxílios etc., eram uma contraprestação.

O Aviso n° 28, de 06 Mai 63, (fls. 793, 3° Vol.), e suas consequências, poderiam ter sido o lastro encontrado para a afirmação contida no Aviso n° 26, de 10 Fev 65 (fls. 207, 1° Vol.) — sic "Investigações e estudos procedidos neste Ministério, demonstram que a PANAIR DO BRASIL se encontra em situação econômico-financeira irrecuperável". Pedimo-lo, para enviar as alegações da defesa, de que do Aviso 28 só a Panair saiu fortalecida, entre todas as demais empresas de navegação aérea. E que obtivemos, em face do pedido (fls. 579, 2° Vol. Repetidos os itens g e h a fls. 791/2, 3° Vol.)? O silêncio que se encontra ao fim das explicações de fls. 811, 3° Vol.!

A comparação entre o Relatório sobre a situação financeira da PANAIR, que se inicia a fls. 605, 3° Vol., e o que nos remeteu o M. Aeronáutica sobre a Conferência de Petrópolis, de 1961, especialmente fls. 863 e 864, 3° Vol., fornece a resposta sobre se devem ou não ser aceitos, no campo, os argumentos da defesa.

A questão previdenciária foi colocada pelo Relator a fls. 211, 1° Vol., com aparência de soma, atingindo 103 bilhões de cruzeiros. Ocorre que tal fato nasceu na informação ao Mandado de Segurança (fls. 8 a 51, 1° Vol.), e fls. 16, e está no Laudo do síndico da falência (fls. 34 e outro n° ilegível). Mas não confere com a informação do próprio INPS de fls. 190 e segs., 1° Vol., nem com o documento de fls. 258-v°, 1° Vol. Note-se que tal laudo foi impugnado pela Justiça em incidente de falsidade.

A questão do seguro foi objeto, também após delongas jurídicas, de Laudo único, que beneficiou os investigados (fls. 251, 1° Vol.).

A União Federal está paga, conforme se vê a fls. 277 in fine, 1° Vol.

O tempo decorrido, as falhas dos vários procedimentos civis e penais, permitindo tomassem os investigados a iniciativa de prover a negatividade das acusações, são fatos, no exame em conjunto dos Autos, que recomendam dar, por outro lado, por cumprida a missão da Subcomissão em face do parecer citado de fls. 564 a 568, 2° Vol.

Finalmente, as declarações de rendimentos que formam o Anexo I foram obtidas para complementar, se preciso, a prova; daí por que, em se tratando de exercícios bem posteriores ao período do exame, não foram crivados pela Assessoria".

Em face do exposto, opino no sentido de que o presente processo deva ser arquivado.

É o parecer, *sub censura*.

Rio de Janeiro, 14 de dezembro de 1978

SERGIO ABLA
Assessor Jurídico

Apêndice XXII

Resolução de arquivamento do processo SCGI/RJ nº 49/69

CONFIDENCIAL

Proc. CGI nº 218/69
Proc. SCGI/RJ nº 49/69

COMISSÃO GERAL DE INVESTIGAÇÕES

RESOLUÇÃO Nº 499 de 24 de dezembro de 1978

A CGI, acolhendo parecer verbal do Relator, concordante com o parecer da Assessoria Jurídica, e por unanimidade de votos,

RESOLVE:

Arquivar o processo sob referência.

[Seguem sete assinaturas]

Apêndice XXIII

Minuta de decreto-lei proposto pelo governo João Baptista de Oliveira Figueiredo

Decreto-Lei n°_____, de _____ de _____ de 197___

    Autoriza o Poder Executivo, por intermédio dos Ministérios da Fazenda e da Aeronáutica, a celebrar transação que menciona e dá outras providências.

O Presidente da República, no uso das atribuições que lhe confere o artigo 55, item II, da Constituição,

DECRETA:

    Art. 1º Fica o Poder Executivo autorizado, por intermédio dos Ministérios da Fazenda e da Aeronáutica, a celebrar transação que, mediante mútuas concessões, importe no encerramento de todos os litígios e pretensões relacionados com a União e a Massa Falida da Panair do Brasil S.A.
    Art. 2º A transação de que trata o artigo anterior terá por objeto:

    I — a liquidação recíproca, com quitação plena, geral e irrevogável, dos seguintes créditos:

    a) — da União contra a Massa Falida da Panair do Brasil S.A., concernentes às inscrições de Dívida Ativa da Procuradoria da Fazenda Nacional no Estado do Rio de Janeiro n°s. 35-A — Série DO/69, 340 — Série MG/65, 388 — Série MG/65, 394 — Série MG/65, 398 — Série MG/65, 400 — Série MG/65, 15 — Série TD/65, 17 — Série TD/65, 18 — Série TD/65, 24 — Série TD/65, 26, — Série TD/65, 31 — Série TD/65, 43 — Série TD/65, 54 — Série TD/65, 56 — Série TD/65, 58 — Série TD/65, 541 — Série TD/66, 534 — Série TD/66, 538 — Série TD/66, 321 — Série TD/67, 336 — Série TD/67, 349 — Série TD/67, 100-A — Série DO/70, 732-A — Série IR/68;

b) — da Massa Falida da Panair do Brasil S.A., contra a União, decorrentes:

1 — de aeronaves, peças e equipamentos transferidos ao domínio e posse da União, nos termos do artigo 2° do Decreto-Lei n° 496, de 11 de março de 1969, ou abjudicados à União no Processo falimentar;

2 — da desapropriação das ações societárias da Companhia Eletromecânica — CELMA (Decreto n° 57.682, de 28 de janeiro de 1966) e das máquinas, equipamentos, acessórios e ferramentas, pertencentes à Massa Falida da Panair do Brasil S.A., que se encontrem, a qualquer título, na posse da Companhia Eletromecânica — CELMA, necessários à continuidade de suas atividades técnico-industriais, constantes de levantamento procedido pelo Ministério da Aeronáutica (Decreto n° 57.683, de 28 de janeiro de 1966).

3 — da desapropriação de equipamentos, bens e instalações de telecomunicações pertencentes à Massa Falida da Panair do Brasil S.A., e que se encontravam integrando a Rede de Telecomunicações Fixas Aeronáuticas — AFTN (Decreto n° 60.083, de 17 de janeiro de 1967) e constantes de levantamento procedido pelo Ministério da Aeronáutica;

4 — da ação de reintegração de posse proposta pela União, relativa à área de 57.252 m², arrendada pelo Ministério da Aeronáutica à Panair do Brasil S.A., e situada no Aeroporto do Galeão, na cidade do Rio de Janeiro;

II — A liquidação do saldo credor da União pela dação em pagamento da propriedade, posse, uso, domínio, direito e ação sobre todos os imóveis da Massa Falida da Panair do Brasil S.A., ocupados ou não, por órgãos da Administração Federal direta ou indireta, os quais ficarão jurisdicionados ao Ministério da Aeronáutica, observadas as normas dos artigos 3º e 4º e desde que atendidas as condições fixadas no artigo 5º deste Decreto-Lei.

Art. 3º Na transação de que trata este Decreto-lei, os créditos mencionados no inciso I do artigo 2º serão liquidados com observância das seguintes normas:

I — do valor originário do débito inscrito, como Dívida Ativa da União, sob o nº 35-A — Série DO/69, será deduzido o valor originário do crédito aludido no artigo 2º, inciso I, alínea "b", número 1, deste Decreto-Lei;

II — o saldo remanescente da inscrição aludida no inciso anterior, bem assim os demais créditos da União serão, na forma de legislação pertinente, monetariamente atualizados até o mês em que for assinado o termo de transação e acrescidos de juros de mora e do encargo de 20% (vinte por cento) sobre os montantes devidos, previsto no artigo 1º do Decreto-lei nº 1.025, de 1969, e artigo 3º do Decreto-lei nº 1.645, de 1978, não incidindo este último sobre o débito inscrito, como Dívida Ativa da União, sob o nº 35-A — Série DO/69;

III — os créditos da Massa Falida da Panair do Brasil S.A., indicados nos números 2, 3 e 4 da alínea "b" do inciso I do artigo 2º, serão monetariamente atualizados até o mês em que for assinado o termo de transação e acrescidos dos encargos fixados nas respectivas decisões judiciais, com trânsito, ou não, em julgado.

IV — dos créditos atualizados a que se refere o inciso II serão deduzidos os créditos atualizados de que trata o inciso III deste artigo, procedendo-se liquidação do saldo credor da União na forma do disposto do inciso II do artigo 2º.

Art. 4º A transação de que trata este Decreto-Lei far-se-á por termo lavrado em livro próprio da Procuradoria-Geral da Fazenda Nacional, o qual valerá como escritura pública para todos os efeitos de direito, constituindo, inclusive, documento hábil para efeito de transcrição, em nome da União, dos imóveis por ela recebidos em pagamento, e sendo a União representada, conjuntamente, pelos Ministros da Fazenda e da Aeronáutica, e a Massa Falida da Panair do Brasil S.A., pelo síndico, devidamente autorizado, mediante alvará do Juízo da Falência.

§ 1º A dação em pagamento poderá ter por objeto cessão de direitos ou efetivar-se, no termo da transação, mediante promessa, irrevogável e irretratável, a ser concluída em instrumentos lavrados em livro próprio do Serviço do Patrimônio da União, cabendo a procurador da Fazenda Nacional a representação da União Federal, na forma da legislação pertinente.

§ 2º Fica a União autorizada a ceder a órgão da administração indireta vinculado ao Ministério da Aeronáutica os direitos relativos a imóvel recebido, por dação em pagamento, na forma deste Decreto-Lei.

Art. 5º Do termo de transação, constarão obrigatoriamente:

I — o compromisso das transigentes de desistir das ações propostas entre si;

II — a renúncia expressa, pela Massa Falida da Panair do Brasil S.A., a qualquer pretensão, direito, ação ou medida judicial referente a:

    a) créditos decorrentes de ocupação, por órgãos da Administração Federal direta ou indireta, de imóveis de propriedade da Massa Falida da Panair do Brasil S.A.;

    b) todos e quaisquer imóveis ocupados por órgãos da Administração Federal direta ou indireta e especialmente aqueles em que estão situados os Aeroportos de Guararapes (Recife), em Pernambuco, Santo Amaro do Ipitangas (Salvador) e Barreiras (Barreiras), na Bahia, Val-de-Cans (Belém), no Pará, e Natal (Natal), no Rio Grande do Norte, com o reconhecimento do domínio pleno da União sobre tais imóveis:

III — a interveniência da empresa Panair do Brasil S.A., previamente autorizada em assembleia-geral de acionistas, e dos detentores de, pelo menos, 2/3 de seu capital acionário;

IV — a quitação recíproca, plena, geral e irrevogável, para o encerramento e perpétuo silêncio de todas as pretensões, direitos e ações, ajuizadas ou não, entre a União, a Massa Falida da Panair do Brasil S.A. e os detentores de, pelo menos, 2/3 de seu capital acionário, com base em atos ou fatos anteriores ou posteriores à falência, para nada mais exigir um do outro, seja a que título for, com expressa e irretratável renúncia a toda e qualquer ação, por si, herdeiros ou sucessores, permanecendo a União com o controle do que foi objeto das ações de desapropriação.

Art. 6º A eficácia da transação sujeita-se, cumulativamente, às seguintes condições:

I — publicação, no "Diário Oficial", do termo de que trata o artigo 4º;

II — homologação, pelos Juízos competentes, da desistência, pelas transigentes, das ações propostas entre si, inclusive as que se encontrarem em grau de recurso;

III — homologação, pelo Juízo da Falência, da transação firmada com base neste Decreto-Lei;

IV — registro, nos Ofícios competentes, da transferência para a União dos imóveis desapropriados, bem assim dos recebidos por dação em pagamento, servindo de título a cópia autenticada do termo de transação.

Art. 7º Este Decreto-Lei entrará em vigor na data de sua publicação, revogadas as disposições em contrário:

Brasília, em .... de março de 1980; 159º da Independência e 92º da República.

Termo de transação com dação em pagamento, quitação recíproca e outros pactos, que entre si fazem: a UNIÃO, a MASSA FALIDA DA PANAIR DO BRASIL S.A., a empresa PANAIR DO BRASIL S.A. e os senhores:

Aos ....dias do mês .... do ano de 1980 (mil novecentos e oitenta), na sede do Ministério da Fazenda, na cidade de Brasília, compareceram, como outorgantes e reciprocamente outorgadas, partes justas e acordadas entre si, a saber: — a UNIÃO, neste ato representada, nos termos do Decreto-Lei n° ...., de .... de .... de 1980, pelos senhores: Doutor ERNANE GALVÊAS, Ministro da Fazenda, e Tenente-Brigadeiro DÉLIO JARDIM DE MATTOS, Ministro da Aeronáutica; a MASSA FALIDA DA PANAIR DO BRASIL S.A., representada pelo síndico, PALHETA S.A. — PRODUTOS ALIMENTÍCIOS, com sede à rua .... e CGC n°........................., esta por seu Diretor-Presidente, JOSÉ MOREIRA DA CUNHA NETTO, brasileiro, casado, portador do documento de identidade n°..., expedido pela..... ....e CIC n°........................, devidamente autorizado, mediante alvará do Juízo da Falência; PANAIR DO BRASIL S.A., sociedade por ações, com foro e sede na Cidade do Rio de Janeiro, capital do Estado do mesmo nome, cujos Estatutos Sociais se encontram devidamente arquivados na Junta Comercial daquele Estado, sob o n° ...., em .... de .... de 19....., representada por seu Presidente, Sr ...., brasileiro, casado, portador do documento de identidade n° ...., expedido pela ...., eleito em assembleia-geral de acionistas, de .... de .... de 19....., e autorizado pela assembleia-geral de acionistas realizada em .... de .... de 19....., cujas atas se encontram arquivadas na Junta Comercial do referido Estado, sob o n°.............................., de .... de .... de 19....., e n° ...., de .... de .... de 19....., respectivamente; e o Sr. ...., brasileiro, casado, portador do documento de identidade n° ...., expedido pela ..

.... e do CIC n° ...., acionista controlador do capital social da empresa PANAIR DO BRASIL S.A., titular de .... ações ordinárias, correspondentes a ....%, ... devidamente registradas no Livro de Registro de Ações. E, pelas partes, falando cada uma por sua vez e sucessivamente, na presença das testemunhas, adiante qualificadas, foi dito que, por livre e espontânea manifestação de vontade, têm justa e acordada a presente transação, que, mediante mútuas concessões, importa no encerramento de todos os litígios e pretensões entre as partes, com dação em pagamento, quitação recíproca e outros pactos, na forma do Decreto-Lei n° ...., de .... de .... de 1980, e das seguintes cláusulas e condições:

CLÁUSULA PRIMEIRA: A transação de que trata este termo tem por objeto:

I — a liquidação recíproca, com quitação plena, geral e irrevogável, dos seguintes créditos:

a) Da UNIÃO contra a MASSA FALIDA DA PANAIR DO BRASIL S.A., concernentes às inscrições de Dívida Ativa da procuradoria da Fazenda Nacional no Estado do Rio de Janeiro n°s. 35-A — Série DO/69, 340 — Série MG/65, 388 — Série MG/65, 394 — Série MG/65, 398 — Série MG/65, 400 — Série MG/65, 15 — Série TD/65, 17 — Série TD/65, 18 — Série TD/65, 24 — Série TD/65, 26 — Série TD/65, 31 — Série TD/65, 43 — Série TD/65, 54 — Série TD/65, 56 — Série TD/65, 58 — Série TD/65, 541 — Série TD/66, 534 — Série TD/66, 538 — Série TD/66, 321 — Série TD/67, 336 — Série TD/67, 349 — Série TD/67, 100-A — Série DO/70, 732-A — Série IR/68;

b) da MASSA FALIDA PANAIR DO BRASIL S.A., contra a UNIÃO, decorrentes:

1) de aeronaves, peças e equipamentos transferidos ao domínio e posse da União, nos termos do artigo 2° do Decreto-Lei n° 496, de 11 de março de 1969, ou adjudicados à UNIÃO no Processo falimentar;

2) da desapropriação das ações societárias da Companhia Eletromecânica — CELMA (Decreto n° 57.682, de 28 de janeiro de 1966) e das máquinas, equipamentos, acessórios e ferramentas, pertencentes à Massa Falida da Panair do Brasil S.A., que se encontrem, a qualquer título, na posse da Companhia Eletromecânica — CELMA, necessários à continuidade de suas atividades técnico-industriais, constantes de levantamento procedido pelo Ministério da Aeronáutica (Decreto n° 57.683, de 28 de janeiro de 1966).

3) da desapropriação de equipamentos, bens e instalações de telecomunicações pertencentes à Massa Falida da Panair do Brasil S.A., e que se encontravam integrando a Rede de Telecomunicações Fixas Aeronáuticas — AFTN (Decreto n° 60.083, de 17 de janeiro de 1967) e constantes de levantamento procedido pelo Ministério da Aeronáutica;

4) da ação de reintegração de posse proposta pela União, relativa à área de 57.252 m², arrendada pelo Ministério da Aeronáutica à Panair do Brasil S.A., e situada no Aeroporto do Galeão, na cidade do Rio de Janeiro;

II — a liquidação do saldo credor da UNIÃO pela dação em pagamento da propriedade, posse, uso, domínio, direito e ação sobre todos os imóveis da MASSA FALIDA PANAIR DO BRASIL S.A., ocupados ou não, por órgãos da Administração Federal direta ou indireta, os quais ficarão jurisdicionados ao Ministério da Aeronáutica, observadas as normas dos artigos 3° e 4° e desde que atendidas as condições fixadas no artigo 5° do Decreto-Lei n° ...., de .... de .... de 1980.

CLÁUSULA SEGUNDA: Na transação de que trata a cláusula primeira, os créditos mencionados no inciso I da referida cláusula ficam liquidados da seguinte forma:

I — do valor originário do débito de Cr$ 112.547.499,95 (cento e doze milhões, quinhentos e quarenta e sete mil, quatrocentos e noventa e nove cruzeiros e noventa e cinco centavos), inscrito, como Dívida Ativa da União, sob o n° 35-A — Série DO/69, referido na cláusula primeira, inciso I, alínea "a", é deduzido o valor originário de Cr$ 59.452.735,28 (cinquenta e nove milhões, quatrocentos e cinquenta e dois mil, setecentos e trinta e cinco cruzeiros e vinte e oito centavos) do crédito aludido no inciso I, alínea "b", número 1, da mencionada cláusula primeira.

II — O saldo de Cr$ 53.094.764,67 (cinquenta e três milhões, noventa e quatro mil, setecentos e sessenta e quatro cruzeiros e sessenta e sete centavos) da citada inscrição de Dívida Ativa nº 35-A — Série DO/69, aludida no inciso anterior desta cláusula, bem assim os demais créditos da UNIÃO, no valor originário de Cr$ 701.788,71 (setecentos e um mil, setecentos e oitenta e oito cruzeiros e setenta e um centavos), são, na forma da legislação pertinente, monetariamente atualizados até o corrente mês de .... de 1980, e acrescidos de juros de mora e encargo de 20% (vinte por cento) sobre os montantes devidos, previsto no artigo 1º do Decreto-lei nº 1.025, de 1969, e artigo 3º do Decreto-Lei nº 1.645, de 1978, não incidindo este último sobre o débito inscrito, como Dívida Ativa da União, sob o nº 35-A — Série DO/69. Em tais condições, o saldo credor da UNIÃO, em .... de .... de 1980, é de Cr$ .... (........................ ....), conforma cálculo a fls............... Do Processo nº 0168-03814/79, do Ministério da Fazenda;

III — Os créditos da MASSA FALIDA PANAIR DO BRASIL S.A., indicados nos números 2, 3 e 4 da alínea "b" do inciso I da cláusula primeira, de Cr$ 10.911.008,44 (dez milhões, novecentos e onze mil, oito cruzeiros e quarenta e quatro centavos), são monetariamente atualizados até o corrente mês de......................... de 1980, e acrescidos dos encargos fixados nas respectivas decisões judiciais, com trânsito, ou não, em julgado. Em tais condições, os créditos da MASSA FALIDA PANAIR DO BRASIL S.A. são, em .... de 1980, de Cr$...................... (...................... ....), conforme cálculo a fls. .... do Processo suprarreferido;

IV — Dos créditos atualizados a que se refere o inciso II desta cláusula, são deduzidos os créditos atualizados de que trata o inciso III desta mesma cláusula, procedendo-se a liquidação do saldo credor da UNIÃO, no valor atualizado, em .... de 1980, de Cr$ ...., na forma do disposto no inciso II do artigo 2º do Decreto-Lei nº ...., de......... de 1980.

CLÁUSULA TERCEIRA: Nos termos do artigo 2º, do inciso II, do Decreto-Lei nº ...., de .... de .... de 1980, a UNIÃO recebe, em liquidação de seu saldo credor, a que se refere o inciso IV da cláusula anterior, da MASSA FALIDA PANAIR DO BRASIL S.A., mediante dação em pagamento, a propriedade, posse, uso, gozo, domínio, fruição, direitos, ações e pretensões referentes a todos os imóveis pertencentes à referida MASSA FALIDA, imóveis esses, que a MASSA FALIDA declara livres e desembaraçados de todo e qualquer ônus real, obrigacional, inclusive tributário, a seguir descritos:

1) ....
2) ....
3) ....
1) ....

I — Para os efeitos de que trata esta cláusula, a MASSA FALIDA PANAIR DO BRASIL S.A. promete, a título irrevogável e irretratável, dar à UNIÃO, por dação em pagamento, os imóveis a seguir descritos, obrigando-se a adotar toda e qualquer medida necessária à sua pronta efetivação:

1) ....
2) ....
3) ....

II — Para os efeitos do inciso I desta cláusula, a MASSA FALIDA PANAIR DO BRASIL S.A. autoriza, nomeia e constitui seu bastante procurador a ...., empresa pública da administração indireta da UNIÃO à qual outorga todos os poderes da cláusula "ad negotiam" e, especificamente, para outorgar à União

Federal a necessária escritura de dação em pagamento dos imóveis descritos no inciso retrorreferido, podendo transferir-lhe, uso gozo, fruição, posse, domínio, propriedade, direito, ações e pretensões, em qualquer repartição pública, federal, estadual ou municipal, inclusive, tabelionato de notas e registros de imóveis, podendo assinar e requerer o que necessário for ao fiel cumprimento deste mandato, independentemente de prestação de contas.

CLÁUSULA QUARTA: Em decorrência do pactuado neste instrumento:

I — A MASSA FALIDA PANAIR DO BRASIL S.A. renuncia, como renunciado tem, a qualquer pretensão, direito, ação ou medida judicial, contra a UNIÃO ou qualquer órgão de sua Administração direta e indireta, referentes a:

1 — créditos decorrentes de ocupação, por órgãos da Administração Federal direta ou indireta, de imóveis de propriedade da MASSA FALIDA PANAIR DO BRASIL S.A.;

2 — todos e quaisquer imóveis ocupados por órgãos da Administração Federal direta ou indireta e especialmente aqueles em que estão situados os Aeroportos de Guararapes (Recife), em Pernambuco, Santo Amaro do Ipitangas (Salvador) e Barreiras (Barreiras), na Bahia, Val-de-Cans (Belém), no Pará, e Natal (Natal), no Rio Grande do Norte, com o reconhecimento do domínio pleno da União sobre tais imóveis; e

II — A UNIÃO igualmente renuncia, como por renunciado tem, a qualquer pretensão, direito, ação ou medida judicial contra a MASSA FALIDA PANAIR DO BRASIL S.A.

CLÁUSULA QUINTA: A eficácia da presente transação sujeita-se, cumulativamente, às seguintes condições:

I — publicação no "Diário Oficial" do presente termo;
II — homologação, pelos Juízos competentes, da desistência, pelas partes transigentes, das ações propostas entre si, inclusive as que se encontrarem em grau de recurso;

III — homologação, pelo Juízo da Falência, desta transação;

IV — registro, nos ofícios competentes, da transferência para a UNIÃO dos imóveis desapropriados e dos recebidos por dação em pagamento, servindo de título cópia autenticada do termo.

CLÁUSULA SEXTA: As partes aqui presentes ou representadas são quitação recíproca, plena, geral e irrevogável, para o encerramento e perpétuo silêncio de todas as pretensões, direitos e ações, ajuizadas ou não, entre si, com base em atos ou fatos anteriores ou posteriores à falência, para nada mais exigir uma da outra, seja a que título for, com expressa e irretratável renúncia a toda e qualquer ação por si, seus herdeiros ou sucessores.

CLÁUSULA SÉTIMA: O presente termo vale, na forma do artigo 4º do Decreto-Lei nº................, de .... de .... de 1980, como escritura pública para todos os efeitos de direito, constituindo, inclusive, documento hábil para efeito de transcrição, em nome da UNIÃO FEDERAL, dos imóveis por ela recebidos em pagamento.

CLÁUSULA OITAVA: A Procuradoria-Geral da Fazenda Nacional remeterá cópia autenticada do presente termo ao Tribunal de Contas da União.

E, para firmeza e como prova de assim haverem entre si ajustado e contratado, é lavrado o presente termo, a folhas .... / ... do Livro nº ..., da Procuradoria-Geral da Fazenda Nacional, o qual, depois de lido e achado conforme, é assinado pelas partes, pelas testemunhas abaixo firmadas e por mim ....
........................, que lavrei, dele sendo extraídas as cópias autenticadas necessárias para sua aprovação, publicação, execução e entrega às partes presentes, sendo a seguir transcrito o Alvará de Autorização do Juízo da Falência ao Síndico. Testemunhas: ...

Apêndice XXIV

"O Brasil da Panair" (28/02/1985)

O Supremo Tribunal Federal, por unanimidade, deu ganho de causa à PANAIR DO BRASIL, primeira empresa privada a sofrer as consequências do autoritarismo instaurado em 1964, com a decretação arbitrária de sua falência. O acórdão de 18 de dezembro de 1984 encerra uma luta de vinte anos.

Esta vitória significa a reparação de uma série de injustiças cometidas contra a mais tradicional e prestigiosa das empresas de navegação aérea brasileiras. Com seus cinco mil empregados, a PANAIR DO BRASIL promoveu o nome do nosso país no exterior — foi absoluta nos voos para a Europa —, teve destacada importância no processo de integração nacional, com seu pioneirismo nas linhas interiores, principalmente na Região Amazônica.

Nunca foram esclarecidas as razões para a cassação das linhas da PANAIR DO BRASIL, ato que conduziu à decretação de sua falência, embora a empresa apresentasse sólida situação técnica e econômica, com amplas perspectivas no setor da aviação comercial.

Mais tarde foi negado também o seu pedido de concordata para suspensão da falência, quando a empresa, apresentando proposta irrecusável, e satisfazendo a todas as condições legais, patrimoniais e financeiras, se comprometeu a pagar 100% (cem por cento) de seu débito à vista. Foi criado, então, o casuístico Decreto-Lei 669, de 1969, que dizia:

"Art. 1º — Não podem impetrar concordata as empresas que, pelos seus atos constitutivos, tenham por objeto, exclusivamente ou não, a exploração de serviços aéreos de qualquer natureza ou de infraestrutura aeronáutica.
Art. 2º — O presente Decreto-lei **entra em vigor na data de sua publicação, aplicando-se aos casos em curso** (grifos nossos)
Art. 3º — Revogam-se as disposições em contrário."

Como se pode ver, um decreto feito especialmente para liquidar a PANAIR DO BRASIL, **aplicado antes ainda de sua publicação no Diário Oficial e com efeito retroativo!**

Nos 160 volumes que formam o processo de falência da PANAIR DO BRASIL, não há qualquer acusação por parte de seus milhares de funcionários aos diretores ou acionistas da empresa. Todas as indenizações trabalhistas foram pagas com recursos da própria companhia postos à disposição da União, não obstante coubesse a esta arcar com esses compromissos por ter interrompido a concessão.

Também as dívidas com a União Federal foram cobertas por parte dos bens da empresa, havendo recursos disponíveis para pagar todos os demais credores.

Passados vinte anos, a PANAIR DO BRASIL vê agora reconhecidos definitivamente, pelo Supremo Tribunal Federal, suas razões e direitos, em decisão unânime, concomitante com a abertura política em nosso país, iniciada no Governo Geisel e consolidada no Governo Figueiredo.

Este é, sem dúvida, o Brasil da PANAIR que vem, assim, manifestar seu regozijo com o restabelecimento da verdade e do Direito, movida pelo espírito da conciliação que inspira hoje a reconstrução democrática do país.

Paulo de Oliveira Sampaio
Jorge Mourão

Apêndice XXV

Nota expedida pelo Centro de Relações Públicas da Aeronáutica em 12/03/1985

O Centro de Relações Públicas da Aeronáutica — CRPA — tendo em vista notícias veiculadas, através da imprensa, sobre a Panair do Brasil, a bem da verdade esclarece o seguinte:

1. Sobre a falência da Panair.

1.1 — A Panair, no dia 10.02.1965, impetrou concordata alegando a sua absoluta incapacidade econômica e financeira para atender seus credores.

1.2 — O pedido de concordata foi distribuído à 6ª Vara Cível, que estava, na época, sob correição judicial, motivo por que os processos seguiam céleres, de conformidade com a Lei (11.02.65).

1.3 — O Juiz da 6ª Vara Cível, tendo em vista a confissão de insolvência e a falta de documentação e livros em ordem, com que foi feito o pedido de concordata, decretou-lhe a falência de conformidade com o artigo 161 do Decreto-Lei 7.661, de 1945.

1.4 — A falida recorreu da decisão e o Tribunal de Justiça confirmou por unanimidade.

1.5 — A falida recorreu extraordinariamente para o Supremo Tribunal Federal e o recurso extraordinário foi denegado. Agravou do despacho denegatório e o Supremo Tribunal Federal negou provimento ao agravo. Logo, de há muito transitou em julgado a falência da Panair.

1.6 — Vê-se, pois, que a sentença que decretou a falência da Panair transitou em julgado, tornando-a imutável e indiscutível porque não mais sujeita a qualquer recurso.

2. Sobre a cassação das linhas da Panair.

2.1 — O Governo Federal, tendo em vista a exposição de motivos do então ministro da Aeronáutica, brigadeiro Eduardo Gomes, baseada nos estudos precedidos e que demonstravam a incapacidade econômica, financeira e administrativa da Panair, retirou-lhe as linhas de que era merca permissionária a título precário, a fim de garantir a prestação dos serviços de transporte aéreo público, a continuidade dos compromissos internacionais e a segurança de voo (09.02.65).

2.2 — Contra esse ato administrativo, a Panair impetrou, na ocasião, mandado de segurança ao STF, o qual foi denegado, resolvendo definitivamente a matéria.

3.1 — A União propôs ação de executiva fiscal contra a massa falida para cobrar a quantia que o Ministério da Fazenda inscreveu como dívida ativa.

3.2 — Essa ação de execução fiscal, após ser julgada procedente pelo juízo federal e confirmada pelo Tribunal Federal de Recursos, foi anulada pelo STF, a fim de que a União faça a dita cobrança nos autos da falência.

3.3 — O acórdão de 18.12.84 do STF apenas não conheceu os embargos de divergência (ERE 92.347-1-BJ), opostos àquela decisão que, desse modo, prevalece, mandando que a União retorne à falência e à declaração daquele seu crédito nela oferecida (DJ de 19.12.84, pág. 21.911).

4.1 — Pela exposição retro, verifica-se que a decisão do STF, de 14.12.84, apenas julgou que a União deve retornar à falência e à declaração de seu crédito, nela oferecida, a fim de recebê-lo.

4.2 — Essa decisão não abala em nada a decisão que decretou a falência e que transitou em julgado (item 1 retro), nem a decisão administrativa que lhe cassou os serviços aéreos que a União permitira que executasse a título precário (item 2 retro), tampouco a cobrança do próprio crédito que for apurado no juízo da falência, com a dedução dos valores das aeronaves que passaram à União por força do Artigo 2º do Decreto-Lei número 496/69.

4.3 — Não correspondem à verdade as alegações constantes da publicação assinada por Paulo Sampaio e Jorge Mourão no *Jornal do Brasil*, 1º caderno, de 28.02.85, pág. 3, sob o título *Brasil da Panair*.

Apêndice XXVI

"O retorno da Panair" (13/03/1985)

O Centro de Relações Públicas da Aeronáutica — CRPA — divulgou, nos jornais de ontem, nota na qual, "A bem da verdade", contesta posição assumida pelos diretores da PANAIR DO BRASIL, em comunicado publicado em fins de fevereiro, sob o título "O BRASIL DA PANAIR".

O comunicado da PANAIR em nenhum momento referiu-se ao Ministério da Aeronáutica ou aos seus titulares, razão pela qual os signatários estranham a nota oficial do Centro de Relações Públicas da Aeronáutica em assunto de teor estritamente jurídico e empresarial. A Aeronáutica, como instituição que nos merece o maior respeito e admiração, não está em julgamento no caso da PANAIR, bem como a figura de líderes do porte do brigadeiro Eduardo Gomes.

A afirmação final da nota do CRPA, porém, a de que "não correspondem à verdade as alegações constantes da publicação assinada por Paulo Sampaio e Jorge Mourão" obriga-nos a voltar a público.

Na verdade, sob a aparente ordenação dos itens da nota, esconde-se a essência da questão: Tudo começou com a suspensão intempestiva das linhas, irrepreensivelmente servidas pela PANAIR, tanto no Brasil como no exterior. As demais etapas desse longo e tortuoso processo contribuíram para comprovar a intenção de liquidar a empresa.

Pela nota do CRPA, a falência, uma vez decretada, se assemelha à morte, sem ressurreição, o que não é verídico. A falência se levanta com o completo restabelecimento da falida, quer pela concordata suspensiva, quer pela extinção das dívidas. A decisão do Supremo Tribunal Federal, proferida em dezembro último, declarando inexistente e fantasioso o crédito pretendido pela União, ou seja, reduzindo-o a quase zero, abriu as portas da reabilitação da PANAIR para restituir à empresa todos os seus direitos e prerrogativas de sociedade solvente e ativa. É a ressurreição proclamada no comunicado dos diretores.

A verdade, do ponto de vista jurídico, pode ser expressa através da resposta a duas perguntas que comprovam que a persistência da falência é indevida:

1) Pode se considerar falida uma empresa contra a qual se criou o casuístico Decreto-Lei n° 669/69, para impedir o seu pedido de concordata suspensiva?
2) Pode se considerar falida uma empresa que foi impedida de pagar aos seus credores, mesmo dispondo de todos os recursos para tanto?

Verídicas, portanto, são as alegações dos diretores da PANAIR, tradicional empresa que se prepara, após vinte anos de luta sem desfalecimentos ou temores, para regularizar o levantamento de uma falência injusta e indevida.

Continuamos movidos pelo mesmo espírito de conciliação que inspira hoje a reconstrução democrática do país.

Paulo de Oliveira Sampaio
Jorge Mourão

Apêndice XXVII

Edital de extinção da falência (04/05/1995)

Juízo de Direito da Sexta Vara Cível

Edital para cumprir parágrafo sexto do Artigo 137 da Lei 7661 de 21.06.45 (Lei de Falências), extraído dos autos da AÇÃO DE EXTINÇÃO DAS OBRIGAÇÕES, Processo número 3.418/85 (Apelação Cível 2.803/86 — Segunda Câmara Cível, TJ/RJ), entre partes: Panair do Brasil S.A. (Falida), União Federal e Massa Falida da Panair do Brasil S.A., representada por sua síndica, Palheta S.A. Produtos Alimentícios.

O dr. Otávio Rodrigues, juiz de Direito, titular da Sexta Vara Cível, Comarca da Capital do Estado do Rio de Janeiro, FAZ SABER a quantos virem este Edital, dele tiverem conhecimento ou interesse, nos termos dos Acórdãos de fls. 644/649 e de fls. 064/055 dos autos acima referidos, FOI DECRETADA A EXTINÇÃO DAS OBRIGAÇÕES da falida, conforme disposto no Artigo 135-1, da Lei de Falências e, via de consequência, FOI DECLARADA ENCERRADA A FALÊNCIA DA PANAIR DO BRASIL S.A., tendo sido exarado em 03 de maio de 1995, às fls. 665, o despacho CUMPRA-SE, deste Juízo.

O presente edital, expedido em três vias, será publicado e, na forma da Lei, afixado na sede deste Juízo, que funciona na avenida Erasmo Braga, 115 Sala 302-A.

Dado e passado nesta cidade do Rio de Janeiro, RJ, aos quatro dias do mês de maio de mil novecentos e noventa e cinco. Eu, José Carlos Pereira Guimarães, Escrivão mat. 01/8.326, fiz datilografar e subscrevo

Otávio Rodrigues — Juiz de Direito.

Apêndice XXVIII

Minuta de exposição de motivos e medida provisória produzidas no governo Fernando Henrique Cardoso

Diante da firme convicção da sociedade brasileira em afastar, da ordem jurídica nacional, as injustiças e excessos praticados contra direitos, durante os anos de 1961 a 1979, e que, na verdade histórica, resultaram de fatores circunstanciais em época de forte patologia constitucional sofrida pelo país, é tempo de solucionarem-se os problemas que envolvem a Panair do Brasil, provocados por atos do Governo Federal, há trinta anos, e hoje, na maior parte, já julgados pelo Poder Judiciário, invariavelmente, contra a União Federal.

Temos outros atos legislativos motivados por este mesmo objetivo reparatório, que apenas engrandece o senso de justiça dos novos governos brasileiros.

Através da regular autorização legislativa, reconheceu-se a morte de pessoas que, no período de 2 de setembro de 1961 a 15 de agosto de 1979, detidas por agentes públicos, desapareceram, instituindo-se indenização aos seus familiares, na forma disposta pela Lei nº 9.140, de 4 de dezembro de 1995.

Outros fatos, sofridos pela sociedade brasileira e decorrentes de reconhecida ilegalidade praticada por anteriores agentes do Poder Executivo da União, têm sido objeto de reparação por várias formas. Com o Decreto nº 1.601, de 23 de agosto de 1995, o Presidente da República dispensou o procurador-geral da Fazenda Nacional de interpor os recursos cabíveis contra as decisões de mérito sobre empréstimo compulsório na compra de veículo e consumo de combustível, de 1986, contribuição social do Finsocial (majoração de alíquota) e sobre o lucro (ano-base de 1988), IPMF de 1993, taxa de licenciamento de importação, sobretarifa ao Fundo Nacional de Telecomunicações, ICMS na importação de mercadorias (matéria sumulada pelo STF, Súmula 577) e adicional de Tarifa Portuária.

Em todas essas matérias, a União foi vencida em seus pleitos judiciais. Colocou-se, com aquele decreto, um paradeiro nos recursos protelatórios e permitiu-se, aos cidadãos lesados, o trânsito em julgado das decisões a eles favoráveis, com o consequente início das respectivas execuções.

Outra expressiva autorização legislativa, para a União renegociar dívidas de sua responsabilidade, está consubstanciada na Lei nº 8.897, de 27 de julho de 1994, pelas obrigações remanescentes das entidades extintas pela Lei nº 8.029, de 12 de abril de 1990. Salienta-se, neste diploma, o comando legislativo que manda a União assumir as responsabilidades por perdas e danos em razão do descumprimento, pelo extinto Instituto do Açúcar e do Álcool, de contratos de exportação para entrega futura, nomeando quatro grupos estrangeiros beneficiados por tal reconhecimento, porque vencedores em juízos arbitrais homologados pela justiça de outros países.

Ora, hoje está documentadamente demonstrado que a Panair do Brasil operava em perfeitas condições quando, em 1965, teve cassadas as concessões de suas linhas aéreas, através de ato emocional e sem qualquer respaldo jurídico, inclusive porque não precedido de processo administrativo.

Desde 1930 era a Panair legítima concessionária dos direitos de exploração de tráfego aéreo comercial — Decreto nº 19.079, de 24 de janeiro de 1930, mais tarde ampliado pela concessão de linhas para os Estados Unidos — Decreto nº 13.172, de 17 de agosto de 1943.

Em 1941, o Decreto-Lei nº 3.462, de 25 de julho, autorizou a Panair a construir, modernizar e aparelhar diversos aeroportos brasileiros com a finalidade de possibilitar, em várias capitais dos

Estados, a operação de aeronaves de grande porte. Com recursos próprios, a empresa comprou os terrenos dos Afogados, no Recife, onde construiu o aeroporto de ....

Sob a égide do Decreto-Lei n° 9.793/46, a Panair, então titular de diversas linhas nacionais e internacionais, celebrou, com o Ministério da Aeronáutica, os contratos e termos de prorrogação das respectivas concessões, posto que a nova disciplina legal introduziu o regime de contratação expressa para esse tipo de serviço público, com o estabelecimento de obrigações recíprocas entre o concessionário e o poder concedente, fixando-se o prazo de cinco anos de validade, prorrogável por igual período, se cumpridas satisfatoriamente as obrigações contratuais.

A Panair investiu capital, preparou pessoal categorizado em todos os setores ligados à aviação. Foi, na América Latina, pioneira em tudo. Fundou a Celma, empresa de engenharia aeronáutica, com técnicos altamente especializados e equipamentos de precisão para revisão de motores convencionais e a jato, tendo celebrado convênios de assistência permanente com a Rolls-Royce, Pratt & Whitney, Spano Suiza, Douglas e Sud Aviation.

Era a Panair a única empresa, no Brasil, autorizada pela Federal Aviation Agency, dos Estados Unidos, a dar manutenção aos aviões de matrícula norte-americana e, também, a única, na América Latina, capacitada a revisar turbinas de aviões comerciais. Além disto, antecipou-se, em muito, ao próprio poder público, nos serviços de proteção ao voo internacional no Atlântico Sul, especialmente nos procedimentos de aproximação das aeronaves estrangeiras ao continente sul-americano, obrigação assumida pelo Governo Brasileiro na Convenção de Chicago em 1944, mas executado pela Panair, sem remuneração alguma, desde 1948.

Em 1963, venciam-se os prazos das concessões, renováveis a cada cinco anos. Para a renovação contratual era necessária a inspeção das condições operacionais da concessionária, que, se aprovadas, implicavam na renovação automática por outro período igual. A Diretoria da Aeronáutica Civil — DAC, através de uma comissão de engenheiros do Instituto de Aeronáutica — ITA, após cuidadoso levantamento nos serviços da empresa, concluiu, em laudo tecnicamente fundamentado, sobre a Panair do Brasil:

a — organização boa e adequada aos serviços que estão afetos;

b — pessoal técnico, de forma geral, em número satisfatório e apoiado por Departamento de Ensino aparelhado para satisfazer todas as necessidades de manutenção, permitindo uma atualização contínua de conhecimentos técnicos;

c — sistema de manutenção adequado aos equipamentos operados;

d — qualidade dos serviços de oficinas e pistas satisfatórias;

e — controle de manutenção satisfatório;

f — análise de manutenção — estatística adequada, permitindo um bom controle de desempenho da frota.

É de 1963 o relatório desses órgãos do Ministério da Aeronáutica, o que assegurava a renovação das concessões, de acordo com a disciplina legal da época — Decreto-Lei n° 9.793, de 6 de setembro de 1946. Venceram-se os contratos no dia 31 de dezembro daquele ano, e, pela conclusão do DAC e ITA na apreciação dos serviços da concessionária, a renovação era obrigatória.

Os acontecimentos de 1964, isto é, do ano seguinte, são notórios. A turbulência política impediu, em todos os setores, a continuidade administrativa e o Governo revolucionário não cuidou de preparar os instrumentos necessários à renovação contratual, como aconteceu em muitas outras áreas, quer pelas dificuldades na implantação da nova máquina administrativa, quer pelas motivações políticas que incendiaram as paixões dos brasileiros.

Em 10 de fevereiro de 1965, o Ministério da Aeronáutica propôs ao Presidente da República a cassação das concessões da Panair, sob a alegação textual, constante da exposição de motivos, de que: "A partir de 31 de dezembro de 1963, a referida Diretoria não mais assinou qualquer novo contrato de concessão de linha, nem renovou qualquer dos contratos até então em vigor."

Assim, por entender estarem as concessões em regime de precariedade, foram cassadas as linhas da Panair, no dia 10 de fevereiro de 1965, sem qualquer intimação prévia, sem nenhum processo administrativo, sem a menor oportunidade de direito de defesa. Ficou, evidentemente, sem explicação o motivo pelo qual os diretores não assinaram os novos contratos, se a renovação era obrigatória diante do resultado do laudo do próprio Ministério a respeito da excelência dos serviços da concessionária.

Desesperados com o ato político, enquanto dele recorriam ao Supremo Tribunal Federal, os diretores da empresa resolveram impetrar concordata, posto que sem receitas teriam dificuldades de solver seus compromissos. O juiz decretou a falência. Vivia-se, na época, um clima de delenda Cartago contra a Panair do Brasil.

O STF negou a segurança, precisamente porque não havia contrato de concessão assinado depois de 31 de dezembro de 1963, em que pesem as lamentações constantes dos votos de vários ministros, que resolveram, naquele julgamento, dar à impetrante um enterro de luxo, mas reservou-lhe as vias ordinárias para pedir indenização.

Foi uma longa via sacra o processo falimentar sofrido pela empresa pioneira. A cada possibilidade de vitória que a empresa claramente obtinha nos autos do feito da falência, o Governo baixava um decreto-lei mudando as regras jurídicas aplicáveis. Assim, baixou o Decreto-Lei nº 496, de 11 de março de 1969, criando privilégios, além dos permitidos pela lei vigente, para créditos da União em processos de liquidação, falência ou concordata de empresas de transporte aéreo. A única, nesta situação, era a Panair, mas a norma está aí, até hoje, posto que estabelece, inclusive, o confisco de aeronaves, peças e equipamentos, sem o devido processo legal e em detrimento dos demais credores, conservando-se a regra de exceção, inconstitucional face à Constituição anterior e à atual.

Vencidas todas as etapas do processo, paga a União, a Panair preparou-se para requerer concordata suspensiva, com a concordância de todos os demais credores, uma vez que seu patrimônio respondia pelas dívidas remanescentes e já havia pago, entre outras, e com recursos líquidos da massa, as obrigações trabalhistas, posto que a tragédia maior abateu-se sobre os trabalhadores especializados em serviços aeronáuticos, formados nas escolas da própria empresa.

Permitia a lei, e ainda o permite, que a falência seja transformada em concordata suspensiva, e, neste caso, passa o falido a solver seus compromissos restantes em condições menos predatórias a seu patrimônio. Diante desta realidade, o Governo Federal baixou o Decreto-Lei nº 669, de 3 de julho de 1969, dispondo que "não podem impetrar concordata as empresas que, pelos seus atos constitutivos, tenham por objeto, exclusivamente ou não, a exploração de serviços aéreos de qualquer natureza ou infraestrutura aeronáutica".

Não foi preciso escrever o nome da Panair no decreto-lei, que passou a constituir-se uma das teratologias do ordenamento jurídico brasileiro. A norma, de absoluta inconstitucionalidade, vigente até hoje, tinha endereço certo e esgotou, na época, seus objetivos, mas perdura dentre as leis nacionais, perturbando as consciências bem formadas deste país e que se revoltam contra essa dose de cinismo escancarado na legislação casuística, editada para lesar especificamente determinada pessoa, empresa ou atividade lícita.

Depois de receber seus créditos privilegiados, a União resolveu cobrar, também como privilegiadas, as diferenças cambiais das obrigações em moeda estrangeira, de que era avalista no exterior, vencidas após a respectiva liquidação, pela massa, do principal devido ao garantidor. Esta pretensão foi a providência que mais perturbou o processo de liquidação dos compromissos da Panair. Discutiu-se a matéria, nos tribunais, mais de vinte anos. Em 1989, o Supremo Tribunal Federal encerrou a pendência, declarando a União vencida, posto que seus créditos, ainda que em moeda estrangeira, foram convertidos em moeda nacional pela taxa do dia da decretação da falência. A quantia resultante da conversão legal foi paga à avalista.

De volta ao processo falimentar, a União provocou um encontro de contas entre os débitos que tinha, pela apropriação das aeronaves e equipamentos da empresa, e pleiteou créditos, novamente superestimados. Por decisão da 2ª Câmara do Tribunal de Justiça do Estado do Rio de Janeiro, o crédito final da União, naquele processo, ficou reduzido ao equivalente a um milhão e quinhentos mil dólares, quantia que a Panair depositou em Juízo e, assim, levantou a falência, agora em 1995, trinta anos depois da cassação de suas linhas aéreas, embora entenda não devê-la e tenha recorrido contra o julgamento estadual. O depósito, porém, permitiu-lhe o encerramento do processo de falência e a empresa voltou a existir como pessoa jurídica, ainda que confiscada de todos os seus bens materiais e intangíveis.

Muitas outras questões, porém, ficaram pendentes entre os direitos da Panair e os interesses da União, principalmente sobre os inúmeros imóveis, de propriedade da Panair, que estão na posse, por simples ocupação, das empresas federais TASA — Telecomunicações Aeronáutica S.A. e da INFRAERO — Empresa Brasileira de Infraestrutura Aeroportuária, e sobre os quais funcionam aeroportos e estações de rádio de proteção ao voo, segundo a relação constante do Anexo I.

Permanecem, ainda, em juízo, as seguintes ações litigiosas entre a União e a Panair do Brasil:

26ª Vara Federal, Seção Judiciária do Rio de Janeiro, Processo nº 88.0062147, restauração de autos desaparecidos quando se encontravam em mãos do defensor da União, na época o 2º procurador da República no Rio de Janeiro — A ação é proposta pelo Planejamento e Administração Guanabara — PAG e outros contra a União, visando o ressarcimento das indenizações trabalhistas pagas em decorrência do ato do Governo na cassação das linhas aéreas, segundo a norma do art. 486, da CLT.

6ª Vara Federal — Seção Judiciária do Distrito Federal — Processo nº 95.01.11993-9, proposto pela Panair contra a União, com fundamento no art. 1531, do Código Civil, provocado pela cobrança de dívida já paga, cumulado com perdas e danos. Julgado parcialmente em favor da Panair, encontra-se em grau de apelação perante o Tribunal Regional Federal da Primeira Região.

5ª Vara Federal — Seção Judiciária do Rio de Janeiro — RJ, Processo nº 94664460, proposto pela Panair do Brasil contra a União Federal, em fase de reconstituição dos autos referentes à desapropriação da rede de proteção ao voo, de que a União se apropriou sem pagar indenização.

1ª Vara Federal — Seção Judiciária do Rio de Janeiro, proposta pela Panair contra a União pela diferença no pagamento do preço da desapropriação da empresa CELMA.

2ª Vara Federal, proposta pela Panair contra a União, cobranças de créditos decorrentes das instalações do aeroporto do Galeão.

Duas destas ações registram os lamentáveis fatos de terem os defensores da União desaparecido com os processos, circunstância grave, sem apuração das respectivas responsabilidades.

Não há dúvida de que, em 1979, decorridos então quase vinte anos, o Governo Federal passou a admitir uma espécie de reparação pelos atos praticados contra a Panair do Brasil, precisamente no período em que se iniciou o necessário apaziguamento dos espíritos dos brasileiros, segundo ficou fixado na Lei nº 9.140/95.

Pode-se verificar tal fato pela Exposição de Motivos nº 066/CO-JAER, de 27 de setembro de 1979, que o então Ministro da Aeronáutica, Brigadeiro Délio Jardim de Mattos, endereçou ao Presidente da República, sugerindo a edição de decreto-lei que facultaria, ao Ministério da Aeronáutica, celebrar transação com a Panair do Brasil, tendo aquela autoridade referendado o projeto com sua assinatura.

Não foi editada a norma nos termos sugeridos pelo Ministério da Aeronáutica. Ainda permanecia, de um lado, o temor de que a Panair reivindicasse a devolução de suas concessões, e, de outro, a insistência da Fazenda em receber as diferenças cambiais, que a Justiça vinha negando em todas as instâncias ordinárias.

Foi o processo enviado ao Ministério da Fazenda, onde recebeu parecer do então Procurador-Geral, dr. Cid Heráclito de Queiroz, favorável à transação proposta, mas que resultou em novo projeto de decreto-lei, referendado pelo então Ministro da Fazenda, sr. Ernane Galvêas. Estabelecia, o novo projeto, condições leoninas para o acordo, sobretudo quanto aos créditos pretendidos pela União e relativos à correção cambial. Condicionou-se o acordo à obtenção, pela Fazenda Nacional, do que perdera na Justiça. A Panair recusou-se a aceitar a nova proposta e prosseguiu em juízo lutando pelos direitos que entendia ter. A pretensão da Fazenda Nacional foi, em 1989, isto é, dez anos depois, indeferida pelo Supremo Tribunal

Federal, que confirmou todas as decisões das instâncias ordinárias contrárias à União...

Este fato, porém, demonstra o primeiro sintoma de que o Governo Federal passou a preocupar-se em solucionar um grave problema, criado no passado recente. Só não concluiu porque os servidores da Fazenda, por excesso de zelo, insistiam em obter vantagens adicionais, consideradas ilícitas, aos créditos já habilitados e pagos. Tentaram obter, por acordo, aquilo que lhes foi negado no Judiciário.

De qualquer forma, o óbice, levantado naquela época pela Fazenda Nacional, acabou sendo afastado por decisão irrecorrível da Corte Suprema e nada mais aconselha que a União continue a procrastinar a solução deste caso, sobretudo em seu próprio interesse em adquirir a titularidade definitiva e sem contestação do domínio dos imóveis, em que se encontram instalados vários aeroportos do país, bem como várias estações de rádio utilizadas no sistema de proteção ao voo, tudo como pretendia o Ministério da Aeronáutica desde 1979.

Através desta medida provisória, diante da relevância da matéria e da urgência em regularizar a propriedade da União sobre os imóveis e equipamentos, todos sob efetiva utilização pelo serviço público, mas de forma irregular e precária, que sujeita a União a processos de retomada pela proprietária, propõe-se autorização legislativa para a negociação global dos litígios e pendências entre a União Federal e a Panair do Brasil, revogando-se, igualmente, aqueles dois decretos-leis, que permanecem vigentes na ordem jurídica brasileira, mas em nítido contraste com os novos fundamentos constitucionais do Estado de Direito implantado pela Constituição de 1988.

A autorização legislativa, aqui consubstanciada, não desce a detalhes, mas apenas legitima as negociações, reconhecendo direitos, sem quantificá-los, e formula, igualmente, condições para o acordo, entre elas a desistência, pela Panair, de reaver as concessões das linhas aéreas que lhe foram cassadas, sem prejuízo de vir, normalmente, a concorrer à concessão de outras em novos processos regulares, se houver interesse do país em ampliar tais serviços públicos e a frota aérea comercial brasileira.

À exceção dos créditos trabalhistas, todas as demais responsabilidades da União, quer as que já foram objeto de condenação, quer as que ainda poderão ser alvo de ações judiciais, como a retomada de terrenos onde funcionam aeroportos, ou em que estão funcionando rádios do sistema de proteção ao voo, ou ações de desapropriação indireta, ou ações indenizatórias por perdas e danos decorrentes de todo o complexo de atos praticados contra a empresa, ficam na dependência de negociações. As quantias que resultarem como dívida da União terão, desde logo, fixado o respectivo pagamento em títulos a prazo, que poderão ser utilizados pelo credor no programa de desestatização.

Com esta providência, o país resgata uma de suas dívidas históricas mais dramáticas e promove exemplar limpeza nos textos jurídicos que, daquela época, remanesceram no ordenamento brasileiro, de onde devem ser banidos e apagados para sempre.

Medida Provisória n°, de maio de 1996.

Autoriza os Ministérios da Aeronáutica e da Fazenda, cada qual em sua esfera de atribuição, bem como a Advocacia-Geral da União, a celebrarem acordo com a Panair do Brasil.

O Presidente da República, no uso da atribuição que lhe confere o artigo 62 da Constituição, adota a seguinte Medida Provisória com força de lei:

Art. 1° Fica o Poder Executivo autorizado a celebrar transações, preventivas e terminativas, com a Panair do Brasil S.A., em relação aos litígios e direitos desta empresa contra a União Federal, provocados pela suspensão de suas linhas aéreas em 2 de fevereiro de 1965.

Art. 2° Caberá ao Ministério da Aeronáutica negociar a cessão definitiva do domínio ou direitos, da Panair do Brasil, sobre os imóveis, de propriedade desta empresa, e que se encontram ocupados pelas estatais TASA — Telecomunicações Aeronáutica S.A. e da INFRAERO — Empresa Brasileira de Infraestrutura Aeroportuária, e relacionados no Anexo I, desta Medida Provisória.

Art. 3º Caberá ao Ministério da Fazenda negociar os créditos trabalhistas, reclamados pela Panair do Brasil, com fundamento no art. 486, da CLT, objeto de cobrança judicial proposta por Planejamento e Administração Guanabara — PAG e outros perante a 2ª Vara Federal, Seção Judiciária do Rio de Janeiro, Processo nº 88.0062147, bem como os demais créditos discutidos nas ações judiciais, relacionadas no Anexo II, e outros decorrentes dos atos praticados contra aquela antiga concessionária de transportes aéreos, desde que ela renuncie expressamente qualquer pretensão ao concreto restabelecimento das concessões que lhe foram cassadas.

Parágrafo único — A renúncia, a que se refere este artigo, não inabilitará a Panair do Brasil a candidatar-se a novas concessões, que lhe poderão ser atribuídas a critério do Ministério da Aeronáutica na forma da lei.

Art. 4º A Advocacia-Geral da União tomará as providências judiciais necessárias às transações terminativas dos litígios ajuizados, a que se refere o artigo 3º, desta Medida Provisória.

Art. 5º Com exceção dos créditos trabalhistas, que serão liquidados, pelo Tesouro Nacional, mediante a comprovação de certidões judiciais dos encargos sofridos pela empresa, e à conta de crédito especialmente aberto para esse fim, as demais dívidas da União, reconhecidas nesta Medida Provisória, serão solvidas através de títulos para pagamento futuro, mas que poderão ser usados pelo credor, ou cessionário, no âmbito do Programa Nacional de Desestatização, instituído pela Lei nº 8.031, de 12 de abril de 1990, para liquidação do preço na aquisição de empresas ou direitos alienados.

Art. 6º Esta medida provisória entra em vigor na data de sua publicação.

Art. 7º Revogam-se os Decretos-Leis nº 496, de 11 de março de 1969, nº 669, de 3 de março de 1969, e demais disposições em contrário.

Notas

1. O Ato Institucional n° 5 foi um pacote de resoluções baixadas pelo presidente Arthur da Costa e Silva em 13 de dezembro de 1968 que constituiu, em seu conjunto, a mais violenta expressão da repressão emanada pela ditadura militar brasileira (1964-1985). Entre seus artigos, previa, por exemplo, a suspensão dos direitos políticos de quaisquer cidadãos, das garantias constitucionais e o recesso do Congresso Nacional. Vigorou até 31 de dezembro de 1978.
2. Diz Heinz van Opstal, funcionário alemão da Panair do Brasil: "Naquele dia, eu estava dormindo no hotel em Munique, quando o telefone tocou às 5 horas da madrugada. Era meu gerente da base de Frankfurt, Heribert Schueftan, perguntando se eu estava na cama. Fiquei irritado com aquela dúvida idiota e questionei por que me perguntava aquilo às 5 da manhã. Sua resposta foi simples: 'É bom que esteja deitado na cama, porque as más notícias que recebi vão derrubá-lo. A partir de hoje, nenhum avião da Panair vai voar.' Foi assim que descobri sobre a cassação da orgulhosa Panair. Uma empresa financeiramente saudável subitamente estava sangrando para a morte."
3. Disse Marylou Simonsen em depoimento à Comissão Nacional da Verdade, durante audiência pública realizada em 23 de março de 2013 para debater o caso do fechamento da Panair do Brasil: "No fatídico dia 10 de fevereiro, tocou o telefone, eu atendi e era um funcionário das companhias dele [Mario Simonsen]. Charles Stelain dizia que tinham cassado a Panair. Eu imediatamente acordei meu marido e nós ficamos muito preocupados em como contar isso para ele. Como é que a gente podia dizer mais isso para ele, dar essa notícia horrorosa? [O governo militar já havia paralisado a Companhia Comercial Paulista de Café (Comal), carro-chefe do empresário.] Ele acordou de manhã, nós fomos tomar café e aí demos a notícia para ele. Ele olhou, pegou na minha mão e me disse: 'Minha filha, um dia isso tudo vai passar, um dia tudo vai se esclarecer.'"
4. Diz Dulles (1983, p. 89): "A decisão de fechar a Panair do Brasil, uma empresa de aviação brasileira com 33 anos de funcionamento, despertou tanta celeuma que, segundo comentário de Roberto Campos, dificilmente seria levada a cabo se o ministro da Aeronáutica não fosse o 'venerado' Eduardo Gomes, e de todo impossível se a presidência não estivesse nas mãos de 'um militar que podia enfrentar o clamor'. A Panair do Brasil — a primeira companhia de aviação brasileira a voar fora do país — adquirira a condição de 'vaca sagrada'."
5. "O Governo cancelou as concessões de voo dadas à Panair do Brasil", *O Globo*, Rio de Janeiro, 11 fev. 1965, Primeiro Caderno, p. 3.

6. Na verdade, a matéria saiu na edição de 12 de fevereiro. Foi citada aqui apenas para ilustrar a cobertura internacional do assunto.
7. "Too Many Wings", *Time*, Nova York, 26 fev. 1965, p. 41-42.
8. Diz um filho de funcionário da Panair que prefere não ser identificado: "O primeiro voo Lisboa-Rio foi caótico. No 707, lotado acima da capacidade, o comandante Stepanski e sua tripulação mal sabiam o que fazer. Eu e muitos outros viemos no *jump-seat* da *galley* traseira, ao lado da porta, sendo o serviço comandado pelo chefe de equipe Ingo. Se me recordo bem, ele era genro do comandante Enzo, da Panair, e ainda vestia o uniforme de cor preta, com todos os símbolos e apetrechos da Panair. Inúmeros pilotos e suas famílias baseadas em Lisboa, além dos passageiros da Panair, viam como única forma de voltar da Europa aquele 707 da Varig. A situação da Panair ainda estava confusa, invisível." É este o testemunho de Ana Sílvia Figueiral, filha do comandante Sylnio Figueiral Coelho, da Panair: "A tripulação do meu pai, com quem eu estava à ocasião, e outras oito baseadas na Europa, já voltaram pela Varig. Ninguém podia acreditar no que estava acontecendo. Era tão inacreditável que não tínhamos a dimensão das ocorrências. Vi homens feitos chorarem e lembro que isso me impactou muito. Esses mesmos homens foram chamados à cabine para auxiliar o pessoal da Varig na rota. Foi indescritível o sofrimento a bordo, bem como a nossa chegada no Rio de Janeiro. Funcionários uniformizados aguardavam esse avião com faixas e cartazes de protesto. Aí, o pânico se instalou entre nós: aquilo era verdade mesmo."
9. Diz Aldo Pereira (1966, p. 89) que os direitos dos trabalhadores das empresas absorvidas pela Varig não foram respeitados, pois antigos profissionais da Real, da Aerovias e da Nacional foram preteridos por profissionais mais modernos originários da Varig. Os preteridos, segundo o autor, "recorreram à Justiça em defesa de seus direitos, principalmente os que haviam sido rebaixados de equipamento e de hierarquia, pois muitos comandantes antigos foram passados a categoria inferior à de mais modernos comandantes procedentes da Varig".
10. Paulo Sampaio deixou o seguinte registrado em seus escritos: "A cassação das linhas da Panair foi fruto de resoluções independentes da participação obrigatória dos diversos setores do Ministério da Aeronáutica. Prova disso é a surpresa que se instalou na Diretoria de Rotas Aéreas quando, após o fato consumado, teve conhecimento da situação. Haveria um colapso na aviação brasileira. De outro lado, 24 horas depois, a administração do Aeroporto de Orly notificava o governo brasileiro que a França somente continuaria a fazer voos para o Brasil se fosse mantido, em pleno funcionamento, o Serviço de Segurança de Voo da Panair. Em vista disso, foi feita, nos referidos serviços, intervenção *manu militari* para impedir sua paralisação."
11. A criação da Serviços Aéreos Brasil S.A., ou simplesmente Aerobrás, foi uma alternativa muito discutida nos anos 1950 e 1960 à crise generalizada na aviação comercial brasileira. Previa, em termos simples, a estatização do setor. Porém, a ideia foi abandonada após o Golpe de 1964, já que os militares alegavam defender a livre iniciativa. Na indústria, a única figura abertamente contra essa estatização era Ruben Berta. O assunto é tratado mais profundamente no capítulo "A turbulência".
12. "Comunicado", *Jornal do Brasil*, Rio de Janeiro, 13 fev. 1965, Primeiro Caderno, p. 5.
13. Paulo Sampaio deixou registrado em seus escritos que se orgulhava em considerar a obra da Panair na Amazônia o maior serviço prestado no Brasil pela empresa: "Ali, a Panair curtiu, duramente e com enorme sacrifício, a longa e penosa caminhada de penetração a todos os rincões da imensa bacia fluvial. A presença de suas aeronaves e do seu pessoal navegante nas inúmeras povoações por ela servidas

representava verdadeiras artérias que traziam o fluxo da vida imprescindível ao conforto e à sobrevivência de suas populações. Foi, na realidade, a grande obra de pioneirismo da Panair do Brasil e a razão pela qual eu batizara sua frota de aeronaves de *Frota Bandeirante*."
14. Informações registradas pelo comandante Coriolano Luiz Tenan em Jo Dutra Medeiros et al. (1979).
15. Em documento jurídico datado de 4 de outubro de 1976, Paulo Sampaio e Jorge Mourão relatam: "Com o advento da Segunda Guerra Mundial, impunha-se a expansão e adequação da infraestrutura aérea no norte do país, visando, primeiro, o escoamento urgente da borracha amazônica, e, a seguir, a construção de uma rede de aeroportos e estações de rádio, suporte necessário aos comboios aéreos que então se constituiriam para transportar armamentos e munições de apoio aos exercícios aliados e à Força Expedicionária Brasileira, importante fator da vitória, sobretudo na Itália. Para tanto, foi assinado um convênio entre os governos brasileiro e americano, incumbindo-se a Panair do Brasil da execução dessa infraestrutura."
16. Sobre o assunto, pronunciou o general norte-americano Henry H. Arnold durante banquete oferecido pelo ministro Salgado Filho [Jo Dutra Medeiros et al. (1979), p. 2.]: "Como aviador que sou, tenho de me deter sobre a estupenda contribuição representada pelas grandes bases que os senhores puseram tão entusiasticamente ao dispor do nosso esforço aéreo. Quando o poder e a capacidade destruidora da Alemanha e do Japão já haviam chegado ao auge; quando o Japão, principalmente, havia cortado a nossa rota aérea para a Austrália e para as nossas bases do Pacífico Ocidental com a tomada da Ilha Wake; quando não sabíamos para que lado nos virar nem como descobrir meios e modos de transportar em nossos aviões abastecimentos urgentes e pessoal necessário para as nossas forças em perigo no Oriente, nós precisávamos de ajuda e precisávamos dela com a máxima urgência. Foi, então, que vosso país nos permitiu aquilo que nos podia auxiliar ao máximo — bases — para operações de nossos aviões-bases — que tornaram possível o voo através do Atlântico a todo tipo de avião. Essas bases, senhores, resolveram um problema angustiante para nós: ou vitória no ar, no Pacífico, ou destruição dos nossos aviões pelos japoneses. Também por elas passaram a torrente de aviões de combate, que desempenharam tão importante papel nas vitórias do deserto e aviões de transporte, que levaram abastecimento de toda espécie, inclusive as balas que fizeram o marechal Rommel recuar em El Alamein." Ainda em relação ao Esforço de Guerra, foram os aviões da Panair que em 1943 passaram a realizar voos noturnos e a patrulhar a costa brasileira em busca de submarinos alemães, que àquela altura estavam torpedeando navios mercantes, assim como era ela que conduzia missões de resgate de náufragos — tudo isso sem que obtivesse qualquer retorno financeiro. Em reconhecimento à sua atuação, os tripulantes da Panair foram condecorados pelo Governo com a medalha do Atlântico Sul.
17. "30 anos de aviação a serviço do Brasil", *O Globo*, Rio de Janeiro, 22 out. 1959, p. 2.
18. Cita Nair Palhano (1996, p. 49) que essa perda se deu em decorrência da promulgação de um decreto-lei de concessão de subvenções às linhas internacionais que obrigava as companhias a instalar agências próprias e independentes. Paulo Sampaio registrou o seguinte em seu diário: "O fato de a Panair colocar uma encomenda no mercado exterior que não fosse o norte-americano, aliado à necessidade que tivéramos de (por força do decreto-lei que concedia subvenções às linhas internacionais) instituir a obrigatoriedade de instalarmos agências próprias no exterior, provocara, por parte da Pan American, forte reação porquanto não somente esta

perdia a comissão sobre compras como também deixava de faturar uma comissão sobre as vendas de bilhetes-passagem e mercadorias que deixava de receber por força da lei e consequente destituição de sua qualidade de agente geral da Panair no exterior." O engenheiro registraria, ainda, sobre a libanesa Middle East Airlines: "Pouco tempo mais tarde, a própria Pan American adquiria, para si somente, o controle majoritário desta empresa, deixando-me a ver navios!" De fato, a Pan Am deteve capital na MEA de 1949 a 1955.

19. Em relatório datado de 5 de maio de 1954, Roque escreveu: "A pessoa que tiver a pouca sorte de ser nosso passageiro de, ou para, o norte, terá como refeição, numa caixa do mais ordinário papelão pardo: uma pequena e mal equilibrada quantidade de comida, com mau aspecto, mau cheiro, mau sabor e, em geral, em estado de pré-decomposição, devido à grande antecedência com que é feita. Como bebida, o passageiro pode escolher entre água suja e refrigerantes elaborados com produtos químicos e coloridos com anilinas. (...) Após essa 'refeição', o passageiro que escapar de uma perturbação gástrica ou envenenamento, será submetido à prova final: um café sempre frio e com gosto de garrafa suja de laranjada." Em 27 de maio, formalizou outra crítica: "Lanches de Belém — Tudo que se disser criticando a sua péssima qualidade, sabor e apresentação, é pouco para (sic) difini-lo! A salada de batatas estava podre; sim, podre, porque não se pode usar outra palavra. O bife, nadando em gordura, estava com mau cheiro." Depois, em 27 de setembro, enviou: "A refeição servida pelo restaurante do Aeroporto de São Paulo estava intragável. Não havia escolha. Só tinha para servir, um bife (não filé) duro, fibroso e cheio de nervos." Em 24 de dezembro, queixou-se da seguinte forma: "O sabonete líquido atualmente usado nos DC-3 possui todas as características que um sabonete para este uso não deve ter: 1) tem mau cheiro; 2) não faz espuma; 3) congela com temperatura alta; 4) não limpa; 5) não é antisséptico."

20. Um grupo de pilotos da Panair ingressou contra a companhia na Justiça do Trabalho. Ao examinar o caso, o juiz Pires Chaves, presidente da Primeira Junta de Conciliação e Julgamento, sentenciou, dois dias após a deflagração da greve, que o movimento era ilegal e determinou que eles retornassem ao trabalho: "O afastamento dos requerentes repercute fundamente na ordem econômico-social, porque afeta interesse de serviço de transportes aéreos, considerados de utilidade pública, por força do artigo 910 da Consolidação das Leis do Trabalho. A reclamada, Panair do Brasil S.A., é empresa concessionária de serviço público, por isso mesmo obrigada a manter o transporte aéreo e a honrar os contratos daquela natureza firmados com particulares e com a União, gozando, até, de prerrogativas de isenção fiscal, ex-vida Lei 1.815 de 25 de fevereiro de 1953. A declaração de greve, conhecida através de noticiário público e já censurada por ato do Exmo. sr. ministro do Trabalho, é medida de imposição que se quer fazer, fora dos quadros legais. Por isso, voltem os requerentes ao trabalho, sem prejuízo dos direitos ora reclamados e com idêntica ressalva dos que caibam à empresa reclamada. Designe-se audiência para o próximo dia 19 do corrente, às 14h20." Em 14 de fevereiro, seis Juízos do Tribunal Regional do Trabalho determinaram, por unanimidade, que a paralisação era ilegal.

21. Em 1947, o senador norte-americano Owen Brewster abriu uma investigação contra Howard Hughes, alegando que o empresário levantara dinheiro público para fabricar um avião que não foi entregue. Hughes o acusou de ser apadrinhado por Juan Trippe e pela Pan American, que tentava monopolizar a exploração de linhas intercontinentais concedidas pelo governo. À época, a Trans World Airline brigava com a Pan Am naquele segmento.

22. "Crise começou em 1954 e Lacerda estava nela", *Jornal do Brasil*, Rio de Janeiro, 18 fev. 1965, Primeiro Caderno, p. 7.
23. "A greve parcial na Panair do Brasil", *Correio da Manhã*, 27 de fevereiro de 1955, 1º Caderno, p. 12.
24. Disse Erik de Carvalho ao jornalista Samuel Wainer ("Brasil: a conquista de um lugar ao céu", *Senhor Vogue*, ago. 1978, p. 68:): "Paulo Sampaio, então presidente da Panair e um dos mais estimados líderes da aviação comercial no país, foi alijado da presidência. Um novo grupo assumiu a sua direção. Eu fui me desgostando com tudo isso. Pedi minha demissão do cargo na companhia. E o fiz com a intenção de arquivar o assunto aviação para mim. (...) Eu já estava com 42 anos, dos quais 25 investidos na Panair. Pensava em procurar novos horizontes, quando recebi um chamado de Ruben Berta. Ele me convocava para informar que a Varig iria também ingressar no campo da exploração de linhas de longo curso. Tinha conseguido a frequência para Nova York. E gostaria de ter uma pessoa, com a minha vivência na área internacional, ao seu lado. (...) E assim começamos a trabalhar juntos."
25. No fim das contas, a Pan American saiu mesmo na frente da Panair do Brasil na era do jato. Iniciou o serviço regular em 26 de outubro de 1958, na rota Nova York-Paris, operada com o Boeing 707-121 batizado Clipper America. A Panair só lançaria voos regulares com jatos em 19 de abril de 1961, com o DC-8-33 matriculado PP-PDS e batizado Bandeirante Manuel de Borba Gato. A aeronave decolou do Rio de Janeiro rumo a Lisboa, Paris e Londres.
26. Lucas Antônio Monteiro de Barros Bastos (2002).
27. O jornal *O Globo*, na edição de 22 de outubro de 1959, publicou uma série de reportagens homenageando os trinta anos de operação da Panair. Sobre sua participação no mundial, registrou: "A conquista, pelo Brasil, do Campeonato Mundial de Futebol é uma lembrança que não se apaga. Ao memorável feito, a Panair esteve intimamente ligada, transportadora que foi, da nossa delegação, tanto na viagem para a Suécia, como ao regresso triunfal. Isto lhe valeu um diploma de honra, concedido pela C.B.D., em reconhecimento a 'valiosa colaboração prestada'. Vejamos, porém, o que disseram, naquela época, os integrantes da nossa delegação, dirigentes e jogadores, em pronunciamentos do próprio punho. Assim se manifestou, para começar, o dr. Paulo Machado de Carvalho, chefe da delegação: 'Nos campos da Suécia, o grito da nossa seleção era: Brasil! Brasil! Brasil! Nos céus do Brasil, a seleção diz: Panair! Panair! Panair!' Vicente Feola, o famoso técnico, disse: 'Já nos acostumamos com a Panair do Brasil. Ela é parte obrigatória da nossa equipe porque está entrosada, trabalha de acordo. Também é campeã.' Paulo Amaral, preparador físico, não escondeu o seu entusiasmo: 'Estourando de emoção, orgulho das lágrimas com as quais regamos gramados de Estocolmo, com a alma vibrando euforicamente, não poderei jamais olvidar a valiosa contribuição da nossa afamada Panair do Brasil, na conquista pelos queridos e bravos jogadores brasileiros da Copa do Mundo.' Foi o seguinte o pronunciamento de Carlos Nascimento, supervisor técnico: 'Devemos à Panair a oportunidade para a conquista do título de campeões do mundo. O futebol do Brasil jamais esquecerá a campeã: Panair.' Adolfo Marques, tesoureiro, teve as seguintes palavras: 'Transportando diretamente de Estocolmo a delegação brasileira, a Panair tornou-se credora da admiração de todos os desportistas brasileiros.' O dr. Hilton Gosling, médico da delegação, escreveu o seguinte: 'A Panair do Brasil, honrando sua tradição, deu à delegação brasileira, campeã mundial de futebol, um tratamento excelente, proporcionando a todos o máximo conforto e todas as atenções possíveis'. Do dr. Mário Trigo, dentista da delegação: 'Dizendo-

-se Panair não se precisa dizer mais nada.' Todos os craques também se pronunciaram com o mesmo entusiasmo. Eis algumas opiniões, começando pelo capitão Belini, que disse: 'Falar sobre o tratamento que a Panair nos dispensou torna-se desnecessário, pois o nome da Panair significa conforto e segurança.' Mazzola, atualmente militando no futebol italiano, afirmou: 'Fiquei realmente orgulhoso de nossa grande empresa de aviação comercial.' A Panair foi uma colaboradora magistral à nossa vitória, assim se manifestou o famoso Orlando. Vavá, hoje no futebol espanhol, declarou: 'Quero agradecer à Panair do Brasil pelos serviços prestados.' Castilho disse o seguinte: 'Aos queridos diretores da Panair quero dar meus agradecimentos pela maravilhosa viagem que nos proporcionou a bordo do lindo DC-7C, cuja tripulação se portou otimamente.' Disse Zagallo: 'Já não é de hoje que viajo por esta maravilhosa companhia. Sempre foram amáveis em todos os sentidos.' Edson Arantes, o famoso Pelé, afirmou: 'Eu não tenho outra coisa a dizer a não ser elogiar esta companhia, que é a Panair do Brasil. Agradeço o tratamento dispensado pelos tripulantes.' Mário Américo, o massagista de tantas jornadas internacionais, declarou: 'Não poderia ser melhor o tratamento que nos foi dispensado pela Panair.' E, concluindo, aqui está o pronunciamento do zagueiro Mauro: 'À Panair do Brasil, o nosso muito obrigado e a nossa grande admiração.'"

28. Diz Pereira (1966) que, desde o fim da Segunda Guerra Mundial, a aviação comercial brasileira sofria com o excesso de oferta no campo doméstico. "Cessada a guerra, o panorama havia fatalmente de modificar-se. Sobravam aviões, principalmente Douglas DC-3/C-47 e, em menor número, os Curtiss C-46. A oferta de mão de obra especializada, principalmente pilotos preparados para a guerra e logo a seguir desconvocados, inflacionou o mercado de trabalho. Foi neste período inflacionário de mão de obra e de material de voo baratos que a aviação comercial brasileira teve alterada profundamente a sua estrutura técnica e econômica. A principal consequência foi o aparecimento de inúmeras novas empresas, aproximadamente sessenta, das quais com toda certeza 25 chegaram a operar. (...) A concorrência entre as empresas durante o período inflacionário foi profundamente prejudicial e onerosa para a Nação, tal o vulto de material e trabalho malbaratado. A concorrência atingiu tais lances dramáticos que chegou a merecer a denominação de guerra. Na realidade houve duas guerras: a guerra de tarifas e a guerra de horários."

29. Os sócios da Planejamento e Administração Guanabara eram todos conselheiros da Panair: Alberto Tôrres Filho, César Pires de Mello, Clemente Mariani Bittencourt, Eduardo Bahouth, Gabriel Luiz Ferreira Filho, Ildefonso Mascarenhas da Silva, José Vieira Machado, Luiz Morais e Barros, Manoel de Azevedo Leão, Manoel Ferreira Guimarães e Valentim Fernandes Bouças.

30. As duas empresas publicaram o seguinte comunicado na edição de 7 de maio de 1961 da *Folha de S.Paulo*: "Comunicado da Real e da Varig — Tendo em vista as recomendações do Exmo. Presidente da República no sentido de ser criado um *pool* das linhas aéreas internacionais brasileiras, resolveu a Real, pela conveniência de ser criado um comando unificado para as linhas do respectivo setor geográfico, ceder à Varig metade do controle da Aerovias Brasília S.A. e transferir, a esta empresa de seu consórcio, as linhas internacionais de longo percurso que vem executando. O acordo preliminar foi firmado no dia 2 de maio e está submetido, neste momento, ao beneplácito do Exmo. Presidente da República e das autoridades aeronáuticas do país. Linneu Gomes / Ruben Berta."

31. "Varig comprou o consórcio Real-Aerovias", *Folha de S.Paulo*, São Paulo, 15 ago. 1961.

32. "DC-3 dão prejuízo e haverá colapso se não houver ajuda", *Folha de S.Paulo*, São Paulo, 11 out. 1961.
33. Diz Pereira (1966) que a aviação comercial brasileira, naquele momento, não oferecia quase nenhum interesse a investidores privados. Os números citados foram extraídos de palestra proferida por Carvalho na Escola de Comando e Estado Maior da Aeronáutica (Ecemar).
34. Palhano (1996), p. 71.
35. Paulo Sampaio deixou o seguinte registrado em seu diário pessoal: "Para conseguir este tento, aproveitei-me de uma curta viagem entre Paris e Toulouse em companhia do sr. Hereil, presidente da Sud Aviation, a fim de dar-lhe o xeque-mate. (...) Durante o trajeto de duas horas de duração e antes de ser servida a pequena refeição do meio-dia, informei o sr. Hereil que não mais assinaria o contrato para a compra de 4 Caravelles sem que me fosse introduzida no mesmo uma cláusula específica cobrindo uma condição de prioridade à Panair para os supersônicos. De início, o sr. Hereil reagiu de maneira bastante agressiva à minha condicional, acalmando-se à medida que eu o convencia do meu firme propósito em interromper as negociações para a compra dos Caravelles, caso não cedesse neste particular, e que considerava isto irreversível para a Panair. Consegui redigir com o sr. Hereil a célebre cláusula 16 de aditamento ao contrato a ser assinado e submetemos, via rádio de bordo dirigido às autoridades do governo francês, para seu devido endosso. Esta proposta foi aceita e aprovada, e desta afirmação tivemos conhecimento mesmo antes de pousarmos em Toulouse!"
36. Jo Dutra Medeiros et al. (1979), p. 183.
37. Diz Pereira (1966) que a Panair do Brasil subiu e manteve-se no topo do *ranking* nacional de produtividade, que é o número de passageiros/quilômetros por empregado. Em 1958, esse número tinha sido de: Panair 104.000 (19º lugar no mundo), Varig 95.000 (21º lugar) e Cruzeiro 82.000 (23º lugar). Em 1962, só Panair e Cruzeiro apareciam, com 131.000 e 123.000, respectivamente. Analisa o autor: "As brasileiras Panair e Cruzeiro aumentaram satisfatoriamente a sua produtividade."
38. Ibid, p. 9-10: "O movimento de passageiros praticamente estacionou, pois a média dos quatro anos 1960-1963 foi de 3.985.061, um pouco maior que o número de passageiros transportados em 1957, que foi de 3.874.200. Em 1960 foram transportados 4.644.619 passageiros, em 1961 o número baixou para 3.829.835."
39. *Brasil de Hoje*, n. 94, jan.-jun. 1965, p. 16-17.
40. Procurado pelo autor via fax em 12 de agosto de 2004, o então Departamento de Aviação Civil não retornou contato. Especialistas consultados afirmaram que toda a documentação referente ao assunto fora destruída em um incêndio no Aeroporto Santos Dumont em 1998, sendo impossível recuperar números setoriais antigos. Os dados aqui alinhados foram extraídos de Pereira (1966), p. 30.
41. Estabelece o artigo 486: "No caso de paralisação temporária ou definitiva do trabalho, motivada por ato de autoridade municipal, estadual ou federal, ou pela promulgação de Lei ou resolução que impossibilita a continuação da atividade, prevalecerá o pagamento da indenização que ficará a cargo do governo responsável."
42. A disposição de Lacerda em apoiar o pessoal da Panair foi questionada por muitos editores de jornal da época, que associavam os movimentos do político às eleições presidenciais que se aproximavam. Achavam que ele tentava apenas impressionar a opinião pública para garantir votos. Lacerda era inimigo declarado de Mario Wallace Simonsen, tendo-o atacado publicamente em questões que envolviam a TV Excelsior. O assunto é abordado no capítulo "A turbulência".

43. Reprodução praticamente integral de diálogo registrado por Manuel de Nóbrega em "Consummatum Est", publicado em *O Globo*, Rio de Janeiro, 15 mai. 1965, p. 2.
44. "Funcionários pedem ao Governo a direção da Panair, que teve decretada ontem sua falência", *O Globo*, Rio de Janeiro, 16 fev. 1965, Primeiro Caderno, p. 15.
45. No dia 16 de fevereiro de 1965, Paulo Sampaio e Tude Neiva de Lima Rocha enviaram a seguinte petição ao juiz que decretou a falência da Panair: "A Panair do Brasil S.A. nos autos de sua concordata preventiva, ora transformada em falência, vem, com a devida *venia*, trazer ao conhecimento de V. Exa. os fatos gravíssimos adiante narrados, contra os quais protesta veementemente: (...) Imediatamente, sem que para tal tivesse a menor competência, forças militares da Aeronáutica ocuparam violentamente as instalações da peticionária no Aeroporto do Galeão e a sua sede na praça Marechal Âncora s/n, apossando-se de todos os bens da empresa, inclusive os que se encontram nos seus almoxarifados etc. (...) Assim pois, protestando contra a violenta e arbitrária ocupação *manu militari*, a peticionária sente-se no dever indeclinável de trazer o fato ao conhecimento deste Juízo, para que sejam tomadas as necessárias providências legais, cabíveis na espécie." Em resposta, no dia seguinte, o juiz respondeu, também nos autos: "A Panair do Brasil S.A., nos autos de sua falência, requer as providências legais e cabíveis, como também protesta contra a violenta e arbitrária ocupação *manu militari* de suas instalações, feita por tropas da Aeronáutica. Esqueceu-se a Suplicante, entretanto, de comprovar suas alegações. Queremos crer que tenha o Ilustre Titular da Pasta da Aeronáutica determinado, isso sim, um policiamento das instalações da Suplicante. E se o fez, fez bem. (...) Impunha-se, pois, prevenir. Nada há a recriminar."
46. "Juristas da Aeronáutica vetam cassação da Panair", *Tribuna da Imprensa*, Rio de Janeiro, 17 fev. 1965, capa e p. 2.
47. Na edição de 20 de fevereiro de 1965, *O Estado de S.Paulo* publicaria também uma matéria de capa intitulada "Ruína da Panair foi causada pelo grupo Mario Simonsen".
48. Quase simultaneamente, desembarcava no Galeão, vindo da Alemanha, o deputado Bento Gonçalves, do PSP de Minas Gerais. Aos jornalistas, ele alertou: "Os investidores alemães, atentos ao desenvolvimento da Revolução brasileira, estranharam certas medidas adotadas e, particularmente, o caso da Panair. Eles ponderam que se uma empresa nacional não tem nenhuma proteção do Governo, o que será de uma indústria estrangeira?"
49. Disse João Stepanski, comandante da Varig, em entrevista realizada em 2005: "Eles tinham uma sala de reunião com um tapetão, um troço lindo. Tinham aquela mesona lá. Aí, eu entrei. Eu ia levar a mensagem do Seu Berta. Eles já estavam discutindo. Já tinha um grupo que queria afrouxar, tinha outro grupo que queria morrer. Eu falei com o Telles, com o Bungner, que naquela época eram os que mandavam lá. Eu disse: 'Trago uma mensagem para vocês.' Estavam discutindo, acabaram a discussão deles, eu me levantei e disse: 'Olha, eu não venho aqui a mando de ninguém. Venho de livre e espontânea vontade e venho porque também acho justo o que se quer dar a vocês. Eu trago uma mensagem do Seu Berta...' Quando eu disse 'Seu Berta', quase quebraram o negócio. Disseram que ele que era o culpado. Mas ele não era tão culpado, não. No fim, eu saí. Fui quase apedrejado. No sábado, eu fui na Varig e ele: 'Como é que foi?' Eu disse: 'Olha, Seu Berta, não querem... de jeito nenhum.' 'Mas você deu a mensagem? Todos seriam aceitos hoje aqui às 10 horas da manhã...' Todos os pilotos seriam aceitos, todos os funcionários que quisessem ficar na Varig seriam aceitos. Eles não vieram. 'Bom, então agora não vamos aceitar mais ninguém'."

50. Após o incidente, que ficou registrado nos autos da falência da Panair, Ruben Berta foi repreendido por se manifestar em nome do Banco do Brasil sem a devida autorização. Cerca de um mês depois, o *Diário de Notícias* repercutiu a ousadia: "O síndico da massa falida da Panair, ao tomar conhecimento da mensagem enviada pelo presidente da Varig aos seus subordinados na Europa, falando em nome do síndico que àquela altura não havia ainda assumido o cargo e muito menos autorizado a quem quer que fosse a falar em seu nome, ficou deveras irritado e comunicou imediatamente o fato às autoridades aeronáuticas, anexando uma cópia da mensagem para melhor comprovar a irregular atuação do presidente da Varig."
51. Na verdade, às 20h05 do dia 15 de fevereiro um Constellation da Panair chegou ao Rio de Janeiro, vindo de Belém. Era o PP-PDH, que, no entanto, trouxe apenas os tripulantes que estavam no Pará. Não havia passageiros a bordo.
52. Tude Neiva de Lima Rocha entrou com o seguinte protesto nos autos da falência, dirigido ao juiz que liquidou a companhia: "Não foi a Panair quem apresentou a petição de concordata a V. Exa! A suplicante não podia adivinhar em que Vara iria cair, por distribuição, a sua concordata, nem quando, e a que horas, essa distribuição se iria efetuar. Assim, não lhe seria possível permanecer no fórum com os livros e a documentação em mãos, esperando a oportunidade para os apresentar a V. Exa. O normal, como secularmente vem sendo observado, seria guardar o despacho clássico: encerrados os livros, à conclusão. Se a suplicante houvesse preparado no distribuídos a distribuição, pagando os respectivos emolumentos, então sim, poder-se-ia dizer que ela deveria ter anexado, desde logo, toda a sua documentação e, apresentado a petição, já instruída e acompanhada dos livros, a V. Exa. O que não se compreende é que alguém, interessado na falência, haja dado andamento ao processo. A verdade é que antes de ser proferida a dita sentença declaratória da falência, os seus livros e toda a documentação exigida por lei já se encontravam no cartório deste Juízo. Desse modo houve tumulto processual. Os artigos 156/160 da Lei de Falências foram desrespeitados, razão pela qual a suplicante, com o devido respeito e invocando os doutos suplementos de V. Exa., vem pedir a reconsideração da decisão de fls. 40/50 e 50v, que deve ser tornada sem efeito, a fim de que, novamente conclusos os autos, seja proferida outra decisão, obedecendo os trâmites regulares, deferindo-se o processamento da concordata preventiva." Apesar dessa manifestação, a falência foi mantida.
53. O empresário deixou o seguinte relato registrado: "Houve um complô. Já estava tudo preparado. Ato contínuo desta decisão do juiz [de decretar a falência] foi a designação do Banco do Brasil como síndico da massa falida da Panair. O Banco do Brasil não era credor e, no entanto, foi escolhido. E eu até fiquei satisfeito com a indicação porque, eu acreditava, íamos ter uma falência limpa. No dia seguinte, porém, fomos outra vez surpreendidos com a designação do senhor Alberto Victor Magalhães Fonseca como representante do banco. Por coincidência, eu conhecia este indivíduo, conhecia a sua crônica. Era um funcionário muito popular do Banco do Brasil que se elegeu presidente da Associação Atlética do Banco. A associação, além de outras coisas, é uma cooperativa que compra gêneros alimentícios em larga escala, para revender aos funcionários a preço de custo. E o sr. Fonseca foi apanhado em flagrante exigindo 10% de comissão sobre toda a compra que a AABB fazia. Ele pediu demissão do cargo para evitar a publicação dos fatos. Mas todo mundo ficou sabendo disto. Inclusive eu, que tinha muito contato com o pessoal do Banco do Brasil. O sr. Fonseca, a partir daí, nunca mais recebeu função dentro do banco. (...) Quando vi a indicação do Fonseca fiquei enormemente surpreendido. Eu tinha a direção do banco no mais alto apreço e, particularmente,

pelo diretor administrativo, o Luiz de Paula Figueira. É um mineiro tradicional, correto e de palavra. Como sabia do seu horror pelas coisas escusas, fui a ele imediatamente e perguntei se ele não conhecia o Fonseca. 'Tão bem quanto você', ele respondeu. Mas, então, como você o nomeou para síndico? 'Não tive como evitar. A escolha foi feita no gabinete do ministro da Aeronáutica e não admitiram nenhum outro nome'." José Carlos Fragoso Pires registrou que foi sua a recomendação, ao brigadeiro Eduardo Gomes, do nome de Fonseca ao cargo. A nomeação, segundo ele, foi pedida pelo ministro ao presidente e Castello Branco prontamente o atendeu.

54. "Falência da Panair mata 8º servidor", Correio da Manhã, Rio de Janeiro, 22 jun. 1965, Primeiro Caderno, p. 12.
55. O documento foi recuperado no acervo do Dops preservado no Arquivo Público do Estado do Rio de Janeiro.
56. "Governo de SP apresentará estudo para salvar Panair", *Jornal do Commercio*, Rio de Janeiro, 5 mar. 1965, p. 3.
57. A chamada CPI do Café (1963-1964) foi instaurada depois que o deputado paulista Herbert Levy, da UDN, denunciou irregularidades nos negócios de Mario Wallace Simonsen envolvendo a exportação e o comércio do grão. As acusações seriam rejeitadas pelo Supremo Tribunal Federal em dezembro de 1965, por ausência de justa causa, mas, àquela altura, a Comal e a Wasim já haviam sido desativadas. O assunto é tratado com profundidade no capítulo "A turbulência".
58. Foram sequestradas as seguintes empresas de Mario Wallace Simonsen: Casa Baruel; Central Exportadora de Produtos Agrícolas Brasileiros; Chácara Brasília; Cinema Astória; Companhia Brasileira de Armazéns Gerais Ipiranga; Companhia Brasileira de Energia Nuclear; Companhia Brasileira de Equipamentos; Companhia Brasileira de Fiação; Companhia Brasileira de Óleos; Companhia Brasileira Comercial e Exportadora de Óleos Vegetais; Companhia Brasileira de Irrigação; Companhia Comercial Anglo-Brasileira; Companhia Comercial Brasileira; Companhia Comercial da Borda do Campo; Companhia Comercial e Imobiliária de São Paulo; Companhia Comercial Paulista de Café (Comal); Companhia de Publicidade "Out-Door"; Companhia Imobiliária Nacional; Companhia Melhoramentos de São Bernardo; Companhia Nacional de Comércio do Café; Consórcio Brasileiro-Francês de Comércio e Indústria; Entel — Engenharia e Telecomunicações; jornal *O Esporte*; Excelsior de Viação; Fiduciária Fluminense; Industrial e Exportadora Nova Esperança; Lumar Comércio e Indústria; Maxwell Eletrônica Comercial e Industrial; Motores Perkins; Murray, Simonsen; Panair do Brasil; Planejamento e Administração Guanabara; Propac Comércio e Indústria; Televisão Excelsior; Sociedade Agrícola e Colonizadora Bonjardim; Sociedade Imobiliária Santo André; Supermercados Sirva-se; Wasim — Importação e Exportação.
59. No futuro, Celso da Rocha Miranda registraria a seguinte explicação: "Quando se compra um controle, nunca se compra as ações pelo preço isolado de uma delas. É muito diferente. Houve ações, de acionistas brasileiros, que pagamos 1.500 ou 2 mil cruzeiros. Posteriormente, verifiquei que tinha feito, realmente, um bom negócio, já que o patrimônio da Panair era muitas vezes superior à negociação feita, como, aliás, me garantia a Pan American."
60. Celso da Rocha Miranda deixou registrado que encaminhara diversas vezes por escrito ao BNDE a dispensa do seguro com relação aos Constellations, por serem aqueles aviões totalmente depreciados nos livros da Panair. Mas a instituição lhe "negara o pleito com firmeza".

61. Ao redator-chefe de *O Globo*, que repercutiu a questão dos seguros, Ruben Berta enviou uma carta, reproduzida pelo *JB* ("A VARIG esclarece a questão do seguro", *Jornal do Brasil*, Rio de Janeiro, 28 mar. 1965, p. 13), em que rejeitava o discurso de Paulo Sampaio e acusava a empresa Ajax, de Celso da Rocha Miranda: "(...) Preciso discordar completamente dessas citações, porque a VARIG, para poder poupar centenas de milhares de dólares em prêmios de seguro por ano, precisou ameaçar a camarilha de que faziam parte o então presidente do IRB e a AJAX, de um escândalo público, a fim de conseguirem, a empresa e o Brasil, verem-se livres dum parasitismo asqueroso, em torno da colocação dos resseguros aeronáuticos no exterior. A qualquer dúvida sobre o que aqui declaro, estou pronto a mandar publicar, na íntegra, as denúncias que fiz, na ocasião, à alta administração do país, inclusive ao então sr. presidente da República, o qual prontamente incumbiu o ilustre então chefe da sua Casa Militar, para tratar pessoalmente do assunto. (...) Tenho, de resto, a impressão de que o assunto a que ora se faz referência terá, a curto prazo, a ampla divulgação que merece, se o sr. deputado Herbert Levy levar adiante a ideia de constituir uma Comissão Parlamentar de Inquérito para esse fim. A documentação da VARIG já se encontra em poder do referido deputado, para que mais esse tumor não volte a formar-se no Brasil (...)."
62. "VARIG em Israel", *Correio da Manhã*, Rio de Janeiro, 16 fev. 1961, Segundo Caderno, p. 13.
63. Celso da Rocha Miranda deixou o seguinte registrado: "[O objeto da acusação] nunca aconteceu. Quem vai comprar a passagem e fica sem fazer o voo? Isso se refere aos bilhetes que eram vendidos para o transporte realizado por terceiros, a partir da organização de duas câmaras de compensação de passagens: uma nacional e outra internacional. Este sistema permitia que o bilhete emitido por uma companhia servisse para a outra. Nós tínhamos um acordo internacional estabelecendo que, mesmo sem endosso, com a passagem da Panair o passageiro podia voar por outra companhia. Dou um exemplo para ilustrar: normalmente, uma passagem Rio-Paris dava direito a volta por outra companhia, desde que houvesse o endosso da Panair. Naquelas que participavam do *pool*, desta câmara de compensação, o endosso era dispensável. Na data de decretação da falência da Panair, o débito da empresa nesta câmara internacional era da ordem de 300 mil dólares. E, é óbvia a explicação para este montante: cassaram as linhas e não pudemos trazer os passageiros de volta."
64. Ibid: "O BNDE, quando garante, em nome do governo federal, cobra comissões. A rede bancária, idem. Por que não o particular? Não seria nada desonesto, nem irregular. Os acionistas da Panair deram seu aval pessoal a operações de compra de aeronaves e de consolidação de débitos, assumindo responsabilidades superiores a dezenas de milhões de dólares. Com um detalhe apenas: fizeram-no gratuitamente. Nunca receberam, nem pretenderam receber qualquer comissão. Todavia, como certas pessoas nada fazem de graça, gente há que até hoje não acredita ou não quer acreditar e apregoa o contrário."
65. Quando Mario Wallace Simonsen faleceu, em 23 de março de 1965, houve a disseminação quase imediata da informação de que havia tirado a própria vida. Contudo, a certidão de óbito, transmitida ao Brasil pelo Department de Seine et Oise, de Paris, atesta que o empresário morreu de causa natural, vítima de uma crise cardíaca. Marylou Simonsen, sua filha, e Carlo Notarbartolo di Villarosa, genro, que estavam com ele em Orgeval, confirmaram ao autor o conteúdo do atestado. No dia 27 de março daquele ano, o *Correio da Manhã* publicou nota em que se esclarecia que, na França, a lei era "bastante estrita" no que diz respeito à suspeita de suicídio,

realizando investigações sempre que necessário. O jornal apontava, ainda, que o boato, originado no Brasil, surpreendeu as autoridades francesas. O acionista da Panair foi enterrado no Cimetière des Batignolles, em Paris, de acordo com os preceitos de sua religião, o que também não seria possível se ele tivesse se suicidado.

66. Consta a seguinte informação nos autos sobre o referido aval: "Em 1961, coroando antigas negociações que vinham sendo realizadas, de forma oficiosa, por nossas autoridades, a Panair do Brasil foi totalmente nacionalizada. Nessa ocasião, além dos pesadíssimos encargos financeiros decorrentes da aquisição das ações da Panair em mãos do Grupo controlador, isto é, da PAA e da Planejamento Guanabara, exigiu a primeira que assumíssemos, também, o encargo de liquidar a dívida acima referida [relativa aos investimentos em infraestrutura aeroportuária no período da Guerra], firmando-se a 'Débito Consolidado' da Panair do Brasil, devidamente contabilizado à época da operação, no montante de US$ 7.015.533,01 com o esquema de pagamento estruturado em 59 parcelas mensais iguais e sucessivas de US$ 140.000,00 cada uma, crédito oficialmente registrado na então Superintendência da Moeda e do Crédito, por força de suas características de público interesse. Com a falência, interromperam-se os pagamentos que vinham sendo regularmente feitos, restando um saldo devedor de apenas US$ 4.360.236,92."

67. "Heiß wie die Hölle" [Quente como o inferno], *Der Spiegel*, Hamburgo, 17 out. 1962.

68. Disse o alemão Joachim Stuth-Timm, diretor da Central Exportadora de Produtos Agrícolas Brasileiros — Cepab (uma *joint-venture* da Comal com a Bernhard Hothfos), ao autor em entrevista para o documentário *Mario Wallace Simonsen, entre a memória e a história*: "Ele era um homem muito dinâmico, de uma visão grande. Já na época pensava: 'Se não vou conseguir vender café para a China ou a Rússia, vou começar pela Alemanha, onde se bebe muito café.' Já há cinquenta anos queria abrir lojas de café torrado e moído, em xícaras, como hoje faz a Starbucks. O negócio dele não era produzir, era intermediar e, se possível, chegar no consumidor final. E quem era esse consumidor final? As donas de casa. O mercado alemão ficou com medo. Pensava que ele iria dominar tudo." De fato, João Etcheverry, do *Última Hora*, publicou o seguinte em sua reportagem "Para onde vai a Alemanha — Dezessete anos depois da Guerra, eis o povo mais rico da Europa!" (2 de janeiro de 1963): "(...) ouvi do representante do Instituto Brasileiro do Café os planos da batalha que vai ser travada para introduzir no mercado europeu marcas 100% brasileiras; presenciei a surpresa causada pelo ímpeto de um miliardário de São Paulo — Mario Simonsen — comprador de uma cadeia de cem lojas de café na Alemanha."

69. As acusações, publicadas no *Diário do Congresso Nacional* de 5 de maio de 1964, eram: "Refrações"; "Atrasos nos pagamentos dos Armazéns Gerais Paranaguá pela Comal, que recebia com grande antecedência os recursos do IBC para esse fim"; "Emissões de *warrants* em favor da Comal de cafés depositados em seu nome nos Armazéns Gerais e já pagos pelo IBC"; "Transferência das funções de comercialização de café do IBC para a Comal e monopólio para esta nas vendas de cafés de sua intervenção e do IBC de fins de 1960 até 16 de novembro de 1962 e semimonopólio de então para cá"; "Cartas de retificação da Comal ao IBC, promovendo, dolosamente, alterações na posição do estoque para obter lucro ilícito"; "Retenção indevida por três anos, em nome da firma, dos vultosos estoques da intervenção"; "Troca de cafés com Curitiba e Paranaguá entre a Comal e o IBC, com prejuízo deste"; "Livre movimentação pela Comal dos cafés intocáveis da intervenção nos armazéns, sem a presença do agente do IBC. A profunda significação dessa quebra

contratual"; "Retenção pela Comal, durante três anos, de vultoso saldo em dinheiro, sem juros, que deveria contratualmente ser recolhido ao IBC"; "Entrega pelo IBC à Comal dos documentos fiscais que deveriam estar sob guarda para controle dos estoques já pagos e postos em nome da Comal"; "Descumprimento das normas estabelecidas para a exportação de 1.250.000 sacas — volta ao monopólio da Comal — prejuízo de 456 milhões de cruzeiros no IBC em favor da Comal nos preços de venda"; "Concessão pelo Banco do Brasil de vultosos créditos em branco à Comal, contrariando as normas regulamentares e envolvendo firma falsificadora de documentos, proibida de operar com o banco"; "O golpe da exportação do café torrado"; "Outras irregularidades: operações especiais". Em 1964, Herbert Levy também publicou *O livro negro do café*, de 272 páginas, em que discorreu sobre o seu trabalho à frente da CPI do Café e as acusações dirigidas ao Grupo Simonsen.

70. Disse o jornalista Flávio Tavares em entrevista ao autor para o documentário *Mario Wallace Simonsen, entre a memória e a história*: "Após a posse de Jango, o general Golbery e alguns empresários formaram o Ipes [Instituto de Pesquisas e Estudos Sociais], que se apoiava no trabalho do Ibad [Instituto Brasileiro de Ação Democrática], que tinha dinheiro da embaixada americana. Focava o presidente da República e todos os que, como ele, poderiam ser uma ameaça. O Ibad alugou o jornal *A Noite* e atacou Mario na CPI do Café. Juntaram-se os interesses político-ideológicos: ele era um empresário nacional defendendo interesses nacionais e houve o pilar da concorrência jornalística. Chateaubriand já havia se insurgido ao *Última Hora*, que era muito menor que as empresas de Simonsen." Na mesma linha, afirmou o jornalista Janio de Freitas: "Não há como dissociar da política externa americana em relação ao Brasil os interesses econômicos e políticos. São a mesma coisa. Era receio de uma tendência nacionalista. A direita foi motivo de preocupação para o governo Kennedy, mas não politicamente. Ela o foi economicamente. (...) Aqui, entra uma história não contada sobre a utilização dos meios de comunicação para defender os interesses norte-americanos, vinculando-se ideológica e politicamente. E Mario viria a ser uma das vítimas disso."

71. Afirma Saulo Ramos que a guerra foi aberta contra Simonsen por sua capacidade de concorrer no exterior com as empresas norte-americanas que, até então, mantinham virtual monopólio da comercialização de grãos, por meio do chamado "grupo ABCD (André & Cia, Bunge & Born, Continental e Dreyfus)": "A Wasim passou a vender café agressivamente na Alemanha, no Leste Europeu, Itália e — ato suicida — em Nova York, no mercado *green coffee*, com alguma iniciativa para ingressar no mercado de café torrado e moído. Crime explícito, porque afinal um país mais ou menos colônia não podia desejar mais do que vender matéria-prima em seu próprio território. Mas as firmas estrangeiras concorrentes estrilaram não tanto porque a Wasim fosse uma ameaça, mas pelo exemplo e precedente, que poderia se alastrar para outros países como a Colômbia, Centro América e alguns africanos. Bem, isto já é dedução elementar porque a reação foi realmente organizada, inclusive com contratação de marqueteiros para a campanha publicitária. Algumas dessas firmas eram ligadas ao Bank of America, que aqui contava com um sócio eficiente, o deputado Herbert Levy, dono do Banco América, e que se aproveitou do cargo de deputado e fez uma campanha mortal contra o Mario, começando pela CPI do Café, que deu aqueles longos shows de acusações durante meses, com a cobertura entusiasta da TV Tupi em todo o Brasil." Amaral (2010, p. 140) tem a mesma visão: "A exportadora Comal era poderosa, a maior nacional. No exterior, a Wasin tinha uma participação enorme na distribuição das exportações de café brasileiro. Esse quase monopólio incomodava os concorrentes inter-

nacionais dos Simonsen, principalmente os norte-americanos, cujos interesses eram representados no Brasil por políticos influentes, ligados aos militares que haviam tomado o poder, inclusive o então empresário e deputado federal Herbert Levy." Tavares (2014, p. 165) acrescenta: "(...) em Brasília, a oposição montou uma CPI do Café para arrasar Simonsen. Desde que decidiu comercializar o café brasileiro já torrado e moído na Europa (e, logo, nos EUA), os gigantes da indústria alimentícia se sentem 'ameaçados' por esse capitalista brasileiro que aparece alinhado com a esquerda. O deputado-relator da CPI, Herbert Levy, da UDN de São Paulo, se comunica com os 'gigantes' pelo telex da Embaixada dos EUA em Brasília. (Num tempo ainda de comunicações precárias, o telex era o mais rápido e eficiente.) Quando lhe indagam por que passa lá tantas horas, explica que vai visitar a sobrinha, casada com o diplomata Robert Dean, que chefia a representação dos EUA na capital."

72. Diz o jornalista Elio Gaspari (2002, p. 234) que Salles "era o brasileiro predileto dos irmãos Nelson e David Rockefeller".
73. Disse Alvaro de Moya, diretor de programação da TV Excelsior, em entrevista ao autor para o documentário *Mario Wallace Simonsen, entre a memória e a história*: "Como eu era muito amigo do João Saad, estava na sala dele e ouvi: 'Moya, você que é amigo do Wallinho Simonsen [Wallace Simonsen Neto, filho mais velho do empresário], vai lá e avisa esse menino que não é o Herbert Levy quem está por trás dessa campanha. É o Rockefeller. O Rockefeller é que quer derrubar o Grupo Simonsen. Não é o Levy resolvendo os problemas do café aqui. É o Rockefeller querendo derrubar o escritório deles na Suíça' (...) Contei para o Wallinho e ele disse: 'Vocês têm mania de ver imperialismo em tudo.' Eu respondi: 'Olha, Wallinho, quem contou foi um alto empresário de uma empresa de televisão, não foi um comunista.' Anos mais tarde, Wallinho foi entrevistado e disse que foi avisado". Janio de Freitas explica: "Herbert Levy era um homem ligado ao capital externo e Mario opunha-se ao *trust* internacional de grãos controlado por americanos. Isso já seria uma razão para Levy ser um instrumento do ataque a Mario, quebrar a linha de resistência que ele vinha montando. (...) Rockefeller era o *trust* dos grãos, o opositor do Simonsen. Era a figura mais influente no setor e no jogo das políticas internacionais dos EUA e seus aliados na guerra do comércio internacional de grãos." Herbert Levy Filho rebate a tese: "Isso aí é extrapolação completa. David Rockefeller, de quem meu pai era mesmo amigo, sempre teve um respeito muito grande por papai. Porque papai foi um dos deputados do Brasil que foram defender uma tese lá nos Estados Unidos que era beneficiária ao Brasil e não era favorável aos Estados Unidos. Então, ele ficou muito impressionado com papai e ficou muito amigo dele. Tanto ele como o irmão dele, Nelson. Apesar de Mario Simonsen ser aqui no Brasil a potência que ele era, não chegava aos pés do David Rockefeller. O David Rockefeller nunca iria entrar numa briga num outro país, com outro empresário, sem saber onde está pisando. Ele poderia até emitir opinião a respeito, baseado na conversa que tinha com o meu pai ou com alguém que ele conhecesse que pudesse dar informações. Mas entrar em guerra e fazer... isso é extrapolação. É procurar sarna para se coçar. (...) Sem querer menosprezar ninguém, é um milionário americano enorme que não vai fazer uma briga com um empresário brasileiro porque ele tem interesse em café. Ele tem interesse em dez, vinte coisas." Saulo Ramos destaca: "Os detratores eram os concorrentes, que temiam o combate ao problema depois de surgido. Se Simonsen colocasse a safra brasileira nos cafés da rua, nas xícaras, seria um fato consumado. A Colômbia e outros países imitariam. O saco de café valia US$ 40 no Brasil. Lá fora, após processado, vendia US$ 1.200. Simonsen que-

ria que o brasileiro parasse de vender por U$ 40 e vendesse por US$ 1.200. Foi aí que a reação veio violenta."
74. Disse Saulo Ramos em entrevista ao autor para o documentário *Mario Wallace Simonsen, entre a memória e a história*: "Essa falsificação é fácil de verificar. A Comal comprava o café do IBC, depositava em armazéns gerais e eles davam como comprovantes o *warrant* e o conhecimento de depósito. A Comal não financiou nenhum café, portanto não destacou o *warrant* do documento. Os versos não tinham endosso. A CPI disse que foi endossado para levantar dinheiro. A fotocópia usada na CPI era falsa, levando a crer que Mario tinha financiado os cafés do governo e ficara com o dinheiro. Fizemos um laudo pela Polícia Técnica de São Paulo e ele foi entregue à CPI. O Ministério Público ofereceu denúncia criminal contra todos os diretores do IBC e da Comal. Mas os advogados provaram no Supremo Tribunal Federal que as fotocópias eram falsas. Ficamos surpresos que o promotor não levou em conta o laudo que atestava a falsidade. E ele usou a documentação falsa, o que também é crime. O resultado foi um escândalo no mundo inteiro envolvendo os nomes da Comal e da Wasim, o que abalou os créditos do seu Mario. A denúncia do promotor ficou depois desmoralizada e, no STF, conseguimos um *habeas corpus*, não só para impedir a prisão dos acusados, mas também trancar o processo penal."
75. Em pronunciamento no Congresso em fevereiro de 1965 (portanto, logo após o fechamento da Panair), o deputado Aliomar Baleeiro, da UDN da Guanabara, afirmou o seguinte sobre o corte dos títulos de Simonsen: "[A Comal] Apropriou-se de cerca de 25 milhões de dólares, quantia equivalente a quase 50 bilhões de cruzeiros. Verdadeiro caso de apropriação indébita, que foi confirmado a nós — a mim e ao deputado Herbert Levy e a outros companheiros aqui — pelo Ministro da Fazenda Ney Galvão, em fevereiro, quando o ouvimos, de portas fechadas, a pedido de S. Exa., no Palácio Tiradentes. Aquele ministro fez protestar títulos da Comal, que é a dona da Panair, já naquele mês de fevereiro" (*Diário do Congresso Nacional*, Brasília, 19 fev. 1965, p. 443).
76. Diz Marylou Simonsen: "O impacto sobre ele foi devastador. Meu pai amava muito minha mãe. Eles tinham sido profundamente ligados desde a infância, em Santos. Ela era sua grande fonte de força e tudo o que ele fez e construiu na vida, provavelmente, foi por ela. Depois que ela morreu, ele perdeu a vontade de viver."
77. *Jornal do Brasil*, Rio de Janeiro, 22 fev. 1964.
78. *O Estado de S.Paulo*, São Paulo, 25 jun. 1964.
79. "Perseguição levou economista à morte", *Última Hora*, Rio de Janeiro, 29 jun. 1964, p. 2: "A esposa do economista Eleutério Proença de Gouveia, ex-diretor da Carteira de Câmbio do Banco do Brasil, atribuiu o suicídio do marido, no sábado, ao trauma que ele sofreu com as perseguições havidas durante o inquérito instaurado no Banco. Também o filho do economista, sr. Ricardo Gouveia, atribuiu a esse motivo o gesto do pai (...)"
80. As informações foram publicadas por Aldo Pereira nos livros *Asas cortadas* (1966) e *Breve história da aviação comercial brasileira* (1987). Segundo aquele autor, elas nunca foram contestadas.
81. Pereira (1966), p. 18-19.
82. *Brasil de Hoje*, n. 94, jan.-jun. 1965, p. 16-18.
83. Informação disponível em correspondência enviada por Leopoldino Amorim, que viria a assumir a presidência da Cruzeiro (1969-1975), ao comandante Aldo Pereira. Quem a publicou foi a pesquisadora Claudia Musa Fay, em sua tese *Crise nas alturas: a questão da aviação civil (1927-1975)*.

84. Diz Fay (2001, p. 52-53): "Os Estados Unidos, a partir de 02/10/1947, permitiram que a empresa brasileira Cruzeiro do Sul iniciasse voos para Nova York e Washington via San Juan. Em 2 de maio de 1948, a Cruzeiro do Sul encomendou três aviões DC-4, que eram convertidos do avião militar C-54 utilizado durante a guerra. Entre 1948 e 1949, operou, de forma experimental, trinta voos nesta rota. No entanto, seu presidente, Ribeiro Dantas, não quis efetivar o serviço sem a garantia do governo federal de subsídios. Em 1949, a Cruzeiro vendeu os três DC-4 que havia adquirido para comprar quatro aviões do tipo Convair CV-340. Em maio de 1953, o Ministério da Aeronáutica cancelou a autorização da Cruzeiro do Sul para operar a rota por falta de equipamento adequado. Era necessário um avião de quatro motores para sobrevoar o oceano. Em fevereiro de 1953, a Varig foi designada para voar para Nova York e encomenda, na ocasião, três Constellations, inaugurando a rota Rio-Belém-Port of Spain-Ciudad Trujillo em agosto de 1955. Em novembro do mesmo ano, a Varig consegue os subsídios."
85. Fay (2001) também cita depoimento de Nero Moura, ministro da Aeronáutica da época: "Em um dos primeiros despachos que tive com Getúlio, o presidente disse: 'o Berta ajudou muito na campanha e eu gostaria que você olhasse com simpatia as pretensões da Varig atendendo-o de boa vontade'."
86. Erik de Carvalho deu a sua versão sobre o assunto ao jornalista Samuel Wainer (*Senhor Vogue*, ago. 1978, "Brasil: a conquista de um lugar ao céu"): "Estávamos em campos opostos, mas não antagônicos", diz Erik. "Em 1955 eu ainda não era uma figura de primeiro plano na aviação comercial do país. Desde os meus 17 anos, ainda em 1930, comecei a trabalhar na Panair do Brasil. Em 1955 eu já era um de seus principais diretores, mas minha convivência com Ruben Berta era escassa. Foi mais pela minha condição de presidente do Sindicato Nacional das Empresas Aéreas que surgiu a oportunidade de um maior contato com Berta. Berta", prossegue Erik, sem disfarçar o carinho com que se refere à sua memória, "era um homem arrebatado e veemente. Eu, como presidente do sindicato, tinha que manter sempre uma atitude conciliatória e moderadora. Mas eis que a Panair lança, em 1946, os primeiros 'Constellations' no Brasil. Como estes dispunham de uma ociosidade no campo internacional, a Panair colocou os 'Constellations' também no campo doméstico. Seria assim a única empresa a operar com quadrimotores." Nessa altura, teve início, efetivamente, uma luta competitiva entre Varig e Panair, que terminou, por estas e outras razões, com a eliminação definitiva da Panair das atividades da aviação comercial no Brasil e no mundo. Foi uma luta longa e surda, mas à qual Erik prefere não se referir, por uma questão de escrúpulos pessoais: "Com o lançamento dos quadrimotores nas linhas nacionais, a resistência das outras companhias, que não dispunham desse tipo de avião, foi enorme. E, naturalmente, comandada por Ruben Berta, cuja agressividade tinha aí um campo excelente para ser aplicada, a luta acabou por se concentrar dentro do Sindicato Nacional das Empresas Aeroviárias." Sobre seu ingresso na Varig, Carvalho acrescenta: "A diversidade e o contraste de nossos temperamentos acabaram por se tornar um fator positivo para a empresa. Berta parecia um trator. Não parava. Sua agressividade criadora parecia não ter freios. Mas aos poucos o nosso relacionamento foi se aperfeiçoando. (...) Não subestimei a visão de Berta. O ambiente de decomposição que começou a rondar a Panair, seja em consequência da greve, seja pelos conflitos internos, seja pela contradição entre os interesses nacionais e estrangeiros dentro da empresa, era naturalmente a principal razão para Berta me procurar. (...) 'Temos que vender a imagem da Varig no campo internacional da melhor forma possível', dizia Berta. 'Muita gente ainda pensa que somos uma marca de pasta de dentes'."

87. "Todo mundo no leilão", *Última Hora*, Rio de Janeiro, 22 jun. 1961, p. 13.
88. Rocha Miranda ainda registrou: "O próprio presidente Jânio Quadros havia procurado meu sócio, o Mario Simonsen, e solicitou a ajuda dele para a nacionalização. O Mario, como sabia que eu tinha boas relações com o grupo da aeronáutica, chefiado por Paulo Sampaio, me pediu que tomasse conta da situação." Sobre os motivos por que resolveu ficar com a Panair, explicou: "Tenho que dizer que fazia parte dos meus sonhos de juventude a nacionalização da Panair. Eu admirava a empresa e, ainda mais, a figura de Paulo Sampaio. (...) Com dez anos a mais que eu, representava para mim aquele homem com a magia do herói. Eu era um garoto e ele, tenente da Marinha. Já estava voando numa época em que voar era um raro privilégio. Além dos interesses patrióticos, a Panair despertou interesse comercial no grupo. Representava, no entanto, um investimento de médio prazo. Isto porque, nas linhas da Europa e na reformulação dos obsoletos acordos aéreos mantidos com os países do velho continente, estava a redenção."
89. *Diário do Congresso Nacional*, Brasília, 16 mai. 1962.
90. Erik de Carvalho contou sua versão sobre a compra do consórcio pela Varig ao jornalista Samuel Wainer (*Senhor Vogue*, ago. 1978, "Brasil: a conquista de um lugar ao céu"): "Jânio Quadros, já eleito presidente da República, encontrava-se muito preocupado com o destino da Real Aerovias, que estava sob a ameaça de grave crise econômica e financeira. Consequentemente, poderia acabar em se transformar num problema social, seja mediante demissões em massa de funcionários, seja mediante o próprio fechamento da companhia. Jânio nos chamou, o Berta e eu, para uma conversa. Prometeu todo apoio à Varig se esta absorvesse a Real Aerovias, evitasse seu colapso, mantivesse o acervo da empresa em funcionamento. E foi assim que no dia 11 de agosto de 1961 incorporamos à Varig a empresa Real Aerovias. Diga-se de passagem, a Varig já possuía 50% de suas ações. Quinze dias depois, Jânio renunciava. O apoio prometido, naturalmente, não veio. Mas Ruben Berta, que estava em Nova York, avisado por mim, autorizou assim mesmo a operação. Não foi nada fácil absorver e assimilar o conjunto Real Aerovias. Mas, assim mesmo, a Varig terminou por ampliar suas linhas para os Estados Unidos e o Japão."
91. Diz Guido Sonino, funcionário Varig durante quase 35 anos e jornalista (Aeroconsult. SONINO, Guido. "Procurando o céu de brigadeiro". Disponível em: <http://www.aeroconsult.com.br/textos/brigadeiro_4.htm>. Acesso em: 2 jul. 2005): "Quando em agosto de 1961 o Governo Federal facilitou sua aquisição pela Varig, a Real se encontrava à beira da falência. Na época os analistas garantiram que somente Linneu Gomes, dinâmico fundador e presidente da Real, havia lucrado — e muito — com essa venda. A fusão quadruplicou a extensão da rede internacional da Varig e dobrou suas linhas domésticas. Todavia muitas das rotas eram de escasso valor comercial (entre elas as para Port of Spain e para Bogotá), sendo os direitos de tráfego para Miami, Los Angeles e Tokyo a parte mais valiosa do pacote. Mas não a curto prazo: de fato, antes de começar a operar com rentabilidade a linha para o Japão, a Varig deverá levantar empréstimos de milhões de dólares, indispensáveis para criar uma miniestrutura comercial na Ásia. Com esse forçado crescimento a empresa multiplicou seus problemas, entre os quais se destacava a necessidade de garantir uma eficiente manutenção a todos os diferentes tipos de aeronaves. Em 1963 a empresa possuía uma frota de 103 aviões, que incluía desde alguns DC-3 até os modernos B-707. Somente em 1971 ela conseguirá eliminar os excedentes, formando a frota ideal para operar em suas linhas internacionais: dezesseis Boeings 707, além de um único DC-8 que será vendido em 1974."

92. Claudia Fay (2001), p. 217.
93. Diz Bastos (2006, p. 146-151): "Em 18 de fevereiro de 1963 a revista *PN — Política e Negócios* havia publicado uma reportagem sobre falta de segurança de voo, 'Os milionários do déficit', entre os quais estavam nominalmente citados os dirigentes da Varig. Passei um telegrama para a revista, 'colocando-me ao inteiro dispor para fornecer mais subsídios', o que foi considerado uma provocação pelo Ruben Berta, que me demitiu no dia do meu aniversário, 25 de maio. (...) Eu estava investido de três mandatos sindicais: era presidente do Conselho Fiscal do Sindicato Nacional dos Aeronautas, presidente da Federação Nacional dos Trabalhadores em Transportes Aéreos e diretor da Confederação Nacional dos Trabalhadores em Transportes Marítimos, Fluviais e Aéreos. O *Jornal do Brasil* do dia 2 de junho deu na manchete: 'Greve nacional marcada para o dia 5 se Varig não reintegrar Mello Bastos.' Estourou a greve. Pararam os portos, aeroportos, ferrovias. Guanabara, Minas, Espírito Santo, estado do Rio. Foi a primeira vez que parou a Santos-Jundiaí. Pararam 23 usinas em Campos, no norte do estado do Rio. Ameaçou faltar gasolina nos postos, pela paralisação das refinarias de Manguinhos, Duque de Caxias e Cubatão. (...) A polarização era entre a Aerobrás e a 'Bertabrás', como a revista *PN* simbolizou o antagonismo entre a nossa proposta de estatização do transporte aéreo e a política vigente, em que subvenções oficiais eram concedidas às empresas de aviação sem que estas garantissem a necessária segurança de voo. Houve rumores de que Berta só me demitiu depois de ouvir o Jango. Para mim, o Jango disse: 'Esse alemão é nazista, no meu governo ele vai readmitir você, senão faço a intervenção na Varig.' Conforme já contei no *Salvo-Conduto*, a Varig me reintegrou, depois de negociações entre o CGT e o governo, e o Berta viajou para Londres por seis meses. Como eu só descobriria muito tempo depois, ele não engoliu o recuo a que foi obrigado. E iria arquitetar algo muito sórdido para se livrar de mim."
94. Ruben Berta (1963).
95. Aldo Pereira (1966, p. 90-91).
96. Escreveu o jornalista Ivan Martins ("Um empresário que ninguém quer lembrar", *IstoÉ Dinheiro*, São Paulo, 14 abr. 2004, ed. 345, p. 48-52): "Em agosto de 1961, quando Jânio renunciou e a direita tentou impedir a posse de seu vice, Simonsen engajou-se ao lado da legalidade, arranjando inimigos entre militares e conspiradores civis. Jango se encontrava na Ásia e disseminou-se a lenda de que ele voltara ao Brasil em um avião da Panair. Não foi assim. DINHEIRO apurou que o dono da Panair estava em Londres quando soube que se tramava contra a posse de Jango. Imediatamente mandou Max Rechulsky, seu mais importante executivo na Europa, interceptar o vice-presidente em sua viagem de retorno da China, para pô-lo a par dos fatos. O encontro deu-se em Zurique. Dali, em vez de seguir para Londres, como era seu plano, Jango voou para Paris com Rechulsky. Hospedou-se no Prince de Gales, ao lado do escritório da Wasim. 'No nosso escritório ele fez dois telefonemas, um para Santiago Dantas e outro para Juscelino', contou Rechulsky à DINHEIRO. 'A conta de Jango em Paris foi paga pelo nosso escritório'." Em entrevista à equipe do documentário *Mario Wallace Simonsen, entre a memória e a história* realizada em 2013, o jurista Saulo Ramos confirmou as informações: "Jango estava na China e ele [Simonsen] deu cobertura para a volta ao Brasil. Através dos contatos da Panair, seu Mario deu um jeito de ele pegar um avião e ir para Paris. Em Paris, seu Mario arranjou com o Max Rechulsky de ele ficar hospedado num hotel. Ele ficou lá alguns dias e depois seguiu viagem, fazendo um pinga-pinga. (...) Ele não deu o avião para ele vir. O que ele deu foram os contatos da Panair. Porque a Panair tinha contato com as companhias de aviação do mundo inteiro,

por causa das conexões de voos. O pessoal da Panair deu ao Jango o mapa da mina. Ele foi orientado pela Panair, com ordem do seu Mario." O ex-embaixador Carlos Alves de Souza afirmou que Simonsen chegou a oferecer um avião fretado a Goulart ("Meio século de história, visto por quem disse que o Brasil não é um país sério", *Jornal do Brasil*, Rio de Janeiro, 5 dez. 1979, Caderno B, p. 7): "Outro tema importante no meu livro [*Um embaixador em tempos de crise*, 1979] é o fato de eu ter sugerido a João Goulart, após a renúncia de Jânio Quadros, não aceitar a oferta que lhe havia sido feita pelo sr. Mario Simonsen de transportá-lo num avião fretado pela Panair. Fui eu quem impediu Jango de viajar nesse avião, fazendo-o voltar ao Brasil via Nova York, num avião de carreira." Marylou Simonsen, filha do empresário, explica o motivo do suporte dado pelo pai ao vice-presidente: "Muita gente acusou meu pai de apoiar o Jango. O que ele queria é que as coisas fossem feitas dentro da lei. Pela lei, o Jango era o vice-presidente eleito pelo povo e deveria assumir."

97. Moya (2004, p. 233-234).
98. Em entrevista ao jornalista Gonçalo Júnior, José Dias, ex-consultor jurídico e advogado da TV Excelsior, contou que, para descolar a emissora dos ataques do governo, Mario Wallace Simonsen desfez-se do controle acionário, repartindo-o entre o filho Wallace Simonsen Neto e dois executivos: "Quando ocorreu esse problema, com receio de prejudicar a Excelsior, Simonsen a vendeu para Alberto Saad e Edson Leite, com a condição de que um terço ficasse com seu filho, Wallinho. Desse modo, cada um passou a ser dono de um terço do negócio. Com essa operação, a emissora ficou totalmente desvinculada do grupo Simonsen e, portanto, longe do tiroteio que saía na imprensa."
99. *Última Hora*, Rio de Janeiro, 17 mar. 1965.
100. *Última Hora*, Rio de Janeiro, 11 mar. 1965.
101. *Correio da Manhã*, Rio de Janeiro, 28 jun. 1960.
102. *Correio da Manhã*, Rio de Janeiro, 19 jul. 1960.
103. *Diário de Notícias*, Rio de Janeiro, 14 mar. 1965, p. 5.
104. Diz Bastos (2006, p. 151): "Naquele período, a única empresa de aviação que não fornecia passagens gratuitas aos políticos e militares era a Panair do Brasil, por recusa absoluta de seu presidente, Paulo Sampaio. Pagou a ousadia com a falência da empresa. A Varig e a Cruzeiro do Sul, as grandes daquele momento, ambas com origem alemã e de olhos arregalados nas linhas da Panair para a Europa, colocaram-se totalmente a serviço dos conspiradores. À frente da Cruzeiro estava Bento Ribeiro Dantas, advogado de formação, cordial até com os adversários e muito atuante no meio empresarial." José Oscar de Mello Flores, banqueiro que teve atuação no Ipes, registrou o seguinte em seu *Na periferia da história* (1998): "Nós tínhamos um jornalzinho que era distribuído só entre os militares. Era o Golbery que fazia, junto com os então coronéis Cerqueira Lima e Newton Leitão, que ainda eram da ativa. Harold Polland e eu também colaborávamos nesse jornalzinho, e quem distribuía pelo Brasil todo era o Bento Ribeiro Dantas, presidente da Cruzeiro do Sul, companhia aérea que teve importante atuação no movimento de 64, mas que levou na cabeça graças à falta de compreensão de uma pessoa que eu prezava muito: o brigadeiro Eduardo Gomes. Mas ele foi ludibriado no caso. O Ruben Berta, da Varig, que transportou o Jango do Sul para cá, quando ele veio assumir a presidência da República, e que deu fuga ao Jango, depois da Revolução, foi o grande beneficiário, quando se fez o confisco da Panair do Brasil. A Panair do Brasil foi tomada por brigadeiros que não eram esclarecidos, porque não havia razão para isso. O maior acionista, Celso da Rocha Miranda, era ligado ao Juscelino, e por

isso eles fizeram a intervenção na Panair. Agora, entregaram as linhas internacionais, que era o que interessava, à Varig, ao Ruben Berta, fiel amigo do Jango. E o Bento Ribeiro Dantas, que trabalhou na Revolução desde o início, ficou com as linhas nacionais. O brigadeiro Eduardo Gomes, ministro da Aeronáutica do Castello, foi inteiramente embrulhado." De fato, Luiz Vieira Souto denunciou o seguinte ("Corrupção depois da Revolução", *Diário de Notícias*, Rio de Janeiro, 11 out. 1965): "Datado de 1º de julho de 1964, ou seja, após a Revolução moralizadora de 31 de março, está em nossas mãos o documento da Presidência Geral da Varig, nº 8-64, que trata dos famosos 'passes livres', que julgávamos terem terminado com a Revolução que pretendeu suprimir os fatores de corrupção, bem como em odiosos privilégios, principalmente quando são concedidos à custa do contribuinte. É possível que alguns nomes constantes na lista dos passes livres não tenham culpa por nela se encontrarem. Talvez lá estejam à revelia. Certamente é o caso do presidente Castello Branco que, naturalmente, não necessita de passes distribuídos por Ruben Berta para viajar nos aviões da Varig, mas mesmo assim está o presidente premiado com o número 212. Que audácia! (...) Na lista de pessoas diversas, encontramos nomes que nada têm a ver (aparentemente) com a Varig. É bom, entretanto, ler todos os nomes e respectivos cargos para, depois, ver como temos razão quando afirmamos que a Revolução de 31 de março não foi a Revolução dos nossos sonhos. Pelo menos no setor aeronáutico ela está sendo uma farsa. (...) 001 — dr. Adroaldo Mesquita da Costa (fundador da Varig); 002 — O. E. Meyer (fundador da Varig); (...) 073 — brigadeiro Clóvis Monteiro Travassos (diretor-geral do DAC); (...) 077 — brigadeiro Dario Azambuja (diretor do Ensino, Ministério da Aeronáutica); 079 — dr. Trajano Furtado Reis (Membro da Cernai); 137 — dr. Ranieri Mazzilli (presidente da Câmara dos Deputados); 139 — dr. Auro de Moura Andrade e esposa (presidente do Senado Federal); 141 — dr. João Agripino (senador); (...) 163 — general Amaury Kruel e esposa (comandante do II Exército); (...) 172 — Filinto Müller (senador); (...) 174 — Daniel Krieger (senador); 176 — Atílio Fontana (senador); 180 — Carlos Lacerda (governador da Guanabara); (...) 206 — professor Otávio Gouveia de Bulhões (ministro da Fazenda); 207 — brigadeiro Francisco Corrêa de Melo (Aeronáutica); 208 — dr. Arnaldo Sussekind (ministro do Trabalho); 209 — general Arthur da Costa e Silva (ministro da Guerra); (...) 212 — general Humberto de Alencar Castello Branco (presidente da República); (...) 217 — Milton Campos (ministro da Justiça); (...) 221 — deputado Luís Viana Filho (chefe da Casa Civil da Presidência da República); 222 — general Ernesto Geisel (chefe da Casa Militar da Presidência da República); (...) 227 — brigadeiro Nélson Freire Lavenère-Vanderlei (ministro da Aeronáutica); (...) 229 — Luís Muessnich [Mussnich] (BNDE); 072 — Manuel Francisco do Nascimento Brito (diretor do *Jornal do Brasil*); (...) 079 — Assis Chateaubriand (Diários Associados)". Ou seja, de acordo com Vieira Souto, praticamente todos os personagens apontados como envolvidos — direta ou indiretamente — na debacle da Panair eram beneficiárias do passe livre da Varig. Três anos mais tarde, Hedyl Rodrigues Valle escreveu o seguinte sobre o trânsito político de Berta ("O tapete mágico do falecido Berta", *O Paiz*, Rio de Janeiro, 1 jul. 1968): "Ruben Berta foi universalmente conhecido como o inventor do mais barato processo de suborno que já se descobriu até hoje. Sendo ele presidente de uma companhia de navegação aérea, cedo descobriu como os brasileiros eram fanatizados por esse pequeno privilégio que significa viajar de carona num avião a jato. (...) Antes da Revolução foi publicada uma lista das personalidades que dispunham de um 'passe permanente' na Varig, ou seja, o tapete mágico disponível a qualquer momento. Ali figuravam presidentes de partidos políticos (era no tempo

em que o Congresso ainda tinha força), dirigentes de autarquias etc. (...) ele conseguia, com suas passagens aéreas, subornar as pessoas mais incorruptíveis sem que estas percebessem que estavam apenas sendo subornadas."
105. *Correio da Manhã*, Rio de Janeiro, 24 fev. 1965.
106. *O Dia*, Rio de Janeiro, 24 fev. 1965.
107. *O Paiz*, Rio de Janeiro, 4 out. 1968.
108. "Fatos e rumores — em primeira mão", *Tribuna da Imprensa*, Rio de Janeiro, 15 fev. 1965, p. 3.
109. Segundo Maria Carola Gudin, advogada e ex-aeromoça da Panair, essa foi a explicação dada por Castello Branco a Roberto Luiz Assumpção de Araújo, amigo de infância do marechal e que viria a se tornar embaixador do Brasil na Síria em 1969. Carola, que é concunhada de Assumpção, diz que o presidente confessou não ter noção da amplitude de seus atos, mas que, por causa da ainda frágil posição do regime militar, não pode voltar atrás, desautorizando ministros seus, atitude que poderia ser interpretada como sinal de fraqueza do governo recém-instaurado.
110. Uma fonte próxima a William Zeraick (economista da Assessoria Econômica da antiga DAC), revelou ao autor em *off*: "O pai do José Carlos [Fragoso Pires], Genésio Pires, era muito amigo do Eduardo Gomes. Se não me engano, eles foram vizinhos em Petrópolis. Então, desde cedo o José Carlos conviveu com o Eduardo Gomes e o Eduardo Gomes gostava muito dele. Em julho de 64, o Juscelino [Kubitschek] fez o casamento da filha [Márcia] em Portugal, poucas semanas depois de ser cassado. Quem levou os convidados foi a Panair, num DC-8. Os militares ficaram revoltados com o uso de um avião de empresa brasileira que recebia subvenções nas linhas internacionais. Isso detonou tudo. A partir daí é que o Eduardo Gomes e o Clóvis Travassos chamaram o Fragoso Pires para fazer um programa de fechamento. Em agosto, essa comissão intensificou os trabalhos. Em dezembro, o Berta ficou inseguro. Começou a achar que o fechamento não ia sair. Ele foi à DAC, procurou Zeraick e disse: 'Dr. Zeraick, acho que esse fechamento não vai sair.' Zeraick era informante do Cisa, o serviço de informações da Aeronáutica. Ele fez o seguinte: subiu com o Berta para o último andar do prédio do [Aeroporto] Santos Dumont, que estava abandonado. Tinha só umas carteiras lá — a DAC só ocupava o andar de baixo. Eles pegaram uma porção de balanços da Panair, se trancaram lá e ficaram a tarde toda. No fim da tarde, desceram e foram para a sala do Travassos. E o diálogo que Zeraick me contou várias vezes foi o seguinte. O Berta falou: 'Brigadeiro, eu e Zeraick fizemos um cálculo grosseiro do valor da Panair. Eu queria, então, pedir licença ao senhor para comprar a Panair por esse preço.' Resposta do Clóvis Travassos: 'Eu não admito que você pague um centavo por essa merda. Eu tenho a minha solução.' Em janeiro [de 1965], entrou o Wanderley [brigadeiro Nelson Freire Lavenère-Wanderley] para o cargo do Travassos, mas Travassos continuou encarregado de resolver o 'problema Panair'. Mas aí ele foi para o gabinete do ministro [Eduardo Gomes]. O que houve foi, sim, um complô. E o Berta esteve envolvido o tempo todo." Ouvido pelo autor, José Carlos Fragoso Pires confirmou a informação sobre o executivo da Varig: "Ele [Ruben Berta] estava acompanhando, porque nós não tínhamos alternativa. Nós tínhamos Varig, Cruzeiro do Sul, que tinha um padrão muito mais baixo, e o resto era companhia *despiroquenta*... porque o resto já tinha sido engolido. Quer dizer, Real, Aerovias, NAB. Tudo isso já era Varig. (...) Os brigadeiros tinham dúvidas. O brigadeiro Travassos, grande sujeito, chefe do Estado-Maior da Aeronáutica nessa época, disse: 'Tudo está muito bem. A Varig é muito boa. Mas se o Berta morrer, aquilo tudo cai.' Eu disse: 'Brigadeiro, eu vou falar com o Berta. Vamos fazer uma outra reunião aqui para ver o que

ele vai dizer'. Ele [Berta] disse: 'Olha, Fragoso, você diz aos brigadeiros que, se eu morrer, já tenho um substituto que vai ser um presidente melhor do que eu: Erik de Carvalho. Ele não é capaz de fazer o que eu fiz. Mas, no estágio atual, se comportará melhor do que eu'." Ruben Berta faleceu em 14 de dezembro de 1966 e, de fato, Carvalho o substituiu no cargo, onde permaneceu até 1979.

111. Registrou Paulo Sampaio em seus diários particulares: "(...) a Varig, que, não se conformando com os acontecimentos desenrolados [a recusa de Celso da Rocha Miranda em transferir as ações], iniciou a conspiração que acabou no episódio de cassação das linhas da Panair. Apoiados na derrocada do império Simonsen e, através da caluniosa campanha elaborada por um grupo financeiro contrário e competidor deste mesmo grupo, foi urdido um esquema de difamação em conluio com o próprio Ministério da Aeronáutica (à base de dados falsificados e de preparação psicológica da opinião pública), para levar a cabo os desígnios de uma total predominância na indústria do transporte aéreo. Utilizando-se, para isso, das circunstâncias novas provocadas pela reviravolta política de Abril de 1964 e — em hábil trabalho junto ao Ministro Eduardo Gomes e seu chefe do Estado Maior, o Brigadeiro Clóvis Travassos — conseguiram, no mais absoluto sigilo, impor as soluções do seu agrado e que determinaram a atitude brutal e injustificável do fechamento da Panair."

112. Diz Palhano (1996, p. 51) que a rota em questão era Rio-Belém via Barreiras, até então operada pela Pan American.

113. Palhano (1996, p. 72-73). Ao autor, Heinz van Opstal acrescentou: "Junto com meu contraparte, Guenther Eser — mais tarde, secretário-geral da Iata —, implementamos um novo acordo de *pool* e desenvolvemos novos itinerários para ambas as companhias [Panair e Lufthansa], que incluíam a nova capital Brasília, Belém e Recife. (...) O fim abrupto da Panair pôs fim, também, àquele plano. Quando a Varig assumiu, foi tarefa fácil para seu presidente, Ruben Berta, entrar no acordo de *pool* original com a Lufthansa."

114. Diz o comandante Lucas Antônio Monteiro de Barros Bastos, à época, diretor da Celma: "Assim que ele [Baptista] se aclimatou, procurou fazer amizade com o pessoal. Nós conversávamos muito sobre os tempos da FAB e as pessoas que conhecíamos em comum. Só que após algumas semanas, percebi que ele não se interessava muito por revisão de motores. Fazia muitas perguntas a respeito dos oficiais que tinham sido cassados depois da Revolução junto com o brigadeiro Nero Moura. Parecia querer nomes. Depois, com a chegada do Batalhão de Caçadores de Petrópolis, apareceu na Celma acompanhado de oficiais da Força Aérea Brasileira, informando que tomaria conta dali."

115. Permaneceram no Conselho Aloysio Sales, Fernando Cícero Veloso, Hildegardo Noronha, José de Oliveira Castro, Wallace Simonsen Neto, Luiz Zenha Guimarães, Paulo Fernando Marcondes Ferraz e Ângelo Mário Cerne. Em seu diário particular, Paulo Sampaio registraria o seguinte sobre o episódio: "Esta atitude de dignidade de alguns e de indignidade de outros veio comprovar a falência de um sistema empresarial onde a busca de elementos para compor uma organização não deve nunca se cingir, apenas, à posição publicitária dos seus integrantes e, sim, às qualificações de integridade moral que os deva sempre governar." José Carlos Fragoso Pires, assessor pessoal do brigadeiro Eduardo Gomes, confirmou ao autor que Antônio Carlos de Almeida Braga e José Luiz de Magalhães Lins acompanharam as discussões durante o processo de planejamento da extinção da Panair. "O Almeida Braga, esses conselheiros [da Panair], eram amigos meus pessoais. Eu chamei eles, que eram meus amigos, principalmente o José Luiz de Magalhães Lins. (...) Eu

disse: 'Estou com esse problema aqui. Eu vou cassar essas linhas. Agora: eu quero desembarcar vocês do Conselho. (...) Eu fui ao presidente do Banco do Brasil. E desembarcaram. Ninguém sofreu nada. O Celso da Rocha Miranda fazia o seguinte: ele fazia essas sacanagens todas, mas *ele* não era nada. Na companhia, ele era só acionista. Amanhã, ele ia pra Justiça dizer que o Almeida Braga e o José Luiz de Magalhães Lins é que enterraram a companhia. E eu chamei a atenção deles a isso." Ainda segundo Fragoso Pires, foi sua a ideia de que produzissem uma carta de demissão em que se confessassem as dificuldades passadas pela Panair. O autor tentou contato com os dois conselheiros aqui citados — coincidentemente, os únicos demissionários ainda vivos à época do fechamento da edição deste livro —, mas não obteve sucesso. Assim, considerou-se o posicionamento externado na carta de 9 de fevereiro de 1965, reproduzida no Apêndice IX.

116. "Relatório do BNDE mostra que a situação da Panair já era irrecuperável em 1963". *O Globo*, Rio de Janeiro, 18 fev. 1965, p. 2.
117. "Varig depende de aviões para poder admitir mais 580 da Panair do Brasil", *Jornal do Brasil*, Rio de Janeiro, 11 abr. 1965, p. 17. E "A Varig e o funcionalismo da Panair", *O Globo*, 12 abr. 1965, p. 5. A Varig manteve oficialmente o mesmo posicionamento até o fim de suas operações: ao completar 60 anos de atividades, em 1987, estampou nos principais jornais do país uma peça publicitária afirmando que "foi incumbida pelo Governo Brasileiro de executar os serviços da Panair. Em apenas 8 horas, a Varig conseguia pôr no ar o seu primeiro voo para a Europa, substituindo com profissionalismo o voo da Panair marcado para aquele dia" (*Jornal do Brasil*, Rio de Janeiro, 2 jan. 1987, 1º Caderno, p. 11). No livro institucional *Varig: uma estrela brasileira*, publicado em 1997 por ocasião do aniversário de 60 anos da fundação da companhia, alegou-se: "Apesar do período relativamente tranquilo na virada da década de 1960, a Panair marchou inexoravelmente para a insolvência financeira com o acúmulo de dívidas que por fim determinariam a decretação de sua falência em 16 de fevereiro de 1965. (...) Com a decretação da falência da Panair do Brasil, a Varig recebeu do governo federal as concessões das linhas europeias daquela empresa" (Flores Jr., op. cit., p. 43-45). Esta é uma versão já reescrita da história, uma vez que o fundamento para se decretar a falência da Panair, em 15 de fevereiro de 1965, fora precisamente a cassação e entrega das linhas, cinco dias antes, à Varig. Mais para frente, na ocasião do aniversário de 75 anos, em 2002, a aérea gaúcha divulgou em seu *website* que assumiu as linhas da Panair "com apenas seis horas de aviso prévio" (Varig. "Agentes Varig Brasil". Disponível em: <www.varig.com.br/agentes/netnews_75anos/news_05_2002/netnews_75anos_16.htm>. Acesso em: 31 mar. 2004). O Museu Varig, em Porto Alegre, mantém até hoje um pôster intitulado "Douglas DC-8 1965/1978", com duas fotos (das aeronaves PP-PDS e PP-PEA), em cuja legenda se lê: "Em 1965, quando a Panair do Brasil cessou suas atividades, coube à Varig assumir os serviços daquela empresa nas rotas para a Europa, bem como sua frota e funcionários." Procurada pelo autor via canal oficial de fax em 10 de agosto de 2004, não retornou contato. Acionado por e-mail no mesmo ano, Adenias Gonçalves Filho, diretor de Auditoria Corporativa, contatou advogados do Departamento Jurídico da companhia, que afirmaram: "(...) foi possível verificar que o assunto não se encontra mais em nossos arquivos, até mesmo em razão do ano em que houve a incorporação das rotas da Panair pela Varig — 1965 — há quase 40 anos! Lembro que o Código Brasileiro de Aeronáutica estabelece que o explorador de serviços públicos é obrigado a conservar os documentos de transporte aéreo e de outros serviços aéreos pelo prazo de 5 (cinco) anos." Contudo, José Carlos Fragoso Pires, assessor pessoal do

ministro da Aeronáutica Eduardo Gomes e autor do plano de cassação das linhas da Panair, afirma que Ruben Berta acompanhou o processo durante, pelo menos, vinte semanas, mas que teve poucos dias, talvez 48 horas, de aviso prévio antes da cassação da concorrente: "Eu tinha uma tese da não essencialidade da Panair. Ela ia para a Europa três vezes por semana. Ou duas, não me lembro mais. Então, eu queria o seguinte: que a Varig substituísse cobrindo... quer dizer, ela ia, digamos, segunda e quinta. Então, eu queria que na quinta fosse a Panair. Na segunda, já entrasse a Varig. Mas o Berta — e ele tinha as suas razões — disse: 'Mas eu tenho problemas, por causa disso, por causa daquilo...' Aí é que eu procurei o Cláudio [Ricardo] Holk, sócio da Nacional Transportes Aéreos, que vendeu para a Real e a essa altura já fazia parte da Varig. Disse ao Cláudio que estava com esse problema, botei-lhe a par. 'O Berta está me dizendo que não pode fazer isso. Mas isso pra mim é essencial porque eu provo que ela [Panair] não é essencial.' 'Toma nota aí: trocar o gerente de Portugal, não sei o quê, não sei o quê. Trocar não sei o quê...' Botou umas dez coisas. Aí, eu chamei o Berta e disse: 'Você disse que não pode, né?' Ele respondeu: 'Eu não posso, porque não sei o quê... Você tem que me dar uma semana.' Eu retruquei: 'Você não pode? Porque eu tenho a tese da não essencialidade. Você não sabe fazer?' Ele disse: 'Não, claro, mas eu não posso, tal, tal...' Eu peguei aquele papel e orientei: 'Faz o seguinte...' Quando eu comecei a ler aquilo, ele parou e concluiu: 'Bom, eu vou ter que arrumar um jeito de fazer'. (...) Eu era acusado de estar favorecendo a Varig. Mas, naquela época, você não tinha outra alternativa. A outra era a Cruzeiro do Sul, que era de um cara muito simpático, o Bento Ribeiro Dantas. Mas você sempre sentia que, quando precisava de apoio, não tinha. Ao passo que o Berta, não. Quando o brigadeiro reclamou que estava com problema no transporte dos Catalinas, eu disse a ele: 'Brigadeiro, isso aí o senhor autorizou que eu desse à Cruzeiro do Sul.' Ele confirmou: 'Pois é, mas a Cruzeiro do Sul não está fazendo nada'. Eu procurei o Berta e disse: 'Ô Berta, eu estou com esse problema, o que você me recomenda?' 'Você diz ao ministro que se a Cruzeiro do Sul não estiver fazendo nada e se ele precisar, eu faço.' Aí, consegui da Cruzeiro do Sul."

118. Samuel Wainer publicou a versão de Erik de Carvalho, o braço direito de Ruben Berta (*Senhor Vogue*, agosto de 1978, "Brasil: a conquista de um lugar ao céu"): "A bandeira brasileira estava exposta a crescente desprestígio no exterior pela desintegração que vinha debilitando a estrutura da Panair. Nessa ocasião, em 11 de fevereiro, o brigadeiro Eduardo Gomes, então ministro da Aeronáutica, convocou ao seu gabinete Ruben Berta e Erik de Carvalho. E lhes disse que por decisão do governo, a Varig deveria assumir as linhas da Panair naquele mesmo dia. Eram três horas da tarde e o primeiro voo deveria ser feito por volta das 11 da noite. 'Ministro', perguntou Berta, 'o senhor acha que é a medida acertada?' Eduardo Gomes, com a sua clássica forma ríspida de responder, foi taxativo: 'O senhor foi convidado para cumprir a missão, não para discuti-la.' É verdade que por trás desse seco diálogo há toda uma história, todo um drama, que culminou com o cancelamento da concessão da Panair e sua consequente falência. Erik de Carvalho prefere não se aprofundar na história da crise que resultou nesse patético desfecho." Hélio Fernandes, da *Tribuna da Imprensa*, reagiu duramente aos comentários em sua coluna "Fatos e rumores em primeira mão" (*Tribuna da Imprensa*, Rio de Janeiro, 2 set. 1978): "Entre as duas empresas, Panair e Varig, este foi sempre o esquema. A primeira faz a cama para a outra nela deitar. Foi assim no voo internacional, nas linhas domésticas e, para culminar, na cilada armada nas sombras de uma revolução, quando paralisou-se a Panair e, em verdadeiro festim de chacais, foi partilhado o seu extraordinário acervo, no Brasil e no estrangeiro. (...) Tem o sr. Erik de Carvalho

o desplante de asseverar e demonstrar surpresa ante o chamado do brigadeiro Eduardo Gomes, então ministro da Aeronáutica, para que a Varig, no dia 10 de fevereiro de 1965, assumisse naquele mesmo dia as linhas da Panair na Europa. E a Varig assumiu mesmo. Somente é óbvio que tripulações destreinadas na rota não poderiam assumir no mesmo dia tal encargo. Acontece que, não obstante a hipócrita 'surpresa', a Varig tinha tripulações antecipadamente preparadas. E voou, para encanto do ingênuo brigadeiro. (...) É mestre em falar sobre o que não houve. Todavia, silencia quando se fala que a Varig, escandalosamente, detém 100% das linhas aéreas internacionais, em monopólio privado que a Constituição proíbe. A memória do sr. Erik de Carvalho é igualzinha ao seu senso de ética: não existe, ninguém conhece, nem o próprio tem lembrança de que tenha existido em alguma época. O que me deixa perplexo e estarrecido é a capacidade de resistência desses homens, o sr. Erik de Carvalho em particular. Por que resistem tanto, apesar do vulto das irregularidades praticadas?"

119. À revista *República*, a Varig afirmou ser absurda a tese de ter sido beneficiada pela ditadura. Contudo, a publicação apurou: "Com a doação das linhas internacionais da Panair em 1965 e as facilidades de um monopólio virtual, suas rotas internacionais passam de 41.434 quilômetros em 1964 para 75.817 em 1965 e atingem 123.640 em 1968. Em quatro anos de regime militar, triplicam de tamanho" ("Quem tem medo da Panair?", *República*, São Paulo, n. 11, set. 1997, p. 52-63). Em entrevista publicada na edição de junho de 1969 da revista *Air Travel* (cuja capa foi dedicada à Varig, com o título: "Making room for the boom" [Dando espaço para o crescimento acelerado]), Erik de Carvalho, então presidente da aérea, afirmou que a companhia amargou prejuízos seguidos de 1960 a 1966, ano seguinte à incorporação das linhas da Panair. "Eu diria que damos 5% sobre o investimento, o que não é tão ruim quando consideramos que enfrentamos perdas até 1966", destacou, acrescentando que a rede de linhas, naquele momento, estendia-se 240° ao longo do globo. Mais informações neste sentido são apresentadas no capítulo "Catástrofe".

120. Escreveu Gianfranco Beting em seu *Jetsite*: "O cmte. Omar Fontana certa vez me confidenciou que, numa noite ao final de 1964, voando na cabine de um 707 da Varig, percebeu em meio às cartas de navegação, vários mapas e charts de aproximação de aeroportos europeus para onde somente a Panair voava. Curioso, perguntou aos tripulantes o porquê disto, e obteve como resposta: 'é que no começo do ano (1965) a Varig estará voando para lá.' Dito e feito: uma empresa foi quebrada pelo poder concedente em benefício de outra." Anos mais tarde, Beting entrevistou a comissária Alice Editha Klausz, da área de treinamento da Varig, a qual admitiu que soube com antecedência que a Panair fecharia: "— Dona Alice, o seu Berta sabia que a Panair iria fechar antes daquele fatídico dia de fevereiro de 1965? — Sabia, claro. Mas não sei dizer o quão antes. O que posso dizer é que ele me chamou apenas dois dias antes do fechamento da Panair (ocorrido em 10/02/1965) e me disse mais ou menos assim: 'Dona Alice, a Panair vai fechar, nós vamos ficar com as rotas para a Europa, eu quero você lá cuidando do serviço. Te prepara que você vai passar uma longa temporada por lá. Mas isso é segredo, não comente com mais ninguém na companhia. Ninguém, entendeu? Ninguém.' Ele foi bem enfático ao me proibir de falar sobre o tema. E, claro, não falei com ninguém." Entrevistado pelo autor, o comandante João Stepanski, que viajou como tripulante extra no primeiro voo da Varig para a Europa, confirmou que Ruben Berta selecionou pessoalmente os pilotos do Boeing 707 dias antes da cassação da concorrente. As versões, no entanto, são diferentes entre colegas de cabine: José Schittini, que comandou o voo, contou que bastaram apenas os mapas fornecidos pela própria Panair no dia

10 de fevereiro para realizar a viagem. Ou seja, que não houve necessidade de grande preparação. Edyr do Amaral Vasconcelos, que também tripulava o PP-VJA, alegou não se lembrar de nenhum fato daquela época. José Carlos Fragoso Pires, assessor pessoal do brigadeiro Eduardo Gomes e autor do plano de cassação das linhas da Panair, disse o seguinte ao autor: "Nós tínhamos que fazer um plano para a substituição [da Panair pela Varig]. E tinham alguns pontos curiosos. Por exemplo, os tripulantes [da Varig] que iriam para a Europa [no primeiro voo], iriam falar com todo mundo. O pessoal da Varig ia saber. Então, eu inventei um 'fretamento' para a terça-feira, quando tinha que sair o primeiro avião. Um 'fretamento' do avião da Varig para o turismo. (...) Mas foi chegando a hora da coisa e, no real, não era fretamento, era o voo da Varig. Eu digo: 'Brigadeiro, só tem uma solução mesmo. Vamos chamar essa tripulação e vamos botá-la a par do assunto. E quando acabar, vamos prender todo mundo.' (...) Eles iam comentar, telefonar para amigo... Quando chegou lá, em lugar de ter um DC-8 da Panair, tinha um Boeing da Varig. E os passageiros entraram no Boeing. E os tripulantes eu só mandei soltar quando foram entrar no avião."
121. "Panair perde no Supremo", *O Dia*, Rio de Janeiro, 13 mai. 1965, p. 5.
122. "Mandado da Panair: negada a liminar", *Diário de S.Paulo*, São Paulo, 13 mai. 1965, p. 1.
123. Celso da Rocha Miranda registraria o seguinte relato: "O mandado de segurança foi pedido ao Supremo Tribunal Federal e foi muitíssimo bem fundamentado pelo ex-ministro Seabra Fagundes. Não havia dúvidas que íamos ganhar a questão, mas, pela manhã, na véspera do julgamento, o presidente do STF foi chamado ao Ministério da Aeronáutica. Na manhã seguinte, reuniu-se com todos os ministros e relatou este encontro. Segundo se sabe, ele foi avisado de que a concessão do mandado de segurança à Panair implicaria no fechamento do Supremo. Assim, por unanimidade, os ministros resolveram não conhecer o mandado. Esta decisão histórica é bastante interessante, porque o dr. Alcino Salazar, procurador-geral da República, sentou-se ao lado do presidente do STF. O voto do relator era inteiramente pela concessão, mas depois de ler seu parecer, tendo feito toda a argumentação pela concessão do mandado de segurança, votou pela não concessão. O presidente do Supremo, ministro Ribeiro da Costa, ouviu a argumentação, mas não percebeu o voto e anotou: 'o relator vota pela concessão.' Este erro foi sendo repetido com os vários votos que argumentavam pela concessão e votavam contra. (...) Eles fizeram questão de marcar a posição a favor da concessão. Foi a melhor solução esta que tomaram, pois seria uma tragédia muito maior para todos nós o fechamento do STF. A concessão do mandado de segurança não resolveria nada porque provavelmente eu seria preso, torturado e o Supremo estaria fechado. Dou razão a eles em agir assim. Defenderam a instituição como podiam e, para o Brasil, foi melhor assim."
124. "Quem tem medo da Panair?", São Paulo, *República*, n. 11, set. 1997, p. 59: "Celso e Wallace Simonsen recorreram ao STF contra a suspensão das linhas. Perderam. O advogado Ovídio Rocha Barros Sandoval lembra que a Varig atuou em favor da manutenção da decisão. A revista *República* teve acesso a um requerimento, deferido pelo STF, em que a Varig, por meio de seu advogado Diniz de Andrada, solicita a condição de terceira interveniente, uma figura jurídica que permite a alguém não originariamente vinculado à causa — no caso, a União e a Panair — interferir na defesa do direito de uma das partes. A Varig, que tinha ficado com as linhas da Panair, interferiu na defesa da União, que lhe havia concedido essas mesmas linhas."

125. "O governo não volta atrás no fechamento da Panair", *O Estado de S.Paulo*, São Paulo, 6 mar. 1965.
126. *Correio da Manhã*, Rio de Janeiro, 26 mai. 1965, p. 13.
127. "Juiz fechou instalações da Panair", Rio de Janeiro, *O Dia*, 18 mar. 1965, p. 2: "Depois de inspecionar, na manhã de ontem, as dependências da Panair, constatando que os funcionários continuam indo, diariamente, a seus locais de trabalho, o juiz Mario Mendonça, da 6ª Vara Cível, ordenou a evacuação do prédio, à avenida Marechal Âncora, e o fechamento dos hangares, instruindo o síndico para não permitir mais a entrada dos funcionários. Segunda-feira próxima o magistrado irá ao Galeão, para fazer a mesma inspeção nas instalações da Panair naquele aeroporto."
128. "Coronel ameaça moças da Panair", *Correio da Manhã*, 20 mar. 1965, p. 9.
129. Diz Bueno (1985, p. 110): "O local virou atração turística. As famílias dos prédios vizinhos, mostrando-se solidárias, ofereceram seus apartamentos para que as moças pudessem tomar seu banho diário. Uma churrascaria do bairro fornecia gratuitamente refeições em marmitas térmicas. Havia, entretanto, uma rígida e estoica disciplina no acampamento. Por razões de segurança, ficou combinado que apenas as sete moças passariam vinte e quatro horas por dia acampadas, dormindo na minúscula barraca, não podendo receber visitas, ou ausentar-se do local. Com meu fuque estacionado ao lado, fiquei encarregado de dar cobertura logística. A organização funcionava."
130. *Jornal do Brasil*, Rio de Janeiro, 27 mar. 1965.
131. "Aeromoças em Greve de Fome no Palácio", *Última Hora*, Rio de Janeiro, 29 mar. 1965, p. 2.
132. *Diário de Notícias*, Rio de Janeiro, 27 mar. 1965.
133. Registra o site do Detran-RJ: "Alguns dos primeiros funcionários do Detran foram reaproveitados da Panair do Brasil, empresa aérea que teve sua falência decretada em 1965. Na época, o então governador, Carlos Lacerda, abriu as portas para os empregados demitidos da Panair por serem mão de obra especializada e selecionada, o que garantiria o bom andamento do serviço sem que houvesse necessidade de custos com seleção e treinamento."
134. Os jornais da época publicaram que os funcionários da Panair foram obrigados a recorrer aos mais variados tipos de ajuda e de emprego para sobreviver e sustentar as famílias. "Os funcionários da Panair fazem um apelo ao governador da Guanabara para que seja permitido aos seus filhos, matriculados em colégios do Estado, o comparecimento às aulas sem a obrigação do uniforme e que, mediante a carteira da Panair lhes seja concedida passagem gratuita nos ônibus da CTC", publicou o *Diário Carioca* em 12 de março de 1965. Em 22 de junho, o *Correio da Manhã* noticiou: "Para poder sobreviver, os antigos empregados da Panair estão se dedicando a diversas ocupações. Alguns dos pilotos de jatos estão transformados agora em motoristas de táxis, tendo colocado seus carros na praça. No serviço de trânsito, alguns funcionários da administração da Panair são agora faxineiros."
135. "Fome e desespero moram agora com a elite da Aviação", *A Notícia*, Rio de Janeiro, 30 mar. 1965, p. 6.
136. Diz Ana Cristina de Oliveira Sampaio, neta de Paulo Sampaio: "Minha avó recebia em casa uma romaria de pessoal da Panair. Todo mundo chorando, desesperado. Eles também telefonavam. O telefone não parava e ele [Paulo Sampaio] atendia, tentando transmitir calma. Mas sabia que não poderia fazer nada. A situação era muito grave. Para não sofrer mais de desespero pelas pessoas que trabalhavam lá, vovô ia para uma sala no começo da tarde. Sentava-se numa cadeira e lá ficava em

silêncio absoluto até a noite. Mamãe conta que deixava uma garrafa de café, que ela ia trocando junto com os cinzeiros. Ele não falava e ela sabia que ele queria o silêncio."
137. *Correio da Manhã*, Rio de Janeiro, 24 abr. 1965.
138. *Folha de S.Paulo*, São Paulo, 1º abr. 1965.
139. *Correio da Manhã*, Rio de Janeiro, 26 abr. 1965.
140. *O Globo*, Rio de Janeiro, 12 mar. 1965.
141. *Última Hora*, Rio de Janeiro, 23 mar. 1965.
142. *Diário de Notícias*, Rio de Janeiro, 7 mar. 1965.
143. *Jornal do Brasil*, Rio de Janeiro, 18 mai. 1965.
144. Celso da Rocha Miranda contaria: "Em Paris, o prédio onde funcionava a Panair era próprio. Esse prédio foi alugado por uma ninharia logo que a guerra acabou, quando ninguém queria alugar mais nada em Paris. Pelas leis de aluguéis na França, o prédio era, de fato, nosso. Esse prédio foi doado, como doada também foi a loja que nós tínhamos no Hotel Plaza Athénée, nas mesmas condições de aluguel. Quando o Paulo Sampaio alugou essa loja, o hotel ainda era o quartel-general das forças americanas e foi desta loja a primeira renda que os donos puderam ganhar. E era uma renda mínima, porque eles tinham interesse em marcar a desocupação do prédio. Junto com a loja foram-se todos os nossos equipamentos." Rocha Miranda diria ainda que, comprovadas as irregularidades na liquidação das lojas, os representantes da Panair solicitaram a realização de uma perícia: "Para que ninguém pudesse nos acusar de pedir uma perícia estranha, tudo foi feito pelo escritório Walter Royen e Cia., que fazia a perícia das empresas para o DAC, ligado ao Ministério da Aeronáutica. Ao indicarmos este escritório, o ministério não pôde recusar e foi, então, um 'Deus nos acuda'. O gabinete do ministro se movimentou inteiro. Foram ao Nestor Jost, presidente do Banco do Brasil, dizer que não admitiam essa perícia. Mas o chefe do Contencioso do banco era o Alcimar Terra, um sujeito inteligente e decentíssimo, que explicou ao Jost que não havia meios legais de recusar o pedido de perícia que nós fazíamos. Ele deu autorização ao advogado para fazer a perícia. Mas acontece que o advogado que acompanhava a falência também fora indicado pelo Ministério da Aeronáutica e deu opinião contrária. O Alcimar, ao tomar conhecimento disto, destituiu o advogado e se demitiu. Curioso é que o advogado, logo em seguida, foi convidado para chefiar a consultoria jurídica do Ministério da Aeronáutica. (...) Deu-se uma crise imensa dentro do Banco do Brasil. O banco ficou sem chefe do Contencioso até ser nomeado, um mês depois, o Carvalho de Mendonça. Mas ele só aceitou com a condição de, não podendo retirar a procuração do sr. Fonseca — exigência da Aeronáutica — alterar esta procuração. E alterou de uma forma que o sr. Fonseca não poderia assinar nada sem que um dos outros dois advogados, designados por Carvalho de Mendonça, acompanhassem sua assinatura. Eram dois advogados de sua confiança. Assim, com este compromisso, o impasse foi resolvido."
145. Dois anos mais tarde, em 30 de março de 1967, a *Tribuna da Imprensa* denunciaria: "Com a alegação de que a Aeronáutica assim o exigia, a Cruzeiro do Sul apagou o nome da Panair nos hangares do Galeão e pintou o seu próprio. A Varig, que tendo o seu contrato já vencido com a massa falida, não titubeou e pintou o seu nome em coisa alheia. Pura conversa fiada. O síndico prestou-se docilmente a isto, e para justificar usou a desculpa da pressão fabiana. Será que o novo governo vai olhar para os ex-empregados da Panair que até hoje continuam sem empregos, apesar do antigo e malfadado governo dizer que estavam todos empregados?"
146. *Jornal do Brasil*, Rio de Janeiro, 1º jul. 1965.

147. Art. 342: Fazer afirmação falsa ou negar ou calar a verdade como testemunha, perito, tradutor ou intérprete, em processo judicial, policial ou administrativo ou em Juízo arbitral.
148. Embargos de Nulidade e Infringentes na Apelação n° 49.333 — Grupo de Câmaras Reunidas.
149. A inscrição de Eduardo Gomes, datada de 27 de fevereiro de 1965, está preservada no quadro até hoje. No dia 26 de abril de 2011, o site da Força Aérea Brasileira publicou texto sobre uma homenagem que o brigadeiro recebeu de representantes do poder público e da iniciativa privada de Petrópolis, cidade que sedia a Celma. Ali, o episódio da visita foi lembrado: "Em suas palavras, o brigadeiro Kling narrou um episódio que mostra a próxima relação que o marechal manteve com a cidade de Petrópolis ao longo de sua vida. No ano de 1965, durante uma visita à cidade, o marechal foi até a sede da Celma que, semanas antes, havia interrompido a atividade de manutenção de motores em função do fim das operações da Panair do Brasil. Durante o período em que ficou sem receber turbinas, a Celma se dedicou à funilaria e mecânica de automóveis. Na visita à Celma, durante o Carnaval, o marechal se impressionou com a empresa e escreveu, numa pequena lousa, a decisão que tomara naquele momento: 'A Celma continuará revisando.' De volta ao Rio, o então Ministro da Aeronáutica incorporou a Celma à FAB, e a empresa voltou a fazer a manutenção de turbinas" (Força Aérea Brasileira. "Petrópolis se mobiliza em homenagem ao marechal Eduardo Gomes". Disponível em: <http://www.fab. mil.br/noticias/mostra/7040/Petr%C3%B3polis-se-mobiliza-em-homenagem-ao--Marechal-Eduardo-Gomes>. Acesso em: 26 abr. 2011).
150. Celso da Rocha Miranda registraria: "São cerca de 45 imóveis onde estavam instaladas as estações de rádio. Ela [a União] desapropriou as instalações de rádio por um preço vil, ridículo. O valor da desapropriação equivalia, na época, ao valor de duas Kombis. Mas, enfim, esse valor ridículo foi pago, a desapropriação do equipamento foi consumada."
151. Paulo Sampaio registraria o seguinte no memorial "Muita coisa aconteceu antes, durante e depois da falência da Panair": "Diante dos números, das cifras e das taxas consignadas com escrúpulo e rigor na escrituração do IRB, os três peritos — do juiz, do Banco do Brasil e dos diretores — concluíram, em laudo único e unânime — pela total correção dos seguros da Panair. Evidentemente, essa verdade deixava mal muita gente. Por isso, o silêncio sepulcral... Felizmente, não mais se falou, nos autos, que a Panair pagava taxas três vezes superiores e que, com o seguro, era sugada a sua vitalidade. Fala-se, ainda hoje, nos corredores..."
152. A ação penal subsidiária foi criada como meio de defesa social contra eventual desídia do Ministério Público no exercício de sua atividade persecutória, e previa a substituição do promotor por qualquer interessado que apresentasse denúncia. Esse tipo de ação penal já não existe mais.
153. Registrou Paulo Sampaio no memorial "Muita coisa aconteceu antes, durante e depois da falência da Panair": "O acionista devia, em conta-corrente, cerca de Cr$38.000,00. De quê? Simplesmente de passagens voadas na própria Panair e que eram por ele concedidas. De estranho, o fato só revela esse aspecto inédito na aviação mundial, qual seja o de um acionista majoritário, ao invés de usar as célebres 'cortesias', pagar as passagens que doava." Ao presidente da Subcomissão Geral de Investigações do Estado da Guanabara, em documento datado de 29 de janeiro de 1970, Sampaio acrescentou: "Se houvesse intuito de favorecimento, tais despesas seriam, pura e simplesmente, lançadas na vala comum das 'Despesas Gerais'. Entretanto, eram rigorosamente contabilizadas, tanto assim que a Sindicância as

está cobrando através de ação que corre perante a 15ª Vara Cível da Guanabara. Onde está o favorecimento?"

154. Ibid: "Houve, realmente, dentro da tragédia, o lado cômico. O afã de acusar, a preocupação de agradar aos poderosos, aliada a um primarismo analfabético, levou os acusadores a extremos ridículos. Eis que um dos diretores foi acusado (em laudo impresso, assinado, distribuído em verdadeira tarde de autógrafos) de 'importar aro (um) de óculos com dinheiro da companhia'. Esse aro, que custou menos de 1 dólar, não atentou contra a solidez financeira da empresa, pois estava, corretamente, debitado o seu preço na conta-corrente do diretor." No Supremo Tribunal Federal, a posição oficial da Panair sobre o assunto foi a seguinte: "(...) para sublinhar a prevenção e má vontade com que, nesse particular, como em tantos outros, se quis retratar a vida financeira da PANAIR, basta atentar em que uma das despesas apontadas como de favoritismo (despesa lançada em conta-corrente, como as demais, e portanto, reembolsável) concerne à compra de uma armação de óculos! Uma armação de óculos, que pela insuficiência do mercado brasileiro se encomenda, como um favor vulgar, a um simples conhecido de viagem para o exterior, constitui encomenda desonesta se feita a um comandante de avião por um dos diretores da sua empresa, ainda que para pagamento futuro! É arrematando esse capítulo das *informações*, após nonadas assim expostas, que se diz, em tom acusador, impossível de levar-se a sério, ante o que se acaba de relatar: 'Estes fatos são de maior gravidade, especialmente, em face do estado de insolvência em que se encontrava a PANAIR, *e dos auxílios financeiros recebidos pelo Governo Federal*'."

155. Ibid: "Ameaças, telefonemas, visitas, gestões e toda a sorte de pressão resultaram num dos mais escandalosos atos de violência conhecidos nos anais forenses. A promoção decisiva do dr. curador de massas — que poria um ponto final nas acusações arguidas contra a administração da Panair, que encerraria, com o arquivamento, o inquérito — foi violentamente retirada dos autos e substituída por outra. Tão violenta foi a ação que o juiz, para resguardo de sua responsabilidade futura, deixou gravado nos autos, como um epitáfio sobre o cadáver da Justiça, o despacho que diz, melancolicamente, 'a petição d fls. foi retirada dos autos por ordem verbal de autoridade superior'. Depois disso, só uma marcha fúnebre. Mas nós temos a certidão da petição sequestrada."

156. Art. 108 — Se não houver provas a realizar, ou realizadas as deferidas, os autos serão imediatamente feitos com vista ao representante do Ministério Público, que, no prazo de 5 dias, pedirá a sua apensação ao processo da falência ou oferecerá denúncia contra o falido e outros responsáveis.

157. Esclarece o procurador-geral da Justiça, Leopoldo Braga (1968), que "a expressão *crimes praticados em detrimento de bens, serviços ou interesses da União ou de suas entidades autárquicas ou empresas públicas* não é vaga. Não se refere a expressão a crimes quaisquer que, a critério do julgador, pudessem ferir esses bens, serviços ou interesses. Refere-se, evidentemente, aos crimes que, à promulgação da Constituição, já eram crimes contra a União, autarquias ou empresas públicas, por definição legal".

158. Art. 125, I: Aos juízes federais compete processar e julgar, em primeira instância: I — as causas em que a União, entidade autárquica ou empresa pública federal forem interessadas na condição de autoras, rés, assistentes ou oponentes, exceto as de falência etc.

159. Constituição Federal, artigo 117, II.

160. Segundo o artigo 132, § 1º, da legislação falimentar então vigente (Decreto-lei nº 7.661, 21 de junho de 1945), "o processo da falência deverá estar encerrado dois anos depois do dia da declaração".
161. Art. 63, item XXI, da referida lei: "apresentar, até o dia dez de cada mês seguinte ao vencido, sempre que haja recebimento ou pagamento, conta demonstrativa da administração que especifique com clareza a receita e a despesa; a conta, rubricada pelo juiz, será junta aos autos."
162. Ibid: Art. 60, § 2º.
163. "Escândalo", *Jornal do Brasil*, Rio de Janeiro, 5 mai. 1968, Primeiro Caderno, Informe JB, p. 12.
164. *O Globo*, Rio de Janeiro, 26 jun. 1968.
165. *O Paiz*, Rio de Janeiro, 30 set. 1968.
166. "Mata Machado indaga por que oneram despesas da Panair", *Jornal do Brasil*, Rio de Janeiro, 23 mai. 1968.
167. Art. 182. As exceções (...) serão processadas e julgadas: I. Nos mesmos autos e com suspensão da causa as de suspeição e incompetência.
168. Art. 187. Proferida a decisão, o juiz ordenará a remessa dos autos, em quarenta e oito (48) horas: I. A seu substituto legal, se tiver reconhecido a exceção; II. Ao Tribunal de Apelação, no caso contrário, para julgá-la.
169. Celso da Rocha Miranda explicaria: "Foi uma importância muito grande porque a cassação, a suspensão das linhas, sem nenhuma justificativa, ensejava a indenização em dobro de todos os salários. Nós permitimos que a União pagasse os funcionários com recursos da massa, porque não dava para ver nossos funcionários sofrendo o diabo com aquela situação. Mas nos foi assegurado o reembolso desse dinheiro." Esse reembolso nunca foi feito. Paulo Sampaio escreveria o seguinte em seus diários pessoais: "Foram pagas em dobro, como manda a lei, as indenizações trabalhistas a todos os quase 5 mil servidores da empresa, que tiveram — como inocentes vítimas — seus contratos de trabalho violentamente rescindidos pelo ato cassatório das atividades da Panair. É surpreendente que a maior falência da América do Sul — antes da realização de seu Ativo, antes de ser processada a liquidação e venda de seus bens patrimoniais — possa pagar, como de fato pagou, um passivo trabalhista da ordem de 30 bilhões de cruzeiros velhos. E isto com os próprios fundos depositados no banco, ela que se transformara na maior depositante do Banco do Estado da Guanabara. Resta-nos esse consolo de podermos olhar nos olhos essa plateia de denodados servidores, que mais ainda cresceram no nosso conceito, pelo fato, altamente significativo e realmente singular da história das falências, jamais terem registrado uma queixa e muito menos qualquer acusação contra os diretores da companhia."
170. Celso da Rocha Miranda registraria: "A prescrição possibilitaria que os mesmos articuladores desta trama toda hoje dissessem: 'Sim, eles foram absolvidos, mas pela lei do decurso pela porta da prescrição.' Eu queria o julgamento, mesmo sob o risco da condenação. Risco em virtude da situação de anormalidade política. O julgamento foi feito e ganhamos. Assim, acabou o inquérito de crime falimentar."
171. Diz Theophilo Eugênio de Abreu Jr. ("Por que a Varig e a Transbrasil não pediram concordata?", *Dia a Dia* — Informativo do Sindicato Nacional dos Aeronautas, Rio de Janeiro, n. 493, set.-out. 2003, p. 7): "As arrendatárias, sem defesa, pediram socorro ao Ministério da Aeronáutica, onde o todo-poderoso brigadeiro Clóvis Travassos, chefe do Estado-Maior da Aeronáutica, recém-saído da direção do DAC, na época, Departamento de Aeronáutica Civil, era quem resolvia quaisquer assuntos

relativos à Panair. Resolveram então que o Governo Federal desapropriaria os aviões e manteria os valores dos arrendamentos. Assim foi feito."

172. Sentenciou o despacho em questão: "Declara a União Federal ser credora da Massa Falida da Panair do Brasil S.A., pela quantia de NCr$ 70.931.960,41. (...) Pelo acima exposto, chega-se à seguinte conclusão: todo o crédito habilitado é privilegiado, mas sua cobrança, porque impugnado, há que ser feita nos moldes fornecidos pelo parágrafo 1º, do artigo 188, do Código Tributário Nacional, exceto quanto à reserva de bens, *ex-vi* do estatuído em o artigo 2º, do Decreto-lei nº 496, de 11 de março de 1969, em razão do qual as aeronaves ainda em voo da falida, com o respectivo suporte de reposição, já passaram ao domínio e à posse da União. E isto porque a avaliação de ditos aviões ultrapassa o crédito declarado, na forma da aludida norma legal. Em função dos argumentos expendidos, DETERMINO providencie o síndico a reserva do total declarado, como crédito, pelo Estado da Guanabara e pela prefeitura do Município de Curitiba, Estado do Paraná, e, quanto ao crédito da União Federal, REMETO, os interessados para o Juízo privativo e o 'processo competente'" (Código Tributário Nacional, artigo 188, §1º).

173. Reza o artigo 25 do Decreto-lei nº 7.661, de 1945: "A falência produz o vencimento antecipado de todas as dívidas do falido e do sócio solidário da sociedade falida, com o abatimento dos juros legais, se outra taxa não tiver sido estimulada." E também o artigo 213 da Lei de Falências: "Os créditos em moeda estrangeira serão convertidos em moeda do país, pelo câmbio do dia em que for declarada a falência ou mandada processar a concordata preventiva, e só pelo valor assim estabelecido serão considerados para todos os efeitos desta lei."

174. Celso da Rocha Miranda explicaria o seguinte: "O procurador-geral da República que atuou no caso desde o primeiro dia, que é o dr. Geminiano da Franca, e o advogado do Banco do Brasil que foi afastado porque protegia um preposto perigoso e passou depois a jurista do Ministério da Aeronáutica, continuam atravancando o fim do processo. (...) Os dois juntos, sem consultar a mais ninguém, entraram ainda com uma petição tentando impedir que fosse feita a extinção da falência. Alegaram que a União ainda é credora, através de artifício de cálculo. Tudo isto com a esperança de tardar tudo por mais vinte anos..."

175. "Empresa aérea não pode ir à concordata", *Correio da Manhã*, Rio de Janeiro, 3 jul. 1969, Primeiro Caderno, p. 3.

176. "Fatos e rumores — em primeira mão", *Tribuna da Imprensa*, Rio de Janeiro, 3 jul. 1969, Primeiro Caderno, p. 3.

177. O advogado gaúcho Adroaldo Mesquita da Costa foi um dos dez sócios-fundadores da Varig em 1927, tendo sido o responsável pela elaboração do próprio estatuto da empresa, conforme registra Gonçalves (1987, p. 12): "(...) por volta de 1926, [Otto] Meyer procurou o advogado dr. Adroaldo Mesquita da Costa, solicitando-lhe a elaboração de um documento referente à fundação da empresa. Elaborado com base na legislação sobre empresas aéreas, o projeto de estatuto foi aceito por Meyer.". Oliveira (2011, p. 48) destaca que Costa era "sócio cotista da Varig e a acompanhou desde a sua fundação". Ministro de Estado e Justiça e Negócios Interiores de 1947 a 1950, em 27 de abril de 1964 foi nomeado consultor-geral da República pelo marechal Castello Branco, posição que manteve no governo do sobrinho, Arthur da Costa e Silva. Descreve o Planalto que a Consultoria-Geral da República "é o mais elevado órgão de assessoramento jurídico do Presidente da República, submetido à sua direta, pessoal e imediata supervisão", sendo que o consultor despacha "diretamente as matérias a seu cargo com o Presidente da República" e "tem as prerrogativas de ministro de Estado, devendo-se-lhe conferir o tratamento a este

concedido". Sua função é "assessorar o presidente da República em assuntos de natureza jurídica, produzindo pareceres e estudos ou propondo normas, medidas e diretrizes". Ao deixar o cargo no governo em 1969, Costa assumiu posto no Conselho de Administração da Varig, ao lado de Erik de Carvalho e Fernando Osório.
178. Disse também o comandante Luiz Calainho, em entrevista ao *Estadão* ("Mistério sobre fim da Panair faz 25 anos", *O Estado de S.Paulo*, São Paulo, 15 fev. 1990): "(...) um dos maiores acionistas da Varig, o advogado Adroaldo Mesquita Costa, participou diretamente da redação de dois Decretos-lei, o 496 e o 669 (ambos de 1969), impedindo empresas de transporte aéreo de operarem 'durante ou depois do encerramento dos processos de sua liquidação'". A primeira denúncia pública envolvendo Costa foi noticiada ainda em 1965 ("Presidente da Panair garante aos funcionários: — companhia resistirá", *Última Hora*, Rio de Janeiro, 13 fev. 1965, p. 2): "Um diretor da Panair informou ontem, a *UH*, que a (...) pretensão da Varig de conquistar o controle da Panair já se desenrola há dez anos e o resultado agora atingido deve-se ao trabalho realizado, junto ao marechal Castello Branco, pelo consultor geral da República, o sr. Adroaldo Mesquita da Costa, que é sócio-fundador e um dos diretores da Varig."
179. "Lembranças da semana", *Jornal do Brasil*, Rio de Janeiro, 20 out. 1979, Caderno B, p. 7.
180. Previu Paulo Sampaio: "Este Decreto-lei poderá ser — o será por certo — revogado, um dia. Todavia, permanecerá, indefinidamente, como tema nas faculdades e nos debates jurídicos do país. Constitui exemplo típico da lei esmagando o Direito." A legislação produziu efeitos sobre o setor aéreo até 8 de fevereiro de 2005. No dia seguinte, entrou em vigor a Lei nº 11.101, que regula "a recuperação judicial, a extrajudicial e a falência do empresário e da sociedade empresária", reinserindo as companhias de aviação num dispositivo legal amplo. A Varig, que nessa época apresentava patrimônio negativo de 7,9 bilhões de reais — e até então esteve impedida de impetrar a concordata por causa do Decreto-lei nº 669 —, foi a primeira grande organização nacional a recorrer à nova lei, protocolando seu pedido de recuperação judicial em 17 de junho daquele ano. Em 20 de agosto de 2010, no entanto, incapaz de pagar os credores, teve a falência decretada pela juíza Márcia Cunha de Carvalho, da 1ª Vara Empresarial do Rio de Janeiro.
181. "Áreas livres", *Jornal do Brasil*, Rio de Janeiro, 1º dez. 1975, Caderno B, p. 3.
182. "O fim de uma frota", *O Estado de S.Paulo*, 29 abr. 1969.
183. *Jornal do Brasil*, Rio de Janeiro, 23 nov. 1973.
184. *Jornal do Commercio*, Rio de Janeiro, 21 nov. 1973.
185. O IAPFESP publicou o seguinte em seu relatório referente ao ano fechado de 1965: "2.03 — Saliente-se que o problema PANAIR DO BRASIL S.A., resultando finalmente em sua falência, interrompeu a regularidade com que aquela empresa cumpria suas obrigações perante esta Delegacia Estadual. Deixamos de recolher cerca de 400 milhões de cruzeiros e foram aumentadas as folhas de aposentados, pois a maioria dos empregados com apenas 30 e 35 anos de serviço pediu aposentadoria para obter algum recurso para se manter e esta despesa atinge cerca de 300 milhões de cruzeiros mensais, resultante tudo isto em um déficit em torno de 700 milhões de cruzeiros." Curiosamente Luiz Vieira Souto publicaria o seguinte dois anos mais tarde ("Varig: crime de apropriação indébita", *Tribuna da Imprensa*, Rio de Janeiro, 12 out. 1967, p. 6): "O deputado Francisco Amaral, presidente da Comissão Parlamentar de Inquérito para apurar crimes praticados contra a Previdência Social, relacionou os mais graúdos e notórios sonegadores das instituições de previdência e, dentre eles, como autêntica 'pioneira', aparece, em destacado lugar (não

é publicidade) a monopolística primeira-dama do festival aeronáutico do malogrado governo que passou. Devedora remissa do instituto que abriga a valorosa classe — dos aeronautas, retém a Varig fabulosas quantias, descontadas dos salários de seus empregados, incorrendo, assim, conforme expresso em lei, em crime de apropriação indébita."
186. "Governo gasta mais por ter fechado a Panair do Brasil", *Tribuna da Imprensa*, Rio de Janeiro, 19 jan. 1967.
187. *Jornal do Brasil*, Rio de Janeiro, 17 jul. 1965.
188. "Escândalo: Varig ganha decreto para importar sem pagar", *Tribuna da Imprensa*, Rio de Janeiro, 2 fev. 1967, p. 6.
189. Diz Luiz Carlos Leite, filho do comandante Sylvio Leite, da Panair: "Só a Swissair teve 22 pilotos brasileiros oriundos da Panair, com seu altíssimo nível de profissionalismo, dedicação e experiência. Além de serem fluentes em inglês, algo raro na época, *todos* passaram pelos rigorosos testes de admissão na empresa e desempenharam suas funções sem qualquer crítica da Swissair, sem incidentes, acidentes etc. Até hoje, eles são recordados pelos seus 'pousos manteigas', coisa que os europeus só aprenderam mais tarde. Eles tinham uma técnica especial para pousar suavemente e eu várias vezes presenciei longos aplausos dos passageiros no final da viagem, pela suavidade em voo e no pouso." Orlando Marques da Silva contou o seguinte: "Foi quando a TAP teve a sua grande evolução, o seu grande aproveitamento dos voos internacionais, porque ela pegou todos os copilotos da Panair, transformou todos eles em comandantes e aí a TAP teve um grande impulso gratuito. Sem gastar nada pela tecnologia dada aos comandantes. Já pegou esse material todo pronto." Sobre seu próprio caso, Silva lembrou: "Os comandantes mais antigos, que já tinham 40 anos, como eu, ela [a Varig] não quis absorver, de maneira que ficaram sem emprego. Com 45 anos, no Brasil, comandante não tinha emprego. Mas eu tive sorte, porque fui chamado pela Sud Aviation, fábrica do Caravelle — o qual eu voava, já tinha 2 mil horas de voo —, para ir para a Jordânia para adaptar os comandantes [jordanianos] a voarem por instrumentos. (...) Passei oito anos na Jordânia, adaptei os comandantes todos e fiquei por lá. Me tornei cônsul do Brasil lá também."
190. "Coisas da aviação", *Diário de Notícias*, Rio de Janeiro, 28 mar. 1965, p. 4.
191. "Cerco à Panair", *Diário de Notícias*, Rio de Janeiro, 14 mar. 1965, p. 5.
192. Segundo depoimento de Maria Pia da Rocha Miranda, cunhada do acionista, à Comissão Nacional da Verdade, a perseguição às seguradoras do grupo começou em 1966: "Instalada a revolução de 64, nos primeiros anos conseguimos viver razoavelmente. Até novembro de 1966, em que a ditadura edita o Decreto-lei nº 73, que deveria ser a nova lei reguladora de seguros. (...) Com esse decreto, perdemos de imediato cerca de 70% da receita e a única coisa que nos restou foi vender todos os ativos disponíveis para fazer a indenização dos cerca de seiscentos empregados que, então, tínhamos." Rodolfo da Rocha Miranda contou o seguinte à jornalista Cristiane Prestes: "Houve perseguição, tivemos telefones grampeados, casa invadida e acabamos saindo do país" ("Panair cobra da União dívida da ditadura", *Valor Econômico*, São Paulo, 31 mar. 2003).
193. Imediatamente após a decretação da falência da Panair, Paulo Sampaio e Jorge Mourão foram acionados e tiveram que arcar, pessoalmente, com um crédito de 50 milhões de cruzeiros, por terem sido, na condição de executivos, avalistas de uma operação junto ao Banco do Estado da Guanabara (BEG). Conseguiram quitar a quantia mediante a emissão de 30 notas promissórias, cada um. Sampaio desfez-se de seu patrimônio. Mourão contou com o apoio financeiro de Celso da Rocha Miranda.

194. Disse Rodolfo da Rocha Miranda, filho do empresário: "O ministro da Fazenda de Geisel, Mario Henrique Simonsen, estava fazendo uma reestruturação de aplicações das reservas técnicas no mercado segurador. Eles fizeram um grupo de trabalho, do qual papai participou, e concluíram com seu auxílio o redirecionamento das reservas técnicas para títulos de governo. Na época, as seguradoras eram, talvez, uma das maiores fontes de aplicações de longo prazo. Foi nesse momento de discussões sobre atividades financeiras que papai aproximou-se do Geisel. Foi aí, também, que eles arranjaram recursos para financiar o primeiro sistema de petroquímicas do Brasil, substituindo a importação de produtos estrangeiros, como o nafta. Surgiu a ideia de fazer o Polo Petroquímico de Camaçari. Nessa altura, terminava a Comissão de Inquérito da qual ele tinha sido alvo. E ele saía vitorioso. Como o velho já havia provado sua inocência em todos os processos e não tinha rancor, atuava em seguros e tinha um enorme relacionamento internacional, foi reinserido na lista dos empresários aceitos. Não tinha mais sentido ele ser perseguido com uma mão e ajudar com a outra."

195. iBahia. "Solenidade marca comemoração dos 35 anos do Polo Petroquímico de Camaçari". Disponível em: <www.ibahia.com/detalhe/noticia/polo-petroquimico-de-camacari-completa-35-anos/?cHash=1e0b5c5ff993150c3f5be7f46789c6b1>. Acesso em: 22 ago. 2014. Registra a Odebrecht: "A criação do Polo Petroquímico de Camaçari foi uma conquista decisiva da Bahia no rumo de sua industrialização. O longo processo de definição sobre a instalação do polo envolveu a gestão de três governadores: o início, com Luiz Viana Filho (1967-1971), o desenvolvimento, com Antonio Carlos Magalhães (1971-1975), e a conclusão e o princípio de operação, com Roberto Santos (1975-1979). Envolveu também esforços das lideranças empresariais do estado, que demandavam para a Bahia novos investimentos industriais, tendo à frente a Empreendimentos da Bahia S.A. e o grupo Celso da Rocha Miranda" (Odebrecht Informa Online. "A Empresa Nacional". Disponível em: <http://www.odebrechtonline.com.br/materias/00201-00300/248>. Acesso em: 22 ago. 2014).

196. Lembrou Rodolfo da Rocha Miranda: "Ele reuniu a família e disse: 'Eu não vou aceitar [o acordo]. Teria que abrir mão de tudo, principalmente da história. Não vou poder contar a história.' Ele ainda tinha Paulo [Sampaio] e [Jorge] Mourão sofrendo. Sentia-se responsável pelos 5 mil funcionários que tinham perdido o emprego. Disse: 'Se eu não puder falar sobre a Panair, estarei enterrando todas essas pessoas com uma história horrível.'"

197. Sampaio registraria em seu diário que o próprio brigadeiro Eduardo Gomes, em determinado momento, passou a demonstrar arrependimento das decisões que tomou: "Utilizando-se das soluções de força para a exclusiva consecução dos seus objetivos, Eduardo Gomes intentava toda esta operação de extermínio assessorado e assistido por interesses duvidosos de terceiros na derrubada da simbólica Panair. Conseguiram, de momento, os seus intentos, embora sinto que o marechal Eduardo Gomes hoje em dia sofre dos maiores arrependimentos ante as consequências desastrosas do seu ato insensato e intempestivo. Mas, e dentro de um distorcido sentido de amparo às suas ações, praticadas certa ou erradamente, o reconhecimento do erro não lhe possa advir publicamente e o seu silêncio temporal é bem indicativo de uma consciência que se tritura no caldo de um remorso que não encontra o seu alívio." Por sua vez, escreveu Leal (2005, p. 164): "— Mas foi tudo isso que eu fechei! Fui enganado! — Esse foi, segundo o coronel-aviador Vespasiano Ramos [Joaquim Vespasiano Ramos], oficial de gabinete do Eduardo (era assim que o tratava, na sua ausência, é claro), o desabafo do ministro da Aeronáutica ao

terminar a visita que realizou a todas as dependências da Panair do Brasil S.A. após a cassação de suas linhas. Foi enganado sim e morreu sem saber que nunca teve amigos e sim donos... Todos que curvaram suas colunas dorsais diante dos seus caprichos formavam o seu grupo de intocáveis... Eduardo Gomes, idealista, corajoso, valente, aquele, morreu nas areias de Copacabana e nunca se deu conta disso. O outro, que eu conheci e servi sob o seu comando na Diretoria de Rotas Aéreas, já era velho e corroído pela política! Havia rachado a Força Aérea Brasileira, trazendo-a para dentro dela. Essa barbaridade que você cometeu teve origem na gestão de Clóvis Travassos, o colega que o antecedeu muitos anos antes, no timão da Aeronáutica. Não me agrada falar sobre ele [Travassos]. Nosso último encontro foi casual, mas marcou-me profundamente. O vi saindo da clínica São Marcelo, com as duas mãos sobre a cabeça, clamando pela misericórdia de Deus, seguido por sua mulher e sua filha que tentavam confortá-lo. Sobre Humberto de Alencar Castello Branco, sem querer fazer trocadilho, o que assinou em branco o documento que redundaria em mandar para o 'olho da rua' 6 mil funcionários da Panair nem vou perder tempo". Se Eduardo Gomes realmente proferiu essas palavras, não se pode comprovar. Contudo, o brigadeiro de fato visitou os hangares da Panair no Galeão com seus oficiais superiores e o síndico da falência no dia 13 de abril de 1965.

198. "Panair do Brasil não terá dívida ajustada por dólar", *Jornal do Brasil*, Rio de Janeiro, 19 dez. 1984, 1° caderno, p. 13.
199. Explicou mais tarde Paulo Sampaio em memorial assinado com Jorge Mourão: "Nessa obstinada tarefa de impedir a reabilitação da Panair, ajuizou a União um executivo fiscal para a cobrança da fantasiosa dívida. Na primeira instância, perante a Vara Federal, a sentença docilmente acolheu a postulação e aceitou a perícia espúria levada a efeito fora do processo da falência, que reduziu o valor encontrado para as aeronaves expropriadas. Já o Tribunal Federal de Recursos, embora admitindo a procedência do executivo fiscal, exigiu a correção da dívida, deduzindo-se os valores devidos pela expropriação das aeronaves. Tal decisão, sem recurso por parte da União, basta, por si só, para comprovar a nulidade da inscrição da dívida, patentemente ilíquida e incerta. Com isso, o Tribunal Federal de Recursos reconheceu e comprovou ter a União, no executivo fiscal, cobrado duas vezes a mesma quantia. Interposto recurso extraordinário para o Supremo Tribunal Federal, sob o número 92.347-1-TJ, realizou-se o julgamento da Primeira Turma que, por unanimidade, lhe deu provimento. O acórdão do STF, exemplarmente detalhado, não deixa em boa posição a Procuradoria Geral da República, que não teve sequer um ato seu admitido como válido."
200. Lembra Ana Clara de Oliveira Sampaio: "Nessa época, em dezembro, ele [Paulo Sampaio] estava no hospital, muito doente. Já tinha passado por várias operações. Estávamos todos no hospital, no quarto dele, e ele todo entubado, fraquíssimo. De repente, entrou um piloto da Panair: 'Dr. Paulo! Dr. Paulo! Nós vencemos! Nós vencemos!' E ele, naquele estado em que estava, levantou o braço e fez aquele sinal de vitória. Foi uma *desabação* geral. Todo mundo começou a chorar." Octávio da Rocha Miranda Oliveira Sampaio, filho do ex-presidente da companhia, disse o seguinte à equipe do documentário *Panair do Brasil*: "Ele teve um grave problema de saúde. Passou praticamente um ano inteiro no hospital, acabou pegando uma infecção hospitalar e não morreu eu não sei por quê. E me recordo muito que ele, inclusive, esteve em coma no Natal e, se não me engano, foi quando saiu uma decisão sobre a Panair. (...) E o velho, eu acho que... resolveu voltar a viver." Paulo Sampaio deixou o hospital poucas semanas depois.

201. "Aquele major e o sonho de ser da Panair", *Jornal do Brasil*, 25 abr. 1986.
202. "O repugnante caso Panair", *Jornal do Commercio*, Rio de Janeiro, 8 mar. 1985, p. 2.
203. "Planos para administrar os bens da Panair", *Gazeta Mercantil*, São Paulo, 11 mar. 1985, p. 23.
204. "Nas asas da Panair", *IstoÉ*, São Paulo, 7 ago. 1985, p. 72.
205. "Acionista tenta repor Panair no ar até mesmo com dirigível", *Jornal do Brasil*, Rio de Janeiro, 3 mar. 1985, 1º caderno, p. 18.
206. "Nas asas da Panair", *IstoÉ*, São Paulo, 7 ago. 1985, p. 72.
207. "Jantar da Panair reúne 400 no MAM", *Jornal do Brasil*, Rio de Janeiro, 26 out. 1985, 1º caderno, p. 14.
208. "Sócios decidem se a Panair volta a operar", *Gazeta Mercantil*, São Paulo, 6 mar. 1985.
209. "Nas asas da Panair", *IstoÉ*, São Paulo, 7 ago. 1985, p. 72.
210. "A morte de um campeão", *Jornal do Brasil*, Rio de Janeiro, 25 abr. 1986, 1º caderno, p. 11.
211. À época, descreveu o governo: "A Desestatização da Celma está dividida em duas fases. Na primeira, uma quantidade de ações representativa de 10% do capital da empresa será oferecida aos funcionários, a preço fixo e com desconto de 70% sobre o valor mínimo da ação. Na segunda fase, o restante das ações a serem vendidas, cerca de 77% do capital da empresa, mais a sobra do que foi reservado aos funcionários será oferecido em leilão em Bolsa de Valores."
212. "Cinco consórcios vão disputar a empresa", *Folha de S.Paulo*, São Paulo, 1º nov. 1991.
213. "Celma privatizada por Cr$ 61,3 bilhões", *Folha de S.Paulo*, São Paulo, 2 nov. 1991, Brasil, 1-12.
214. *Valor Online*. "GE investirá US$ 90 milhões para elevar capacidade de revisão da Celma". Disponível em: <www.valor.com.br/empresas/988160/ge-investira-us-90--milhoes-para-elevar-capacidade-de-revisao-da-celma>. Acesso em: 25 ago. 2011.
215. "Infraero absorve Tasa e amplia área de atuação", *Jornal do Brasil*, Rio de Janeiro, 2 mar. 1996, Negócios & Finanças, p. 15.
216. Lembra o ex-comandante Carlos Pinto que um funcionário do antigo Departamento de Aviação Civil no Galeão o contatou para informar que havia encontrado um busto de cobre de Paulo Sampaio na área onde antes ficavam os antigos hangares da companhia naquele aeroporto. Pinto reuniu-se com os antigos colegas no Clube da Aeronáutica para decidir o que fariam a respeito. Em conjunto, solicitaram a Cesar Maia, então prefeito do Rio de Janeiro, e ao comandante do III Comando Aéreo Regional, a instalação da escultura em frente ao edifício da Panair no Aeroporto Santos Dumont. As autoridades acolheram o pedido, de modo que, atualmente, a efígie de Paulo Sampaio repousa na praça Marechal Âncora, olhando para a porta de entrada do prédio de onde ele desenvolveu a companhia, conforme registrou o jornalista Ancelmo Gois ("Nas asas da Panair", *O Globo*, Rio de Janeiro, 26 set. 2002): "Arrancado do lugar durante a ditadura, o busto de Paulo Sampaio, aquele que presidiu a Panair do Brasil, voltará a seu antigo lugar, em frente ao prédio da finada companhia aérea, na praça Marechal Âncora. Foi um pedido de ex-funcionários da Panair ao prefeito Cesar Maia. Vai ter até solenidade, no domingo, às 10h."
217. "Ainda nas asas da Panair", *IstoÉ Dinheiro*, São Paulo, 1º nov. 2006, Negócios, p. 52-54.
218. Consultor Jurídico. "União é condenada a pagar ação milionária à Panair do Brasil". Disponível em: <http://www.conjur.com.br/2002-abr-23/uniao_condenada_pagar_acao_milionaria_companhia>. Acesso em: 18 mar. 2003.

219. JusBrasil. "Primeira Turma do TRF5 nega apelação da Panair". Disponível em: <trf-5.jusbrasil.com.br/noticias/100396/primeira-turma-do-trf5-nega-apelacao-da-panair>. Acesso em: 11 set. 2014.
220. Consultor Jurídico. "União se livra de pagar R$ 6 milhões à extinta Panair do Brasil". Disponível em: <http://www.conjur.com.br/2008-set-16/uniao_nao_pagara_aeroporto_extinta_panair>. Acesso em: 11 set. 2014.
221. Ministério Público Federal. "Panair não será indenizada por espaço do Aeroporto Internacional dos Guararapes". Disponível em: <http://noticias.pgr.mpf.mp.br/noticias/noticias-do-site/combate-a-corrupcao/empresa-aerea-nao-sera-indenizada-pelo-espaco-do-aeroporto-internacional-dos-guararapes>. Acesso em: 11 set. 2014.
222. "Panair cobra da União dívida da ditadura", *Valor Econômico*, São Paulo, 31 mar. 2003.
223. Disse Rodolfo da Rocha Miranda em entrevista ao documentário *Panair do Brasil*: "O processo era fechar, matar, enterrar e não deixar a memória voltar. O procurador [Carlos Geminiano da Franca] me disse: 'Eu fiz tudo certinho. Você nunca vai ganhar esse negócio, porque aquilo que eu fiz de errado você já perdeu o direito de reabilitar. Está caduco o seu direito'."
224. "Nas asas da Panair", *O Globo*, Rio de Janeiro, 28 ago. 2009.
225. Rodolfo da Rocha Miranda abriu seu depoimento na audiência pública da seguinte forma: "Quarenta e oito anos se passaram desde seu encerramento. Estamos hoje reunidos em busca de uma resposta, do motivo real do fechamento da Panair do Brasil. Motivo esse que nunca foi provado, mas que todos intuem. Das empresas dos grupos Simonsen e Rocha Miranda, a Panair do Brasil foi a que ganhou maior notoriedade e se tornou um paradigma da perseguição e aniquilação por ato do Estado após 64, contra aqueles que não se alinhavam ao regime totalitário. Além da Panair do Brasil, outras empresas do Grupo Simonsen com presença marcante na economia nacional, como a TV Excelsior, a Comal, a Wasim, também foram aniquiladas. Com a promulgação da lei de acesso à informação e a constituição da Comissão da Verdade, em 2011, criou-se a possibilidade de acesso a documentos até então classificados como secretos ou de uso restrito dos ministérios dos militares. Movidos por essa liberdade é que tivemos em 2012 a grata satisfação de receber do Arquivo Nacional, em Brasília, em resposta a um simples memorando, vasta documentação a respeito de Celso da Rocha Miranda e Panair do Brasil. Essa documentação provou o que se intuía, o que se comentava veladamente: Celso da Rocha Miranda e Mario Wallace Simonsen sofreram tenaz perseguição por parte do golpe civil-militar, por serem esses empresários identificados com os governos Juscelino e João Goulart."
226. O primeiro encontro anual dos ex-funcionários da Panair aconteceu em 21 de outubro de 1966, um ano após o fechamento da companhia, quando um grupo de panerianos encomendou uma missa ao vigário da Igreja de Santa Luzia, no Rio de Janeiro, em memória do aniversário de fundação da empresa. Oficiada às 18 horas, a solenidade foi seguida de uma confraternização na sede do Sindicato dos Aeroviários.
227. Oliveira Sampaio, Paulo de. "O fenômeno Panair". Rio de Janeiro, 22 de outubro de 1979.
228. "Lembranças da semana", *Jornal do Brasil*, Rio de Janeiro, 20 out. 1979, Caderno B, p. 7.
229. Tude Neiva de Lima Rocha (1969).

Agradecimentos

Há tanto a agradecer e a tantas pessoas pela ajuda prestada na consecução deste trabalho complementar ao meu primeiro livro que, acredito, apenas citando-as nominalmente estaria sendo justo. Fiz meu melhor para me lembrar de todo mundo.

Quero começar, evidentemente, pelos veteranos da Panair do Brasil, que em todos os momentos desdobraram-se para me auxiliar na busca pela história da companhia. Agradeço ao mecânico de voo Theophilo Eugênio de Abreu Jr. pelo subsídio documental que me forneceu, sua atenção e o encorajamento. Aos comandantes Carlos Oswaldo Ribeiro Pinto, Georg Friedrick Wilhelm Bungner, Hélio Ruben de Castro Pinto, Lauro Roque, Lucas Antônio Monteiro de Barros Bastos, Maximiano Pimentel de Bittencourt Leal e Orlando Marques da Silva, ao rádio-operador Clério de Castro, às aeromoças Alba Rieken, Dea Rita Mantoano, Ingrid Wolf Fricke, Irene Medeiros Pinto de Almeida, Jandira Reis Mendez, Maria Carola Gudin Prado Amaral e Sonia Diaz Moreira Leser, e aos comissários Carlos Santos Rocha, Geraldo Cunha, José Astolfo Costa, José Nunes de Oliveira e Luiz Fernando Borges. Aos aeroviários Adolpho Porta, Alcibíades Machado Corrêa, Aldônio Junger Vieira, Antônio Anestor Lima Junior, Heinz van Opstal, Hélio Bastos Salmon, Maria da Glória Moraes Guimarães e Newton Alves Monteiro.

Ainda da Família Panair, cumprimento Aciréia Rodrigues, Alessandra Notarbartolo di Villarosa, Ana Clara de Oliveira Sampaio,

Ana Cristina de Oliveira Sampaio, Ana Sílvia Figueiral, André de Miranda, Antônio Roberto Braga da Silva, Bruno Rotta Junior, Cesar Pires de Mello Neto, Claudio Heckmann, Ellen de Sá Gille, Emilia Friedi, Fatima Fontes, Fátima Emediato, Francesca Notarbartolo Villarosa Farina, Gilda Sampaio, Helena Maria Soares Nunes, Ingrid Zavarezzi, Isabella Leonetti, Jorge Luís Ardente, Jorge Pontual, José Galvão, Laura Notarbartolo di Villarosa, Lia de Almeida, Lucas Bastos Júnior, Luís Fernando Borges, Luiz Carlos Leite, Luiz Galvão, Luiz Paulo de Oliveira Sampaio, Maíza Figueira de Mello, Marcelo Müller, Marcia Fontes, Márcia Maria Fonseca Salema, Marcos Eugênio de Abreu, Maria Cristina Braga Vieira, Marylou Simonsen, Nelson Paiva, Octávio da Rocha Miranda Oliveira Sampaio, Paulo Ivan de Oliveira Teixeira, Plácido da Rocha Miranda, Raimundo Wilson Morais, Ricardo Vilhena, Roberto de Matos Vieira, Rodolfo da Rocha Miranda, Samuel Mota, Senhorinha Sá Gille, Sonja Leser, Tatiana Fontes, Ulysses Eugênio de Abreu, Wilson Guimarães Cavalcanti, Yasmin Villarosa, Yedda Rocha Bastos e o ex-passageiro Aluizio Girotto.

Da antiga Varig, agradeço ao então diretor do Departamento de Auditoria Corporativa, Adenias Gonçalves Filho, através do qual obtive resposta do Departamento Jurídico daquela empresa, e pelos testemunhos dos comandantes Antônio José Schittini Pinto, Edyr do Amaral Vasconcelos e João Octávio Pires Teixeira Stepanski. Agradeço também aos comandantes Fábio Goldenstein e Jorge Figueredo, que me receberam na sede da Associação de Pilotos da Varig (APVAR) no Rio, e aos veteranos Jim Pereira e Rodolfo Werner Waltemath.

Da 6ª Vara Cível do Rio de Janeiro, onde correu o processo da falência da Panair, sou muito grato ao escrivão Marco Vinícius de Carvalho e aos funcionários Ana Olga Chainferber e Luiz Cláudio Moreira Lima, que me atenderam com paciência e concederam acesso aos autos.

Pelo apoio documental, esclarecimentos e posicionamentos, agradeço aos juristas Eduardo Seabra Fagundes, José Saulo Pereira

Ramos e Pedro Henrique de Miranda Rosa, aos consultores Mario Sampaio e Paulo Bittencourt Sampaio, à pesquisadora Claudia Musa Fay, à historiadora Nair Palhano Barbosa, e a Carlos Dufriche, Coryntho Silva Filho, David Rockefeller, Eddie Coates, H. P. Gunther, José Carlos Fragoso Pires, José de Alvarenga, Ken Wilkinson, Mel Lawrence, R.E.G. Davies, Ray Pettit e Vito Cedrini.

Tenho que mencionar a enorme prestatividade do pessoal da M. Altberg Produtora de Vídeo Ltda., que mantinha em seu escritório o que restou dos arquivos da Panair e, no momento em que nascia o original do livro, captava dados para a produção de um documentário sobre a companhia, lançado em dezembro de 2008. Destaco o próprio Marco Altberg, Maria Luíza da Rocha Miranda Figueira de Mello e a funcionária Carla Lobo, que foi extremamente paciente com os meus incessantes e-mails e telefonemas.

Também do Rio de Janeiro, agradeço ao major-brigadeiro do ar Washington Carlos de Campos Machado, comandante do Terceiro Comando Aéreo Regional (que funciona no antigo edifício da Panair no Aeroporto Santos Dumont), por ter-me concedido a autorização para entrar no prédio e fotografar, e à tenente Fátima Evangelista, chefe da Assessoria de Comunicação Social, sempre disposta a me receber.

Agradeço, ainda, a Cristina de Luca, Karen Ewel, Marcio Teriya e Ricardo Pinto e Silva — equipe de produção do documentário *Mario Wallace Simonsen, entre a memória e a história*, em que trabalhei como pesquisador, entrevistador e roteirista. Por meio desse projeto, que se estendeu de 2012 a 2015, pude aprofundar minha investigação e conversar com outras fontes importantes, como Carlo Notarbartolo di Villarosa (genro de Mario Simonsen), Susy Gonçalves (filha de Cleomar Gonçalves, braço direito de Simonsen na Comal), Antônio Ribeiro (classificador de café daquela firma), Joachim Stuth-Timm (diretor da Cepab), Luís Hafers (presidente do Museu do Café), Herbert Levy Filho e Luís Fernando Levy (filhos do deputado Herbert Levy), Alvaro de Moya, José Bonifácio de Oliveira Sobrinho e Lauro César Muniz (funcionários da TV Excelsior), os jornalistas Barbara Abramo, Flávio Tavares e Jânio de Freitas, e o cineasta Luiz Carlos Barreto.

Em Campinas, agradeço aos professores da PUC Wagner José Geribello — grande conhecedor da história da aviação mundial —, Ângela Grossi, Celso Falaschi, Francisco Rolfsen Belda e Marcel Cheida.

Não posso me esquecer de citar os colegas de profissão, alguns dos quais reconheceram o valor desta pesquisa desde o estado germinal e me ajudaram a difundi-la. São eles Alberto Komatsu, Amir Labaki, Carlos André Spagat, Claudio Magnavita, Cora Rónai, Darcio Oliveira, Fernando Brant, Fernando Penteriche, Flavio Gomes, Gianfranco Beting, Glauber Gonçalves, Hélio Fernandes, Helcio Estrella, Hélio Muniz, Ivan Martins, Júlio Vasco, Luiz Chagas, Luiz Trigo, Luiza Villaméa, Maeli Prado, Mara Luquet, Márcio Tavolari, Mariana Barbosa, Mariana Filgueiras, Marinilda Carvalho, Rafael Rosas, Ricardo Gallo, Roberto Santos, Rogério Verzignasse, Rose Nogueira, Salvador Nogueira e Tom Cardoso. Neste grupo que apoiou a disseminação da história, incluo Eduardo Matarazzo Suplicy e Ronnie Von, que se mostraram bastante empenhados no resgate de injustiças praticadas no passado do país.

Os queridos colegas do Grupo Editorial Record, que se envolveram apaixonadamente com meu projeto e sem os quais *Pouso forçado* não existiria. Muitíssimo obrigado.

No fim da lista, mas não menos importante, quero deixar registrada em letras grandes a eterna gratidão que tenho por minha família e amigos, que me apoiaram incondicional e pacientemente a vida toda e durante esta saga, mesmo nos momentos de maior dificuldade. Viver entre essas pessoas é um presente de Deus, um privilégio, que só poderei retribuir colocando em prática os ensinamentos e os valores humanos que me passaram, e o amor com que sempre me confortam.

Por fim, agradeço às seguintes instituições: Aéroport d'Orly (Paris), Aeroportos Portugueses S.A., Arquivo Nacional, Arquivo Público do Estado de São Paulo, Arquivo Público do Estado do Rio de Janeiro, Câmara dos Deputados, Departamento de Aviação Civil, Empresa Brasileira de Infraestrutura Aeroportuária (Infraero),

GE Celma, Frankfurt — Main (Rhein-Main AB), Fundação Biblioteca Nacional, Fundação Getúlio Vargas (FGV), Instituto Histórico-Cultural da Aeronáutica (Incaer), Museu Aeroespacial, Museu da Imagem e do Som (Rio de Janeiro), Museu da TAP (Lisboa), Museu do Café, Organização Internacional do Café, Rockefeller & Co., Terceiro Comando Aéreo Regional (III Comar) e The Rockefeller Foundation.

Referências bibliográficas

Aeroporto Santos Dumont, 1936-1996. São Paulo: Empresa das Artes, 1996.
AFFONSO, Almino. *Raízes do Golpe: da crise da legalidade ao parlamentarismo*. São Paulo: Marco Zero, 1988.
AMARAL, Ricardo. *Ricardo Amaral apresenta Vaudeville — Memórias*. São Paulo: Leya Brasil, 2010.
BANNING, Gene. *Airlines of Pan American since 1927: its airlines, its people and its aircraft*. McLean: Paladwr Press, 2001.
BERTA, Ruben. *Exposição sobre a aviação comercial brasileira*. Conselho Nacional de Economia. Rio de Janeiro: 17 de outubro de 1963.
BETING, Gianfranco. *Asas brasileiras*: história ilustrada da aviação civil brasileira. São Paulo: Beting Books, 2005.
_____. *Varig: 432 aeronaves de nossa eterna pioneira*. São Paulo: Beting Books, 2008.
_____, e BETING, Joelmir. *Varig: eterna pioneira*. Porto Alegre: EdiPUCRS e Beting Books, 2012.
BUENO, Fidelis. *O último voo*. Curitiba: Setor de Editoração da Biblioteca Pública do Paraná/SECE, 1985.
CALAINHO, Luiz, e MARQUES DA SILVA, Orlando. *História cronológica da Panair do Brasil*. Rio de Janeiro: 1988.
CASTELLO BRANCO, Carlos. *A renúncia de Jânio: um depoimento*. 4. ed. Rio de Janeiro: Revan, 1996.
CHIRIO, Maud. *A política nos quartéis: Revoltas e protestos de oficiais na ditadura militar brasileira*. Trad. André Telles. Rio de Janeiro: Zahar, 2012.
DAVIES, R.E.G. *Airlines of Latin America since 1919*. Londres: Putnam, 1983.
_____. *Pan Am: an airline and its aircraft*. Twickenham: Hamlyn, 1987.
DULLES, John W. F. *Castello Branco: o presidente reformador*. Trad. Heitor A. Herrera. Brasília: Universidade de Brasília, 1983.
EMBOABA MOREIRA, Maurício. *Contribuição para a formulação de estratégias de marketing: um estudo de caso*. 329 f. Tese (Doutorado em Administração de Empresas). São Paulo: EAESP/FGV, 1993.
ERMAKOFF, George et al. *Varig 75 anos: histórias de viagem*. Rio de Janeiro: VARIG S.A., 2002.
EUGÊNIO DE ABREU JR., Theophilo. *Nas asas da Panair*. Rio de Janeiro: 2000.

FLORES JR., Jackson. *Varig: uma estrela brasileira*. Rio de Janeiro: Action, 1997.
FONSECA MONTEIRO, Cristiano. *A trajetória da Varig do nacional desenvolvimentismo ao consenso neoliberal: um estudo de caso sobre as relações entre empresa e sociedade*. 120 f. Dissertação (Mestrado em Sociologia). Rio de Janeiro: Instituto de Filosofia e Ciências Sociais, Universidade Federal do Rio de Janeiro, 2000.
FORTES, Alexandre. *Nós do quarto distrito: a classe trabalhadora porto-alegrense e a era Vargas*. Rio de Janeiro: Garamond, 2004.
GANDT, Robert L. *Skygods: the fall of Pan Am*. Nova York: William Morrow, 1995.
GASPARI, Elio. *A ditadura escancarada*. São Paulo: Companhia das Letras, 2002.
GONÇALVES, Jussara Maria Siqueira. *Ruben Berta: a experiência de socialização através de uma Fundação de Funcionários*. 250 f. Dissertação (Mestrado em Sociologia). Porto Alegre: Instituto de Filosofia e Ciências Humanas, Pontifícia Universidade Católica do Rio Grande do Sul, 1987.
GUDIN, Maria Carola. *Um voo pela vida*. Rio de Janeiro: Ciência Moderna, 2012.
GUERRA, Jacinto. *JK, triunfo e exílio: um estadista brasileiro em Portugal*. 2. ed. Brasília: Thesaurus, 2005.
GUIMARÃES DE OLIVEIRA, Geneci. *Varig de 1986 a 2006: reflexões sobre a ascensão e a queda da empresa símbolo do transporte aéreo nacional*. 274 f. Dissertação (Mestrado em História). Porto Alegre: Instituto de Filosofia e Ciências Humanas, Pontifícia Universidade Católica do Rio Grande do Sul, 2011.
JÚNIOR, Gonçalo. *Pais da TV: a história da televisão brasileira*. São Paulo: Conrad, 2001.
LABAKI, Amir. *1961: a crise da renúncia e a solução parlamentarista*. São Paulo: Brasiliense, 1986.
LEAL, Max. *Asas*. Rio de Janeiro: Frutos, 2005.
LEVY, Herbert Victor. *O livro negro do café: o mais impressionante escândalo administrativo através do relatório do deputado Herbert Levy, relator da Comissão Parlamentar de Inquérito do Café*. São Paulo: 1964.
_____. *Viver é lutar*. São Paulo: Saraiva, 1990.
LINS E SILVA, Evandro. *O salão dos passos perdidos: depoimento ao CPDOC/FGV*. Rio de Janeiro: Nova Fronteira e FGV, 1997.
MARTINS, Paulo Egydio. *Paulo Egydio: depoimento ao CPDOC/FGV*. São Paulo: Imprensa Oficial, 2007.
MEDEIROS, Jo Dutra et al. *A história da Panair do Brasil: 50 anos*. Rio de Janeiro: Editora Técnica da Aviação, 1979.
MELLO BASTOS, Paulo de. *A caixa-preta do Golpe de 64: a república sindicalista que não houve*. Rio de Janeiro: Família Bastos, 2006.
MELLO FLÔRES, Jorge Oscar de et al. *Na periferia da história*. Rio de Janeiro: FGV, 1998.
MONTEIRO DE BARROS BASTOS, Lucas Antônio. *A companhia eletromecânica Celma e sua história como subsidiária da Panair do Brasil, funcionando como sua oficina de revisão de motores e componentes de avião*. Rio de Janeiro: 2002.
MORAES GUIMARÃES, Maria da Glória. *Meu voo de oito anos na Panair do Brasil*. Rio de Janeiro: 1997.
MORAIS, Fernando. *Chatô: o rei do Brasil*. São Paulo: Companhia das Letras, 1994.
MOYA, Álvaro de. *Gloria in Excelsior: ascensão, apogeu e queda do maior sucesso da televisão brasileira*. São Paulo: Imprensa Oficial, 2004.
MUSA FAY, Claudia. *Crise nas alturas: a questão da aviação civil (1927-1975)*. 2001. 354 f. Tese (Doutorado em História). Porto Alegre: Instituto de Filosofia e Ciências Humanas, Universidade Federal do Rio Grande do Sul, 2001.

PALHANO BARBOSA, Nair. *Nas asas da História: lembranças da Panair do Brasil*. Rio de Janeiro: Agir, 1996.
PEREIRA, Aldo. *Asas cortadas*. Rio de Janeiro: Civilização Brasileira, 1966.
_____. *Breve história da aviação comercial brasileira*. Rio de Janeiro: Europa, 1987.
PIANA DE CASTRO, Nilo André. *Televisão e presidência da República: a soberania em disputa de 1950 a 1964*. 322 f. Tese (Doutorado em Ciência Política). Porto Alegre: Instituto de Filosofia e Ciências Humanas, Universidade Federal do Rio Grande do Sul, 2011.
RAELE CESTARI, Larissa. *A conquista do povo*: Notícias Populares e a oposição ao governo João Goulart. 180 f. Dissertação (Mestrado em História, Política e Bens Culturais). Rio de Janeiro: Centro de Pesquisa e Documentação de História Contemporânea do Brasil — CPDOC, Fundação Getúlio Vargas, 2013.
RAMOS, Saulo. *Código da vida: fantástico litígio judicial de uma família: drama, suspense, surpresas e mistério*. São Paulo: Planeta, 2007.
Revista da Universidade da Força Aérea. *A aviação comercial brasileira durante os anos 1950-70: a crise da Real, Panair e Cruzeiro do Sul*. Rio de Janeiro: UNIFA, v. 26, n. 33, p. 38-45.
ROCHA MIRANDA, Plácido da. *Plácido da Rocha Miranda: depoimento ao CPDOC/FGV*. Rio de Janeiro: Fundação Getulio Vargas, 1998.
STETTINIUS TRIPPE, Betty. *Pan Am's first lady: the diary of Betty Stettinius Trippe*. Miami: Paladwr Press, 1996.
TABOSA PESSOA, Lenildo. *História da aviação comercial brasileira*. Rio de Janeiro: Rios, 1989.
TAVARES, Flávio. *1964: o Golpe*. Porto Alegre: L&PM, 2014.
VIANA FILHO, Luís. *O governo Castelo Branco*. Rio de Janeiro: José Olympio, 1975.

Documentos

A falência da Panair do Brasil S.A. [memorial]. Rio de Janeiro, 14 de setembro de 1971.
A falência da Panair do Brasil S.A. perante o Egrégio Conselho da Magistratura. Parecer do procurador-geral da Justiça Leopoldo Braga. Rio de Janeiro, 1968.
A propósito de um debate [documentação interna sobre processo de nacionalização da Panair do Brasil]. Rio de Janeiro, janeiro de 1961.
ABLA, Sergio. *Parecer da Assessoria Jurídica da Aeronáutica em relação ao processo SCGI/RJ nº 49/69*. Rio de Janeiro, 14 de dezembro de 1978.
ALMEIDA BRAGA, A. C. de et al. [Carta de demissão de conselheiros da Panair a Ângelo Mario Cerne, presidente em exercício do Conselho de Administração.] Rio de Janeiro, 9 de fevereiro de 1965.
BERTA, Ruben. [Carta com proposta para incorporação da rede de agências da Panair no exterior.] Rio de Janeiro, 9 de março de 1965.
CALHEIROS BOMFIM, B. et al. [Contraminuta ao agravo de instrumento interposto pelo Banco do Brasil.] Rio de Janeiro, 1º de abril de 1968.
_____. [Petição sobre ilegitimidade do Banco do Brasil como síndico da falência da Panair.] Rio de Janeiro, 25 de março de 1968.
_____. [Requerimento de destituição do síndico Banco do Brasil S.A.] Rio de Janeiro, 5 de março de 1968.

_____. [Requerimento de instauração de inquérito para apurar irregularidades cometidas pelo Banco do Brasil e levantamento dos prejuízos causados à Massa Falida da Panair.] Rio de Janeiro, 8 de abril de 1968.

CANUTO MENDES DE ALMEIDA, J. et al. *O Caso Comal*. São Paulo, 1965.

Dados sobre a Panair [composição acionária, realizações da última administração, campo operacional, recuperabilidade financeira, serviço de comunicações e segurança de voo]. Rio de Janeiro, 28 de junho de 1967.

Declarações que presta Celso da Rocha Miranda [depoimento pessoal de Celso da Rocha Miranda ao juiz Mario Rebello de Mendonça Filho]. Rio de Janeiro, 2 de setembro de 1965.

Declarações que presta Edgard Froes da Fonseca. Subcomissão Geral de Investigações no Estado da Guanabara. Rio de Janeiro, 1965.

Declarações que presta Jorge Mourão. Subcomissão Geral de Investigações no Estado da Guanabara. Rio de Janeiro, 1965.

Declarações que presta o sr. Oswaldo Pamplona Pinto. Subcomissão Geral de Investigações no Estado da Guanabara. Rio de Janeiro, 1965.

Declarações que presta Paulo de Oliveira Sampaio. Subcomissão Geral de Investigações no Estado da Guanabara. Rio de Janeiro, 1965.

DINIZ DE ANDRADA, Henrique Augusto. [Requerimento do ministro Vilas Boas.] Brasília, 21 de outubro de 1965.

DOMINGUES, Rui Octávio. *Mandado de intimação* [referente ao requerimento de instauração de inquérito para apurar irregularidades cometidas pelo Banco do Brasil e levantamento dos prejuízos causados à Massa Falida da Panair]. Rio de Janeiro, abril de 1968.

_____. *Sentença* [exclusão de crédito declarado pelo Banco do Brasil por sua Carteira de Câmbio]. Rio de Janeiro, 24 de abril de 1968.

Embargos de nulidade e infringentes na apelação cível n° 49.333. Rio de Janeiro, 13 de julho de 1967.

GOMES, Eduardo. [Documentação entregue ao senador Vasconcellos Torres.] Rio de Janeiro, março de 1965.

GOMES MONTEIRO, C., HUNGRIA, Nelson, LIMA ROCHA, Tude. *Falsidade contra a Panair do Brasil* (Memorial à Justiça). Rio de Janeiro, abril de 1966.

Histórico do Serviço de Telecomunicações da Ex-Panair do Brasil S.A.

HOSKEN DE NOVAES, Moacyr. *Certidão* [parecer sobre investigação aberta pelo Dops sobre Paulo Sampaio]. Rio de Janeiro, 4 de maio de 1965.

LIMA DE SIQUEIRA, Deoclécio. *Ofício n° 63 GM51054-R*. Rio de Janeiro, 27 de setembro de 1965.

MAGALHÃES LINS, José Luiz. [Carta a Ângelo Mario Cerne, presidente em exercício do Conselho de Administração da Panair do Brasil.] Rio de Janeiro, 14 de dezembro de 1964.

MARQUES COELHO, Newton et al. *Conselho de Magistratura — Falência da Panair do Brasil S.A.: principais razões motivadoras da substituição do Banco do Brasil S.A. no cargo de síndico*. Rio de Janeiro, março de 1968.

MARQUES MAY, Flávio. [Laudo descritivo de vistoria e avaliação das aeronaves e turbinas da Panair.] Rio de Janeiro, 21 de maio de 1969.

Memorial sobre a inépcia da acusação de prática de crimes falimentares pela diretoria da Panair. Rio de Janeiro, 17 de maio de 1973.

Memorial sobre o processo de aquisição redigido pelos representantes da Panair do Brasil. Rio de Janeiro, 1972.

Minuta de decreto-lei proposto pelo governo João Baptista de Oliveira Figueiredo.

Minuta de exposição de motivos e Medida Provisória proposta pelo governo Fernando Henrique Cardoso.

MOASSAB, Guido Jorge. [Carta ao senador Vasconcellos Torres.] Rio de Janeiro, 29 de março de 1965.

MONTEIRO DE BARROS, William. *Agravo de instrumento* [da Pan American World Airways, Inc. contra a União Federal]. Rio de Janeiro, 14 de julho de 1969.

_____. *Arguição de inconstitucionalidade no Agravo de Instrumento n° 22.993* [memorial da agravante Pan American World Airways, Inc.]. Rio de Janeiro, 14 de julho de 1969.

MONTEIRO TRAVASSOS, Clovis. *Of. n° 90/64*. Rio de Janeiro, 5 de junho de 1964.

MOREIRA DA CUNHA NETTO, José. [Embargos da Massa Falida da Panair do Brasil S.A. contra ação executiva fiscal fundada na certidão n° 35-ª D.O./69.] Rio de Janeiro, 11 de julho de 1969.

MOURÃO, Jorge, e OLIVEIRA SAMPAIO, Paulo de. *A diretoria da Panair face os créditos trabalhistas*. Rio de Janeiro, 10 de março de 1966.

_____. *Ainda há juízes em Berlim... Panair do Brasil*. Rio de Janeiro, fevereiro, 1981.

_____. [Considerações sobre os autos da prestação de contas de Adolpho Schermann (Vol. 69), referentes à liquidação da agência da Panair na Áustria.] Rio de Janeiro, 11 de novembro de 1974.

_____. [Considerações sobre os autos da prestação de contas de Adolpho Schermann (Vol. 69), referentes à liquidação da agência da Panair na Itália.] Rio de Janeiro, 11 de novembro de 1974.

_____. [Considerações sobre os autos da prestação de contas de Adolpho Schermann (Vol. 70), referentes à liquidação da agência da Panair na Bélgica.] Rio de Janeiro, 13 de novembro de 1974.

_____. [Considerações sobre os autos da prestação de contas de Adolpho Schermann (Vol. 70), referentes à liquidação da agência da Panair na Espanha.] Rio de Janeiro, 13 de novembro de 1974.

_____. [Considerações sobre os autos da prestação de contas de Adolpho Schermann (Vol. 70), referentes à liquidação da agência da Panair na França.] Rio de Janeiro, 19 de novembro de 1974.

_____. [Considerações sobre os autos da prestação de contas de Adolpho Schermann (Vol. 70), referentes à liquidação da agência da Panair na Inglaterra.] Rio de Janeiro, 13 de novembro de 1974.

_____. [Considerações sobre os autos da prestação de contas de Adolpho Schermann (Vol. 70), referentes à liquidação da agência da Panair no Líbano.] Rio de Janeiro, 12 de novembro de 1974.

_____. [Considerações sobre os autos da prestação de contas de Adolpho Schermann (Vol. 70), referentes à liquidação das agências da Panair na Alemanha — Berlim, Düsseldorf, Frankfurt, Hamburgo, Munich e Stuttgart.] Rio de Janeiro, 12 de novembro de 1974.

_____. [Defesa preliminar no Processo n° 00049/69, ao presidente da Subcomissão Geral de Investigações do Estado da Guanabara.] Rio de Janeiro, 29 de janeiro de 1970.

_____. *Memorial dos litisconsortes*. Rio de Janeiro, 1° de junho de 1973.

_____. *Memorial Histórico dos Representantes da Panair do Brasil.* Rio de Janeiro: novembro, 1985.

NAZARETH DE SOUZA, Mario. *Decreto n° 107* [boletim do chefe do Departamento de Comunicações da Massa Falida da Panair do Brasil S.A.]. Rio de Janeiro, 19 de janeiro de 1967.

_____. *Horário das estações* [boletim do chefe do Departamento de Comunicações da Massa Falida da Panair do Brasil S.A.]. Rio de Janeiro, 1° de agosto de 1967.

NEIVA DE LIMA ROCHA, Tude. *Ainda, a Panair do Brasil S.A. — Agravo de Instrumento da Sentença Denegatória da Concordata Suspensiva (Memorial).* Rio de Janeiro, julho de 1969.

NUNES LEAL, Victor. *Executivo da União contra a Massa Falida da Panair do Brasil* (STF — Agravos 76.058 e 76.059). Rio de Janeiro, 7 de maio de 1979.

O Ministério da Aeronáutica esclarece as razões que levaram o Governo a cassar as linhas da Panair (mimeo.). Brasília, março, 1965.

O Sistema de Telecomunicações Aeronáuticas da Panair do Brasil S. A.

OLIVEIRA, Jonas de, e SOUZA CARVALHO, Waldemar. *Memorial às autoridades governamentais sobre os reais motivos da destituição do Banco do Brasil como síndico da Panair.* Rio de Janeiro, 25 de abril de 1968.

OLIVEIRA MARINHO, Armando de. *Ref. Proc. SCGI/GB-0004/69.* Rio de Janeiro, 6 de outubro de 1970.

OLIVEIRA SAMPAIO, Paulo de. [Carta ao senador Vasconcellos Torres.] Rio de Janeiro, 22 de março de 1965.

_____. *Elementos para um memorial (para Osmar Ferreira).*

_____. *Ex-presidente da Panair refuta acusações (mimeo.).* Rio de Janeiro, março, 1965.

_____. *Exposição de motivos.* Rio de Janeiro, 17 de dezembro de 1971.

_____. *Exposição sobre os fatos: o caso Panair.* Rio de Janeiro, 1965.

_____. *Muita coisa aconteceu antes, durante e depois da falência da Panair.*

Parecer do DD. DR. Curador [sobre exclusão do crédito pretendido pelo Banco do Brasil por sua Carteira de Câmbio]. Rio de Janeiro, 18 de abril de 1968.

Parecer sobre arguição de suspeição do juiz Rui Octávio Domingues para continuar dirigindo o processo de falência da Panair. Rio de Janeiro, 11 de setembro de 1968.

PIRES DE MELLO, Cesar. *Histórico do transporte aéreo no Brasil e particularmente da posição da Panair do Brasil S.A.* Rio de Janeiro, 9 de setembro de 1958.

RAMOS, Saulo, RAO, José Carlos, RAO, Vicente. *A Comal e a CPI do Café.* São Paulo, 1965.

Relatório Anual da Panair do Brasil S.A. (1963). Rio de Janeiro, Brasil.

Requerimento para que os autos do inquérito judicial sejam apensados aos autos do processo de falência da Panair [parecer do 1° curador de massas]. Rio de Janeiro, 19 de junho de 1967.

Resolução de arquivamento do processo SCGI/RJ n° 49/69. Rio de Janeiro, 24 de dezembro de 1978

RIVERA, Edwin. *Horário das estações* [boletim do chefe do Departamento de Comunicações da Massa Falida da Panair do Brasil S.A.]. Rio de Janeiro, 5 de maio de 1966.

ROCHA ARAUJO, Helio, DOUSA DA CUNHA E SÁ, Flavio da, VICENTE DE ALMEIDA CARVALHO, Nilton et al. *Laudo pericial de seguros.* Rio de Janeiro, 22 de fevereiro de 1967

ROCHA MIRANDA, Celso da. [Depoimento à Subcomissão Geral de Investigações no Estado da Guanabara.] Rio de Janeiro, 5 de fevereiro de 1970.

ROCHA MIRANDA, Rodolfo da, e RONDON DA ROCHA MIRANDA, Maria Luíza. *A destruição patrimonial e moral de um perseguido político: a tortura indireta ao empresário Celso da Rocha Miranda* [documentação enviada a Rosa Maria Cardoso da Cunha, membro da Comissão Nacional da Verdade]. Rio de Janeiro, 6 de setembro de 2012.

SEABRA FAGUNDES, M. *Exposição* [sobre a legitimidade da diretoria da Panair para impetrar pedido de segurança]. Rio de Janeiro, 8 de maio de 1966.

_____, e SEABRA FAGUNDES, Eduardo. *O caso da Panair do Brasil S.A.* (Mandado de segurança impetrado ao Supremo Tribunal Federal.) Rio de Janeiro, 1965.

_____. *O caso da Panair do Brasil S.A.* (Mandado de segurança nº 15.215.) Rio de Janeiro, 1966.

_____. *O caso da Panair do Brasil S.A.* (Mandado de segurança nº 15.215 — Anexo ao Memorial.) Rio de Janeiro, 1966.

SILVEIRA ANTUNES, HUGO. *À Cia. Comercial Paulista de Café* [carta do chefe geral do Departamento de Controle de Comercialização do Instituto Brasileiro do Café suspendendo declarações de venda da empresa]. Rio de Janeiro, 27 de maio de 1964.

TOOMEY, H. R., e TORRES FILHO, Alberto. *Contrato de compra e venda de ações da Panair do Brasil S.A., que entre si fazem a Pan American World Airways, Inc. e a Planejamento e Administração Guanabara*. Rio de Janeiro, 3 de junho de 1960.

VINHAIS, Manoel José. *Of. nº 034/GMBP/151-R*. Rio de Janeiro, 17 de fevereiro de 1965.

Acervos

Arquivo da Família Rocha Miranda
Arquivo da Família Sampaio
Arquivo da Família Simonsen
Arquivo da GE-Celma
Arquivo da Panair do Brasil
Arquivo Geral da Cidade do Rio de Janeiro
Arquivo Nacional
Arquivo Público do Estado de São Paulo
Arquivo Público do Estado do Rio de Janeiro
Associação dos Juízes Federais do Brasil (online)
Banco Central do Brasil (online)
Biblioteca da Presidência da República (online)
Biblioteca Mário de Andrade — Prefeitura de São Paulo
Biblioteca Nacional
Câmara dos Deputados
Centro Cultural São Paulo
Cinemateca Brasileira
Centro de Informações da Aeronáutica (Cisa)*
Detran-RJ (online)
Fundação Getúlio Vargas
Memória Estatística do Brasil (online)
Museu do Café

---

* Via Arquivo Nacional/Coreg.

Organização Internacional do Café
Presidência da República (online)
Senado Federal (online)
Supremo Tribunal Federal (online)
Tribunal de Justiça do Estado do Rio de Janeiro (6ª Vara Cível)
U.S. State Department[*] (online)

Periódicos

A Carapuça
A Luta
A Noite
A Notícia
Air Travel
Brasil de Hoje
Carta Capital
Consultor Jurídico
Correio da Manhã
Der Spiegel
Dia a Dia — Informativo do Sindicato Nacional dos Aeronautas
Diário Carioca
Diário da Justiça de São Paulo
Diário de Notícias
Diário de São Paulo
Diário do Congresso Nacional
Diário Oficial da União
Diário Oficial do Estado de São Paulo
Diário Oficial do Estado do Rio de Janeiro
Diário Oficial do Poder Legislativo
Die Zeit
Flap Internacional
Flight Global
Folha da Manhã
Folha da Noite
Folha de S.Paulo
Gazeta de Notícias
Gazeta Mercantil
Ícaro
IstoÉ
IstoÉ Dinheiro
Jornal do Brasil
Jornal do Commercio
Luta Democrática
O Cruzeiro

---

[*] Via Brown University.

O Dia
O Estado de S.Paulo
O Globo
O Jornal
O Paiz
Observatório da Imprensa
Panair em Revista
Realidade
República
Revista Brasileira de Direito Aeroespacial
Senhor
Senhor Vogue
Time
Tribuna da Imprensa
Última Hora
Valor Econômico

Índice onomástico

Adayme, Olga, 106
Advocacia-Geral da União, 296, 297
Aerobrás, 51, 179, 184, 188-190, 270
Aeronáutica, 14, 21, 24, 29, 30, 33-36, 39, 40-45, 47-53, 57, 67, 69, 71, 75, 77, 81, 84, 87, 90, 91, 93-95, 100-102, 108-110, 112, 116, 118, 120, 121, 123, 127, 131, 133-136, 141, 142, 147, 150-153, 158, 159, 163, 179, 180, 184, 188, 189, 191, 194-203, 209, 211, 213, 215, 224, 228, 230, 232- 236, 238, 241, 242, 251, 253, 254, 260, 277, 278, 280, 281, 283-285, 288-290, 295-299, 302
Aeronorte, 87, 97, 177, 188
Aerovias Brasil, 87, 186
Aerovias Brasília, 85, 87
Affonso, Almino, 87
Agripino, João, 135, 136-138, 141, 142, 144, 145, 147, 149, 152, 156-158, 160, 161, 205, 228
Aguiar, Jefferson de, 135
Air France, 22, 49, 123, 203
Air India, 123
Albuquerque, Xavier de, 286
Aleixo, Pedro, 81, 216, 217

Alitalia, 92, 133, 203
Alkmin, José Maria, 75, 171
Almeida Braga, Antônio Carlos de, 88, 116, 204
Almeida Magalhães, Rafael de, 116
Almeida Prado, 169
Altino da Ressurreição e Souza, Cândido, 248
Alves, Marinho, 37
Amaral Penna, Henrique do, 36, 134
Amaral Vasconcelos, Edyr do, 29
Andrade Gutierrez, 293
Arantes do Nascimento, Édson (Pelé), 80
Araripe Macedo, Joelmir Campos de, 49
Archer, Renato, 295, 296
Arena, 142, 258
Arinos, Afonso, 141, 142, 145
Arruda, Fernando, 78
Arruda, José, 276
Associação Internacional de Transportes Aéreos (Iata), 114, 160
Associação Uruguaia de Agências de Viagens Internacionais (Audavi), 114

Aviation Corporation of America, 59, 60

Bahury, Miguel, 87, 185
Baleeiro, Aliomar, 42
Balloussier, Oswaldo, 161
Balluder, Erwin, 182, 184
Barreto, Adahil, 87
Barros Câmara, Jaime de, 104
Barros, Adhemar de, 122, 193, 213
Barros, Francisco, 298
Bernardes, Alfredo, 91
Berta, Ruben Martin, 13, 14, 27, 28, 30, 34, 38, 45, 46, 52, 53, 56, 78, 81, 83, 85, 87, 113, 114, 116, 119, 176-180, 184-188, 196, 197, 201, 202, 205, 206, 207, 210, 217, 223, 302
Bevier, Richard, 60
Borges, Gustavo, 29, 116
Bouças, Valentim, 182, 183
Bracorep S.A., 93
Braga, Leopoldo, 254
Brame, Paulo, 276
Brant, Fernando, 17
British Overseas Airways Corporation (Boac), 73, 123, 192
British United Airways, 92
Brito, Raimundo, 115, 204, 353
Brizola, Leonel, 190, 193
Broca Filho, 87
Broca, Philippe de, 59, 87
Bulhões, Gouveia de, 121, 159
Burden, William, 67

Calheiros Bomfim, Benedito, 247
Calidônio, Renato, 171
Câmara, Sette, 202
Campelo, Wilson, 150
Campos, Milton, 113
Campos, Roberto, 21, 194, 201

Cardoso, Adaucto Lúcio, 81, 258
Cardoso, Fernando Henrique, 295, 296
Cardoso, Rosa, 300
Carneiro, Armando, 81
Carneiro, Newton, 171
Carvalho, Maurício José de, 122
Carvalho, Reinaldo de, 91
Castello Branco, Humberto de Alencar, 21, 34, 37, 47, 48, 50, 52, 53, 104, 108, 110, 112, 113, 121, 124, 129, 130, 135, 151, 159, 176, 190, 195, 200-202, 212, 213, 216, 229, 278
Cavalcante, Ubaldo, 298
Cavalcanti, João Barbalho Uchôa, 268
Ceglia, Silvério, 183
Centro de Informação de Segurança da Aeronáutica (Cisa), 280, 281
Centro de Informações da Marinha (Cenimar), 281
Centro de Informações do Exército (CIE), 281
Centro de Relações Públicas da Aeronáutica, 10, 288, 289
Centro Técnico Aeroespacial de São José dos Campos, 87, 187
Cesário Alvim, Thereza, 132
Chambers, Reed, 60
Chase Manhattan, 173, 177
Chateaubriand, Assis, 112
Chaves, Pedro, 210
Chieregatti, Vicente, 173
Cochrane, Maria Luíza (Baby), 174
Coelho, Ozanan, 87
Comissão de Estudos Relativos à Navegação Aérea Internacional (Cernai), 50, 90, 91, 180

Comissão Executiva de Assistência à Cafeicultura (Ceac), 168
Comissão Geral de Investigações (CGI), 281, 284, 302
Comissão Nacional da Verdade (CNV), 300
Comissão Parlamentar de Inquérito (CPI), 76, 81, 87, 137, 171, 229
Companhia Comercial Paulista de Café (Comal), 85
Companhia Eletromecânica (Celma), 15, 29, 36, 39, 47, 79, 80, 82, 92, 102, 133, 134, 161, 203, 234, 235, 277, 279, 285, 290, 292, 293, 295, 307
Companhia Internacional de Seguros, 86, 225, 226, 265, 280
Confederação Evangélica, 131
Conferência de Petrópolis, 189
Conferência Nacional dos Bispos do Brasil, 131
Conferências de Aeronáutica, 94
Consolidated Aircraft, 61
Cooperativa Central dos Produtores de Leite (CCPL), 75
Corrêa de Melo, Francisco, 91
Corrêa, Alcibíades, 27-29
Correia Lemos, Kleber, 36, 133
Costa Carvalho, Gabriel, 202
Costa e Silva, Artur da, 29, 259, 269
Costeira, 201
Coutinho, Abreu, 52
Cruz Vermelha Internacional, 131
Cruzeiro do Sul, 27, 34, 45, 50, 56, 68, 109, 128, 179, 201, 224, 233, 260, 276
Cunha, Geraldo, 54

Dantas, José Bento Ribeiro, 68, 179, 197, 225
de Gaulle, Charles, 69
de Havilland, Geoffrey, 73
Defense Supply Corporation, 67
Delfim Netto, Antônio, 260, 261
Denis, Odílio, 190
Dias Leite, Antonio, 96
Diniz de Andrada, Henrique Augusto, 210
Diniz, Alcino, 211
Djalma Boechar 169
Dolzany da Costa, Marcelo, 297
Domingues, Rui Octávio, 230, 243- 245, 247-252, 254, 255
Drummond de Andrade, Carlos, 303
Dulles, John W. F., 31

Economia e Engenharia Industrial (Ecotec), 35, 58, 96
El Al, 85, 160
Empresa Brasileira de Infraestrutura Aeroportuária (Infraero), 293, 296
Engenharia, Indústria e Comércio Ltda. (Engenav), 276
Ermírio de Moraes, José, 138, 139, 145, 146
Escola de Serviço Público do Estado da Guanabara (Espeg), 214
Esso, 92
Estelita, Wagner, 76

Falcão, Armando, 76
Falcão, Djaci 286
Família Panair, 118, 130, 290, 294
Faria, Aluisio, 183
Faria, Elias de, 38

Federação e Centro das Indústrias de São Paulo, 121
Federal Aviation Administration (FAA), 92, 102
Fernandes, Hélio, 31, 34, 111, 176, 201, 269
Fernandes, Lígia, 214
Fernandes, Walter, 291
Ferreira Guimarães, Manoel, 75, 78, 105
Ferreira, Rogê, 171
Figueira de Mello, Rodolpho, 29, 36
Figueiredo, João Baptista de Oliveira, 284, 285, 290, 297
Fleuss, Henrique, 69, 200
Florida Airways, 60
Fontana, Atílio, 144, 145, 146, 147
Fontenele, Américo, 214
Fontes Cotia, Raul, 202
Força Aérea Brasileira (FAB), 15, 102, 126, 162, 191, 195, 196, 251, 253
Foreign Air Mail Act, 60
Fragoso Pires, José Carlos, 198, 199, 201, 204
Franca, Carlos Geminiano da, 133, 241, 243, 259, 264, 266, 291,
Francis, Paulo, 173
Fróes da Fonseca, Edgard, 20, 58, 88, 239,
Furtado Reis, Trajano, 179

Gallotti, Luiz, 210
Galvêas, Ernane, 284
Gama e Silva, Luís Antonio da, 259, 260, 269
Gama, Nogueira da, 135
Gama, Saldanha da, 121
Garcez Ribeiro, Célio, 45
Garrido Torres, José, 206

Geisel, Ernesto Beckmann, 284
General Electric (GE), 293
Gois, Ancelmo, 299
Gomes Monteiro, Carlos, 229
Gomes, Eduardo, 14, 33, 38, 41, 51, 52, 75, 104, 112, 114, 116, 120, 121, 127-130, 133, 135, 136, 150, 163, 195, 196, 198-202, 217, 229, 234, 254, 288
Gomes, Linneu, 83, 84, 87, 186
Gonçalves de Oliveira, 210
Gonçalves, Cleomar, 171
Gonzaga, Luís, 47
Goulart, João (Jango), 43, 95, 113, 178, 190-192
Goulart, Maria Thereza, 192
Goulart, René, 249, 251
Gouveia de Bulhões, Octávio, 121, 159,
Gouveia Vieira, João Pedro, 199
Grupo Moreira Salles, 173
Grupo Rockefeller, 173
Grupo São Miguel, 211
Grupo Simonsen, 31, 87, 150, 172-174, 177, 193
Guimarães Lima, Adriano, 248, 251, 253

Haddock Lobo, Eugenio Roberto, 247
Hambleton, John, 59
Herculino, João, 115
Hereil, Georges, 93
Hihl, George, 68
Hispani-Suiza, 102
Holk, Cláudio Ricardo, 199
Hughes Jr., Howard, 76
Hungria Machado, Argemiro, 78
Hungria, Nelson, 229
Hupsel de Oliveira, Fernando, 294

Iberia, 224, 260
Impex-Schneider, 93
Indústrias Cabiac, 211
Infraero, 293, 296
Instituto Brasileiro do Café (IBC), 168, 172
Instituto de Aposentadorias e Pensões dos Ferroviários e Empregados em Serviços Públicos (IAPFESP), 45, 123, 277, 279
Instituto de Polícia Técnica de São Paulo, 173
Instituto de Resseguros do Brasil (IRB), 155, 157, 238
Instituto Técnico de Aviação (ITA), 95
IPMF
Irving Trust Company, 61

Jabour, 169
Jalkh, Albert, 276
Janot, 198
Jardim de Mattos, Délio, 284
Junqueira Bastos, Mauro, 259, 262, 267, 270

Kafuri, Jorge Felipe, 96
Kahl Filho, José, 133
Kastrup de Carvalho, Erik Oswaldo (Erik de Carvalho), 30, 38, 78, 86, 180, 183, 184
Kirilo, Fahim, 108
Koninklijke Luchtvaart Maatschappij (KLM), 91
Krieger, Daniel, 142, 149,
Kubitschek de Oliveira, Juscelino (JK), 80, 81, 137, 178, 195, 295

Lacerda, Carlos, 75-77, 104, 116, 121, 128, 129, 193, 194, 301
Lavenère-Wanderley, Nelson Freire, 27
Lefévre, Hilda, 211
Lefévre, Paulo, 191, 211
Leitão de Abreu, 286
Leite, Cerqueira, 38, 121, 125, 128
Leite, Sylvio, 121
Lemos, Sebastião, 276
Levi, Edmundo, 50
Levy Filho, Herbert, 465
Levy, Herbert, 44, 170, 171, 172, 465
Levy, Luís Fernando, 465
Ligue Internationale des Aviateurs, 67
Lima de Siqueira, Deoclécio, 360
Lima, Hermes, 210,
Lima, Vivaldo, 135
Lindberg, Charles, 66, 67
Linhas Aéreas Brasileiras, 87
Linhas Aéreas Paulistas, 87
Lins e Silva, Evandro, 21
Lírio, Alberto, 253
Lobo, Oswaldo, 91
Loide Aéreo, 79, 81, 97, 155, 214,
Lourenço Marques, 89
Lucena, José Maria, 297
Lufthansa, 67, 68, 92, 123, 203,
Luna Magalhães, João, 150

Macarini, Paulo, 171
Machado de Góes Soares, Jefferson, 243
Machado Portela, Fernando, 88, 204
Maciel Osório, Fernando, 86, 180,
Maculan, Nelson, 171
Magalhães Fonseca, Alberto Victor, 126, 127, 131

Magalhães Lins, José Luiz de, 88, 183, 204
Magalhães Teixeira, Antônio Edílio, 298
Magalhães, Gustavo, 183
Magalhães, Sérgio, 81
Mahler, Armando, 78
Marinha (MB), 20, 194, 195,
Mario Wallace Simonsen & Sons Trust, 140, 161
Marques Coelho, Newton, 247
Marques da Silva, Orlando, 47, 291
Marques May, Flávio, 224
Marques, Antônio, 29
Martins da Costa, Batuíra, 255
Martins Filho, Marcelino, 169
Martins, Robert, 131
Mascarenhas, Geraldo, 180
Mason, Grant, 60
Mata Machado, Edgard de, 253
Medeiros, Carlos, 20, 23, 24, 39, 40
Medeiros, Carlos, 23, 24, 39-41, 87
Medeiros, Océlio de, 87
Mello Bastos, Paulo de, 188
Mello Flores, Carlos Alberto de, 340
Mello Machado, Francisco de, 199
Mello, Fernando, 217
Melo e Silva, José, 47
Melo Junqueira Filho, Aguinaldo de, 220
Mendonça, Deodoro de, 81
Menezes, Dias, 42, 115, 229,
Mergulhão, Cadmo, 248
Mesquita da Costa, Adroaldo, 269
Middle East Airlines (MEA), 73
Ministério da Aeronáutica, 30, 33-35, 39, 41-45, 49, 52, 53, 75, 81, 84, 90, 93, 95, 100-102, 112, 116, 121, 123, 127, 131, 133, 135, 136, 141, 142, 147, 151, 152, 153, 158, 179, 180, 198, 200, 202, 213, 224, 228, 232, 233, 238, 242,
Ministério da Fazenda, 197, 198, 202, 253
Ministério da Indústria e do Comércio, 169
Ministério das Relações Exteriores (Ministério do Exterior), 90, 91, 198, 295
Ministério do Desenvolvimento, 293
Ministério do Trabalho, 75, 214
Ministério Público, 14, 171, 221, 228, 241, 242, 245, 248, 252, 254, 257, 258,
Miranda Rosa, Pedro Henrique de, 238, 240, 241, 243
Moassab, Guido Jorge, 43, 44, 163
Monteiro de Barros Bastos, Lucas Antônio, 29
Monteiro de Barros, William, 29, 274
Montreal S.A., 39
Moreira Garcez, Roberto, 249, 251
Moreira Salles, Walther, 173, 176, 177
Moreira, Neiva, 76
Mourão, Jorge, 20, 22, 23, 39, 58, 88, 127, 221, 225-228, 237, 239, 258, 261, 264-266, 273, 287, 288, 290, 291, 304, 309
Movimento Democrático Brasileiro (MDB), 229, 251, 253
Moya, Alvaro de, 465
Murta Ribeiro, José, 257

Nacional Transportes Aéreos, 87
Nascimento Brito, Manoel Francisco, 204

Navegação Aérea Brasileira (NAB), 79, 81, 97,
Neiva de Lima Rocha, Tude, 20, 39, 57, 99, 118, 126, 229, 267, 273, 309
Netto, Amaral, 229
Ney da Silveira, 286
Nóbrega, Manuel de. 106, 107
Nogueira, Adalício, 210
Nogueira, Dênio, 21, 101
Notarbartolo di Villarosa, Carlo, 164
Nunes Leal, Victor, 210
Nyrba do Brasil, 40, 62
Nyrba, 61, 62

O'Neil, Ralph, 60-62
Oliveira Figueiredo, João Baptista de, 284, 285, 290, 297
Oliveira Hildon Martins, Abel de, 47
Oliveira Marino, Armando de, 282
Oliveira Salazar, António de, 69
Oliveira Sampaio, Luiz Paulo, 300
Oliveira Sampaio, Paulo de, 20, 21, 23, 24, 38, 40, 41, 53, 58, 66-9, 72-8, 82, 86, 88-91, 93, 94, 99-101, 103-5, 118, 126, 127, 129, 150-3, 155-64, 175, 177, 181, 183, 184, 192, 203, 206, 208, 221, 225-8, 233, 236-7, 239, 257, 258, 261-3, 265, 273, 279, 281, 287, 288, 294, 300, 303, 304, 309
Oliveira, Eurico de, 172
Organização de Aviação Civil Internacional (OACI), 71
Otôni, Teófilo, 71

Pacheco Jordão, Fernando 193
Pacheco, Jorge 127
Paiva, Glycon de, 88, 201, 204

Pamplona Pinto, Osvaldo, 20, 58, 88, 239
Pan American World Airways (às vezes, "Pan American", "Pan Am" ou "PAA"), 22, 39, 60-3, 67-9, 72-6, 78-80, 82, 86, 102, 111, 136, 139, 140, 158-60, 167, 180-2, 184, 185, 192, 203, 225, 268, 274, 275
Pan American-Grace (Panagra), 60, 192
Pandini, Antônio, 106, 107
Partido Comunista Brasileiro, 192
Partido Democrata Cristão (PDC), 43
Partido Social Democrático (PSD), 42, 193
Partido Trabalhista Brasileiro (PTB), 50, 81, 115, 147, 149
Partido Trabalhista Nacional (PTN), 42, 115
Pereira, Aldo, 176, 189
Pessoa Filho, Nelson, 27
Petrobras, 93
Pinheiro Guimarães Filho, Carlos, 45
Pinto, Carvalho, 186
Pires de Mello, César, 75, 78
Plano de Integração Nacional, 94
Pontual, Geneviève, 211
Pontual, Jorge, 211
Pontual, Livia, 211
Portela, Fernando Machado, 27, 88, 204
Prado Kelly, 201, 210
Pratt Whitney, 102
Prestes, Cristine, 298
Prieto, César, 76
Príncipe, Hermógenes, 42
Prisco Paraíso, Hamilton, 199

Procópio de Carvalho, Arp, 87, 187
Proença de Gouveia, Eleutério, 171, 176
Programa Nacional de Desestatização (PND), 292

Quadros, Jânio, 83-7, 90, 178, 182, 186, 187, 190-2

Ramos, Hélio, 87
Ramos, Saulo, 171, 295
Rao, Vicente, 171, 173, 174
Real-Aerovias, 46, 83, 84, 85, 88, 185, 186, 188
Rebello de Mendonça Filho, Mário, 41, 119, 120, 126, 127, 129, 210, 218, 223
Rebelo da Silva, Guilherme, 211, 213
Rechulsky, Max, 171, 192
Rede de Telecomunicações Fixas Aeronáuticas (AFTN), 71
Rede Internacional do Serviço Móvel Aeronáutico, 236
Registro Aeronáutico Brasileiro, 82
Reis, Artur, 50
Remington-Rand, 61
Ribeiro Pinto, Oswaldo, 248
Rickenbacker, Eddie, 60
Rios, Dagoberto, 46, 47
Rocha Miranda, Celso da, 20-3, 31, 40, 48, 53, 86-8, 90, 91, 93, 96, 101, 105, 116, 126, 134, 136, 137, 139, 150, 152, 155, 163, 167, 181, 184, 187, 190, 194, 195, 199, 203, 205, 208, 210, 226, 231, 233, 237-9, 257, 258, 260-2, 266, 268, 269, 280, 281, 284, 285, 290, 291, 293, 295, 300-3
Rocha Miranda, Gilda da, 86
Rocha Miranda, Maria Pia da, 300
Rocha Miranda, Plácido da, 300
Rocha Miranda, Rodolfo da, 293, 296, 300, 303
Rockefeller, David, 173, 174, 177
Rodrigues, Otávio, 293
Roque, Lauro, 74, 77
Rubber Development Corporation, 66
Russell, Frank, 67

Sabena, 123
Sadia Transportes Aéreos, 144
Salgado Filho, Joaquim Pedro, 67, 68
Salomão, Luís Felipe, 299
Sampaio, Cantídio, 172
San Fuentes Pereira, Antônio, 47
Santa Maria Pereira, Oscar, 86
Santana Sé Gravatá, Raul, 45, 46
Santiago Dantas, Francisco, 91
Santos, Marcos Baptista dos, 36, 133, 203
Sarney, José, 295
Schermann, Adolpho, 218, 219, 220, 221, 223
Schittini Pinto, Antônio José, 29
Schneiner, Helga, 134
Seabra Fagundes, Eduardo, 231
Seabra Fagundes, Miguel, 231
Serviço de Alimentação da Previdência Social (SAPS), 215
Serviço de Assistência Médica Domiciliar e de Urgência (Samdu), 215
Serviço Nacional de Informações (SNI), 250, 252, 254, 281, 301
Serviços Aéreos Brasil S.A. (ver "Aerobrás")
Serviços Auxiliares de Transportes Aéreos (Sata), 109

Shell, 92
Silva, Vitor da, 202
Silveira, Paulo Argimiro da, 173
Simões de Castro, Armando, 226, 227
Simonsen Netto, Wallace Cochrane (Wallinho), 88, 193
Simonsen, Mario Wallace, 20, 31, 44, 53, 85, 86, 88, 92, 96, 112, 113, 116, 136, 137, 139, 137, 140, 142, 150, 152, 160, 161, 164, 165, 167, 169, 171, 172, 174, 176, 177, 187, 190, 193, 239, 240, 293, 300, 301
Simonsen, Marylou, 31, 300
Sindicato Condor, 67, 68
Sindicato dos Aeroviários, 108, 211, 213
Socony Mobil Oil Company, Inc., 271
Souto Rego, Válter, 45
Souza Campos, Carlos Eduardo de, 183, 184
Spinola, Noenio, 291
Steinbruch, Aarão, 81, 151
Stelain, Charles, 31
Subcomissão Geral de Investigações no Estado da Guanabara, 281, 283
Sud Aviation, 93, 102
Superintendência da Moeda e do Crédito (Sumoc), 21, 84, 101, 140, 159, 160, 168
Superintendência Nacional de Abastecimento (Sunab), 131
Supremo Tribunal Federal (STF), 209, 226, 245, 286, 289
Sussekind, Arnaldo, 213, 214
Swissair, 91, 123, 124, 280

Távola, Artur da, 287

Telecomunicações Aeronáuticas S.A. (Tasa), 236, 290, 293
Teles de Siqueira, Colombo, 249, 251
Tenan, Luiz Coriolano, 63
Terminal de Cargas Aéreas (Teca), 293
The Chartered Bank, 278
Thormes, Jacinto de, 183
Toledo, Gilberto, 116
Toqueville de Carvalho, José, 202
Tornaghi, Hélio, 44, 45, 51, 55, 121, 122, 129
Torres, Vasconcellos, 81, 151, 163
Tostes, Eduardo, 118
Tostes, Olavo, 210
Trans World Airline (TWA), 76
Transbrasil, 144
Transcontinental, 192
Transportes Aéreos Portugueses (TAP), 38, 123, 159, 280
Transportes Aéreos Salvador, 87
Travassos, Clóvis, 21, 33, 34, 75, 91, 116, 129, 184, 185, 196, 198, 203
Trindade, Marcelo, 299
Trippe, Juan Terry, 59, 60, 62, 67, 68, 73, 75, 76, 78
Truffaut, Jean-François, 59

União Democrática Nacional (UDN), 42, 135, 142, 170, 216
United Milk Products Corp., 169,

Vanderbilt Whitney, Cornelius, 59
Vargas, Getúlio, 74, 180
Varig, 13, 14, 19, 20, 22, 26, 27, 28, 29, 30, 32, 34, 37, 38, 42, 44-6, 51, 52, 53, 55, 56, 78, 81-5, 87, 88, 96, 97, 107-9, 112-19, 122-4, 128-30, 132, 155, 157, 160, 176-82, 184-89,

192, 196, 198-202, 204-8, 210, 216,
217, 219-25, 260, 269, 276, 278,
279, 285, 290, 302
Vasp, 44-6, 51, 52, 82, 83, 87, 97,
104, 121-3, 128, 129, 155, 185, 187,
189, 213, 217
Veloso, Moacir, 202
Viabrás, 87
Viana Filho, Luís, 130
Viana, Cláudio, 186
Vidigal Neves, Luís, 47
Vieira Souto, Luiz, 124, 278
Vilas Boas, Antônio Martins, 210
Virgílio, Arthur, 147-9
Vitor, Paulo, 41

W.R. Grace & Company, 60
Wainer, Samuel, 32, 174
Waissmann, Emanuel, 171
Wasim (Wasin), 31, 85, 93, 137, 140, 150, 152, 160, 161, 163, 169, 170, 171, 174, 175, 176, 192, 239, 240, 301
Werneck, Carlos, 43
Werneck, Celso, 298
Whittle, Frank, 73

Xavier Costa, Geraldo, 47
Xavier Costa, Hélio, 47

Este livro foi composto na tipografia
Palatino LT Std, em corpo 11/15,1, e impresso em
papel off-white no Sistema Digital Instant Duplex da
Divisão Gráfica da Distribuidora Record.